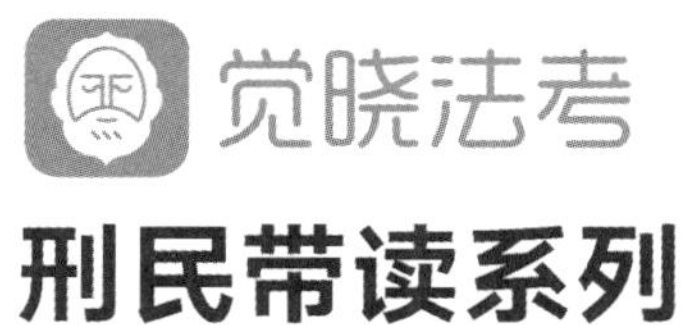

刑民带读系列

民法讲义
主客一体

觉晓法考组　编著

 中国政法大学出版社

2024 · 北京

图书在版编目（CIP）数据
觉晓法考民法讲义 ： 主客一体 / 觉晓法考组编著. -- 北京 ： 中国政法大学出版社，2024. 9.
ISBN 978-7-5764-1813-2
Ⅰ. D923.04
中国国家版本馆 CIP 数据核字第 2024H1E053 号

出版者　中国政法大学出版社
地　址　北京市海淀区西土城路 25 号
邮寄地址　北京 100088 信箱 8034 分箱　邮编 100088
网　址　http://www.cuplpress.com (网络实名：中国政法大学出版社)
电　话　010-58908285(总编室) 58908433（编辑部） 58908334(邮购部)
承　印　重庆天旭印务有限责任公司
开　本　787mm×1092mm　1/16
印　张　18.75
字　数　475 千字
版　次　2024 年 9 月第 1 版
印　次　2024 年 9 月第 1 次印刷
定　价　65.00 元

KEEP AWAKE

CSER 高效学习模型

觉晓坚持每年组建“名师 + 高分学霸”教学团队，按照 Comprehend（讲考点→理解）→ System（搭体系→不散）→ Exercise（刷够题→会用）→ Review（多轮背→记住）学习模型设计教学产品，让你不断提高学习效果。

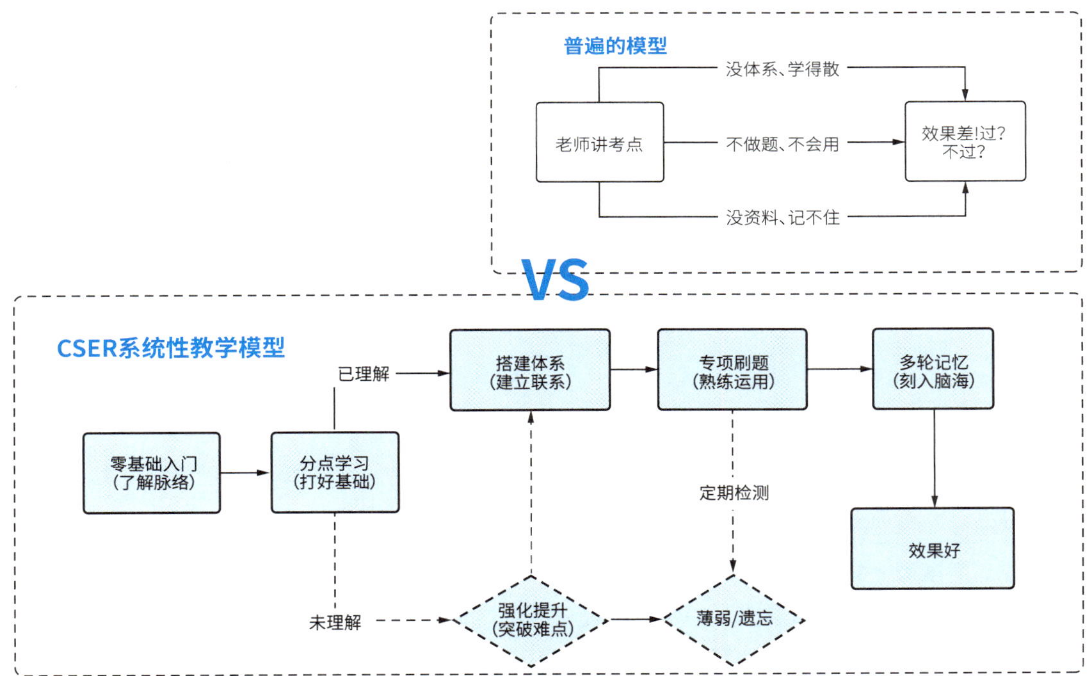

前面理解阶段跟名师，但后面记忆应试阶段，“高分学霸”更擅长，这样搭配既能保证理解，又能应试；时间少的在职考生可以直接跟“学霸”学习高效应试。

同时，知识要成体系性，后期才能记住，否则学完就忘！因此，觉晓有推理背诵图（推背图）、诉讼流程图等产品，辅助你建立知识框架体系，后期可以高效复习！

KEEP AWAKE

坚持数据化学习

“觉晓法考”APP 已经实现“学→练→测→背→评”全程线上化学习。在学习期间，觉晓会进行数据记录，自 2018 年 APP 上线，觉晓已经积累了上百万条数据，并有几十万真实考生的精准学习数据。

觉晓有来自百度、腾讯、京东等大厂的 AI 算法团队，建模分析过线考生与没过线考生的数据差异，建立“过考模型”，指导学员到底要听多少课，做多少题，正确率达到多少才能飘过或者稳过。

过考模型的应用层包括：

1. 完整的过考方案和规划：内部班的过考规划和阶段目标，均按照过考模型稳过或过考标准制定；让学员花更少地时间，更稳得过线。

2. 精准的过考数据指标：让你知道过线每日需要消耗的“热量、卡路里”，有标准，过线才稳！

3. 客观题知识图谱：按往年 180 分、200 分学员学习数据，细化到每个知识点的星级达标标准，并根据考频和考查难度，趋势等维度，将知识点划分为 ABCDE 类。还能筛选“未达标”针对提分。

知识类型	考频	难度	学习说明
A	高	简单	必须掌握
B	高	难	必须掌握（主 + 客）
C	中	简单	必须掌握
D	中	难	时间不够可放弃（主 + 客）
E	考频低或者很难、偏		直接放弃

4. 根据过考模型 + 知识图谱分级教学：BD 类主客观都要考，主客融合一起学，E 类对过考影响不大，可直接放弃，AC 性价比高，简化背诵总结更能应试拿分，一些对过线影响不大的科目就减少知识点，重要的就加强；课时控制，留够做题时间，因为中后期做题比听课更重要！

5. AI 智能推送查缺补漏包：根据你学习的达标情况，精准且有效地推送知识点课程和题目，查漏补缺，让你的时间花得更有价值！

6. 精准预测过考概率（预估分）：实时检测你的数据，对比往年相似考生数据模型，让你知道，你这样学下去，最后会考多少分！明确自己距离过线还差多少分，从而及时调整自己的学习状态。

注：觉晓每年都会分析当年考生数据，出具一份完整的过考模型数据分析报告，包括“客观题版”“主客一体版”“主观题二战版”，可以下载觉晓 APP 领取。

目 录
Contents

总 则

物 权

担 保

债

合同总

合同分

侵权责任

婚　姻

继　承

总 则

总则
民法调整对象
民事法律关系
平等主体的人身关系/财产关系
民法不调整
没有相关民事立法
恋爱等
不可诉讼，责任不可量化
请客吃饭、无偿搭乘等情谊行为
不平等主体
税收关系等
民法基本原则
平等、自愿（法无禁止即自由）、公平、诚信（禁止权利滥用）、合法和公序良俗、绿色
民事权利和责任
民事权利的分类
支配权、请求权、抗辩权、形成权
民事责任的分类
有限责任、无限责任
按份责任、连带责任、补充责任
自然人
民事权利能力（享有权利的能力，注意胎儿和死者）
民事行为能力（独立进行民事法律行为的能力，影响合同效力）
监护
未成年人、成年人确定监护人（注意顺位）
监护人的职责
监护资格的撤销与恢复（注意细节）
宣告失踪和宣告死亡
后果及其被撤销后的后果
民事法律行为
意思表示
概念、形式（注意沉默）、生效、解释
民事法律行为概述
行为能力、意思表示、法律行为效力三位一体
法律行为与事实行为
法律行为的分类
民事法律行为的成立与生效
成立：当事人+意思表示+标的（法律行为的内容）
生效：核心是意思表示
民事法律行为的有效与无效
有效：有相应行为能力+意思表示真实+不违法，不违背公序良俗
无效：无民事行为能力人、虚假行为、违法、违背公序良俗、恶意串通
后果
有效就要履行
无效就恢复到合同订立前状态：返还财产、折价补偿、缔约过失责任
可撤销的民事法律行为
撤销前有效；撤销后自始无效
重大误解
自己理解错
欺诈
双重故意、欺诈行为、因果关系
第三人欺诈
重大误解与欺诈
胁迫
不正当；第三人胁迫
显失公平
乘人之危、成立时
撤销权行使
诉讼/仲裁
1年，重大误解90日；发生5年内
效力待定的民事法律行为
限民、无权代理
效力如何确定
追认权、催告、善意相对人的撤销权
未生效的民事法律行为
附条件、附期限
条件决定法律行为是否生效
条件不一定发生，期限一定会发生
需要审批
批准前未生效，但报批条款生效

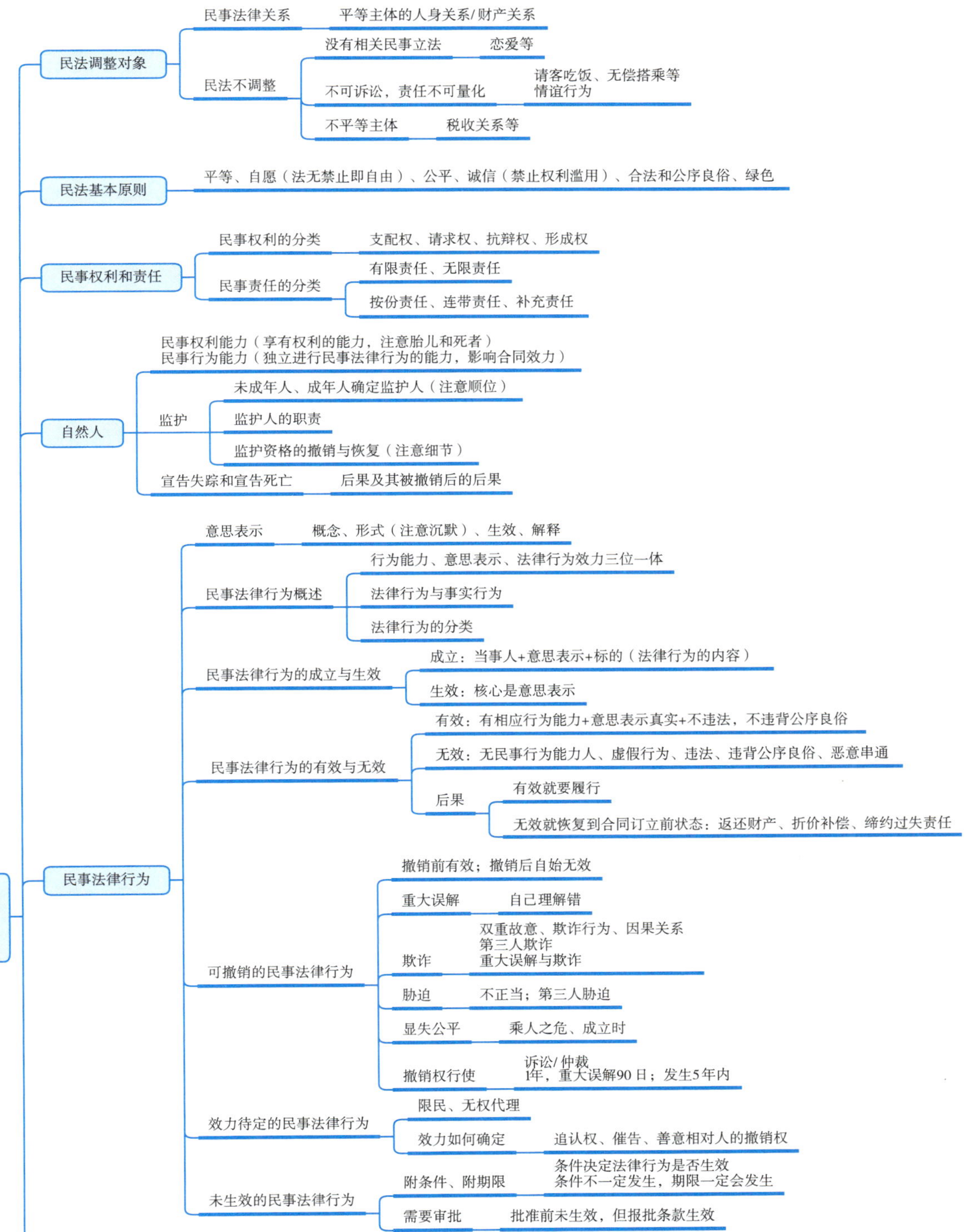

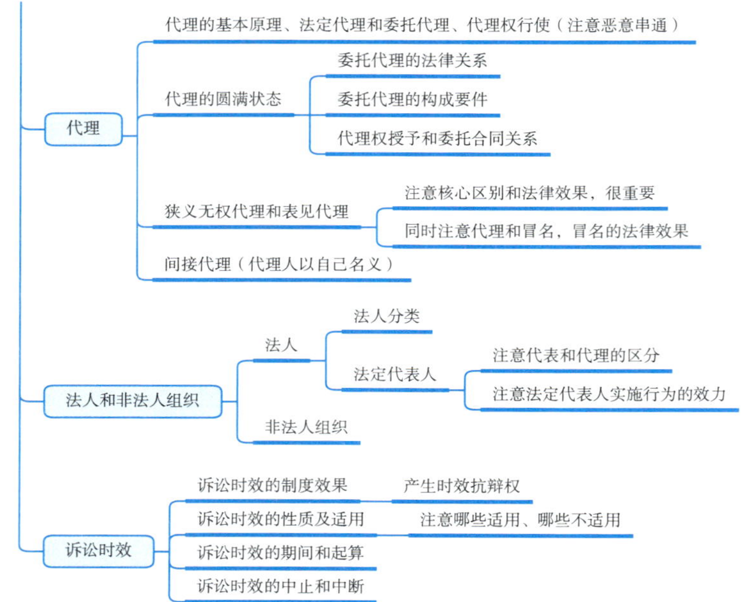
代理
代理的基本原理、法定代理和委托代理、代理权行使（注意恶意串通）
代理的圆满状态
委托代理的法律关系
委托代理的构成要件
代理权授予和委托合同关系
狭义无权代理和表见代理
注意核心区别和法律效果，很重要
同时注意代理和冒名，冒名的法律效果
间接代理（代理人以自己名义）
法人和非法人组织
法人
法人分类
法定代表人
注意代表和代理的区分
注意法定代表人实施行为的效力
非法人组织
诉讼时效
诉讼时效的制度效果
产生时效抗辩权
诉讼时效的性质及适用
注意哪些适用、哪些不适用
诉讼时效的期间和起算
诉讼时效的中止和中断

KEEP AWAKE

第一章 民法调整对象

【怎么考】[1] 作为一个或两个选项考查，给出一个案例，问是否属于民法的调整范围 / 是否是情谊行为 / 是否承担责任。

【怎么学】听课时注意老师的解释和举例。实在不理解，死记讲义提到的情谊行为的例子。

【情境案例】男女朋友闹分手，男方要分，女方不分，请问能不能起诉到法院去处理该纠纷？那如果夫妻闹离婚，一方想离，一方不想离，能不能起诉到法院？为什么？

一、法律关系

什么是人？这是哲学界千古难题，亚里士多德说“人是理性的动物”；柏拉图说“人是没有羽毛、两脚直立的动物”。马克思从社会学的角度，给人下了个定义“人是社会关系的总和”，人之所以为人，就是因为人在社会里，和其他人形成了形形色色的社会关系，这些社会关系的汇集点，就是人。

社会关系如果不被“管”，就会无序、混乱，因此统治阶级会用不同的手段来“管”社会关系，主要有三种手段：道德、宗教、法律。其中，因为道德没有明确的标准、没有具体的惩罚措施，而宗教又管不了不信教的人，所以目前各国几乎都把法律作为调整社会最主要的手段。当然，法律不是万能的，不是所有社会关系都归法律管；因为法律是有成本的，如果管的事越多，配备的法律职业人也会更多，而且立法也不能多如牛毛，细致到吃喝拉撒，深入到人的灵魂。因此，道德和宗教也会“管”一部分社会关系（但最主要的手段，还是法律）。

法律调整社会的模式主要是：先由立法确立规则，应该做哪些？不应该做哪些？如果违反了会有什么后果、什么惩罚？再由执法和司法来落实这些规则，违法的人被惩罚，守法的人有保障，有具体的诉讼程序、执行程序。

我们把法律“管”的社会关系，称为“法律关系”。按照法律调整社会的模式，法律关系主要有两大特征：

1. 有相关的立法，例如婚姻关系就被民法管，而恋爱关系民法就不管，所以离婚可以诉讼，但分手不行。

2. 可以去诉讼，有可以量化的责任，可以被强制执行。

民法调整众多法律关系的一部分，我们把民法调整的这一部分法律关系，称为“民事法律关系”，其

① 【怎么考】和【怎么学】针对客观题的考情和学习建议做了基础说明。

他法律关系可能归行政法、刑法等法律调整。当然也有一些法律关系，涉及到多部法律来调整，例如喝醉酒开车撞了人，民法要赔偿，行政法要吊销驾照，刑法构成危险驾驶罪。具体的逻辑关系，见下图：

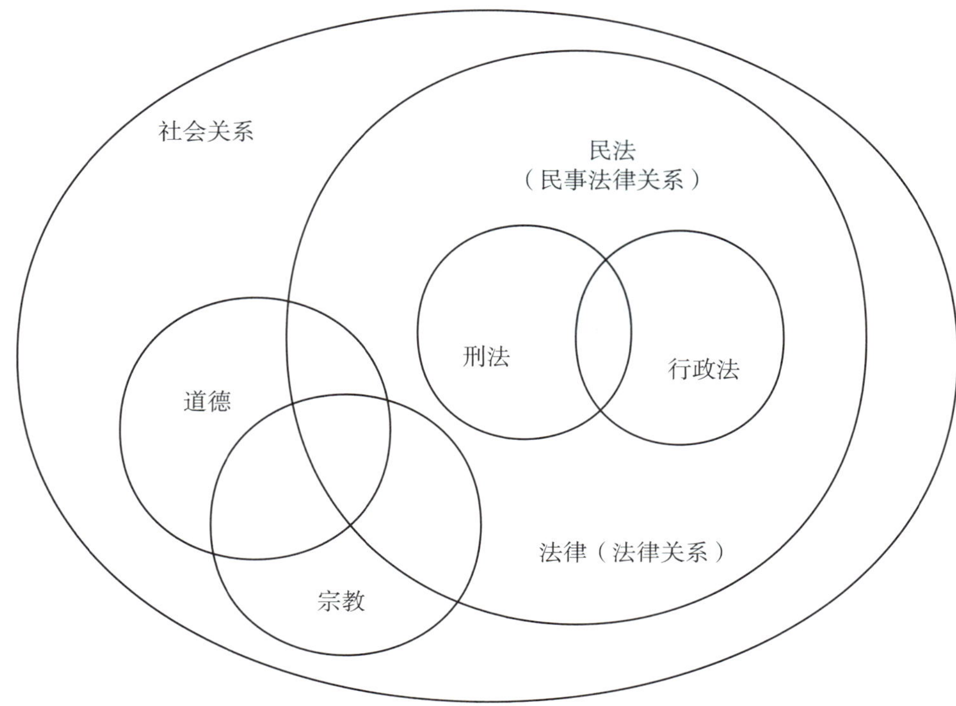

二、民事法律关系【民事法律关系 A①】

民法调整的是：平等主体之间的人身关系和财产关系。具体的表现为：A 能向平等的 B 主张权利，B 要承担相应的义务和责任。

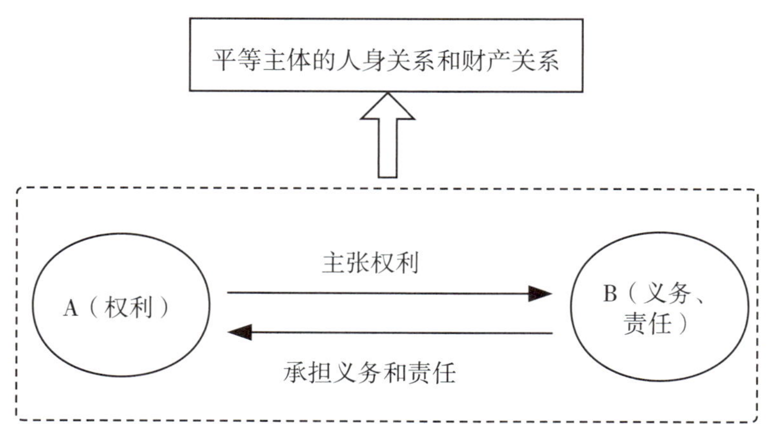

1. 平等主体（谁和谁）：即使主体间有行政管理、劳动人事关系等，但是在民事活动中地位一律平等。如税务局对超市有征税的权力，但如果向超市采购办公用品，这就是一个买卖民事活动，双方地位平等。

① 讲义在标题、章等处标注了对应觉晓法考 APP 知识图谱的知识点名称和星级，方便大家听完课去对应做题。关于 ABCDE 星级的说明，可以详见讲义最前面“坚持数据化学习”页，让大家有重点地学！

2. 人身关系

（1）人格关系（人格权）：生命权、身体权、健康权、姓名权、名称权、肖像权、名誉权、荣誉权、隐私权等。

小范暗恋小李未果，就在微博上发布数条“一个花季少女16岁在外同居、骗钱、堕胎”的内容，导致小李遭受非议。——小李有名誉权（权利），其他人不能侵害（义务），否则要承担赔礼道歉、消除影响、恢复名誉等的责任（责任）。

（2）身份关系（身份权）：配偶权、父母对子女的监护权等。

3. 财产关系

（1）财产归属关系（物权）：归谁所有。

小王拴在院里的狗朝下班经过的小张吠了几声，小张气不过，趁小王不在家把狗打死。——小王对自己的狗有物权（权利），其他人不能侵害（义务），否则要承担赔偿责任（责任）。

（2）财产流转关系（债权）：合同之债、侵权之债（打人要赔偿）等。

觉晓和夏老师签了《民法授课合同》，觉晓就有权利让夏老师讲民法课（权利），夏老师要履行授课义务（义务），否则就要承担继续履行、赔偿损失等违约责任（责任）。

【总结：法律角度解读现实】甲和乙本来是互不相关的陌生人，然后**因为**甲打骂了乙、和乙签了合同（**民事法律事实：侵权、合同**），**所以**乙可以请求甲赔偿、请求甲履行合同义务（**民事法律关系：权利义务责任**）。

三、民法不调整【民事法律关系A】

民法调整的是民事法律关系，首先必须是法律关系（区别于道德、宗教），因此要符合上文提到的：1. 有相关的立法。2. 可以去诉讼，有可以量化的责任，可以被强制执行。其次还是民法调整的法律关系，因此还要符合：3. 平等主体。如果不符合上述任何一项，就不是民事法律关系、不归民法管，不用承担民事责任。

1. 要有相关民事立法。恋爱、同事、同学、同乡、驴友、师生、友谊、宗教等关系都没有相关民事立法，因此这些关系不属于民事法律关系，民法不管。如恋爱关系民法没有规定，所以恋爱劈腿、分手民法不管，但双方一旦形成了婚姻关系，婚内出轨、离婚，民法就要管了（因为有婚姻的立法，没有恋爱法）。

注意：立法会变化、会增加。例如目前没有恋爱的立法，但如果未来出台了关于“恋爱劈腿民事责任”的立法，那“恋爱劈腿”就属于民事法律关系。

另外，需要注意，考试中只问民法是否调整/是否属于民事法律关系，并不代表一定会被法院支持，不要混淆。例如，小民把家里的饼干分享给小刑，小刑吃了后死亡，原因是饼干含花生成分，小刑对花生过敏。小刑家人要求赔偿。是否构成侵权，民法是要管的，可以去诉讼。但这个案子中，小民没有错，不用承担责任，法院不会支持小刑家人的赔偿请求。【我认为构成侵权，所以去起诉，但到底构不构成是要法院认定的，所以民法管这件事≠法院支持你的请求】

2. 要可以去诉讼，有可以量化的责任，可能被强制执行。法律是有成本的，“鸡毛蒜皮的小事”法律不管，典型的就是情谊行为（又称好意施惠），是指：当事人以增进私人情谊为主要目的，为他人善意、无偿提供财产或者服务的行为。

常见的情谊行为有：请客吃饭、无偿搭乘、邀请同看演出、火车到站叫醒、顺路投递邮件、顺便帮邻居清扫积雪、指路、为亲友高考志愿提供咨询、青年志愿者做帮工等。这些行为即使答应了对方，最后没做到，对方也不能起诉要求你履行（无法量化责任、无法强制执行）。

情谊行为只是生活中非正式的社交行为，当事人并不想被法律约束，是很随意的，如果有问题，一般归道德管，民法不调整，否则生活中和朋友的随口一句话，都要承担法律责任，那活着“好累”啊！

考试中注意以下两点：

（1）情谊行为的约定，不产生合同关系，对方反悔、放鸽子，也不能去起诉，要求强制履行，当然也不会产生违约责任或缔约过失责任等民事责任。如甲请乙吃饭，甲如果没请，乙不能起诉请求甲请吃饭。乙如果没来，甲不能主张违约责任。

（2）情谊行为民法不管，但如果在情谊行为过程中，出现了其他行为，产生了侵权责任，这就归民法管（这和情谊行为是两回事！）。

①无偿搭乘不管，但发生了交通事故，要承担侵权责任，民法要管。

②是否请客，是否敬酒民法不管，但如果极力、恶意劝酒把人喝死了，或酒后未尽到照顾义务，造成他人损害的，要承担侵权责任，民法要管。

例 1：甲请乙吃饭，因为食品存放太久而过期，导致乙中毒，甲承担侵权责任。

例 2：乙无偿搭乘甲的车上班，因甲玩手机发生交通事故受害，甲承担侵权责任。

3. 不平等主体，民法不调整，归公法调整，不承担民事责任，但要承担公法上的责任。例如，你和税务局不平等，你不交税，这不归民法管，不是民事法律关系，不用承担民事责任，但要承担行政责任（会被行政处罚），甚至刑事责任。

是否平等，一般是看能不能“say no”，如果能拒绝对方，且拒绝不需要承担责任，一般就是平等的；如果不能拒绝对方，那对方肯定和你不平等。

另外，判断是否平等，不能静态地看主体的身份，而要看动态地形成的关系。例如甲请求税务机关退税，税收法律关系双方地位不平等，民法不管，归行政法管。但甲请求税务机关支付购买办公物品的价款，买卖合同双方地位平等，民法管。

判断分析

1. 甲听说某公司股票可能大涨，便告诉乙，乙信以为真大量购进，事后该只股票大跌。乙可以要求甲赔偿损失。（2010 年第 3 卷第 1 题）【错误。朋友关系等民法不管】

2. 何某心情不好邀好友郑某喝酒，郑某畅饮后驾车撞树致死。何某邀喝酒是情谊行为，民法不管。（2013 年第 3 卷第 1 题）【错误。酒后有照顾义务，民法管，要承担侵权责任】

3. 丙对女友书面承诺：“如果我在上海找到工作，就陪你去欧洲旅游。”丙的承诺属于民法调整范围。（2016 年第 3 卷第 1 题）【错误。该承诺没有受法律约束的意思，是情谊行为】

4. 甲乙丙丁系大学室友。期末考试前，四人约定：“获得奖学金的人出钱请其他人吃饭。”后甲乙获得一等奖学金，丙丁未得任何奖学金。四人按前述约定到餐厅吃饭，餐毕，甲乙拒绝按照约定支付餐费，构成对丙丁的违约。（2018 年仿真题）【错误。“请客吃饭”的约定，没有受法律约束的意思，是情谊行为，不产生合同关系，不构成违约】

KEEP AWAKE

第二章

民法基本原则

【怎么考】不是考试重点，是学民法的一个基础。大部分时候都考得很简单，属于一眼就能判断；小概率时候会和后面法律行为效力结合考，比如问是不是符合自愿原则，从而有效，此时可能需要有一定的社会经验和阅历。

【怎么学】了解每个原则的基本内涵，看到题目能区分判断出是哪个原则就行。

民法基本原则是我们进行民事活动的行为准则，也是民法怎么管的基本价值导向。

一、平等原则（基础）【平等原则 E】

平等原则，是指民事主体的法律地位一律平等，不能把自己意志强加给别人，你也可以拒绝任何人强加给你的“条款”。平等原则是民法的基础原则，其他原则都是建立在平等原则的基础上，因为平等双方，才会自愿，才会公平；如果双方不平等，就没有自愿，就没有公平。如不能不交税，但可以不卖水果给税务局。

二、自愿原则（因为平等所以自愿）【自愿原则 E】

自愿原则，又称意思自治原则。民事主体基于平等地位，有权在对自身利益作出最佳判断前提下，自由表示真实意思，自主决定是否行使民事权利、承担民事义务。民法以自愿原则为核心，平等原则是自愿原则的基础，其他原则是对自愿原则的限制（即使自愿，也不能不公平，不诚信，不合法）。

自愿原则具体表现在：

1. 自主决定：民事主体有权自主决定是否参加以及如何参加民事活动。如打造女性专属健身房，男士拒绝入内。

2. 法无禁止即自由：因为民事主体地位是平等的，觉得不合适，可以拒绝对方的要求，因此只要法律没有禁止的行为，都是允许的，双方自己协商好就行。如小王菜点多了吃不完，和餐厅协商后，将菜低价卖给了隔壁桌。但如果是不平等主体的法律关系，就要反过来“法无授权即禁止”，否则优势地位一方就会滥用权力。

3. 自主负责：民事主体要对自己民事活动所导致的结果负责任。如大二学生为了有更多的零花钱，谎称母亲生病急需用钱，把父母给他买的房子低价出售，后知道卖价和市价相差 200 万元时毁约，不想履行合同，可以吗？（不可以，合同有效，大学生要按约定履行，否则要承担违约责任）。

三、公平原则（因为平等＋自愿，所以一般都公平）【公平原则 E】

公平原则，是指民事主体应当本着公平的理念从事民事活动，确定双方权利义务；司法机关应当根据公平的理念处理民事纠纷。

同时当出现不公平的情况时，民法会用一些制度来调整，回到公平的状态，如显失公平的行为可以撤销；商家霸王条款（格式条款）无效等（如甲卖手机，合同写着：货物售出后一切问题概不负责，这种不合理免除自己责任的格式条款无效；ktv 禁止自带酒水，无效）。

四、诚实信用原则——现代民法的“帝王原则”【诚实信用原则 E】

诚实信用原则，是指平等的民事主体自愿建立了公平的民事法律关系后，就应当诚实、善意，信守自己的承诺。诚信原则具体有三方面：诚实、守信、善意（禁止权利滥用）：

1. 诚实，必须将相关真实情况，全面地如实告知对方，禁止欺诈，否则对方可以以欺诈为由撤销合同，拒绝履行。

2. 守信，在履约的过程中，必须守信用，不能随意违约，否则要承担违约责任。

注意 1：即使发生正常的商业风险也要履行。如卖房后房价上涨，依然要履行之前签订的买卖合同。

注意 2：如果有异常情况，不属于正常商业风险，导致明显不公平，可以请求变更 / 解除合同（情势变更）。如签了买卖合同后，突然建材价格暴涨（异常），如果按照原合同履行，开发商会严重亏损，可以请求变更 / 解除合同。

3. 应当以善意、合理方式行使权利（禁止权利滥用）[①]。

权利滥用**认定（不善意、不讲理）**：

（1）目的恶意。行使权利主要目的是损害国家利益、社会公共利益、他人合法权益，并不是基于正常利益考量。在家里放一个望远镜，为了看对面屋内人换衣服。

（2）超出合理范围。考试中但凡超出合理限度，不当影响到别人，都算权利滥用。如甲为保证自己财产安全安装摄像头（目的不是恶意），但如果拍到了对面邻居，经交涉还不纠正，就属于权利滥用。又如顶楼的人，楼道里安装门，不让楼下的人去天台安装检修太阳能热水器。

后果：滥用行为不发生相对应的法律效力；造成损害的，承担侵权责任。如前述邻居可请求调整摄像头位置到拍不到自己家的角度；如果拍到对方隐私，要承担侵犯隐私权的侵权责任。

五、合法和公序良俗原则【公序良俗原则 E】

1. “合法”指民事主体从事民事活动必须遵守法律、法规的规定，不得违法。如不得买卖枪支、毒品等。

2. 公序良俗原则，是指民事主体从事民事活动不得违反公共秩序和善良风俗。

（1）公共秩序：政治、经济、文化等领域的基本秩序和根本理念，是与**国家和社会**整体利益相关的基础性原则、价值和秩序。【给合法原则兜底】

---

① 关于诚信原则和禁止权利滥用原则的关系，学界有不同观点。有人认为“行使权利从积极方面来说是诚信原则，从消极方面来说，是禁止权利滥用”；有人认为“禁止权利滥用源于诚信原则，诚信原则位阶更高”；有人认为“禁止权利滥用位阶高于诚信原则”等。其实从理论上不必区分两者，基本意思差不多，从实践中来说，两者适用范围越来越广，作用也越来越接近。法考中更不用管这个点，不会考区分，只会问有没有违反诚信原则或者有没有滥用权利，基本不会同时出现这两个选项，而且判断也不难，一眼就能看出来。

（2）善良风俗：是指社会全体成员普遍认可、遵循的**道德**准则。

公序良俗这个原则会随着社会发展而变化，而且不同地方的人，公序良俗的标准是不一样的，例如对同性恋的看法。考试中，熟悉一些典型违反公序良俗的情况即可，如断绝亲子关系、包养、代孕、婚外情的赠与、限制人身自由等。

【延伸思考】违反公序良俗，并不代表不存在，不需要处理。

代孕在我们国家是违反公序良俗的（不合法的），但部分国家是合法的、受法律保护，其价值观是"生不出孩子的家庭，需要孩子，这对社会是好事，而且各方都自愿"。虽然代孕不合法，但并不代表不存在，也不代表我们不用面对和处理，实践有很多代孕的现象，而代孕的问题是有个孩子，如果孩子生下来，到底归提供受精卵的一方，还是怀孕的一方？如果代孕协议无效，那孩子帮别人生了，钱也拿不到，会不会私下报仇伤害孩子？

现在，如果有代孕纠纷，起诉到法院，一般会判决代孕协议无效（违反公序良俗），代孕费大概率要根据同等过错给一半。孩子按照最大利益原则来处理。【参考案例—（2015）沪一中少民终字第56号】

六、绿色原则【绿色原则 E】

绿色原则，是指民事主体从事民事活动，应当有利于节约资源，保护生态环境。

判断分析

1. 甲以20万元从乙公司购得某小区地下停车位。乙公司经规划部门批准在该小区以200万元建设观光电梯。该梯入梯口占用了甲的停车位，乙公司同意为甲置换更好的车位。甲则要求拆除电梯。甲的行为违反了诚实信用原则。（2013年第3卷第51题）【正确。要善意、合理地行使权利】

2. 甲、乙二人同村，宅基地毗邻。甲的宅基地倚山、地势较低，乙的宅基地在上将其环绕。乙因琐事与甲多次争吵而郁闷难解，便沿二人宅基地的边界线靠己方一侧，建起高5米围墙，使甲在自家院内却有身处监牢之感。乙的行为违反民法的公平原则。（2017年第3卷第1题）【错误。违反诚实信用原则】

3. 甲男与乙女双方在离婚协议中约定：为了婚生女丙的健康成长，乙女若再婚也不可再生育子女，该约定违反了公平原则。（2019年仿真题）【错误。违反了公序良俗原则】

4. 甲要求裁缝店将其裤子的裤脚裁剪10cm，裁缝店按照要求裁剪，甲试穿时即使发现裤子短了，也不得要求裁缝店赔偿。【正确。自主负责】

KEEP AWAKE

第三章 民事权利和责任

【怎么考】基本不考，是理解后面的基础。

【怎么学】了解基本概念即可，无需扩展。

民事权利是指民事主体为实现某种利益而依法为某种行为或不为某种行为的自由，可以简单理解成“我能要求（请求）你做事”，此时我就是权利方，你就是义务方，原则上权利和义务是对应的，有什么样的权利，就对应有什么样的义务，如买手机，买方有请求交付手机的权利，卖方有交付手机的义务。你要是不做（没尽到该尽的义务），就产生民事责任。

享有民事权利的前提是：双方形成了民事法律关系，而且要有人身权或财产权（物权、债权等）作为支撑。如果我们没有形成民事法律关系，我就不能要求（请求）你做事，你也没有义务，更不用承担民事责任。

由于民事权利太多，我们概括归纳出四大类：支配权、请求权、抗辩权、形成权。

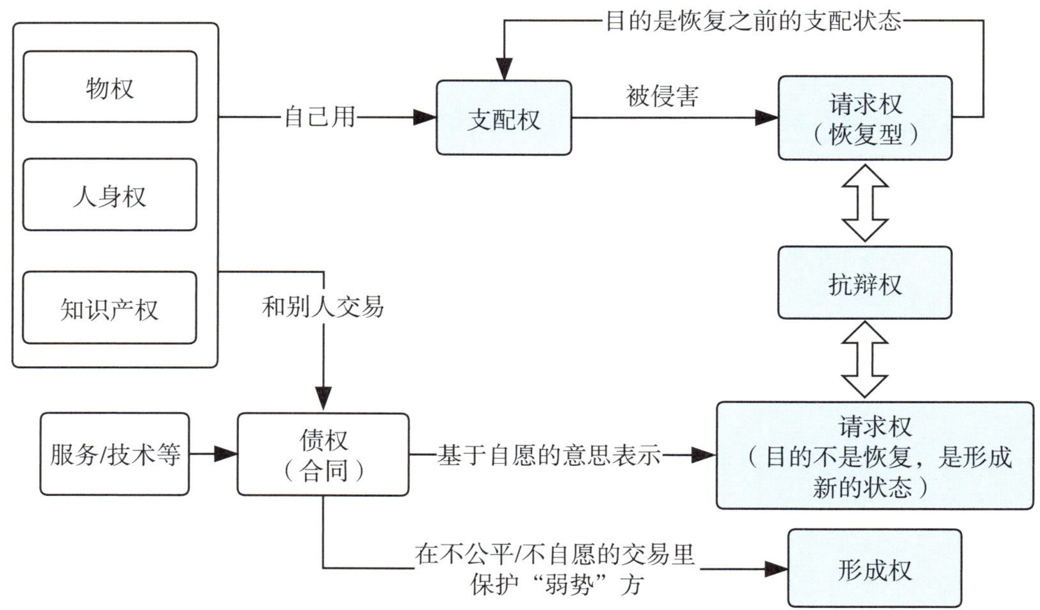

一、民事权利的分类【简单了解】【民事权利 E】

（一）支配权 VS 请求权

支配权（静）	请求权（动）
直接支配物、人身利益等并排除他人干涉（我可以用手机打电话，也可以用手机砸核桃；可以纹身）	基于合同、侵权等请求特定的人做（或不做）特定的事。（甲乙签了房屋买卖合同，甲能拿着合同找乙，要求交房。张三抢了李四的手机，李四要求张三赔钱）
义务人是支配权人外的所有人，义务是不作为义务（“我”之外的所有人都不能干涉我用手机）	义务人是特定的人（甲乙签了合同，甲不能拿着合同，要求丙按照合同履行）
排他：同一物上不能同时并存两个内容不能相容的权利（一个手机不能既是我的，又是你的，否则我们一个想打电话，一个想砸核桃咋整）	非排他（甲可以和乙签房屋买卖合同，也可以同时和丙签房屋买卖合同）

（二）抗辩权

抗辩权是对抗请求权，可以合法地拒绝履行，且不用承担责任的权利。如借给别人钱不主张权利，超过三年，对方就可以合法地不还钱（诉讼时效抗辩权）。

1. 抗辩权是合法地不履行，不构成违约。

2. 抗辩权是法定的，考试范围内的抗辩权包括以下五类：

（1）双务合同抗辩权：同时履行抗辩权、先履行抗辩权、不安抗辩权。

（2）先诉抗辩权：一般保证人的先诉抗辩权。

（3）诉讼时效抗辩权：诉讼时效经过，债务人可以拒绝履行。

3. 抗辩权 VS 抗辩

（1）底层逻辑不同：抗辩权是承认对方请求权的存在，但有合法地拒绝履行理由；抗辩的功能在于否认请求权的存在，核心在于否认。

（2）是否需要主张不同：抗辩权必须当事人主张，法官不得依职权主动适用；抗辩即使当事人不主张，法官也可以依职权审查。【原理】抗辩权是权利，权利是否行使由当事人决定，当事人可以放弃权利。

例：甲要求乙还钱

若乙说：“我是欠了你钱（承认有请求权），但是这都 3 年了，我不还了（拒绝履行）。”乙行使的就是诉讼时效经过的抗辩权，如果乙自己不主张（放弃抗辩权），法官不能主动用抗辩权，法官应该判决乙败诉，乙依然要还甲钱。

若乙说：“我压根就没欠你钱”，这是在抗辩，否认了甲有请求权。对于该抗辩，即使乙自己未主动提出，法官也要依职权审查，看到底有没有“欠钱”，才能做出判决。

（三）形成权（对“弱势方”的保护）

1. 形成权是依权利人单方意思表示就能让双方的民事法律关系发生变化的权利，形成权无需对方同意，也无需对方作出某种行为，权利人行使形成权就可以直接产生效果。典型的形成权包括：撤销权、追认权、解除权、抵销权等。

【形成权原理】原则上民法讲究意思自治，当事人平等，但凭什么有这种“单方面”就可以直接决定双方关系的权利？那么强势的吗？

形成权存在的情况，主要是出现了“不公平”的法律关系，“弱势方”受欺负了，而民法保护“弱势方”的方法，并不是直接否定法律关系，而是赋予“弱势方”一个形成权，“弱势方”可以单方面自行决定要不要行使。如甲看中楼盘的游泳池才决定买A区的房，但是开发商欺诈，其实没有游泳池，这里的“弱势方”甲，甲被骗了，民法就赋予甲撤销权（形成权），甲可以撤销合同（无需对方同意），合同就因为撤销变得无效了（开发商要返还购房款、承担责任）。

问：那为什么不直接规定“被欺诈”的合同无效，而是那么麻烦，要撤销？

接上述例子，甲虽然被骗了，但正好房价上涨，即使没有泳池，当时买这个房子还是很划算的，这个时候，甲就可以选择不行使撤销权，因为房价上涨，对甲有利。“被骗”不一定是坏事，不如把选择权交给当事人，由当事人自行决定，一劳永逸。——民法的智慧

2. 为尽快确定法律关系，形成权的行使受除斥期间的限制，除斥期间经过，形成权消灭。如虽然甲被开发商骗了，甲有撤销权（形成权），但甲不能一直拖，等房价10年后降了，再来撤销合同，那也太混乱，太滥用权利了！所以一般，形成权都有一个时间要求，必须在规定时间内行使，超过时间，形成权就消灭，这个时间就是“除斥期间”。

二、民事责任的分类

1. 根据是否以全部财产承担责任分为：

有限责任：以部分财产为限承担责任。如甲欠乙钱，朋友丙用自己的房子给乙设定抵押，丙的责任范围就是这套房子。再比如公司的股东以出资为限对公司债务承担责任。

无限责任：以全部财产承担责任。如甲欠乙钱，朋友丙提供保证。保证人丙是以全部财产承担责任。

注意：不要被名字骗到，无限责任并不是无限的责任，而是以自己全部财产承担责任。

2. 如果责任人有2个以上，就会涉及到责任的分担和顺序问题，主要分为三类：**按份责任、连带责任、补充责任。**

（1）按份责任

按份责任是最基础、最符合常识的责任承担形式，权利人按照每个责任人承担的份额去主张权利。例如：甲开车超速、乙违章变道，撞了丙的车，损失100万元，交警会有一个责任认定，甲承担30%，乙承担70%，丙就按照这个比例各自找甲和乙承担责任。

好处：对责任人比较公平，每个人只承担自己应该承担的部分。

坏处：权利人行使权利不方便、有风险。如丙要起诉甲和乙，如果甲是个富翁，承担了30%；乙是个穷鬼，一分钱也没有，丙最终可能只能拿到30%的赔偿（有风险，但凡一个责任人有问题，就拿不到全额赔偿），这样对权利人丙是不利的。

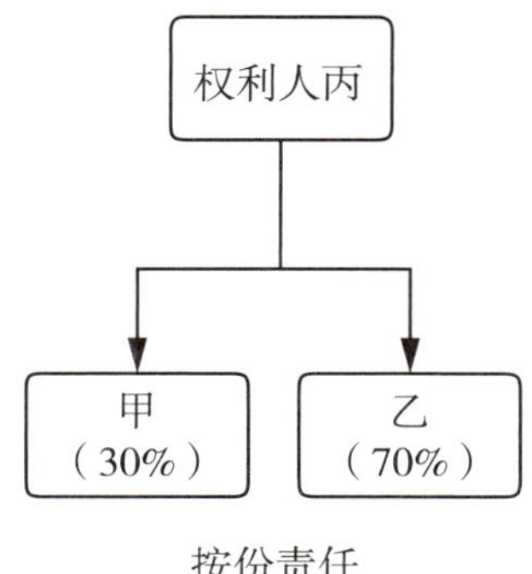

按份责任

常考的按份责任（后面会讲）[1]
1. 分别侵权，每个行为单独不足以造成损害的，行为人按份责任。
2. 非因第三人原因帮工人受害，被帮工人接受帮工，帮工人和被帮工人按份。

（2）连带责任

按份责任虽然合理，但权利人不方便、有风险，所以民法就有了“连带责任”这种最有利权利人的责任形式，权利人**想找哪个责任人，就找哪个（没顺序要求）**，找到任何一个 / 多个责任人，都可以要求他承担全部 100% 的责任**（对外）**。

虽然权利人可以要求任何责任人 100% 的责任，但每个人实际责任大小是没有变化的，所以连带责任有第二层法律关系，**连带责任人内部追偿，**即承担了超出本来应该承担部分的责任人，可以向其他责任人追偿**（对内）**。

例如：甲乙打了丙，医药费 10 万元，甲只是帮忙，打人的主要是乙，甲承担 30%，乙承担 70%；但这种打人的共同侵权，民法规定是连带责任，因此丙可以找甲或乙任何人主张 10 万元的全部责任。甲有钱，丙找甲，甲赔偿完之后，可以向乙追偿，主张乙应该承担的 7 万元。【连带责任并没有变责任的大小，只是**把追责的“麻烦和风险”转嫁到责任人这一方**】

好处：对权利人有利，找谁都行，而且可以主张 100% 全部。

坏处：对责任人不利，每个人都面临承担全部责任的风险；而且内部追偿可能面临追偿失败的风险，比如另一个责任人没钱，或跑路。

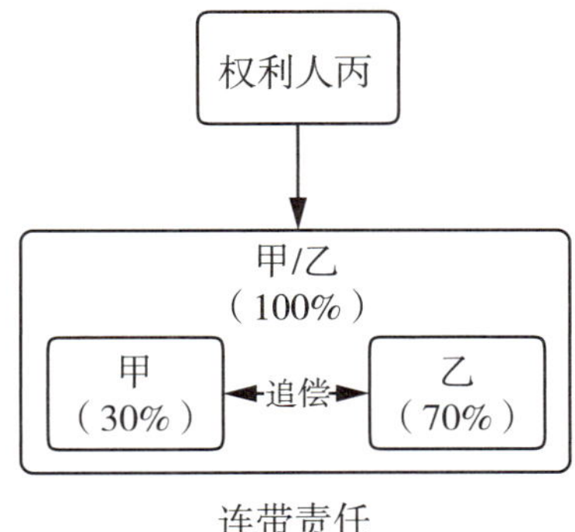

连带责任

① 此处即使看不懂也不要着急和紧张，后面都会学到，先看看就行。

注意 1：连带责任的**外部关系 VS 内部关系（相对性）**

连带责任的外部关系是指责任人和权利人之间的关系；内部关系是指责任人之间内部追偿和分担的关系，此处爱考相对性原理，做题需看清楚谁和谁达成的协议。

例 1：甲乙打了丙，医药费 10 万元，甲乙本来是连带责任，但如果**甲乙和丙**达成协议，甲承担 6 万元，乙承担 4 万元（外部协议），这个协议对丙有约束力，丙只能要求甲承担 6 万元，不能要求甲承担 10 万元【丙可以不认可，直接主张连带责任，但丙认可了协议，就要守信】。

例 2：甲乙打了丙，医药费 10 万元，甲乙本来是连带责任，但如果**甲和乙**达成协议，甲承担 1 万元，乙承担 9 万元（内部协议），这个协议对丙没有约束力（丙又没认可），丙依然按照法律规定，可以要求甲乙承担连带责任，丙可以要求甲承担 10 万元的责任，甲不能拿出甲和乙的协议对抗丙，拒绝履行（内部协议对丙没有约束力）；但甲承担完责任，找乙追偿的时候，甲就可以拿出甲和乙的内部协议，要求乙承担 9 万元的责任（内部协议对责任人内部分担是有效的）。

注意 2：连带责任中，权利人不能滥用权利，影响连带责任人向其他人追偿，如果由于权利人滥用权利，导致连带责任人无法追偿的，这部分损失应该由权利人承担（谁想做好人，谁就要承担对应的后果，不能好人你做，后果我担）。

例如，甲乙打了丙，甲乙连带责任(最终是甲 30%，乙 70%)，丙看乙可怜又漂亮，就和乙达成协议，免除乙的赔偿责任，同时向甲要求 100% 全部责任。由于丙免除乙的赔偿责任，会影响到甲最终的追偿，所以免除的部分，甲可以免责，甲只需要承担 30% 的责任即可。

常考的连带责任
1. 法定代表人 / 代理人和相对人恶意串通，对被代理人连带。
2. 因共有物发生的对外债权 / 债务，共有人连带。
3. 第三人加入债务，第三人和债务人连带。
4. 连带保证，债务人和连带保证人连带。
5. 共同侵权，共同侵权人连带。
6. 教唆、帮助完全行为能力人侵权，教唆、帮助人和被教唆、帮助的完全行为能力人连带。
7. 共同危险行为，行为人连带。
8. 分别侵权，每个行为单独足以造成损害的，行为人连带。
9. 网络用户侵权，服务提供者未及时采取必要措施，扩大部分连带。
10. 挂靠机动车（没有运输经营权的个人或单位，把车挂靠给有经营权的公司，以公司名义对外运输经营）发生事故，挂靠人和被挂靠人连带。
11. 转让的拼装或报废车发生事故，转让人和受让人连带。
12. 偷来或抢来的机动车发生事故，偷、抢人和机动车使用人连带。

（3）补充责任（有顺序）

对权利人而言，前面两种责任在主张权利的时候，都是没有先后顺序要求的，而补充责任有先后顺序要求，必须要先找第一顺位的责任人，第一顺位责任人无法足额清偿的时候（没钱 / 找不到），才能找第二顺位的责任人。

例如，丙在乙商场购物，被商场里醉酒的醉汉甲打伤，而商场未安排保安维护商场安全。法律规定商场承担的是补充责任，即丙需要先找醉汉甲承担责任（主要责任人），醉汉承担不足的部分，才能找商场承担补充责任，不能跳过醉汉，直接找到商场。

另外补充责任也会有内部追偿问题，如上述例子，打人的是醉汉，本来就应该由醉汉承担责任，但丙可能找不到醉汉，这个时候就由商场承担补充责任，后面醉汉找到了，商场可以向醉汉追偿。

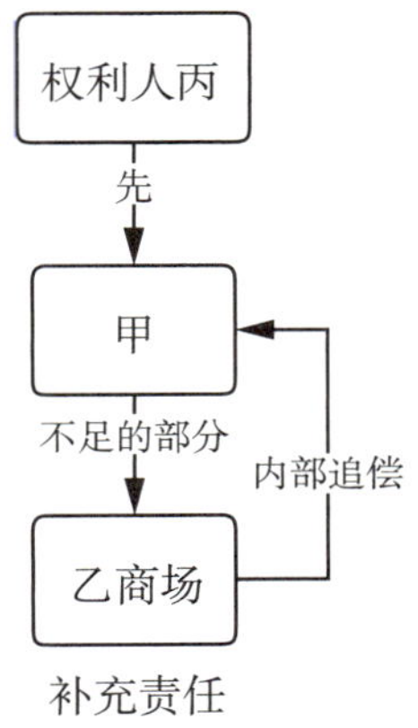

补充责任

常考的补充责任
1. 执行完主债务人财产后，一般保证人补充。
2. 第三人造成他人损害，第三人承担侵权。公共场所的经营者、管理者或群众性活动的组织者未尽安保义务的，承担相应的补充责任。经营者、管理者或者组织者承担补充责任后，可以找第三人追偿。
3. 无、限行为能力人在幼儿园等教育机构学习、生活，第三人侵权，第三人承担责任。教育机构未尽到管理职责，承担相应的补充责任。幼儿园等教育机构承担补充责任后，可以找第三人追偿。
4. 自愿参加有一定风险的文体活动，第三人侵权／其他参加者故意或重大过失致人损害，侵权者承担责任。活动组织者未尽到安保义务的，承担相应的补充责任。
5. 高空抛物，侵权人承担。物业服务企业未采取必要的安保措施，承担相应的补充责任。

三种责任的关系：最基础、最符合常理的是按份责任，在没有法律明确规定的情况下，就是按份责任；而连带责任、补充责任是特殊的，需要有法律的明文规定，因此，具体是哪一种责任，要去学后面章节，要去记！

KEEP AWAKE

第四章 自然人

【怎么考】自然人权利能力核心考点是胎儿权利能力，考点很好判断，考查比较常规。

监护基本每个点都考。监护人的确定、监护资格的撤销和恢复，主要考记忆，尤其注意细节；处分被监护人财产难度较大，考查比较灵活，需要进行判断，记住例子。

宣告失踪和死亡核心考点是宣告死亡被撤销的效力以及两者的关系，难度不大，只是要注意细节部分，考题可能会设置陷阱。

【怎么学】1. 把握权利能力和行为能力的概念，这样即使考查角度新，也能做对题。

2. 监护：务必注意讲义标蓝加粗部分，基本都是考点。

3. 宣告失踪和宣告死亡：对比学习，细节记忆，注意标蓝加粗。

一、自然人的民事权利能力与行为能力【自然人权利能力与行为能力 A】

（一）民事权利能力【简单理解为：享有权利的能力（资格）】

【情境案例】1. 甲乙是夫妻，丙是乙的情人，丙在甲食物中投放药物，导致孕中的胎儿残疾。胎儿能否请求赔偿？

2. 著名导演谢老死后，宋某在网络上大肆传播谢老是嫖妓性猝死，且与某明星有私生子。死者谢老的名誉还受保护吗？

自然人的民事权利能力是指自然人依法享有民事权利和承担民事义务的资格，有这个资格，民法才把你当做“**主体**”，可以拥有权利，承担义务；没有这个资格，你就是个“**客体**”，不仅不能拥有权利，还会被别人拥有。比如我们都有拥有一条狗（拥有狗的所有权）的资格，但是狗不能买条狗（狗不能拥有所有权，狗只能被别人拥有）。古代奴隶可以被买卖也是因为不承认奴隶的主体资格，认为奴隶是客体。

什么时候有权利能力？只要是活生生的“人”，不是狗，就有权利能力；但如果不是人，就没有。注意胎儿和死者的问题，见下图总结。

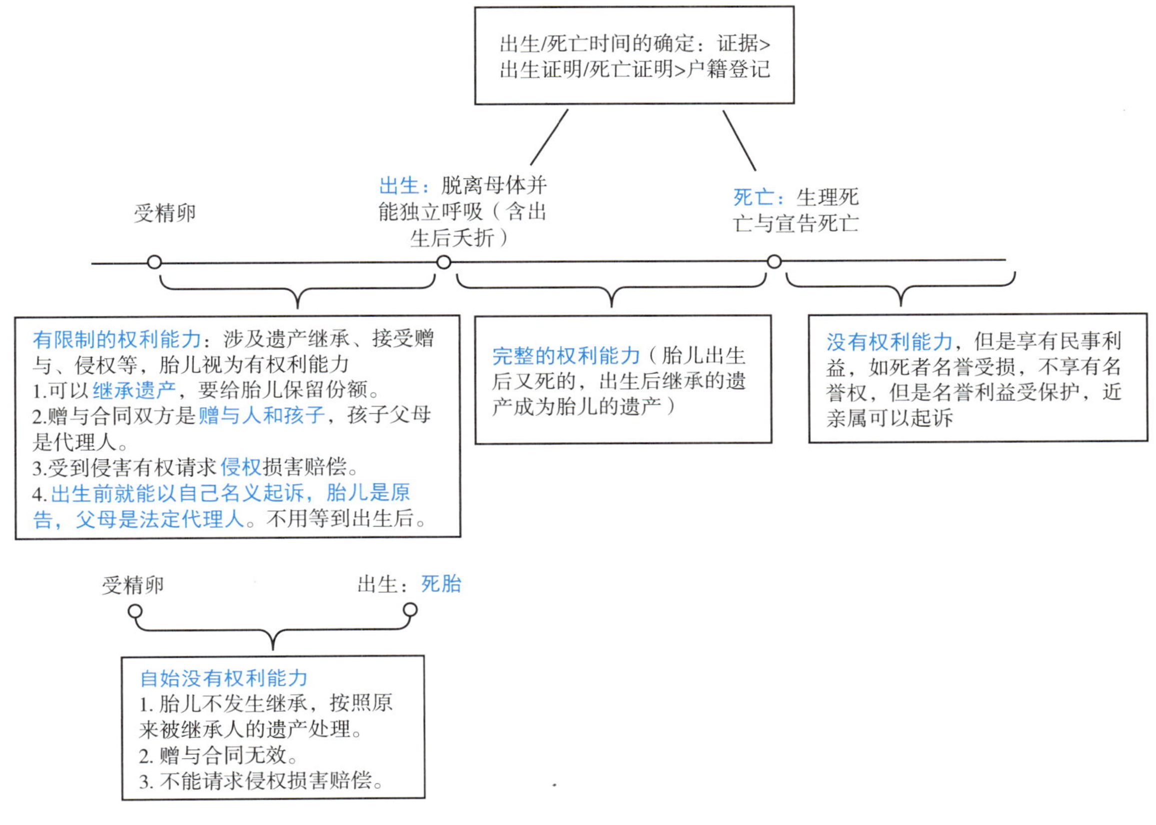

（二）民事行为能力【独立进行民事法律行为的能力】

【情境案例】1. 15 岁的四金对自己的性别发生了认知偏差，于是想去做变性手术，变成女的，可以吗？30 岁的四金，想去做变性手术，可以吗？变性的医院和四金签的合同有效吗？

2. 15 岁的四金看了《速度与激情 15》，于是用自己从爷爷那继承的房子和张三换了一辆 GTR，可以吗？张三和四金签的合同有效吗？如果四金父母同意了这笔交易，张三和四金签的合同有效吗？

民事行为能力（独立进行法律行为的能力），这个制度主要是为了判断：在自己独立的意思表示之下的法律行为，能否有效。核心是为了保护无、限行为能力人的利益。

初学者可能不理解什么是意思表示？什么是法律行为？（后面“法律行为”章节才会学），因此，在这里可以换成合同（合同是最典型的法律行为），民事行为能力就是解决“你独立去订立的合同，是否有效？”

注意：关键不是在于能不能独立进行意思表示，而是独立意思表示的法律行为是否有效。

如果你具有完全的民事行为能力，那么你就可以独立地进行意思表示，你的独立意思表示形成的法律行为（合同）就是有效的（不需要别人“辅助”，自己就能独立决定）；

如果你没有完全的行为能力，就不能独立进行意思表示，即使你独立进行意思表示，形成的法律行为（合同），是无效 / 效力待定的，除非是经过你的监护人辅助（监护人代替你作出意思表示 / 监护人追认你作的意思表示）。

具体有如下三种情况：

	无民事行为能力人	限制民事行为能力人	完全民事行为能力人
认定标准	①<8 周岁的未成年人 ②完全不能辨认自己行为的成年精神病人（全疯傻）	①8 ≤年龄< 18 的未成年人 ②不能完全辨认自己行为的成年人（半疯傻）	①≥ 18 周岁的正常人 ②≥ 16 周岁且以自己劳动收入为主要生活来源的未成年人
法律效果	独立实施的法律行为一律无效，即使接受赠与也无效。	①独立实施的纯获利行为有效，且获利不能有负担。如果有负担，是效力待定。如赠与 10 万但是钱只能用于跳舞，有负担，效力待定。 ②独立实施的与其年龄智力相适应的法律行为有效。不适应的，效力待定。 【怎么判断"与年龄智力适应"——理解自己的行为并预见相应后果、风险 + 价款】如 12 岁的小民沉迷追星，花近万元购买 1 张明星小卡（3 寸个人照）。小民不知道花近万元买 1 张照片是什么概念，而且价格太高，效力待定。	独立实施的法律行为有效。

初学者把上表的"法律行为"换成"合同"去读，就更容易理解，其他地方看不懂法律行为的，也可以替换成合同去理解就好理解多了。

民事权利能力 VS 民事行为能力

权利能力：享有权利、承担义务的资格，只要是人就有"资格"，且人人平等，不会因人而异。

行为能力：独立进行法律行为的能力，为了保护小孩和精神病，我们不允许他们独立进行法律行为，需要监护人辅助，但他们依然是有权利能力的，有享有权利的资格。

【疑问】为什么胎儿都能接受赠与，无行为能力人反而不行了？【混淆了行为能力和权利能力】

【判断 1】甲对怀孕的乙说，送给胎儿 10 万元，乙同意。——乙作为胎儿的代理人同意接受赠与，赠与有效（此时不是胎儿去意思表示，而是妈妈，妈妈是有行为能力的）。

【判断 2】甲对 5 岁的乙说，送给你 10 万元，乙同意。——赠与无效（因为乙才 5 岁，他独立的意思表示是无效的）。

【判断 3】甲想送给 5 岁的乙 10 万元，对**乙的母亲**说，送给乙 10 万元，母亲同意。——母亲作为孩子的代理人同意接受赠与，赠与有效。

【判断 4】甲对 9 岁的乙说，送给你 10 万元，乙同意。——限制行为能力人可以独立实施纯获利行为，赠与有效。不管乙的父母是反对还是同意都有效。

胎儿、无民事行为能力人需要法定代理人代为实施，才能有效。限民除了能独立实施的，剩余行为也需要法定代理人追认，才能有效。

判断分析

1. 郭某意外死亡，其妻甲怀孕两个月。郭某父亲乙与甲签订协议："如把孩子顺利生下来，就送十根金条给孩子。”孩子顺利出生。胎儿不具备权利能力，故协议无效。（2015 年第 3 卷第 60 题）【错误。接受赠与，胎儿视为有民事权利能力，合同有效】

2. 甲怀孕期间因身体不适就医，因医生用药错误，致甲险些流产，虽保住了胎儿，但造成了胎儿乙残疾，甲也受到了身体伤害，乙有损害赔偿请求权。（2020 年仿真题）【正确。涉及损害赔偿，胎儿视为有民事权利能力】

3. 爷爷在小张 6 岁时送给小张一幅价值 200 万元的书画，母亲刘某坚决表示反对。爷爷赠与小张的行为因母亲反对而无效。（2018 年仿真题）【错误。无效的原因在于无民事行为能力人独立实施，和母亲反对无关】

4. 爷爷在小张 8 岁时送给小张一只价值 2 万元的檀木手串，母亲刘某明确表示反对。爷爷将檀木手串赠与小张的行为有效。（2018 年仿真题）【正确。8 岁的小张属于限制民事行为能力人，独立实施的纯获利行为有效】

二、监护【监护 A】

【原理】为保障无民事行为能力人、限制民事行为能力人的合法权益，弥补其民事行为能力的不足，设监护制度。

（一）监护人的确定

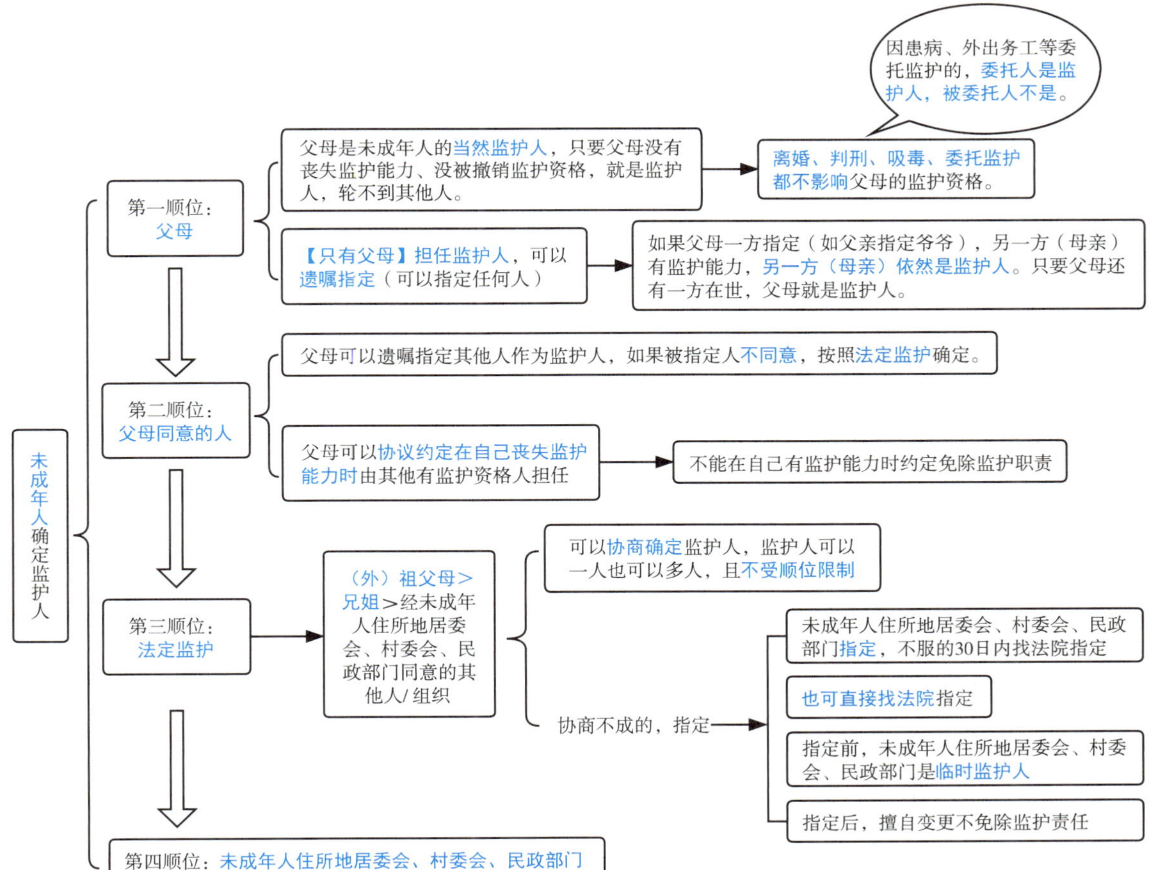

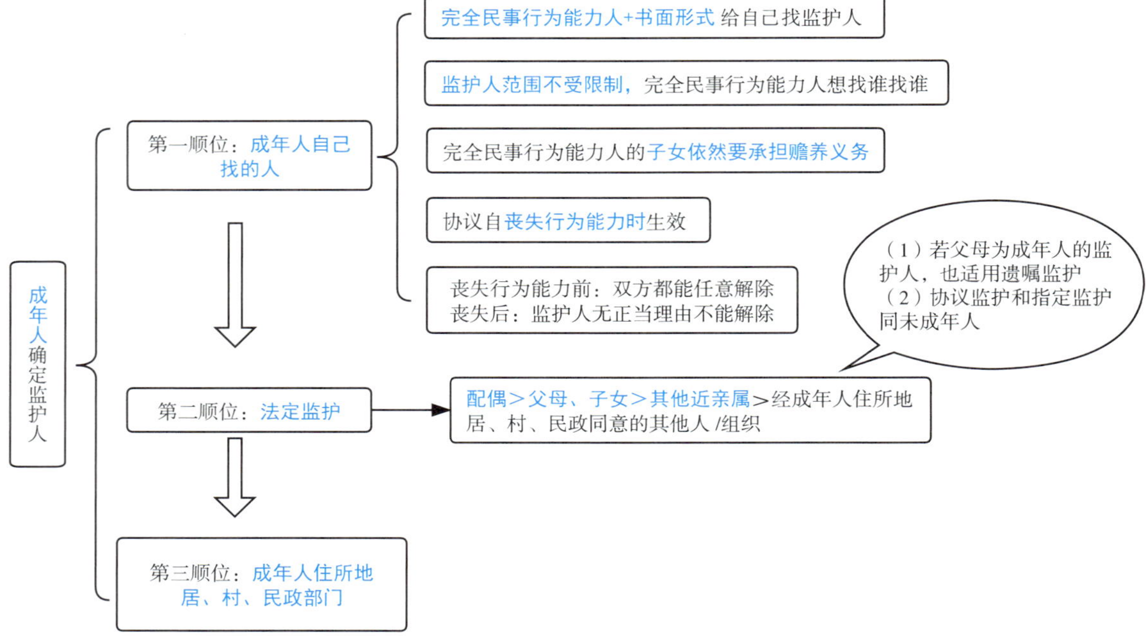

判断分析

1. 陆某因抢劫罪被判处刑罚，其妻蒋某与之离婚，法院判决双方的未成年儿子小勇由陆某抚养，实际由陆某父母看管。关于小勇的监护人，下列哪一说法是正确的？（2020 年仿真题）

A. 陆某是其唯一监护人【错误。即使离婚，父母仍然是未成年子女的当然监护人】

B. 蒋某是其唯一监护人【错误。理由同上】

C. 蒋某和陆某父亲母亲是其监护人【错误。父母在，轮不到其他人】

D. 陆某和蒋某均是其监护人【正确】

2. 甲 80 岁时与侄子乙订立书面合同约定："甲日后成为无、限制民事行为能力人时，由乙担任甲的监护人；甲死亡时，甲的 A 房屋归乙所有。"甲的儿子丙知情后，表示将来由自己担任甲的监护人，甲不同意。甲 85 岁时被法院宣告为限制民事行为能力人，甲提出进入养老院生活，乙不同意。对此，下列表述正确的是？（2021 年仿真题）

A. 乙不是甲的近亲属，不能担任甲的监护人【错误。监护人范围不受限制，甲想找谁找谁】

B. 若丙有监护能力，乙不能担任甲的监护人【错误。甲具有完全民事行为能力，可以给自己找监护人，协议有效。丙是否有监护能力不影响乙担任监护人】

C. 甲被宣告为限制民事行为能力人后，丙对甲不再负担赡养义务【错误。即使甲找了监护人，子女依然要承担赡养义务】

D. 甲提出进入养老院生活，系甲有能力独立处理的事务，乙不得干涉【正确。被监护人能独立处理的事务，监护人不得干涉】

（二）监护人的职责

1. 监护人应当按照最有利于被监护人的原则履行监护职责。

2. 对被监护人有能力独立处理的事务，监护人不得干涉。

3. 不为被监护人的利益，不能处分被监护人的财产。

（1）因生病、受教育等是为被监护人利益，但是高风险投资不是为被监护人利益。

（2）不是为被监护人利益以被监护人名义处分财产，构成无权代理，效力待定。[①]

（3）造成损失的，监护人要承担赔偿责任，诉讼时效从监护结束之日起算。

判断分析

甲 6 周岁，多次在国际钢琴大赛中获奖，并获得大量奖金。甲的父母乙、丙为了甲的利益，考虑到甲的奖金存放银行增值有限，遂将奖金全部购买了股票，但恰遇股市暴跌，甲的奖金损失过半。乙、丙应对投资股票给甲造成的损失承担责任。（2016 年第 3 卷第 52 题）【正确。高风险投资不是为甲利益，造成的财产损失，应当赔偿】

（三）监护资格的撤销与恢复

1. 什么情况能申请撤销——严重侵害被监护人利益，如性侵、导致孩子无人照看等。

2. 谁能申请撤销——其他有监护资格的人，居委会、村委会、学校、医疗机构、妇女联合会、残疾人联合会、未成年人保护组织、民政部门等（不用死记，一般考到的都有权申请）。

3. 向谁申请撤销——必须向法院申请，不能直接撤销。

4. 撤销法律后果——原监护人丧失监护权；但要继续履行抚养费、赡养费等义务。

5. 什么情况，撤销之后能恢复监护资格——父母或子女作为监护人 + 没有对被监护人实施故意犯罪 + 确有悔改表现，经申请，法院可以在尊重被监护人意愿前提下，视情况恢复监护资格。

判断分析

1. 孙某依法收养了孤儿小丽为养女，后孙某多次对小丽实施性侵害，造成小丽先后产下两名女婴。后当地法院判决孙某构成强奸罪，判决有期徒刑 3 年。民政部门可以直接取消孙某的监护人资格。（2018 年仿真题）【错误。有权取消孙某监护人资格的是法院而非民政部门，民政部门只能提出申请】

2. 2018 年，甲的妻子乙不幸身故，甲独自抚养孩子丙。后甲沉溺吸毒，无力照看年仅四岁的丙。之后，甲被强制戒毒。以下关于丙监护人的说法，正确的有？（2018 年仿真题）

A. 甲可以通过遗嘱，指定丙的奶奶担任监护人【正确。甲是丙的父亲，可以通过遗嘱指定】

B. 甲住所地的民政局有权申请撤销甲的监护人资格【正确】

C. 甲的监护资格被撤销后，仍须支付丙的抚养费【正确】

D. 甲戒毒成功后可以申请恢复监护人资格【正确。甲的吸毒行为并不属于故意犯罪】

三、宣告失踪和宣告死亡【宣告失踪与宣告死亡 A】

【情境案例】某富商出国后 10 年间都杳无音信，生死未知，他的妻子要一直等吗？他的财产要怎么处理？他欠的债又怎么处理？

① 关于无权代理部分，可以详细看后面“代理”章。

为及时确定法律关系，不影响利害关系人利益，设宣告失踪和宣告死亡制度。

<table>
<tr><th></th><th>宣告失踪</th><th>宣告死亡</th></tr>
<tr><td rowspan="2">条件</td><td>下落不明满 2 年 + 利害关系人申请 + 法院宣告</td><td>下落不明满 4 年 / 意外事件满 2 年 / 意外事件且不可能生存，无需 2 年 + 利害关系人申请 + 法院宣告</td></tr>
<tr><td colspan="2">司法解释对哪些人是利害关系人规定比较复杂，考试中考得也不多，因此我们简单记忆：
如果有人身关系（配偶、父母、子女等），一般就能申请。
债权人一般不能，除非题干显示想尽办法都要不到钱。
【申请人没有顺序限制】</td></tr>
<tr><td>法律效果</td><td>（1）设立财产代管人：有权管理处分失踪人财产，如替失踪人纳税、偿债，接受失踪人债务人的履行。
（2）婚姻效力：婚姻关系仍存续，一方若起诉离婚，判离。</td><td>（1）财产按照遗产开始继承；
（2）婚姻关系消灭；
（3）被宣告死亡人若未死亡，实施的法律行为效力不受影响。如甲在被宣告死亡期间购买手机，若无其他无效事由，购买行为有效。
【注意】死亡日期为判决作出之日；因意外事件死亡的，死亡日期为意外发生之日（如飞机失事）。</td></tr>
<tr><td>撤销条件</td><td colspan="2">本人重新出现 + 本人或利害关系人申请</td></tr>
<tr><td>被撤销后后果</td><td>财产代管关系终止，及时移交财产和报告代管情况</td><td>财产关系：
①继承的财产：返还；不能返还，适当补偿；
②从继承人那里取得的财产，不管有偿还是无偿取得，都不用还；由继承人补偿，恶意赔偿。如丈夫被宣告死亡，妻子继承财产后卖给或送给第三人。第三人不用还，妻子补偿。
（2）婚姻关系：原则上自行恢复；例外情形不恢复：
①配偶再婚（包括再婚后又离婚）；
②配偶书面向婚姻登记机关表明不愿意恢复。
（3）收养关系：宣告死亡期间子女被收养，不得主张收养无效。</td></tr>
<tr><td colspan="3">【注意】宣告失踪不是宣告死亡的必经程序，只要符合宣告死亡条件，可以直接申请宣告死亡。
同时申请宣告失踪和宣告死亡，符合死亡条件的，应宣告死亡。但注意必须符合宣告死亡的条件，比如妻子申请宣告失踪，债权人申请宣告死亡，但是债权债务问题宣告失踪就能解决，没必要宣告死亡，因此不符合申请宣告死亡的条件，此时只能宣告失踪。</td></tr>
</table>

判断分析

1. 甲出境经商下落不明，2015 年 9 月经其妻乙请求被 K 县法院宣告死亡，其后乙未再婚，乙是甲唯一的继承人。2016 年 3 月，乙将家里的一辆轿车赠送给了弟弟丙，交付并办理了过户登记。2016 年 10 月，经商失败的甲返回 K 县；同年 12 月，甲的死亡宣告被撤销。下列哪些选项是正确的？[①]（2017 年第 3 卷第 52 题）

A. 甲、乙的婚姻关系自撤销死亡宣告之日起自行恢复，但乙向婚姻登记机关书面声明不愿意恢复的除外【正确】

B. 乙有权赠与该轿车【正确。乙作为继承人取得轿车所有权，赠送给弟弟属于有权处分】

C. 丙可不返还该轿车【正确。丙并非通过继承取得轿车的所有权】

2. 甲在婚后因与妻子乙频繁争吵，有天吵架后一去不回，没有了音信。2 年后，乙向法院申请宣告甲失踪。宣告失踪后，乙可继承甲的财产 。（2022 年仿真题）【错误。宣告死亡才发生继承，失踪不发生】

① 有些题目没有放全部 4 个选项的原因是，很多题目都是结合考查，但是我们这里只学了这个知识点，为了更好地检测是否掌握该对应知识点，因此没放其他选项。

第五章 民事法律行为【客+主】[①]

【怎么考】重点章节，每年大概至少有6分考这章内容。

1. 意思表示（近几年常考）—需要先判断是否构成意思表示/进行意思表示的解释，进而判断合同成立和效力。

2. 民事法律行为的分类（基本不考）。

3. 有效、无效、效力待定（必考2题左右）—给出一个事实，问效力情况，且近几年考查非常灵活。

4. 可撤销（必考2题左右）—给出事实，问是否构成欺诈、重大误解、胁迫、显失公平，相较来说，胁迫考查较少。撤销权行使的除斥期间也会考，但是频次不是很高。

5. 附条件和附期限（隔2-3年考1次）—给出事实，需要判断出是否是附条件、附期限。

【怎么学】重点关注效力判断。

1. 意思表示和附条件、附期限—讲课注意听，掌握讲义内容即可，不用延伸。

2. 核心是有效、无效、效力待定、可撤销—牢记构成要件和每种情形，讲义的每个点都是考点，听完课务必及时去做真题检验和巩固。而且做这部分题千万要减少朴素价值观判断，严格按照构成要件去分析，否则很容易做错。

【原理】民法的核心是意思自治，靠什么实现自治——法律行为。

第一节 意思表示[②]【意思表示D】

一、意思表示的概念

意思表示：把想发生某种法律效果的意思表示出来，并产生民法上的效果。

意思表示不是生活中的“表达”，意思表示要能产生民法上的效果，例如我想500万买你的房子就有民法上买卖合同的效果。而“我爱你，我的爱就像房子一样坚挺”，就没有民法上的效果，不是意思表示。

意思表示形成的法律效果和表意人的意思是一致的，这也是民法意思自治原则的体现。例如我想500万买你的房子，最后买卖合同的内容肯定和这个是一致的。因此，意思表示的内容就很重要，不同的意思表示，产生不同的效果。

最后，意思表示不仅要看“有没有”的事实判断，还要看意思表示内容、作出意思表示主体的行为能力等，进行“好不好（是否有效）”的价值判断（详见下面“法律行为”节）。

① 【客+主】的意思是该章主观题也会考。

② 意思表示在民法上是一个非常深奥的理论，非常难，法考只要掌握讲义内容即可。

二、意思表示的形式

意思表示可以是书面（合同书、信件、数据电文，如电报传真等）、口头（面对面、电话）、行为（上公交车、顾客在超市收银台出示货物）。

原则上沉默不是意思表示，没有法律意义。但在有法律规定、当事人约定或符合当事人之间交易习惯时，沉默可以视为意思表示。

【总结】常考的沉默可视为意思表示的法律规定情形[①]

①视为接受

A. 试用买卖中试用期满，买受人未表示是否购买的，视为购买。

B. 出租人知或应知承租人转租，但在 6 个月内未提异议的，视为同意转租。

C. 继承开始后，继承人未表示是否要接受继承的，视为接受继承。

②视为拒绝

A. 限制民事行为能力人依法不能独立实施的法律行为，法定代理人经相对人催告后在 30 日内未作表示的，视为拒绝追认。

B. 无权代理经相对人催告，被代理人 30 日内未作表示的，视为拒绝追认。

C. 受遗赠人 60 日内未作表示的，视为放弃受遗赠。

三、意思表示的生效

<table>
<tr><td>无相对人的意思表示（不需要相对人知道内容）</td><td colspan="2">原则：自意思表示完成时生效，如抛弃自抛弃行为完成时生效。
例外：遗嘱自立遗嘱人死亡时生效。</td></tr>
<tr><td rowspan="3">有相对人的意思表示（需要相对人知道内容）</td><td>对话形式（当面、电话）</td><td>相对人知道内容时生效。
如有客观障碍，则实际了解意思时生效。如甲用重庆话对乙说："100 元买你的足球！"若乙没听懂，意思表示未生效。</td></tr>
<tr><td>非对话形式（信件、邮件）</td><td>到达时生效：意思表示进入相对人的实际控制范围即可，实际是否知道在所不问。如信件已经签收，即使相关人员未及时取阅，仍视为信件已经到达、生效。
电子邮件已经发送成功到指定邮箱，对方收到了，无论对方是否点开查看，都视为生效。
因为无法确定对方什么时候看，只能知道对方什么时候"收到"。</td></tr>
<tr><td colspan="2">公告：发布时生效。如悬赏广告[②]。</td></tr>
</table>

四、意思表示的解释

【情境案例】东北人甲到海南出差，为在他乡体验一下节日氛围，特地到演出馆买了一张"小年夜 19 点海南风俗演出"的票（票面未写明具体日期）。腊月二十三甲去看演出时，发现演出第二天才

① 此处列举出来是为了总结情形，里面具体内容不清楚的见讲义对应部分即可，后面都会讲到。

② 悬赏广告的性质历来有争议，主要有两种观点：单方允诺（单方法律行为）或要约。因法考官方教材观点为要约，故建议客观题选择"要约"；主观题如果明确观点展示，则两种都答，没明确观点展示，建议答要约。

开始，甲才知道南方的小年是二十四。但甲已经买好了二十四回东北的机票。双方对合同履行时间认识不一致，到底该按谁的理解来？

到底有没有作出意思表示，以及作出的意思表示到底是什么内容，都需要解释。【“一千个人眼中有一千个哈姆雷特”】

1. **有相对人**的意思表示：原则上按照“正常人这种情况下怎么理解”来解释，因为涉及相对人的信赖保护。除非相对人**知道作出意思表示人的主观真意**，此时按照该主观真意来。前面例子中，涉及演出馆的信赖保护，要按照腊月二十四来确定合同履行时间。

2. **无相对人**的意思表示：看作出意思表示的人的主观内心真意。因为不涉及相对人的信赖保护，坚定贯彻意思自治。小民在遗嘱中写道：“我死后，把‘风扇战斗机’送给小刑”。其实，小民一直把“显卡”称为“风扇战斗机”，因此，小民死后，小刑可以继承小民的显卡。

判断分析

1. 甲公司一直在乙公司为其员工订餐，双方一直通过电子邮件沟通，乙公司看到邮件无异议就准备，有异议才回复。某日甲公司照常发送邮件，但乙公司换了新员工，觉得价格不合适没回复，也没送餐。乙公司的沉默不构成意思表示。（2022 年仿真题）【错误。沉默原则不构成意思表示，但甲乙公司有交易习惯，此时沉默构成意思表示】

2. 陈某在校内的二手平台上发布出售自行车的信息，标价 1000 元。李某多次砍价无果后，在微信上给陈某留言道：“行，就按你说的，1100 元成交”。双方成立 1100 元的买卖合同。（2023 年仿真题）【错误。李某内心意思是 1000 元，陈某也知道，按 1000 元成立合同】

第二节 民事法律行为概述

一、民事法律行为

民事法律行为是通过行为人的意思表示来产生一定法律效果的行为。法律行为的本质在于行为人希望通过其行为（意思表示）产生特定（意思表示内容）的法律后果。常见的有：合同、遗嘱、抛弃所有权、合伙协议，其中合同作为最典型的一种法律行为，考试考法律行为也主要是考合同。

行为能力、意思表示、法律行为效力是三位一体的概念，最终的落脚点是法律行为的效力。

例如，一份合同，首先需要当事人能内心理解这个合同并判断后果；其次，要能理性地形成意思，把这种意思表达出来（意思表示）；最后，才会有合同（法律行为）。

如果整个过程都没问题，那么最终的合同一般就是有效的。

如果作出意思的人有问题（行为能力有问题），他不能理解这个合同的后果，法律会认定合同无效或效力待定。

如果人没问题，但是作出意思的时候被骗了、被威胁了等（意思表示有问题），法律会认定合同可被撤销。

如果意思表示的内容是违法、违反公序良俗的（意思表示有问题），法律会认定合同无效。

因此这三个概念，是三位一体，说的就是一个事，只是看从哪个角度来说，行为能力（从主体的角度）、意思表示（从行为的角度）、法律行为效力（从法律效果的角度）。法律行为的效力就是受行为能力，意思表示所影响；而判断意思表示、行为能力最终也是判断法律行为的效力。

事实行为 VS 法律行为

事实行为是指一种不依赖于行为人的意图或主观意愿而发生法律效果的行为。这些行为的法律效果是由法律直接规定的，不取决于行为人是否希望产生这些效果，也就是说，事实行为的法律后果是自动发生的，无论行为人怎么想的，后果都是一样的，法律直接规定好的（因此不需要看行为人意思表示，更不需要考虑行为能力）。

常见的事实行为有：侵权、创作等。如甲骂人构成侵权，只要有骂人的事实就行，按照法律规定承担侵权责任，至于内容到底骂什么不重要，也没有侵权有效和无效的说法。再如5岁的甲画了一幅画，就当然享有著作权（法律规定创作作品的人有著作权），无论画的内容好坏，取得著作权和行为能力无关，因为这是事实行为。

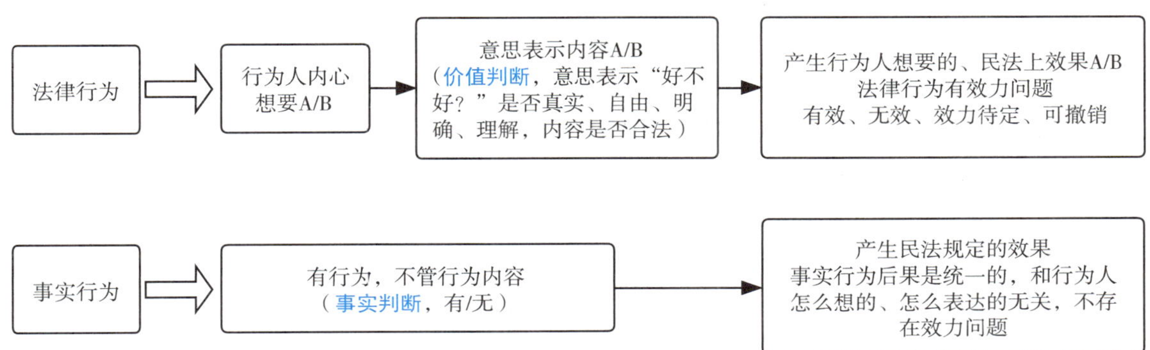

由上图对比可知，法律行为具体发生什么效果，是基于行为人意思表示，A意思表示就有A效果，B意思表示就有B效果。如果意思表示存在问题，如欺诈、胁迫或违反公序良俗，则最终形成的法律行为有可能无效或被撤销。因此，确保意思表示的真实和自由，是法律行为中非常重要的一环。同时，如果行为人年龄小、精神病等情况，我们也不能任由他们意思表示，要监护人辅助。

而事实行为，无论内容是啥，法律效果都是一样的，因此无需考虑意思表示，也无需考虑行为能力。

二、民事法律行为的分类【民事法律行为的分类E】

	民事法律行为的分类	
意思表示的数量及合意方式	单方	依一方当事人的意思表示就成立的法律行为，如遗嘱、抛弃所有权等。
	双方	由双方相对应的意思表示一致而成立的法律行为，如合同、遗赠扶养协议等。
	多方	两个以上当事人彼此的意思表示达成同向的一致才能成立的法律行为，如合伙协议、发起人协议等。
成立是否需要特定形式	要式	必须采取特定形式才成立的法律行为，如订立遗嘱（6种法定形式）、居住权合同（书面）。
	不要式	法律不要求特定形式，当事人自由选择，可口头、书面或其他等，如订立买卖合同、委托合同。
成立是否需要交付	诺成	只要行为人意思表示达成一致即成立，即“一诺即成”。大多数合同都是诺成行为，如买卖、租赁合同。
	实践	除意思表示一致外，还需要实际交付才能成立。如定金、自然人之间借款、保管合同。

第三节　民事法律行为的成立与生效【民事法律行为的成立与有效 A】

一、民事法律行为的成立

1. 一般成立要件：当事人 + 意思表示 + 标的（法律行为的内容）。这三个构成要件中最重要且最核心的是意思表示，当事人和标的其实已经在意思表示中得到体现。如前述例子中，100 元买你的足球。当事人是甲乙，标的是买卖合同，100 元买足球。

2. 特别成立要件：要式行为还要求法律行为满足相应的形式、实践行为还要求交付。

二、民事法律行为的生效

法律行为是否有效是由意思表示所决定的，需要考虑四方面：

1. 意思表示是否真实（是不是虚假的、有没有重大误解）
2. 意思表示是否自由（有没有被骗、胁迫、有没有显失公平）
3. 意思表示内容是否合法（内容违法 / 违反公序良俗）
4. 作出意思表示的人是否能完全理解、充分知道后果（行为能力）

这四方面任何一方面有问题，我们就叫意思表示有瑕疵，同时形成的法律行为的效力就会受影响（无效 / 效力待定 / 可撤销）。

【民事法律行为成立、效力关系图】

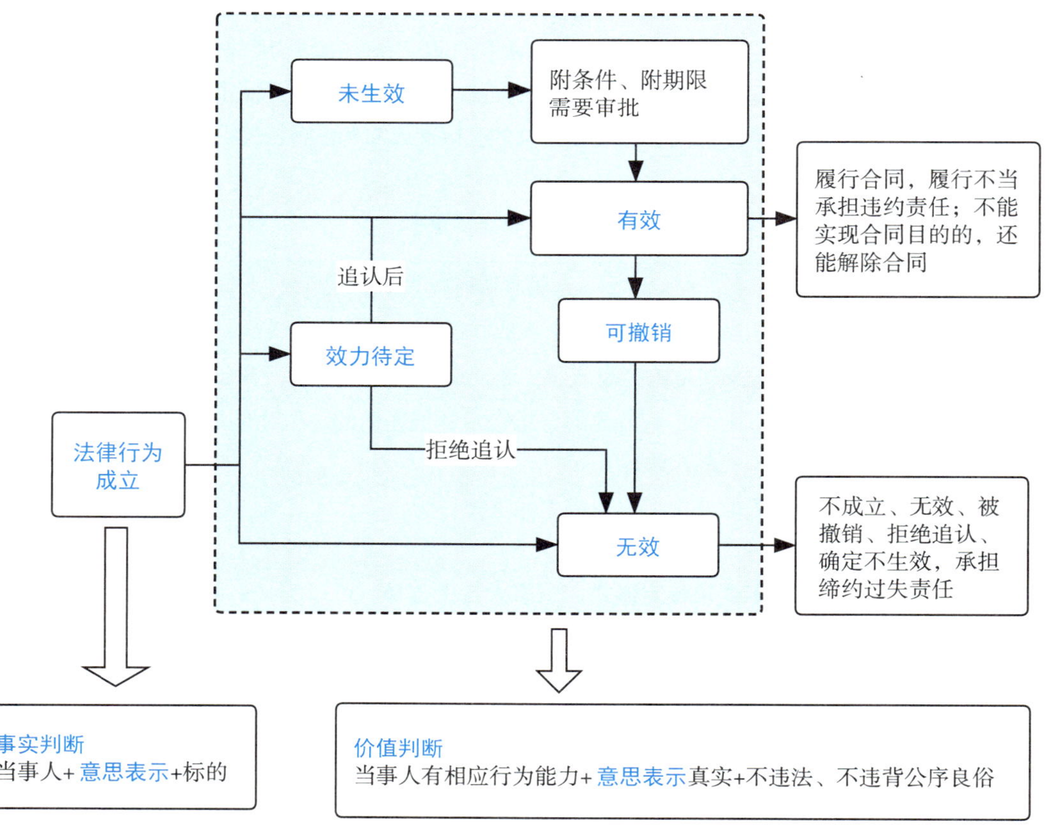

【注意】1. 未生效≠无效。未生效是不符合生效的要件，比如没经过批准，如果批准了，就生效了；如果确定不可能批准，是确定不生效。

无效是从根本上违反法律的规定，比如买毒品，法律给予否定评价，让它无效。

2. 生效和有效在考试中可以混用，选项问这个合同是否生效，如果不是后面提到的附条件、需要审批等法律行为，一律认为在问是否有效。

但也有一些题目和书籍没有区分那么细，作简单了解就行。

第四节　民事法律行为的有效与无效【客+主】

【民事法律行为的成立与有效 A；无效的民事法律行为 A】

法条群

《民法典》第一编总则 第六章民事法律行为 第三节民事法律行为的效力

第一百四十三条【民事法律行为有效要件】具备下列条件的民事法律行为有效：

（一）行为人具有相应的民事行为能力；

（二）意思表示真实；

（三）不违反法律、行政法规的强制性规定，不违背公序良俗。

一、民事法律行为有效的条件和无效的情形

有效（3个要件同时满足，“+”）	无效（5种情形）
当事人有相应的行为能力	1. 无行为能力人独立实施的行为一律无效。
意思表示真实	2. 虚假行为，又称通谋虚伪表示（双方都知道是假的）。虚假行为无效；但隐藏行为不当然认定无效，而是依照有关法律规定处理（即具体问题具体分析，根据效力要件判断）。如某明星为逃税和电影制片人签订2份合同，一份1000万元的合同用于登记纳税，另一份4000万元的合同为演员实际片酬。1000万元的合同是虚假行为，无效；4000万元的合同是隐藏行为，有效。但如果是名为片酬实为毒品买卖合同，则2份合同都无效。 **【注意】**戏谑行为【一方假，正常人也知道是假的（开玩笑）】 （1）行为人作出的意思表示并非其真意，且能期待对方也知道不是真意。如吹牛、打赌。 （2）后果：戏谑表示无效。 甲酒后对乙说：“如果你在大街上裸奔，我就送你一栋别墅！”属于戏谑行为，无效，乙不能请求转移别墅所有权。

<table>
<tr><td rowspan="3">内容不违反法律、行政法规的强制性规定，不违背公序良俗</td><td>3. 违反法律、行政法规的效力性强制性规定。
司法实践中一般认为“效力性强制性规定”，包括交易标的禁止买卖、违反特许经营规定、交易方式严重违法、交易场所违法等。
【做题技巧】考试中不用去识别什么是效力性，什么是管理性，记住平时学的无效情形就行。如果出现了不是平时学的内容，就看行为有没有违反公序良俗、社会公共利益，违反了就无效。</td></tr>
<tr><td>4. 违背公序良俗（详见第二章民法基本原则）</td></tr>
<tr><td>5. 恶意串通损害他人合法权益。
（1）恶意：明知自己的行为会造成他人损害还故意实施。
（2）串通：存在意思联络。
（3）知情≠恶意串通。主观没有加害他人的目的，仅为单纯知情不构成恶意串通。
【做题技巧】案情一定要明确写出 2 个人沟通了才是恶意串通，如果只说了知情，不构成恶意串通，不能单纯因为 2 个人是夫妻等关系脑补恶意串通。
例 1：甲欠乙钱，为避免乙强制执行，甲与丙商议将市价 80 万的车以 40 万卖给丙。甲丙有意思联络且故意损害乙的利益，属于恶意串通，甲丙之间的买卖合同无效。
例 2：甲以 80 万卖车给乙，签订了合同但未交付。丙知道后也找到甲并以 85 万买车，甲丙签订合同，并完成交付。丙对甲乙的买卖合同知情，但主观没有加害乙的目的，不构成恶意串通，合同有效，乙只能请求甲承担违约责任。</td></tr>
</table>

【注意】1. 合同有无效、可撤销事由，不会因为它已备案 / 已办理财产变更登记就转变为有效，依然能认定无效、可撤销。【新增】

2. 部分内容无效的，不影响其他内容效力。如超过 20 年的租赁合同，只有超过部分无效；某一些条款是虚假的，这些条款无效，但整体合同是有效的（删了这些条款，剩下的还是有效的）。

二、有效和无效的后果

1. 法律行为**有效**的后果：按照当事人的意思表示发生效力，民法给予认可和保障。例如合同有效之后，双方当事人需要按照合同约定的内容去履行，如果一方不履行，那么可以起诉到法院要求对方承担违约责任、强制履行。

2. 法律行为无效的后果：不能按当事人的意思发生效力，要恢复到法律行为订立前的状态。具体而言：

（1）自始无效，自始至终都无需按照无效的法律行为去履行，自然也不会有违约责任（约定都是无效的，违约何须承担责任？）

（2）相互返还财产：请求返还钱的，还能请求返还资金占用费；请求返还物的，还能请求支付标的物使用费。甲乙的租赁合同被认定无效，出租人甲有权请求返还房，并请求支付房屋使用费；承租人乙有权要求返还租金，并请求支付资金占用费。

（3）不能返还，折价补偿：以法院认定合同不成立、无效、被撤销、不生效之日财产的市场价值为基准。

（4）还有其他损失的，承担缔约过失责任（不是违约责任）。

【注意】无效的后果也适用于被撤销、拒绝追认、不生效、不成立等情况。

判断分析

1. 祝某系有名的玉雕大师，一日，他带着自己的雕刻作品上节目，声称只有他才能做出这样的玉雕作品。主持人问他，如果有人做出来呢？祝某说，那我就送他房（价值2000万）以及里面的全部财产。后祝某与主持人击掌确认，并请在场观众做见证人。玉雕爱好者刘某看到该节目后，做出了与其非常相似的玉雕，请求祝某兑现承诺但被拒绝。祝某的承诺属于戏谑行为，刘某无权请求祝某兑现承诺。（2018年仿真题）【正确。祝某内心并无赠与的意思，并且也可以期待观众不至于产生误会】

2. 70岁的甲男与25岁的乙女约定婚后将其名下一栋别墅赠与乙女，同时约定将房屋赠与后乙女应当好好照顾甲男，婚后甲按约定将房屋赠与乙并办理过户登记。赠与合同因违背公序良俗而无效。（2019年仿真题）【错误】

3. A公司欠甲公司和乙公司钱，只剩房和汽车可供执行。甲公司总经理和A公司说，你的财产只够偿还我司，不如与我司签订抵押合同。双方于是签订抵押合同。乙公司可主张合同无效。（2019年仿真题）【错误。甲公司目的不是侵害乙公司，而是为了实现自己的债权，不构成恶意串通】

第五节 可撤销的民事法律行为【客+主】【可撤销的民事法律行为 B】

一、可撤销法律行为概念和效力

1. 可撤销的法律行为，是指当事人在作出法律行为时，因其意思表示不真实不自由，法律允许当事人通过行使撤销权使已经生效的法律行为归于无效。可撤销的法律行为包括4种，分别是重大误解、欺诈、胁迫、显失公平。

【注意】可撤销法律行为是法律行为成立时的“意思表示”有问题，如果是法律行为成立后，履行过程中出现的问题，不属于可撤销法律行为，用违约责任、合同解除等制度处理。

2. 可撤销法律行为的效力：

被撤销前是有效的，撤销之后才无效。撤销权是一种形成权，要不要行使撤销权，由当事人自己决定。

（1）如果不行使，合同成立并生效。依据有效的合同，当事人可以要求对方履行（自己也得履行），如果有违约可以要求对方承担违约责任，达到不能实现合同目的情形还可以要求解除合同。

（2）如果行使，合同自始无效（有溯及力），过错方承担缔约过失责任（不是违约责任）。

二、可撤销法律行为的具体情形

（一）重大误解

法条群

《民法典》第一编总则 第六章民事法律行为 第三节民事法律行为的效力

第一百四十七条【基于重大误解实施的法律行为的效力】基于重大误解实施的民事法律行为，行为人有权请求人民法院或者仲裁机构予以撤销。

《总则编解释》五、民事法律行为

第十九条第一款【重大误解的认定】行为人对行为的性质、对方当事人或者标的物的品种、质量、规格、价格、数量等产生错误认识，按照通常理解如果不发生该错误认识行为人就不会作出相应意思表示的，人民法院可以认定为民法典第一百四十七条规定的重大误解。

重大误解，是指表意人作出意思表示时因自己的过错对意思表示的内容发生认识错误，按照通常理解如果不发生该错误认识就不会作出该意思表示。如前面对小年夜的误解，甲可以主张重大误解。

1. 认定（同时满足，"+"）

（1）**重大**：按照通常理解"如果没有误解，就不会这样意思表示"。一些鸡毛蒜皮的小误解，不属于重大误解，不能撤销，可以后期协商或法院判决。例如丙买东西的时候，以为交货日期是 7 月 15 日，但合同实际约定交货日期是 7 月 17 日，但到底哪天交其实对丙来说影响不大，这就不是重大误解。

（2）**误解**：对合同内容发生认识错误（如当事人、标的物、交易性质：买还是送等），包括：

①对"行为性质"的认识错误，如误把买卖当作赠与；

②对"人"的认识错误，包括对当事人及其资格范围的认识错误，如误把甲当作乙；

③对"标的物的品种、质量、规格、价格和数量等"的认识错误，如误把散酒当作茅台；误把裤长当作腰围；买房就要对房有误解，对房屋旁边交通的误解不算；

④表达错误，如误把 1000 元写为 100 元；

⑤第三人传达错误。如误把 1000 元传达为 100 元。

（3）重大误解不要求造成较大损失。重大误解是意思表示阶段的事，损失是合同履行之后的事，二者无关。

2. 不属于重大误解的情形

（1）动机错误不是重大误解。【你的动机别人不知道，保护交易安全】

例：甲以为妻子乙没有买电视机，就在商场购买了电视机，回家后发现妻子买了。甲购买电视机的意思表示是真实的，至于为什么买属于购买之前的内心动机，并不影响意思表示的内容。因此，不是重大误解。

（2）对标的物价值的认识错误，不是重大误解。【正常商业风险，价格≠价值】

例：甲购买房子，判断这里肯定会规划成学区房，有巨大的升值空间，花了 500 万，但后面学区规划并没有把这个房子规划为学区房。甲不构成重大误解，属于正常商业风险，炒股投资也是同样的道理。

典型风险行为不是重大误解，比如赌石、古玩、艺术品等最后价值和自己预估的有问题，也不属于重大误解（如果卖方明知假货，骗你是真货，属于欺诈；但你自己眼光不行，没捡到漏，属于自己价值判断问题，不是重大误解）。

【疑问】把真货当成是假货，觉得很不值钱，不是价值认识错误吗？

不是。把真货当成假货，是对标的物性质发生错误认识，构成重大误解。// 价值认识错误对东西本身真假认识没有问题，只是对这个东西到底值多少钱发生认识错误，注意不要混淆。

如甲从父亲处继承一祖传名画，但甲不识货，以为是假货，觉得不值钱，以 500 元价格卖给乙。——甲把真货当成假货，对标的物性质发生认识错误，构成重大误解。

甲从父亲处继承一祖传名画，但认为最多值 10 万元，就以 10 万元价格卖给乙，但其实市价是 100 万元。——甲对名画真假没有认识错误，只是价值判断有问题，不构成重大误解。

判断分析

1. 酒店客房备有零食、酒水供房客选用，价格明显高于市场价。关某缺乏住店经验，未留意标价单，误认为是酒店免费提供而饮用了一瓶洋酒。关某构成重大误解。(2007 年第 3 卷第 1 题)【正确。误把买卖当作赠与，而且通常来说如果不是认为赠与，关某不会喝】

2. 陈老伯考察郊区某新楼盘时，听销售经理介绍周边有轨道交通 19 号线，出行方便，便与开发商订立了商品房预售合同。后经了解，轨道交通 19 号线属市域铁路，并非地铁，无法使用老年卡，出行成本较高；此外，铁路房的升值空间小于地铁房。陈老伯深感懊悔。陈老伯可以基于重大误解主张撤销合同。(2017 年第 3 卷第 10 题)【错误。陈老伯系对"轨道交通"产生了错误认识，并没有对标的物房屋产生错误认识，该错误认识不是对合同内容的错误认识】

3. 某店铺于换季时，将店里的断码衣服特价销售，误将 930 元的衣服标为了 390 元，顾客李某提出购买该件衣服，店员表示同意。店铺可基于重大误解撤销合同。(2022 年仿真题)【正确。价格写错，而且通常来说店家不会按 390 元卖】

(二)欺诈

法条群

《民法典》第一编总则 第六章民事法律行为 第三节民事法律行为的效力

第一百四十八条【以欺诈手段实施的法律行为的效力】一方以欺诈手段，使对方在违背真实意思的情况下实施的民事法律行为，受欺诈方有权请求人民法院或者仲裁机构予以撤销。

第一百四十九条【受第三人欺诈的法律行为的效力】第三人实施欺诈行为，使一方在违背真实意思的情况下实施的民事法律行为，对方知道或者应当知道该欺诈行为的，受欺诈方有权请求人民法院或者仲裁机构予以撤销。

1. 构成要件

(1)欺诈故意：双重故意，故意骗你+故意想让你因为被骗做出意思表示；

(2)欺诈行为：积极欺诈和消极欺诈；

①积极欺诈：虚构事实，如假的冒充真的；卖罐头宣称"全国消费者放心满意品牌""中国著名品牌"，但实际并未获得该荣誉；卖"二手正版《民法书》"，其实是影印版等。

②消极欺诈：隐瞒真相，负有告知说明真实情况的义务，却未予告知或说明。

【判断标准】是否有告知义务如何判断？如果这个事实会影响到对方是否会订立合同或以什么价格签合同，就有告知义务。如二手汽车的行驶里程、凶宅需要告知。

(3)对方因欺诈陷入错误认识(欺诈与认识错误具有因果关系)；

(4)对方因错误认识作出不真实的意思表示(认识错误与不真实的意思表示具有因果关系)。

例：甲欲购买乙刚淘到的画作一幅，乙为赚取高价骗甲说是唐寅的画，开价 300 万元。①若甲是行家，明知该画非唐寅真迹，但仍然出价买入。此时乙不构成欺诈，原因是甲没有陷入错误认识。②若甲真的被骗了以为这是唐寅的画，但其实不管是谁的画甲都愿意以 300 万元的价格买。此时乙仍然不构成欺诈，原因是甲没有"因错误认识而作出意思表示"。

2. **重大误解与欺诈**：重大误解是误解，没有"骗子"；而欺诈是有骗子，有人故意去骗。

例：甲以 20 万元的价格将一辆机动车卖给乙。该车因里程表故障显示行驶里程为 4 万公里，但实际行驶了 8 万公里，市值 16 万元。

甲明知有误，却未向乙说明。乙可以基于欺诈还是重大误解撤销合同？——欺诈

如果行驶里程没问题，就显示 8 万公里，但乙看错了，看成 8 千公里，少数了一个 0，乙后面发现这个问题，可以基于欺诈还是重大误解撤销合同？——重大误解

【近几年常考的新颖出题角度】

①卖方自己不知道是假的——没有故意，不构成欺诈

例：甲的家中有一个祖传唐代瓷器，甲以 2 万元的价格卖给了乙。后查明，瓷器实为赝品，市值仅 300 元，甲、乙对此均不知情。甲没有欺诈故意，不构成欺诈。乙可以基于重大误解撤销合同。

②卖方以为是假的，但买方知道是真的——没有“被骗”，不构成欺诈

例：小李从父亲处继承了一幅齐白石的真迹。王某看出此画为真迹，有意以市场价 3000 万元购买，但没有直说；小李知道父亲不可能买得起真品，估计画的价值在 3000 元左右，遂以 3000 元的价格出卖给王某并交付。买方王某没有告知义务，不构成消极欺诈。——不能期待买方做出违背自身利益的事情，不符合社会的交易规则。当然如果买方诱骗卖方说是假的，此时构成欺诈。

3. 第三人欺诈

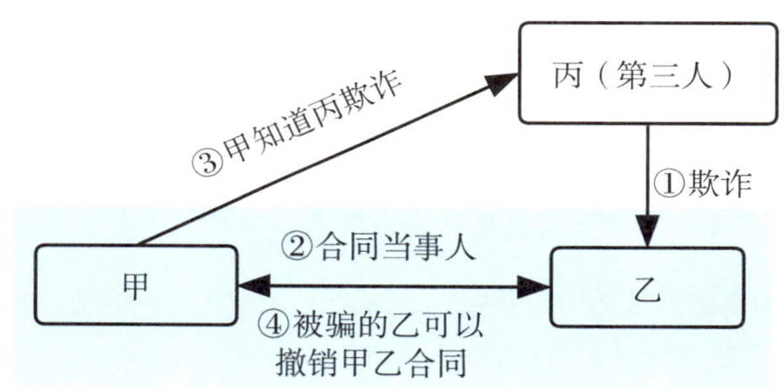

第三人实施欺诈行为，合同相对方知道或者应当知道该欺诈行为的，受欺诈方有权请求撤销当事人之间的法律行为。

例：甲从批发市场买瓷器冒充古董摆摊出售，乙犹豫要不要买，此时丙（第三人）走到摊位前骗乙说：“甲家世代做官，家里有很多古董收藏（都是真品）！”乙信以为真花 2 万元买了这件“古董”。甲知道丙在说谎骗乙，乙可以请求撤销甲乙间合同。

判断分析

1. 大学生小李在官网上购买了一台电脑，使用一个月后，感觉电脑有问题，遂到维修店进行检修，检修结果显示该电脑为旧机翻新。小李可以基于欺诈撤销合同。（2021 年仿真题）【正确】

2. 赵某有一幅祖传名画，市值百万，周某欲以低价购入，联合鉴定专家余某欺骗赵某说这是赝品，其价值不超过 10 万元，赵某信以为真，但并未将画卖给周某，而是以 15 万元的价格卖给不知情的唐某。（2019 年仿真题）

B. 因遭受周某欺诈，赵某可以撤销与唐某的买卖合同【错误。唐某不知道第三人周某的欺诈行为，赵某不得以第三人欺诈为由撤销】

C. 属于重大误解，赵某可以撤销与唐某的买卖合同【正确。赵某以为名画是赝品，对标的物发生错误认识，且通常来说知道是真品不会以这个价格出售】

【疑问】不是构成欺诈吗？ 为什么是重大误解？

注意审题。题目问以什么理由撤销赵某和“周某”的合同，周某欺诈赵某，但唐某不知道，因此赵某不能因为第三人周某欺诈撤销和唐某的合同。在和唐某的关系里，赵某对标的物性质发生认识错误，是重大误解。

如果赵某卖给的是周某，那当然可以基于欺诈撤销。

所以在做题时，如果人物关系多，一定看清楚题目问的是谁和谁的关系，切忌张冠李戴。

（三）胁迫

1. 构成要件

（1）胁迫故意：双重故意，故意让你恐惧+故意想让你因为恐惧作出意思表示；

例：甲骗乙说自己有乙受贿的证据，让乙高价购买自己家破烂的房子。乙信以为真进而购买，损失巨大。甲想让乙陷入恐惧并因为恐惧而作出意思表示，而不是让乙被骗进而作出意思表示，因此是胁迫而非欺诈。

（2）胁迫行为：威胁将给自然人及其近亲属等的人身权利、财产权利以及其他合法权益造成损害或者给法人的名誉、财产权益等造成损害；

（3）对方因此陷入恐惧；（胁迫与陷入恐惧具有因果关系）

（4）对方因恐惧作出不真实的意思表示；（陷入恐惧与不真实的意思表示具有因果关系）

（5）胁迫具有不正当性。包括目的不正当、手段不正当、目的与手段没有关联：

①目的不正当。如甲以举报乙贪污为由威胁乙必须娶甲，举报贪污是合法行为（手段正当），但目的不正当；

②手段不正当。如公开裸照要求还债，索取债务是合法行为（目的正当），但公开裸照的手段不正当；

③目的与手段都正当，但是没有关联。如甲被乙酒驾撞伤，甲以举报对方酒驾为由要求乙还之前的债。举报酒驾的手段正当，索取债务的目的正当。但是，二者无关联，构成胁迫。

如果都是正当的，也有关联，就不属于胁迫。如甲被乙酒驾撞伤，甲以举报对方酒驾为由主张医药费损失。举报酒驾的手段正当，索取医药费的目的正当，并且酒驾和医药费有关联，不构成胁迫。

2. 第三人胁迫

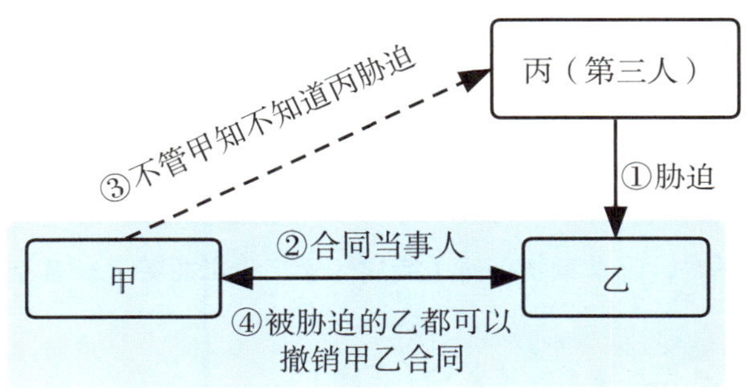

（1）第三人实施胁迫行为，即使相对人不知情，受胁迫方仍有权撤销该行为。

区别第三人欺诈：第三人欺诈，要求对方知道或者应当知道欺诈行为，受欺诈方才可以撤销。（原因：胁迫比欺诈更严重，具有不可容忍的违法性）。

（2）第三人欺诈、胁迫，受损的当事人可以请求第三人承担赔偿责任【新增】。例如乙受丙胁迫将房子低价卖给了不知情的甲，后乙申请撤销了合同，乙可以请求丙赔偿。

判断分析

甲的家中有一个祖传唐代瓷器。乙多次上门求购，均被甲拒绝。后乙的好朋友丙瞒着乙上门扬言："明日若你还不将瓷器卖给乙，小心你儿子的小命"。甲心生恐惧，次日将瓷器以2万元的价格卖给了乙。因乙不知丙胁迫甲一事，甲无权请求撤销与乙的瓷器买卖合同。（2018年仿真题）【错误。无论乙是否知道丙对甲实施胁迫，均不影响甲请求撤销合同】

（四）显失公平

1. 认定（乘人之危＋不公平）

（1）主观上：利用对方处于危困状态（如突患重病急需用钱）或缺乏判断能力（欠缺一般的生活经验或交易经验，如给老年人兜售风险高的理财产品；趁着别人醉酒，和别人签合同）的故意。

（2）客观上：使法律行为成立时双方权利义务严重失衡（不公平）。如果是成立后，履行过程中才"不公平的"，不属于显失公平制度（因为意思表示没问题，是履行的问题），要么属于正常商业风险，按照诚信原则，应该继续履行；如果严重不公平，可以用"情势变更"处理（后面章节会讲什么是情势变更）。

【坑点】千万注意一定要同时符合2个要件，不能一看结果不公平就认为是显失公平。要看有没有"乘人之危"。

2. 不属于显失公平的情形

（1）赌石等没有利用对方困境，属于双方自愿。

（2）假一罚十等承诺没有利用对方的困境，是有效的承诺。

（3）艺术品、珍宝、宝石等价值浮动很大的东西，一般不认为是显失公平。

判断分析

1. 甲公司法定代表人李某被乙公司代表极力劝酒灌醉（医院病历证明李某当时处于严重醉酒状态，但尚未丧失知觉），乙公司趁机与李某签订违背远期商业规划且明显不利于甲公司的合作协议。甲公司可基于显失公平撤销该协议。（2019年仿真题）【正确。利用对方缺乏判断能力，使权利义务严重失衡】

2. 某日，古玩爱好者甲在本地经常光顾的古玩街花费十万元购买了一面铜镜，疑为唐代真品。后经鉴定，该铜镜为现代仿品，仅值数千元。对此，下列哪一说法是正确的？（2022年仿真题）

A. 甲可主张存在重大误解，请求撤销合同【错误。古玩街上购买古玩属于典型风险行为，不构成重大误解】

B. 甲意思表示真实有效，无权请求撤销合同【正确】

C. 甲可主张存在显失公平，请求撤销合同【错误。甲没有困境】

D. 甲可主张其被售卖人欺诈，请求撤销合同【错误。出卖人没有欺诈行为】

3. 甲公司看中乙五星级酒店的一幅巨型山水画。后甲公司以 4.5 亿元（高出市场价 1 亿）的价格收购乙五星级酒店的全部财产（包括巨型山水画）。然后次日甲公司通过委托拍卖山水画赚了 1.5 亿，甲公司与乙五星级酒店之间的买卖合同效力如何？（2022 年仿真题）

A. 重大误解【错误。乙酒店最多是没意识到山水画的价值，但是价值认识错误不构成重大误解】

B. 显失公平【错误。乙酒店没有困境，是理性主体】

C. 欺诈【错误。甲公司没有告知义务】

D. 无效力瑕疵【正确】

二、撤销权行使

撤销权是形成权，须在除斥期间依法定方式行使。

行使方式	诉讼或仲裁，不能通知		
撤销事由	撤销权人	短期除斥期间	最长除斥期间
重大误解	误解方	自知道或者应当知道撤销事由之日起 90 日内	自民事法律行为发生之日起 5 年内
欺诈	受欺诈方	自知道或者应当知道撤销事由之日起 1 年内	
胁迫	受胁迫方	自胁迫行为终止之日起 1 年内	
显失公平	受损害方	自知道或者应当知道撤销事由之日起 1 年内	
		任何一个期间经过，撤销权消灭，不能再行使，合同有效。	

第六节　效力待定的民事法律行为【效力待定的民事法律行为 B】

效力待定，指民事法律行为的效力自成立时处于不确定状态，需要特定的权利人（法定代理人或被代理人等）进行追认或者拒绝，使其效力最终确定为有效或者无效。

一、法定类型

1. 限制民事行为能力人依法不能独立实施的法律行为。如前述 12 岁的小民花近万元购买 1 张明星小卡（3 寸个人照）。

2. 狭义无权代理[①]。如甲想买手机，好友乙擅自以甲的名义代理购买一部华为 P50。

【说明】效力待定还有其他情形，比如越权代表等，因为这些情形的侧重点并不在合同效力层面，所以我们放在“法人”章统一学习。

二、效力如何确定

1. 法定代理人或被代理人进行追认，追认以通知方式行使就行，不用同意。但注意要在善意相对人撤销前追认。

2. 追认后自始有效；拒绝追认的，自始无效。

① 详见后面“代理”章。

3. 怎么保护相对人权利？

（1）相对人可以催告法定代理人或被代理人追认。自收到通知之日起30日内沉默的，视为拒绝追认。

（2）善意相对人还可以在追认前行使撤销权，通知就行，不用对方同意。

善意是指不知道且不应当知道没有相应行为能力或无权代理的事实。

第七节　未生效的民事法律行为【附条件、附期限的法律行为 D】

未生效法律行为是指法律行为已经成立，但还不满足特别的生效条件，因此处于未生效状态，等满足了就确定生效，无法满足就确定不生效。

一、附条件、附期限的民事法律行为

（一）附条件的民事法律行为

当事人在法律行为中规定一定的条件，用条件是否成就来决定法律行为是否生效。如果条件成就，法律行为生效；不成就，法律行为不生效。如甲乙签订合同约定："如果明天早上甲家屋顶来了喜鹊，乙就购买甲的房子。"第二天早上喜鹊果然来了，条件成就，买卖合同生效，要履行；如果没来，条件不成就，合同不生效，不能请求转移房屋所有权。

1. 如果为自己利益不正当地阻止条件成就，视为条件已经成就。为自己利益不正当地促成条件成就，视为条件不成就。如第二天喜鹊果然来了，但乙反悔了不想买，将喜鹊赶走。乙为自己利益不正当地阻止条件成就，视为已经成就，合同生效，乙应履行合同。

2. 条件的判断

不要看到类似"如果 / 等……，就……"的表述就默认是附条件，一定要看看是不是影响法律行为生效。如果已经生效，只是合同履行方面多了个条件，这不叫附条件。

甲公司把一设备出卖给乙公司，乙公司转卖给丙公司。甲、乙公司约定："等丙公司向乙公司支付货款后，乙公司立即把货款支付给甲公司。"该约定不是附条件。附条件影响合同是否生效，甲乙公司买卖合同已经生效，约定的内容只是支付货款条件，而非合同是否生效的条件。

【注意】除了附生效条件，还可以附解除条件。解除条件成就时，法律行为被解除，进而失效（注意：不是无效）；解除条件不成就时，保持有效状态。

（二）附期限的民事法律行为

当事人在法律行为中设定一定的期限，用期限的到来决定法律行为的生效。"期限"分确定期限（如3个月后、下个月9点等），不确定期限（如死亡）。

【区分】附条件与附期限：条件是否发生不确定，而期限一定会发生。

【注意】期限除了可以决定法律行为生效，也可以约定期限到了，法律行为失效。

判断分析

甲将自己的一辆货车租给乙使用，因资金困难便和乙约定，租赁期届满时将货车以20万元的价格卖

给乙，乙分 3 个月支付价款。甲乙达成的买卖合同是附期限的买卖合同。（2023 年仿真题）【正确。租期届满一定会发生】

二、需办理审批的民事法律行为

需办理审批手续的法律行为，自完成审批后生效，批准前未生效。甲将享有的商业银行 6% 的股权作价 1 个亿卖给乙。（法律规定：购买商业银行股份总额 5% 以上，需要经国务院银行业监督管理机构批准）甲乙的股权转让合同在批准前未生效。

1. 审批前未生效，所以不能请求履行合同主要义务。接上例：批准前，不能请求变更股权登记。

2. 但报批条款生效，有报批义务的人不报批，对方可以选择：

（1）请求报批，如果法院判决报批还不报批，可以解除合同并请求承担违反合同的违约责任。【新增】接上例：起诉请求报批，法院支持，还不报批，可以解除转让合同，如果因合同没得到履行造成乙 20 万元的损失，还能请求赔偿这 20 万元。

（2）解除合同并请求承担违反报批的责任。接上例：如果他们约定，迟延报批的，支付 2 万元违约金。该与报批相关的违约责任条款也生效，未报批可以解除合同并请求承担未报批的 2 万元违约金。

主观题延伸拓展

案例 1：2017 年 4 月 1 日，天蓝公司将之前已售予王某的房屋以更高的价格再次出卖给张某，并签订房屋买卖合同，约定 10 个月后交房并办理房产登记。张某对天蓝公司与王某之前订立的房屋买卖合同知情。

问题：王某能否主张天蓝公司与张某之间订立的房屋买卖合同无效？为什么？

案例 2：2010 年 7 月 2 日，甲公司与乙公司签订借款协议，约定乙公司向甲公司借款 7000 万元用于建设施工，借期 3 年。后借款届期，乙公司无力偿还本息，多次沟通下，双方于 2013 年 10 月 1 日签订了《债务清偿协议》，约定乙公司以尚在建设的 10 套商品房用以抵偿本息。

问题：《债务清偿协议》效力如何？

案例 1—问题：王某能否主张天蓝公司与张某之间订立的房屋买卖合同无效？为什么？

答案：不能。虽然张某对前一份买卖合同知情，但知情不等于恶意串通，不影响合同效力。

案例 2—问题：《债务清偿协议》效力如何？

答案：有效。甲公司与乙公司签订协议时具有相应的民事行为能力，意思表示真实，不违反法律和行政法规的强制性规定，不违背公序良俗。法条依据为《民法典》第 143 条。

【梳理笔记小贴士】

由于民法内容较为庞杂，所以大家学完之后，一定要梳理笔记，不然学完就全乱了，或者学到后面忘记前面，学完刑诉，忘记民法。

梳理完笔记之后，所有要记的内容其实是不多的，例如本章节梳理完笔记之后，就下图的内容，后面复习就通过下图即可，民法全部梳理完，大概就 20 页不到；法考所有科目加起来，也就 100 多页。

【笔记是你复习利器】笔记最好用“康奈尔笔记法”，图示化、思维导图化，不会梳理笔记的，可以参考觉晓法考 APP 上的“蒋四金笔记讲座”。来不及整理的，也可以直接用觉晓的《推背图》（每科 10 多页，思维导图总结完全部内容，配带背课）。

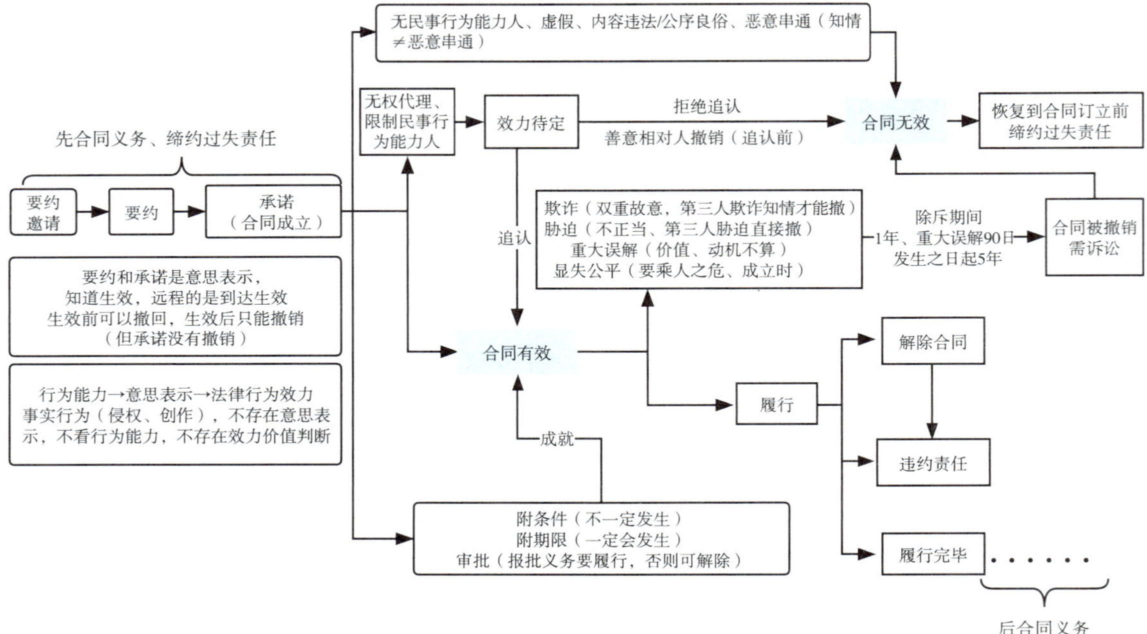

KEEP AWAKE

第六章

代理【客 + 主】

【怎么考】1. 给出事实问构成无权代理（狭义）还是表见代理，然后在此基础上考法律效果，每年必考。

2. 会要求识别是冒名、代理还是处分，再进一步考法律效果。代理中的恶意串通会考效力和责任承担。

【怎么学】1. 代理因为涉及三方关系，因此本身学习难度较大，一定要注意听课和画图。

2. 核心掌握代理的本质是“归属”，而且要注意把握狭义无权代理和表见代理的核心区别要件。

一、代理概述【代理概述 D】

（一）代理的基本原理

代理是指代理人以被代理人（本人）的名义，在其授权范围内进行民事法律行为，其法律效果直接归属于被代理人（本人）的法律制度。主要有两类：法定代理，委托代理。

大白话：代理就是一个人（代理人乙）去帮另一个人（被代理人/本人甲）处理事情，代理人乙做的事情，就好像是被代理人甲自己做的一样，有什么责任由甲承担，好处也是归甲，法律上都算在被代理人甲头上。

为什么会有代理（生活中常见的代理情形）？

父母代理子女：小明只有 12 岁，他自己不能签合同。如果需要给他办个银行账户，他的父母可以代他去银行签字开账户。这就是父母作为法定代理人，为小明处理事情。

请律师打官司：老李有个纠纷，不懂法，怎么办？他可以请个律师，这个律师就是他的代理人。律师在法庭上替老李说话，代老李处理法律事务。这个叫做委托代理，因为老李主动请了律师帮忙。

房地产代理：小张要出国了，想把自己的房子卖掉，但他没时间亲自来回跑。他可以找个房地产代理公司帮他卖房子。代理公司就成为他的代理人，可以代小张签合同、处理卖房子的事情。

公司销售：一家公司的销售在公司授权范围内，可以代理公司签订合同、做生意。销售的这些行为，法律上算在公司头上，而不是个人头上。

【原理】社会分工和生活意味着不可能一个人做完所有的事情。代理可以弥补行为能力的不足，让无、限民事行为能力人可以从事法律行为（法定代理），也能扩大完全民事行为能力人（委托代理）的活动范围。代理还能降低成本，提高效率，使民事主体利用他人能力和专业知识进行活动。

【注意】代理是民法的制度，主要是代理别人去进行意思表示，做出法律行为，而且代理人要有一定的独立性。因此如果和民法无关的，或者没有独立意思表示的，不是代理。

1. 和民法无关的，不是代理。如代替另一个人去参加面试，面试民法不管，不是代理。

2. 代理人没有独立意思表示，不是代理。如甲让乙代购茶叶，并指明去哪家店买、买哪种，乙没有独立意思表示，不是代理，只是个跑腿的人。

但如果甲让乙代购茶叶，只指明了买哪种，这就是代理了，因为乙可以自己决定去哪买、找谁买，乙有独立意思表示。

（二）法定代理和委托代理

1. 法定代理：基于法律规定产生，如监护关系（监护人是法定代理人）、配偶关系（夫妻双方家事代理权）。

2. 委托代理，也称意定代理：基于授权行为产生。

【注意】法定代理考试考监护人，参见监护人部分；本章节后面说的代理，主要说的是委托代理。

（三）代理权的行使

原则	为被代理人利益、亲自代理、诚信勤勉、及时报告。	
禁止行为	恶意串通	代理人和相对人恶意串通，损害被代理人利益的，合同效力待定。给被代理人造成损失的，由代理人和相对人承担连带责任。【新增】 **【疑问】**恶意串通损害他人利益，为什么不是无效？ 恶意串通损害他人利益无效的“他人”是指合同当事人以外的人，而代理人和相对人是损害被代理人利益，被代理人是合同当事人，因此不能认定无效。这里属于代理权滥用，参照无权代理的规则，由被代理人认定效力（不一定是坏事）。
	代理违法行为	代理人知道法律行为违法还实施代理行为，被代理人和代理人承担连带责任。
	自己代理	代理人不得以被代理人的名义与自己实施法律行为，但是被代理人同意或者追认的除外。
	双方代理	代理人不得以被代理人的名义与自己同时代理的其他人实施法律行为，但是被代理的双方同意或者追认的除外。

判断分析

甲将家传古画委托乙卖出。在有意购买的人中，丁的出价并不是最高，但是由于丁私下给了乙20%的好处费，乙将古画卖给了丁，并欺骗甲说古画市场价格大跌，同时隐瞒了比丁高的其他报价。对此，下列哪些说法是正确的？（2021年仿真题）

A. 买卖合同有效【错误】

B. 买卖合同效力待定【正确。恶意串通损害被代理人甲利益】

C. 乙构成无权代理【错误。有权代理，只是滥用代理权】

D. 乙与丁对甲的损害承担连带责任【正确】

二、代理的圆满状态【代理概述 D】

（一）委托代理（有授权）的法律关系

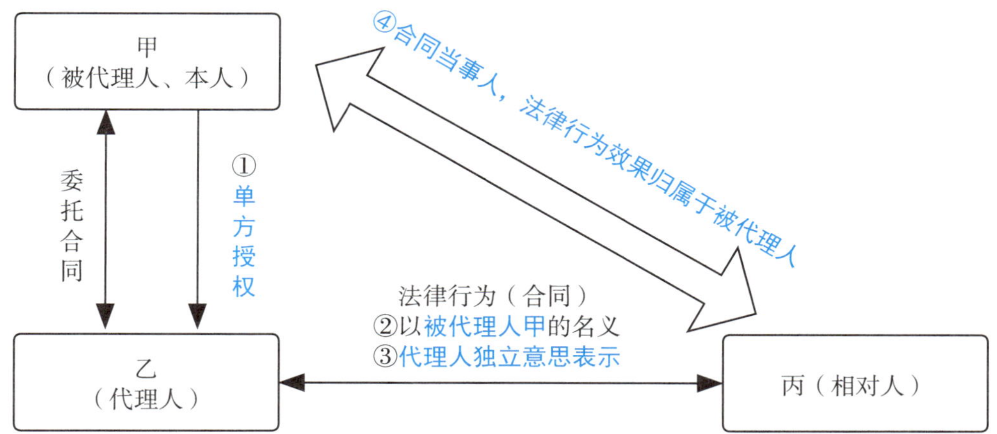

例：保险公司甲和保险代理人乙签订委托合同，并向保险代理人出具授权委托书，授权其经营全部人身保险业务。保险代理人乙和购买重疾险的丙签订保险合同。保险公司甲是被代理人，保险代理人乙是代理人，丙是相对人。

（1）合同上签谁的“名”？

被代理人甲和相对人丙。保险代理人乙以保险公司甲的名义和丙签订保险合同，丙购买的是保险公司甲的保险，合同是甲和丙订立的。

（2）谁出的“力（意思表示）”？

保险代理人乙。

代理人有独立意思表示，对于代理事项可以自己形成意思并表达于外部，如可以自己选择交易对象，即是否和丙订立保险合同；可以自己选择交易内容，即和丙签订重疾险，还是意外险。

（3）“名”和“力”的“连接点”是？

被代理人授权。保险公司甲授权保险代理人乙经营保险业务。

（4）保险合同当事人是谁和谁（谁承担合同责任，享有合同权利）？

被代理人保险公司甲和相对人丙。

（5）保费给谁？丙确诊癌症，由谁支付保险金？

保费给被代理人保险公司甲，也由被代理人保险公司甲支付保险金。保险公司甲、相对人丙是保险合同双方，需要承担相应的法律效果。

（二）委托代理的构成要件

【总结】

代理有两个核心要件：有被代理人（本人）的授权+以被代理人（本人）名义

如果两个核心要件都满足，属于代理的圆满状态；效果：被代理人和相对人是合同双方，承担合同权利义务。

如果只满足有“被代理人（本人）的授权”，但不满足“以被代理人（本人）名义”，属于间接代理。

如果只满足有“以代理人（本人）的名义”，但不满足“有被代理人（本人）授权”，属于无权代理。

无权代理又细分为两类，狭义的无权代理和表见代理。

（三）代理权的授予和委托合同关系

1. 委托合同是双方法律行为，需要代理人同意。

2. 代理权的授予是单方法律行为，无需代理人同意。（因为没有给代理人带来义务，代理权只是一种资格，代理人不愿意，不做就行。真正带来义务的是委托合同）。

问：为什么不能只有委托合同，还要授予代理权？

答：委托合同只约束双方当事人，具有相对性。授予代理权，可以展示给第三人看，让第三人相信有代理权。例如，律师甲代理张三的案件，签了委托合同，约定律师费100万，还要单独再签一个授权书；委托合同是约束双方的，授权书可以对外展示，律师去法院见法官 / 和对方当事人乙谈和解的时候只用展示授权书就好，不用展示委托合同（不然那么高的律师费，法官知道了多尴尬，不眼红吗？合同有很多私密的事项）

3. 由于授予的代理权可以对外展示，因此有一定的公信力；如果委托合同出问题（被解除了 / 被撤销了），已经授予的代理权不受影响【法律上也称"无因性"即"果"不受"因"的影响，因变了，果不会跟着改变，常见的还有"票据行为"[①]】。

接上例，如果张三觉得律师甲不靠谱，通知律师解除委托合同，但甲依然代理张三，去和对方当事人乙签了和解协议。问：这个和解协议是无权代理吗？

答：不是，有授权，是有权代理，授权并不会因为委托合同解除，就自动作废（无因性）。

问：那律师干这种事，张三还要承担责任？凭什么？！

答：是的，你之前授权了，你就要承担后果，如果想避免，你在解除合同的时候，就应当通知对方当事人乙，让对方知道，如果对方知道了，就属于无权代理了，否则张三自己要承担考虑不周全的后果。

另外，不要只站在张三角度，如果你是对方当事人乙，你又不知道张三解除了委托合同，和解协议都签完了，突然张三说之前已经解除了和律师的委托合同，难道和解协议就变成效力待定了（不被张三追认就无效）？凭什么？如果这样都行的话，那要想反悔和解协议太容易了，张三和律师私下商量好，统一口径说"委托合同前面就解除"了，不就可以"钻空子、随意违约"了？

问：那律师干这事，难道不用承担责任吗？

答：要，张三有损失，可以向律师追偿，但你不能直接说和解协议无效（因为考虑到无辜的对方当事人乙，考虑到公信力）。

三、狭义无权代理和表见代理【狭义的无权代理B；表见代理B】

法条群

《民法典》第一编总则 第七章代理 第二节委托代理

第一百七十一条【无权代理】行为人没有代理权、超越代理权或者代理权终止后，仍然实施代理行为，未经被代理人追认的，对被代理人不发生效力。

相对人可以催告被代理人自收到通知之日起三十日内予以追认。被代理人未作表示的，视为拒绝追认。行为人实施的行为被追认前，善意相对人有撤销的权利。撤销应当以通知的方式作出。

① "无因"常见的就这两个，其他一般都是有因，后面学物权区分的时候就知道了。

行为人实施的行为未被追认的，善意相对人有权请求行为人履行债务或者就其受到的损害请求行为人赔偿。但是，赔偿的范围不得超过被代理人追认时相对人所能获得的利益。

相对人知道或者应当知道行为人无权代理的，相对人和行为人按照各自的过错承担责任。

第一百七十二条【表见代理】行为人没有代理权、超越代理权或者代理权终止后，仍然实施代理行为，相对人有理由相信行为人有代理权的，代理行为有效。

1. 狭义无权代理

例：保险公司甲和保险代理人乙签订委托合同，并向保险代理人出具授权委托书，授权其经营全部人身保险业务。乙辞职后，甲收回了授权。但乙依然以甲的名义和丙签订重疾险的合同。

（1）合同上签谁的“名”？被代理人保险公司甲和相对人丙。

（2）谁出的“力”？保险代理人乙。

（3）“名”和“力”无连接点。没有被代理人授权，没有权利外观。

（4）合同效力如何？效力待定，需要根据被代理人后续是否追认来确定法律效果是否由被代理人承担。

（5）如果被代理人甲追认，发生什么法律效果？

被代理人甲追认（已经履行合同也是追认）：有授权，合同自始对被代理人生效，被代理人甲承担法律效果。若丙确诊癌症，保险公司甲需要赔付保险金。

（6）如果被代理人甲拒绝追认，发生什么法律效果？

对被代理人不生效，被代理人不承担法律效果。丙确诊癌症，保险公司甲不用赔付保险金。

①如果丙善意：

A. 丙可以要求乙履行合同；若丙确诊癌症，可以要求乙支付；

B. 或者丙要求乙赔偿，只是赔偿范围不得超过被代理人追认时相对人能获得的利益。丙可以要求乙赔偿，但是不能超过甲的赔付范围。

②如果丙恶意：损失由代理人和相对人按过错分担。

（7）丙有什么措施可以维护自身权益？

①尽快确定法律关系。丙通知被代理人甲，30 日内进行追认，甲逾期未答复，视为拒绝追认。

②先发制人。丙如果不知道乙没有代理权，善意，在被代理人甲追认前，可以通知撤销合同。

2. 表见代理

例：保险公司甲和保险代理人乙签订委托合同，并向保险代理人出具授权委托书，授权其经营全部人身保险业务。乙辞职后保险公司甲未向乙收回授权委托书，保险代理人乙持该授权委托书，和购买重疾险的丙签订保险合同。

（1）合同上签谁的“名”？被代理人保险公司甲和相对人丙。

（2）谁出的“力”？保险代理人乙。

（3）“名”和“力”无连接点。没有被代理人授权，但因为被代理人过错（没收回）有权利外观（授权委托书），相对人丙善意无过失。

（4）谁承担法律效果？构成表见代理，被代理人承担法律效果。若丙确诊癌症，保险公司甲需要赔付保险金。

（5）怎么追究保险代理人乙的责任？保险公司甲对遭受的损失可以向表见代理人主张赔偿。

【总结】

	狭义无权代理	表见代理
构成要件	无代理权【核心】+以被代理人名义+代理人独立意思表示+无权利外观 无代理权：未曾授权、超越授权、代理权终止后依然代理	无代理权+以被代理人名义+代理人独立意思表示+被代理人过错【核心】+有权利外观（相对人举证）+相对人善意且无过失（被代理人举证恶意） 被代理人过错：①代理人持有被代理人的授权书、空白合同书、合同专用章等（伪造不构成） ②代理人原为被代理人员工，辞职后被代理人未告知相对人，代理人继续代理原来的业务 ③无代理权人以被代理人名义订立合同，被代理人知道而未作表示
法律效果	效力待定 ①被代理人追认（履行合同也是追认）：合同自始对被代理人生效，被代理人承担法律效果 ②被代理人拒绝追认：合同对被代理人不生效，被代理人不承担法律效果 A. 相对人善意：可请求无权代理人履行或请求赔偿，但是赔偿不能超过被代理人追认时相对人能获得的利益 B. 相对人恶意：损失由代理人和相对人按过错分担（无权代理人举证恶意）	产生有权代理效果，被代理人承担法律效果，可向表见代理人主张赔偿

【注意】1. 追认和撤销同效力待定法律行为的知识点。

2. 部分共同代理人擅自行使代理权的，按照无权代理或表见代理处理。

判断分析

1. 丙系甲香烟制造公司的市场专员，因舞弊被公司开除后，寻思着捞一票并报复甲公司。之后丙伪造甲公司公章，以甲公司的名义与不知情的乙公司于4月20日订立合同，约定："甲公司向乙公司出售熊猫牌香烟50箱，价款500万元。"5月1日，因丙请求乙公司将价款打入其指定的账户，乙公司经询问才得知丙已被开除。同时，甲公司对乙公司表示，是否接受该合同须考虑几天再做决定。5月10日，甲公司通知乙公司，不接受丙订立的合同。对此，下列哪一表述是错误的？（2020年仿真题）

A. 5月1日后至5月10日前，乙公司有权通知甲公司撤销合同【正确。丙伪造公章，不构成表见代理，是无权代理。乙公司是善意相对人，在被代理人追认前可以通知撤销】

B. 5 月 10 日后，乙公司有权请求甲公司履行合同义务【错误。被代理人拒绝追认，对被代理人不生效】

C. 5 月 10 日后，乙公司有权选择请求丙履行交付义务【正确。善意相对人乙公司有权请求无权代理人履行】

D. 5 月 10 日后，乙公司有权选择请求丙赔偿损失【正确。善意相对人乙公司有权请求无权代理人赔偿损失】

2. 甲公司法定代表人指派吉某和展某代表甲公司与乙公司签订一份合同，明确要求吉某与展某必须一起商议决策，一起签署合同。甲公司当日将上述安排以传真方式发给了乙公司，但乙公司未注意到。谈判中，吉某负责与乙公司谈判，展某则负责记录，乙公司参与谈判者均以为展某是吉某的秘书。签署合同时，因展某有急事离开，吉某只好独自与乙公司签订了合同。对此，下列表述正确的是？（2021 年仿真题）

A. 吉某属于无权代理【正确。吉某与展某应共同行使代理权，且甲公司以传真形式通知了乙公司，甲公司没有过错，吉某构成无权代理而非表见代理】

B. 若甲公司开始履行，视为对合同的追认【正确】

C. 若甲公司拒绝履行，乙公司有权要求吉某履行合同【错误。乙公司不是善意相对人】

D. 若甲公司拒绝履行，乙公司有权以构成表见代理为由请求甲公司履行【错误】

3. 无权代理和冒名的区分【代理概述 D】

（1）无权代理：没有代理权却以被代理人名义和人签合同，代理人主观上有将法律效果归属于被代理人的意思。

冒名：冒充，我就是你，冒名人主观上没有将法律效果归属于被冒名人的意思。

例 1：甲在四金的帮助下过了法考，为表达对四金的感谢，也为了让更多学生受益，对大学生乙说“我是觉晓西南地区的总代理，觉晓的规划很科学，报个班吧？”于是以觉晓的名义和乙签了合同。——觉晓没有授权，甲以觉晓名义签合同，主观上有让觉晓承担合同权利义务的意思，甲构成无权代理。

例 2：甲长得和四金很像，冒充四金和乙签订了合同。——甲冒充四金，主观上没有让四金承担合同权利义务的意思，甲构成冒名。

（2）冒名行为的法律效果：

①如果相对人不在乎和谁签合同：冒名行为在冒名人和相对人之间生效。接上例 2：如果乙不在乎合同对方是谁，合同在甲和乙之间生效。

②如果相对人在乎和谁签合同：准用无权代理规则处理。追认，被冒名人承担后果；不追认，被冒名人不承担。接上例 2：如果乙是因为看中四金对在职 0 基础学生的规划科学才签合同，那就要看四金是否追认。四金觉得多个学生可以多帮个人，追认后四金就要承担教学任务。

【注意】冒名行为法律没有明确规定，因为和无权代理很像，所以后果参照无权代理处理。

判断分析

员工张某被 A 公司派往云南出差考察民宿价格，时值牛肝菌旺季，企图趁此机会卖给自己的客户赚钱，张某以 A 公司名义和商家以公司优惠价订立牛肝菌买卖合同并付款，但是在写寄送地址的时候不小心写成了公司地址，于是商家将牛肝菌寄到了 A 公司。A 公司知晓事情缘由后，欲将其拿来当作福利发给员工。对此，下列说法正确的是？（2022 年仿真题）

A. 张某构成无权代理，该买卖合同效力待定【错误。张某主观上没有将法律效果归属公司的意思，构成冒名】

B. 张某有权请求公司支付牛肝菌的价款【正确。商家在乎对方身份（因为公司有优惠价），A 公司进行了追认，要承担合同权利义务。已经付款的张某有权请求公司返还】

C. 张某有权请求公司返还牛肝菌【错误】

D. 商家可以欺诈为由撤销合同【错误。公司已经追认，享受优惠价不再存在欺诈问题】

四、间接代理【间接代理 E】

间接代理：有被代理人的授权（有权，不是无权代理），但本来应该以被代理人名义实施法律行为，代理人却以自己的名义实施。按照相对人是否知道背后的本人，可以分为显名间接代理（虽然没用背后被代理人名义，但相对人是知道实情的，知道交易对象是被代理人）和隐名间接代理（相对人不知道）。

为什么会有隐名间接代理？有些人不方便出面交易，所以就让别人进行，例如我是巴菲特，我想买觉晓的股份，我不方便出面（怕蒋四金看我有钱，漫天要价），找别人帮我去买。

又为什么会有显名的间接代理？我是个明星，不方便买一个酒吧，显得很有钱，人设容易崩，万一酒吧出事，也有名誉危险，所以我就让我好哥们张三，帮我去买，也登记在张三名下，卖家是知道我存在的，也知道我是幕后老板，只是不方便。

	显名间接代理	隐名间接代理
核心构成	相对人知道合同对方是被代理人	相对人不知道被代理人的存在
效果	合同双方是被代理人和相对人，除非有证据证明合同只约束代理人和相对人	原则：合同双方是代理人和相对人 例外： ①相对人违约：代理人披露 + 被代理人行使介入权。除非相对人知道如果是被代理人就不签合同 ②被代理人违约：代理人披露 + 相对人行使选择权，选择代理人或被代理人作为合同一方主张权利，只能选一个，且只能选择一次，不可变更（不是连带责任）

主观题延伸拓展

案例：小马是大川公司的原料采购员工，一直全权负责大川公司在小河公司的原料采购工作。2021 年 3 月，小马因为违反大川公司的规章制度被大川公司开除，但是大川公司忘记及时将该信息反馈给小河公司。小马在 2021 年 4 月依旧以大川公司名义在小河公司订购了一批原料。

问题：大川公司是否有权拒绝接收这批原料？

答案：无权。小马没有代理权，以被代理人大川公司名义和小河公司签合同，但小河公司不知道小马被开除，有理由相信小马有代理权，构成表见代理。法条依据为《民法典》第 172 条。

KEEP AWAKE

第七章 法人和非法人组织【客+主】

【怎么考】1. 法人分类基本隔 3 年考一次。第一种直接问各类法人取得法人资格的时间；第二种给出一个具体的机构，先判断是哪类法人，然后再判断取得法人资格的时间以及组织机构的设立。常考基金会法人。

2. 法定代表人考查方式为：以公司名义实施了个行为，问公司是否要履行。

【怎么学】1. 法人分类对比总结记忆，只记不同的点会减少记忆的难度。

2. 法定代表人重点是越权代表，结合例子理解，务必掌握规则。

第一节 法人【客+主】①

法人是具有民事权利能力和民事行为能力并能独立承担民事责任的组织，如公司。

一、法人分类【法人分类 C】

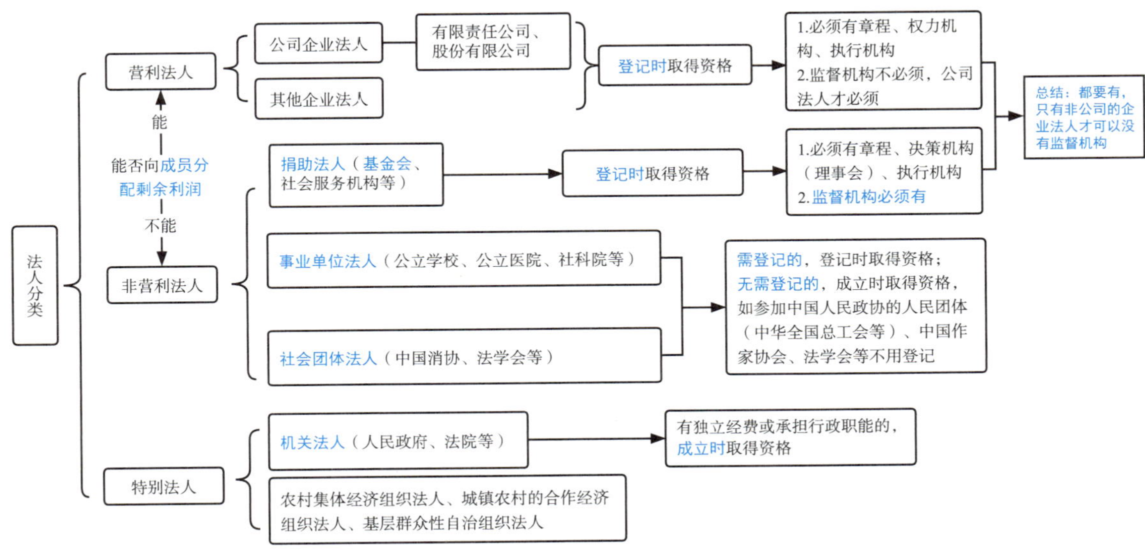

非营利法人：可以营利，但不得分配利润。公益目的非营利法人终止时，剩余财产按章程或决议用于公益目的；无法处理的，转给宗旨相同或相近的法人。

①捐助法人：具备法人条件，为公益目的以捐助财产设立。

②事业单位法人：国家为了公益目的，由国家机关举办或其他组织利用国有资产举办的，从事科教文卫等活动的社会服务组织。

③社会团体法人：具备法人条件，基于会员共同意愿，为公益目的或会员共同利益等非营利目的而设立的社会团体。

① 法人的其他知识点比如设立人责任、法人人格否认等商法部分会详细讲。

判断分析

1. 根据我国法律规定，关于法人成立，下列哪一说法是正确的？（2018年仿真题）

A. 事业单位法人均从登记之日起具有法人资格【错误。不需要办理法人登记的事业单位，从成立之日起即具备法人资格】

B. 社会团体法人均从成立之日起具有法人资格【错误。需要办理登记的，登记时取得；不需要登记的，成立时取得】

C. 捐助法人均从登记之日起取得法人资格【正确】

D. 有独立经费的机关法人从登记之日起具有法人资格【错误。从成立之日起有法人资格】

2. 甲出资10亿元设立防治新冠基金会。关于该基金会，下列表述正确的是？（2021年仿真题）

A. 应当依法制定法人章程【正确】

B. 应当设立理事会，可以不设立监督机构【错误。监督机构必须有】

C. 自批准成立之日起取得法人资格，无须办理设立登记【错误。登记取得法人资格】

D. 基金会法人可以向甲分配利润；终止时，剩余财产返还给甲【错误。不得向出资人分配利润；终止时，剩余财产不得返还给出资人甲，而应用于公益目的】

二、法定代表人【法定代表人行为效力 A】

法条群

《民法典》第一编总则 第三章法人 第一节一般规定

第六十一条【法定代表人】依照法律或者法人章程的规定，代表法人从事民事活动的负责人，为法人的法定代表人。

法定代表人以法人名义从事的民事活动，其法律后果由法人承受。

法人章程或者法人权力机构对法定代表人代表权的限制，不得对抗善意相对人。

第六十五条【法人实际情况与登记事项不一致的法律后果】法人的实际情况与登记的事项不一致的，不得对抗善意相对人。

（一）概念辨析

法定代表人是代表法人行使职权，对外签署文件的自然人（一般也叫公司的负责人），一个公司就一个法定代表人（自然人），公司的营业执照上有明确的记载，公开可查。

需要提醒的是，生活中一般称法定代表人为“法人”，但在法条上、书上、考试题目中，法人不是法定代表人，不是自然人，法人就是指公司本身，例如觉晓公司＝法人，而觉晓公司的法定代表人，不是法人，就叫法定代表人，不能像生活中简称“法人”。

（二）法定代表人 VS 代理人

代表专门指法定代表人，是一种“加强版代理”，法定代表人就是公司负责人，名字登记在营业执照上，所以不需要有单独的授权书，委托合同，而且原则上范围也是没有限制的，可以代表公司进行任何事，法定代表人的行为就是公司的行为；而代理人需要有专门的授权书和委托合同，也有授权范围的限制。

如果一个人以公司名义签合同，构成代理还是代表？——看这个人的身份。

如果是**法定代表人（登记在营业执照上）**，是代表。

如果是**公司的其他工作人员**，是代理。

（三）法定代表人的权限和越权行为效力

由于公司登记、营业执照的公信力，所以法定代表人可以代表公司进行民事活动，法定代表人的行为本质上就是公司的行为，后果由公司承担，不由法定代表人个人承担（类似职务行为）。

原则上，法定代表人可以代表的范围是没有限制的，可以代表公司所有事，但有公司会对法定代表人的代表权限范围有所限制，但这种“限制”是法定代表人和公司内部的事，外人可能不知情，就不受约束(也叫“不得对抗善意相对人”)，登记、营业执照的公信力 > 公司内部的限制。具体而言有如下情况：

1. 法定代表人在权限范围内以公司名义从事民事活动，公司承受后果，即合同双方是公司和相对人，而不是法定代表人和相对人。

例：A 公司的法定代表人甲为公司经营向乙借款 100 万，合同当事人是 A 公司和乙，由 A 公司还款。

【注意】认人不认章：只要合同是法定代表人在权限范围内以公司名义订立的，即使加盖印章不是备案印章或者是伪造印章，公司也要承担合同后果。【新增】

2. 法定代表人超越法律、公司章程或权力机构授予的权限范围签订合同：

（1）相对人善意（不知道越权代表），构成表见代表，公司要履行合同。

（2）相对人恶意（知道越权代表），效力待定。公司追认，对公司生效；公司不追认，对公司不生效，公司有错的承担缔约过失责任。【新增】

例：A 公司的法定代表人为甲，公司章程规定对外签订 100 万以上的合同须经股东会讨论通过。某日甲未经股东会决议代表 A 公司与不知情的 B 公司签订价值 200 万的合同。构成表见代表，B 公司可以要求 A 公司履行。

此处同样也适用于非法人组织、分支机构的负责人。

【**注意**】法定代表人和相对人恶意串通，损害公司权益，合同效力待定。公司有损失，法定代表人和相对人承担连带责任。【新增】

3. 实际情况与登记的事项不一致，不得对抗善意相对人。

例：A 公司的法定代表人为甲，甲已经离职但仍然以 A 公司名义与 B 公司签订合同，B 公司也了解到甲确实是 A 公司登记记载的法定代表人。则 A 公司不得以甲已经离职、只是还未办理变更登记为由拒绝履行合同。

4. 公司超越经营范围订立的合同有效，除非违反了法律、行政法规的禁止、限制或特许规定（这和法定代表人越权是两回事，这是公司超越执照范围去经营）。A 公司经营范围是教育培训，某日销售服装，和 B 公司签订服装买卖合同，合同有效。

判断分析

1. 陈某是乙分公司的负责人，因为自身原因向甲借款 5000 万元，甲要求提供担保并且盖上乙分公司的章，陈某拿出公司的委托授权书告诉甲超出了乙分公司的授权范围，甲不管，仍让陈某盖上了乙分公司的章。到期，甲要让乙分公司承担责任，乙分公司拒绝。下列说法正确的是？（2019 年仿真题）

A. 陈某是越权代表【正确】

B. 陈某是表见代表【错误。甲知道越权代表的事实，非善意】

C. 乙分公司不需要承担担保责任【正确。分公司拒绝追认，对分公司不生效】

D. 乙分公司需要承担担保责任【错误】

2. 甲公司与乙公司订立钢材购销合同，双方法定代表人刘某和谢某经各自董事会决议分别代表甲乙公司订立合同，且均已签字盖章。乙公司在后续合同履行过程中发现钢材购销合同中所盖甲公司公章系其法定代表人刘某伪造。该合同的效力如何？（2024 年仿真题）【有效。仅是伪造公章不影响合同效力】

主观题延伸拓展

案例：甲公司与丙公司的韩某签订房屋销售委托合同，由丙公司负责销售甲公司的楼房，但经查，丙公司刚换了法定代表人，但未办理变更登记，韩某是被替换的法定代表人，甲公司对此不知情。

问题：韩某以丙公司名义签订的合同能否对丙公司发生效力？

答案：能。丙公司虽然更换了法定代表人韩某，但是并未办理变更登记，不得对抗善意相对人甲公司，成立表见代表。法条依据为《民法典》第 65 条。

第二节　非法人组织【了解即可】

【非法人组织的类型与资格 E；非法人组织的责任 E】

非法人组织是指没有法人资格，但能以自己的名义进行民事活动的组织，包括个人独资企业、合伙企业、不具有法人资格的专业服务机构（律所）等。

非法人组织不能独立承担民事责任。因此，非法人组织的财产不足以清偿债务的，由其出资人或者设立人承担无限责任。法律另有规定的，依照其规定（如有限合伙企业中，有限合伙人以出资额为限承担责任）。

KEEP AWAKE

第八章 诉讼时效

【怎么考】1. 是否适用诉讼时效（每年必考）——基本直接给出或稍加判断就能判断出权利类型，问是否适用。

2. 诉讼时效的起算——基本作为一个选项考，常考无、限制民事行为能力人受害以及性侵的起算。

3. 中止中断和诉讼时效制度效果近几年不怎么考，但需要掌握。

【怎么学】该章务必记牢且要记得精准，免得掉入题目陷阱，尤其考起算会出陷阱点。

一、诉讼时效的制度效果【诉讼时效届满的后果 D】

诉讼时效是指法律规定的权利人请求司法机关保护其民事权利的法定期限，类似一个“倒计时”催你，在这个时间内你要去积极地解决问题，如果超过了这个时间，就很难得到法院的帮助了。

之前民法认为，超过诉讼时效，就不能起诉，但有很大的弊端，随着民法理论的发展，现在统一认为，超过诉讼时效，并不是不能起诉，而是义务人获得“时效抗辩权”，可以对抗权利人的请求权，合法地拒绝履行义务。

为什么有诉讼时效这个制度？

主要是为了督促权利人尽快行使权利，让权利义务尽快实现（不要抱着权利睡觉，不要拖），拖久了，证据都没了，证人都忘记了，相关人可能都死了，这个时候再来处理案件就很复杂！

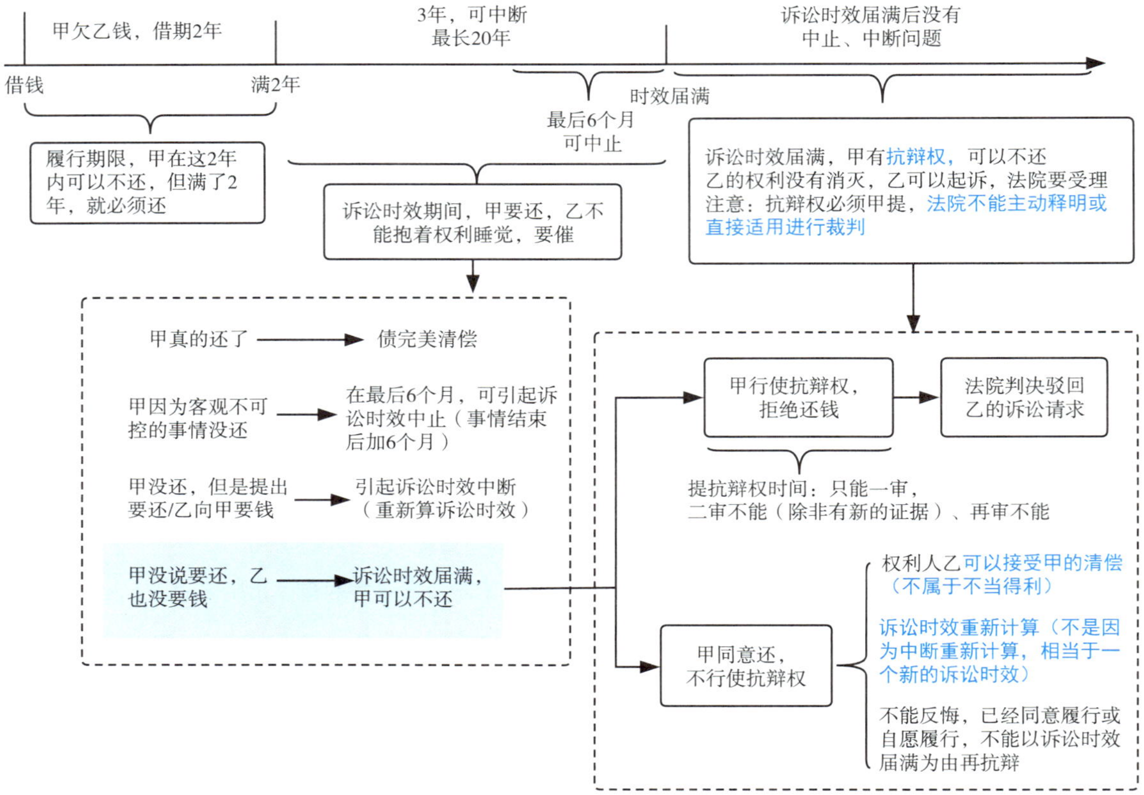

二、诉讼时效的性质及适用【诉讼时效的性质及适用 B】

（一）性质

诉讼时效是强制性规范，诉讼时效主要是法院督促当事人尽快行使权利的，所以不允许当事人自行约定。比如：

1. 不能约定延长或者缩短诉讼时效期间，即时效期间是固定的，一般为 3 年。

2. 不能预先放弃诉讼时效利益，即不得约定不产生诉讼时效届满的后果。但是在诉讼时效期间届满后，义务人可以选择放弃诉讼时效利益，继续履行。

（二）适用范围

适用情形	1. 债权请求权原则上都适用诉讼时效，如损害赔偿请求权等。 2. 未登记动产的返还原物请求权。
不适用情形	1. 请求停止侵害、排除妨碍、消除危险、消除影响、恢复名誉、赔礼道歉；（还在侵害） 2. 支付赡养费、抚养费、扶养费请求权；（生存利益） 3. 不动产和登记动产的返还原物请求权； 4. 存款本息请求权、债券本息请求权； 5. 业主大会请求业主缴付公共维修基金； 6. 基于投资关系产生的缴付出资请求权； 7. 确认合同无效。 （3—7：简单理解成公共利益）

判断分析

下列请求权不适用诉讼时效的是？（2018 年仿真题）

A. 小张与小李的房屋相邻，小李装修房屋将大量建筑垃圾堆放在门前妨碍小张的通行，小张请求小李排除妨碍的权利【正确。排除妨碍请求权不适用诉讼时效】

B. 小张将自己的房屋出租给小黄居住，租期届满后，小张基于所有权人的身份请求小黄搬离房屋的权利【正确。不动产的返还原物请求权不适用诉讼时效】

C. 小张的别克轿车（登记在小张名下）被小徐强行夺走，小张基于所有权人的身份请求小徐返还别克轿车的权利【正确。登记的动产的返还原物请求权不适用诉讼时效】

D. 小张与妻子小刘离婚，法院判决婚生子小甲（6 岁）与小刘共同生活，小张按月给付抚养费，小甲请求小张给付抚养费的权利【正确。抚养费的请求权不适用诉讼时效】

三、诉讼时效的期间和起算【诉讼时效的起算与期间 C】

（一）诉讼时效的期间

原则	3 年	普通诉讼时效为 3 年，不能延长。
最长	20 年	自权利受到损害之日起超过 20 年的，法院不予保护；有特殊情况的，法院可以根据权利人的申请决定延长。 【注意】最长诉讼时效不能中止、中断。

（二）诉讼时效的起算

1. 原则：从权利人知道或应当知道权利受到损害 + 义务人之日起计算。

2. 合同之债

（1）有履行期限的：从履行期限届满之日起计算；分期履行的，从最后一期届满之日起计算；

（2）没有约定履行期限的：从宽限期届满之日起计算；如果债权人第一次向债务人主张权利时，债务人明确表示不履行，从明确表示不履行义务之日起计算。

3. 侵权之债

（1）无、限民事行为能力人受到侵害：

①受他人侵害：从法定代理人知道或应当知道权利受损 + 义务人之日起计算；

②受到法定代理人侵害：自法定代理终止之日起算（也就是监护消灭日），具体来说就是：

A. 无、限民事行为能力人取得、恢复完全民事能力：从完全民事行为能力人知道或应当知道权利受损 + 义务人之日起计算；

B. 变更了新的法定代理人：从新的法定代理人知道或应当知道权利受损 + 义务人之日起计算。

（2）未成年人被性侵：从年满 18 周岁之日起计算。（法定代理终止 ≠ 年满 18 周岁，法定代理终止还可能是确定了新的法定代理人）

【注意】“之日”指次日，从下一天开始算。

判断分析

1. 2015 年 2 月，孙某依法收养了孤儿小丽为养女，后孙某多次对小丽实施性侵害，造成小丽先后产下两名女婴。小丽对孙某的损害赔偿请求权的诉讼时效期间自法定代理终止之日起计算。(2018年仿真题)【错误。未成年人被性侵，自年满18周岁之日起算】

2. 甲乙离婚后，10岁的丙由甲抚养。甲变卖丙的爷爷赠与丙的珍贵珠宝（珠宝未办理过所有权登记）用于赌博。若珠宝不能追回，丙有权请求甲承担损害赔偿责任，该请求的诉讼时效期间自甲、丙监护关系消灭之日起开始计算。(2019年仿真题)【正确。无、限民事行为能力人受到法定代理人侵害，自法定代理终止之日起算，监护关系消灭就是法定代理终止】

四、诉讼时效的中止和中断【诉讼时效的中止与中断 D】

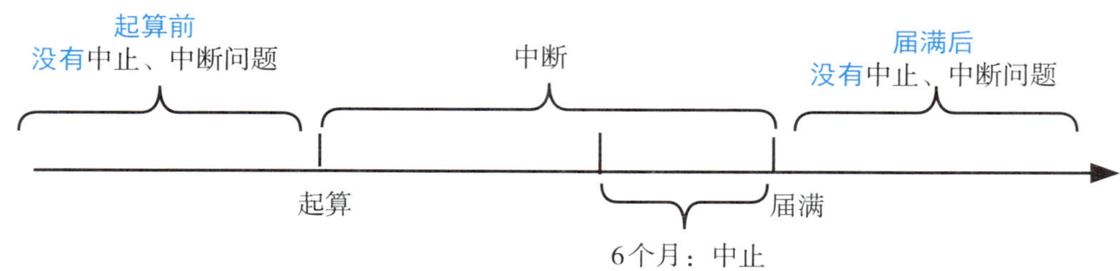

	中止	中断
适用范围	不适用于最长诉讼时效	
发生时间	诉讼时效期间的最后6个月内	诉讼时效期间内的任意时间
发生事由	特点：客观不可控 1. 不可抗力； 2. 没有合适的主体进行主张： （1）无、限制民事行为能力人没有法定代理人，或者法定代理人死亡、丧失行为能力、丧失代理权； （2）继承开始后未确定继承人或者遗产管理人； 3. 权利人被义务人或者其他人控制。	特点：主观可控 1. 权利人主张权利： （1）提出请求——包括向义务人的代理人提出； （2）起诉、仲裁等； 2. 义务人同意履行【届满前】，如作出分期履行、部分履行、提供担保、请求延期履行、制定债务清偿计划等承诺或者行为。
法律效果	停止计算诉讼时效期间，自中止事由消除之日起继续计算6个月的诉讼时效期间。剩余诉讼时效期间不足6个月的，也以6个月进行计算。	自中断事由消除之日起重新计算诉讼时效。 例：甲欠乙10万元，2018年4月2日到期，甲到期未还，乙于2018年6月1日向法院提交诉状起诉甲还钱。2019年3月3日，二审法院作出生效判决，自判决生效之日起，甲支付乙10万元及利息。 在本案中：①诉讼时效期间为3年，自2018年4月3日至2021年4月2日。②2018年6月1日，乙起诉，诉讼时效中断。由于整个诉讼过程中，诉讼时效中断的事由一直存在，故在整个诉讼过程中不重新起算诉讼时效期间。③2019年3月3日，判决生效，诉讼终结，中断事由消除，自2019年3月4日重新起算执行时效。
诉讼时效的中止和中断，都没有次数限制，在时效期间内可以一直发生，但是不能超过20年。		

【注意】诉讼时效中断的涉他效力

1. 针对同一债权，部分中断，全部中断。如甲欠乙 3 万元逾期不还，现乙要求还 2 万，3 万的债权全部发生诉讼时效中断的效力。

2. 针对连带之债，1 人中断，全部中断。如甲和乙因共同侵权需对丙承担连带赔偿责任共计 10 万元，丙要求甲承担 10 万元。丙的行为导致甲和乙对丙负担的连带债务诉讼时效都中断。

判断分析

甲公司开发的系列楼盘由乙公司负责安装电梯设备。乙公司完工并验收合格投入使用后，甲公司一直未支付工程款，乙公司也未催要。诉讼时效期间届满后，乙公司提起诉讼，诉讼时效中断。（2017 年仿真题）【错误。诉讼时效中断必须发生在诉讼时效期间内，如果诉讼时效期间已经届满，则不会发生诉讼时效中断】

物 权

物权
物与物权
物（非人身性）；物的分类（尤其注意原物和孳息）
物权的基本原则
物权和债权的底层逻辑
物权法定原则
公示公信原则
物权区分原则：未登记/交付，不影响合同效力
所有权
所有权变动
基于法律行为的所有权变动
不动产（登记）：更正登记和异议登记、预告登记、借名买房
动产（交付）
现实交付、简易交付、指示交付、占有改定（交付方式务必掌握）
特殊动产的所有权变动：注意登记效力
一物数卖
非基于法律行为的所有权变动
善意取得
无权处分+受让人善意+合理价格+完成公示+占有委托物
受让人善意取得所有权；原所有权人丧失所有权，找无权处分人主张责任
拾得遗失物
遗失物注意和抛弃物区分
拾得遗失物法律关系（拾得人没卖；拾得人卖了）
继承、事实行为、文书等
所有权取得时间点
处分要求
先办理登记
先占
无主动产+以自己所有的意思占有
添附
谁取得新物所有权
丧失所有权的人怎么救济权利
共有
分类
按份共有、共同共有
共有物的管理、处分（尤其注意对外连带债；对物的比例要求）
按份共有人的优先购买权（份额）
建筑物区分所有权
专有权
禁止住改商
共有权
哪些部分是共有，产生的收入如何分配
管理权
注意表决规则
用益物权
居住权
全部点都需要注意，不难，如设立、限制、消灭
地役权
地役权的设立、变动
土地承包经营权
设立和流转
继承问题
占有和物权的保护
占有的概念
占有的意思+对物实际控制
占有的分类
自主占有VS他主占有
想不想还
直接占有VS间接占有
是否直接占有物
有权占有VS无权占有
是否有权利基础
善意占有VS恶意占有
无权占有的再分类：知不知道自己无权占有
占有返还请求权和返还原物请求权
务必注意各自构成要件
不是排斥的关系，符合哪个行使哪个

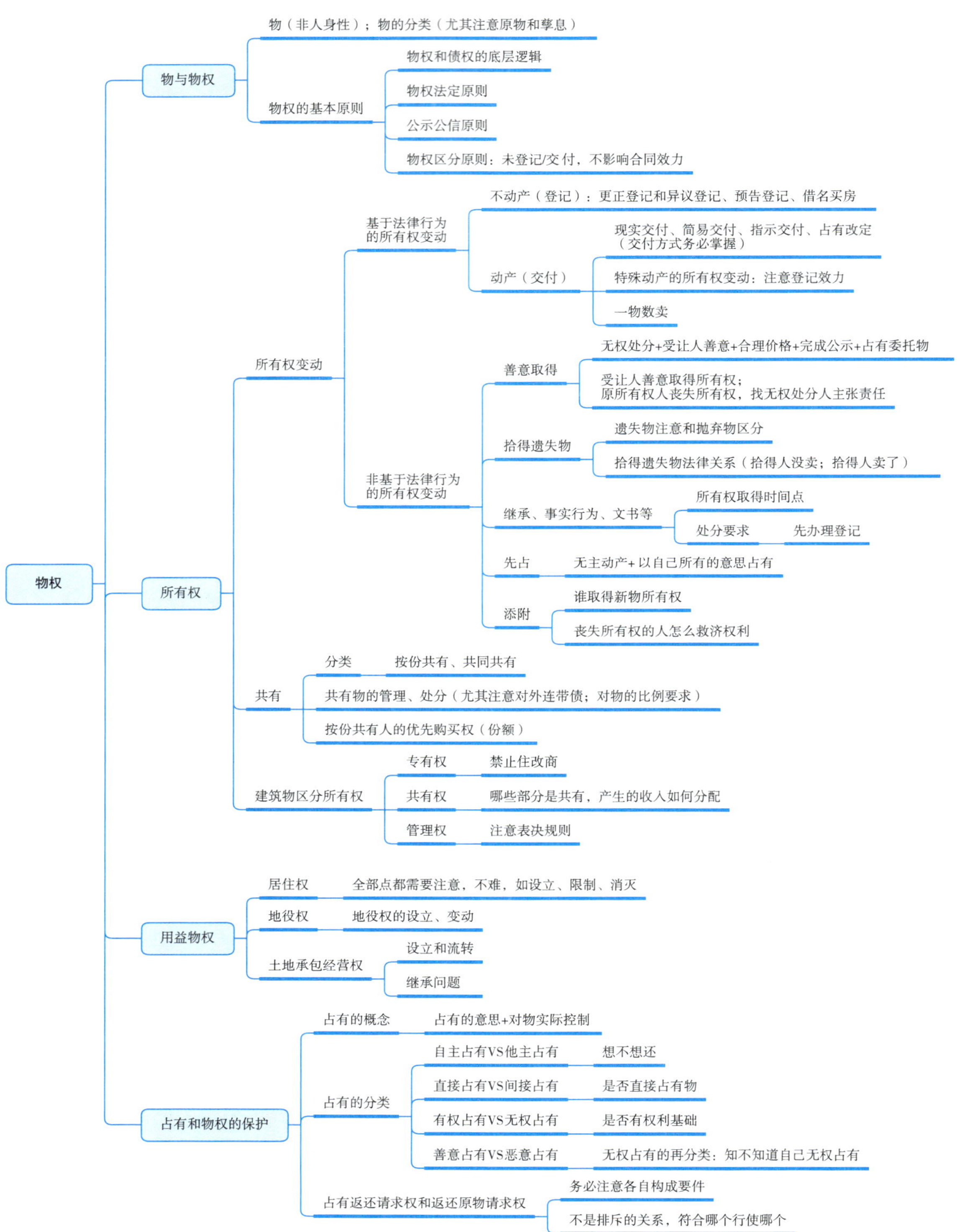

KEEP AWAKE

第一章 物与物权【客 + 主】

【怎么考】考法很简单，判断考点没有难度，一眼就能识别，而且知识点难度不大，属于送分题。

【怎么学】基本原则是学整个物权（含担保物权）的基础，一定要能理解。

第一节 物【物 C】

1. 物的重要特征

非人身性：不能自由拆卸的不是物，是身体组成部分；可以自由拆卸的是物。

例：不能自由拆卸的假肢不是物，能自由拆卸的假肢是物。（打坏前者是侵犯身体权，打坏后者是侵犯物权）

2. 物的分类

	区分标准	区分意义
主物 VS 从物	主物和从物是 2 个物 主物：脱离从物具有独立用途 例：电视机 从物：脱离主物不具有独立用途 例：电视机的遥控器	主物所有权转移的，从物所有权一起转，除非另有约定
原物 VS 孳息	原物和孳息是 2 个物 原物：产生新物的物 孳息：来源于原物并独立于原物，分为天然孳息（根据自然规律产生）和法定孳息（根据法律关系产生，如租金、利息） 例：母猪生出来的小猪是天然孳息，还在肚子里的小猪不是孳息，是母猪的组成部分。孳息一定是一个独立的物。	天然孳息归属：约定 > 用益物权人 > 所有权人；例：所有权人委托饭店加工海螺，厨师剥开发现内有一颗珍珠，珍珠是天然孳息，珍珠归属于所有权人。 法定孳息归属：约定 > 交易习惯
动产 VS 不动产	动产：可移动且移动不影响价值 例：车辆、机械设备、船舶、手机 不动产：不可移动或移动影响价值 例：土地及固定在土地上的建筑物、桥梁、树木	1. 动产转移所有权要交付，不动产转移所有权要登记； 2. 质权、留置权只能设立于动产，而用益物权可以设立于不动产或动产。
种类物 VS 特定物	种类物：可替代的物 例：超市里的多串葡萄可替代 特定物：不可替代物（本来就独一无二或本来是种类物但被特定化） 例：名人字画、贴上买家标签的绿豆	物意外灭失时的法律后果不同： 1. 种类物灭失后不构成履行不能，不能免去交付义务。 2. 特定物灭失后构成履行不能，要承担损害赔偿等违约责任。

第二节 物权的基本原则【客+主】

一、物权

物权是权利人对特定的物享有的直接支配和排他的权利。（支配：按照权利人自己的意思支配物并享受物的利益，其他人别干涉；排他：一个物上不能同时并存内容冲突的物权，东西是我的，就不可能也还是你的）

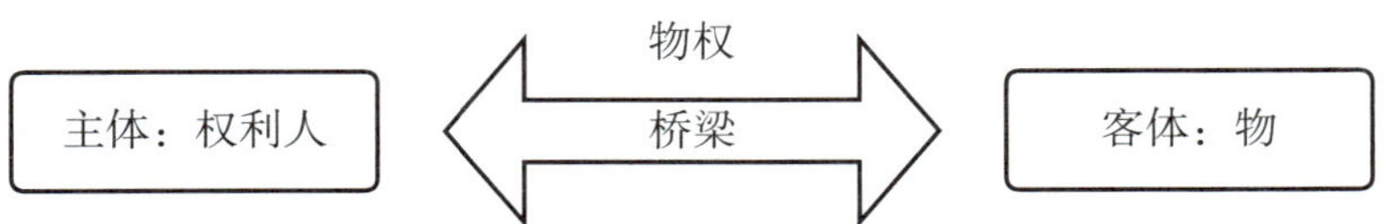

法定分类	所有权：对自己的不动产和动产依法享有占有（把我的手机拿在手上或放在包里）、使用（一天要24小时的手机，想怎么用怎么用）、收益（把手机租出去获得租金收益）和处分（把手机卖了）的权利
	用益物权：对他人所有的不动产或者动产依法享有占有、使用、收益的权利
	担保物权：对担保财产依法享有优先受偿的权利
学理分类	意定物权：依据当事人合意而设定的物权 例：抵押权、质权 注意：此处和物权法定原则不矛盾，这里的"意定"指的是这个物权有没有要靠当事人的意思，当事人不想设立，就肯定没有，但设立的方式、内容、效力等都是法定的，不允许当事人修改。
	法定物权：依据法律规定而成立的物权 例：留置权

物权和债权的底层逻辑

物权是绝对权，除物权人外的所有人都是义务人，都不能干涉物权人。我是我手机的所有权人，除了我以外世界上其他人都是义务人，有不作为义务，不能干涉我。【物权更牛，范围广】

而债权（合同），是一种相对权，只约束相对人双方，不能约束其他人，对其他人没有效力。甲乙的买卖合同，只对甲乙有效，对其他人是没有效力的，甲不能拿着甲和乙的合同要求丙承担合同责任。【债不牛，范围很窄】

基于上述原理：

（1）物权不允许自由创设【物权法定原则】，如果允许当事人自由创设物权，将影响到很多人的利益（物权义务人太多）。而债权（合同）可以自由创设【合同不是法定，而是意定】，合同内容只要不违法、不违背公序良俗，就在双方之间有法律效力，对其他人没有效力（合同的义务人很少）。

例如，甲和乙自己创设一种"蒋氏抵押权"，内容是"优先于其他所有担保物权，不用登记就可以设立，其他人都要排在我后面，即使其他人登记了"。这样显然不行，否则还有"王氏抵押权""狗狗抵押权"，所有人都得受约束、遵守他们创设的规则，凭什么？

但甲乙如果只是合同，约定什么合同内容都行，什么违约责任都行，只要双方认可即可，反正也对其他人没有效力。

（2）物权对所有人都有效，所有人都会受到约束，那就得让人知道你有权利（需要公示出来）；同时，公示了就会产生公信力，依据公示信息进行的交易，信赖利益应该被保护【物权的公示公信原则】。

而债权（合同）只在相对人之间生效，只约束债的相对人，对其他人没有效力，因此债权（合同）没有公示的要求，自然也没公信力这一说。【这也是“物权优先于债权”的原理】

例如，甲是明星，不方便用自己的名字，借用乙的名字买房，甲出钱，但房子登记在乙名下，双方有个“房屋代持协议”，协议中明确写了“房屋所有权归甲，不允许乙擅自出卖，否则要赔50万元违约金”。乙有一天缺钱，想把这个房子悄悄卖了，找到了丙。

丙对“借名买房”不知情（善意），查了房屋登记信息，核实了房屋所有权人是乙，于是就和乙签了合同，给了钱，办了过户登记。

问1：丙能买到房屋吗？

答：可以。借名买房法律关系中，房屋所有权归出资人甲还是登记的人乙有争议：（关于借名买房具体见下面第二章）

观点一：房屋所有权归出资人甲，此时乙属于无权处分，丙可以善意取得房屋所有权（善意取得制度见下面第二章）

观点二：房屋所有权归登记的人乙，此时乙属于有权处分，又办理了过户登记，丙可以取得房屋所有权。

本书更支持第一种观点，房屋所有权归出钱的人，但无论按照哪种观点，丙都可以取得所有权，原理是：登记的信息具有公信力，第三人丙已经核实了登记信息，房屋是登记在乙名下的，丙的信赖利益要保护。

问2：“房屋代持协议”有效吗？

答：有效。合同内容允许当事人自由创设，只要内容不违法，不违背公序良俗即可。

问3：“房屋代持协议”里面不是说了“不允许擅自出卖”吗？为什么乙还能卖？丙还能取得房屋所有权？这和“协议”有效不就矛盾了吗？

答：“协议”是甲和乙签的，有效也只约束甲和乙，不能约束其他人，因此“不允许擅自出卖”相对于乙而言是有效的（但对丙或其他人是没有效力的），换句话说乙有“不能擅自出卖”的义务，乙没尽到义务，要承担违约责任，赔偿约定的50万元违约金。

而丙不用受这个“协议”的约束，因此当然可以买这房子，和乙交易，且不用对甲承担赔偿责任。

问4：如果房屋所有权归甲不归乙，在这个里面为何不保护甲？而保护丙？

答：如果你是丙，你买房子，登记过户都搞完了，突然背后跳出个甲，拿个甲和乙的内部协议（丙不知情），就说不好意思，甲才是房屋所有权人，登记的乙不是，然后交易就取消了，到手的房子要退回去给甲，你觉得合理吗？

同理，为何物权优先于债权（合同）？

因为物权的基础是公示（登记、交付），所有人都可以知道，所以有公信力。债权（合同）的基础是合同相对人内部的约定，这个约定只有相对人自己知道，对其他人是没有效力的。公示登记簿的信赖利益VS内部协议，你觉得要保护谁？肯定是登记的信赖利益啊！

而且债权（合同）只需要相对人协商一致就可以订立、变更，不需要登记等公示，很容易私下修改，真伪不可知；而物权，在登记等公示后，无法随意变动，任何人可查阅，物权产生的公信力远强于债权，所以物权更牛，更值得保护，物权优先于债权。

问5：万一乙和丙恶意串通，害甲呢？

答：注意，本题说清楚了，不是恶意串通，丙是普通、善意的买房人，尽到了合理的查询登记簿的义务，基于登记的公信力，产生了信赖利益，因此保护丙。

但如果丙确实不符合上一段的要求，是和乙恶意串通害甲，那么乙和丙的房屋买卖合同就无效，丙也不能取得房屋的所有权。

（3）由于物权“牛”，所以要产生物权的效力，法律要求的条件就高；而债权（合同）“不牛”，要产生合同效力，法律要求的条件就低。因此有可能出现合同有效了，但物权没变动的情况。【物权的区分原则】

例如，甲乙房屋买卖合同签了，但没有办理不动产登记，现在的状态是合同有效，但物权没有变动（也可以说没有物权效力），想要物权变动，还要去办理过户登记【物权变动＝有效的合同＋登记（满足物权单独的要求）】。

二、物权法定原则【物权法定原则 C】

物权的种类、内容、公示方法法定，不允许当事人对这些内容自由约定，要按照民法的规定来。

常考的有以下几种情形：

1. 房屋买卖合同中约定交付房屋就发生房屋所有权变动的效果（不动产要登记）：该约定无效，但不影响买卖合同的效力。

2. 手机买卖合同中约定合同生效就发生动产所有权变动的效果（动产要交付）：该约定无效，但不影响买卖合同的效力。

3. 抵押合同中约定，到期不还，抵押物归债权人所有：该流押条款无效，但不影响抵押合同效力。抵押权设立的，可以优先受偿。

判断分析

1. 甲婚前有两套房产，约定与乙结婚后赠送乙一套房产，该房屋自双方约定达成之日起即变更为乙单独所有。（2019 年仿真题）【错误。要登记】

2. 甲借给乙 100 万元，同时乙把房屋抵押给甲，办理抵押登记。双方约定到期不还款，房屋归甲所有。借款到期，乙无力还款。甲、乙间的房屋抵押合同无效。（2020 年仿真题）【错误。只是流押条款无效，但抵押合同是有效的】

三、公示公信原则【公示公信原则 E】

1. 公示原则：物权在设立或变动时，必须通过一定的公示方法向社会公开。比如不动产转移所有权要登记，动产转移所有权要交付。

2. 公信原则：基于对公示的信赖而从事交易，该信赖利益就应受到保护，即使“实际”情况和“公示”的情况不一致，也不会因为“信赖公示”而受到损害。如甲把登记在自己一人名下的夫妻共有的房屋 A 卖给不知情的丙。房屋所有权登记在甲名下，丙因信赖登记和甲交易，即使实际是夫妻共有，丙也要受到保护，可以善意取得房屋的所有权。

四、物权区分原则【物权区分原则 A】

法条群

《民法典》第二编物权 第一分编通则 第二章物权的设立、变更、转让和消灭 第一节不动产登记

第二百一十五条【区分原则】当事人之间订立有关设立、变更、转让和消灭不动产物权的合同，

除法律另有规定或者当事人另有约定外，自合同成立时生效；未办理物权登记的，不影响合同效力。

正常来说，要发生物权的变动，需要具备原因行为（如买卖合同、赠与合同），然后要履行合同，比如登记／交付，登记／交付后，物权就发生变动。

原因行为＋登记／交付→物权变动

物权区分原则是指在物权变动过程中，必须区分原因行为的效力（如买卖合同、赠与合同）与登记／交付的效力。具体来说，有以下几点：

1. 原因行为的独立性和有因性

（1）原因行为在前，看原因行为效力（合同效力），就看合同本身有效的要求（参见“法律行为效力部分”）。不看有没有登记／交付，未登记／交付也不会影响合同效力，因为在后的行为原则不能影响在先行为效力。【原因行为是独立的】

（2）登记／交付在后，受原因行为效力的影响，如果合同无效、被撤销等，即使登记／交付了，也要变回去，回到合同没有订立时候的状态。【有因性】

2. 原因行为＋登记／交付，发生物权变动的结果，**可以对第三人产生效力（物权效力）。**

如果问“物权有没有变？谁是物权人？有没有物权效力”等，要看两个：一个是合同是否有效，另一个是是否登记／交付，二者缺一不可！

3. 只有有效的原因行为（合同），**没有登记／交付**，虽然**不会对第三人产生效力（没有物权效力）**，但毕竟合同是有效的，因此**合同相对人是需要去履行（没有物权效力，但有合同效力，合同只能约束相对人）。**

合同效力＝只约束合同相对人内部，对第三人是没有效力的

物权效力＝约束合同相对人＋其他所有人（物权效力的逻辑是：经过公示（登记／交付）、产生公信力，公信力就会对其他人产生效力）

以例说明：甲乙5月23日订立房屋买卖合同，甲当场交付购房款，但乙未将房屋过户。

问：房屋物权属于谁？变动了吗？

答：因为没有登记，物权未发生变动，房屋所有权仍归于乙。【因为原因行为＋登记→物权变动】

问：没有去登记，双方签的合同应该就无效了吧？

答：错，原因行为（合同）有独立性，无论后面是否完成登记，合同只要没有无效事由，就是有效的【原因行为是独立的】

问：合同有效，又没物权变动，没有物权效力？这不逻辑矛盾了吗？

答：不矛盾，合同有效，要去履行合同，否则违约责任，如果履行完合同义务（登记过户），就产生物权变动，否则还是只有合同效力，没有物权效力。

问：如果乙已经把房屋过户给甲了，但2个月之后，甲乙的合同因为欺诈被法院撤销，现在房屋的物权归谁？

答：归乙，原因行为（合同）被撤销了，物权要回到没有合同时候的状态（归乙），而且法院的判决能直接导致物权的变动。（详见：非基于法律行为的物权变动章节）【有因性】

【说明】主观题中，因物权区分原则经常结合下一章所有权变动一起考，因此该部分主观题放在下一章。

KEEP AWAKE

第二章 所有权【客+主】

【怎么考】1. 问有没有取得所有权（必考）——考点就是基于法律行为的不动产登记、动产交付、交付方式、善意取得、拾得遗失物、继承、先占、添附。判断考点没有问题，熟悉了一看案情就知道是在考哪个，根据对应规则判断就行。考试也经常融合好几个规则一起考，比如先继承后又基于法律行为处分。

2. 共有（常考）——常考点是份额的转让、共有物的处分、共有物产生的债是连带。

3. 建筑物区分所有权（近几年要注意，热点）——常考点是判断哪些部分是业主共有以及由此引发的收益归属、住改商。也会结合后面物业服务合同的解除考业主解聘。

【怎么学】这一章非常重要，务必打起精神。内容看着多，但是不难，务必拿下！！！

1. 先掌握清楚每个知识点的规则，单独的掌握后不管物怎么流转，都能会判断。学习的时候根据讲义对照每个构成要件细抠，题目都是从这些要件设置选项和坑点的。

2. 克服心理障碍，题目人物关系多没关系，画人物关系图梳理。

3. 学完一个知识点就去做完全对应这个知识点的题目，然后这一章学完后做混合的题目。

第一节 所有权变动【客+主】

所有权部分先讲所有权的变动，这是必考点。讲完变动后讲2类特殊的所有权：共有（几人共有一个所有权）和建筑物区分所有权（业主对建筑物的区分所有）。

所有权变动包含设立、流转和消灭，不是仅指流转，这个要注意不能理解错。我们以一个不动产为例说明：

甲公司用钢筋、水泥、砖瓦等盖房子，自房屋封顶时（事实行为成就），甲公司取得房屋所有权，后甲公司去办理了所有权登记。甲公司将房屋卖给乙，签订了房屋买卖合同，办理了所有权变更登记，房屋现在归乙所有。乙用了1年，因为发生地震，房屋倒塌毁损，乙的所有权消灭。——这是一个简单的所有权变动过程，有设立，流转、消灭三种情况，都属于“变动”。

根据所有权变动发生的原因不同，可以分为：

基于法律行为的所有权变动：如买卖、赠与等；

非基于法律行为的所有权变动：如善意取得、继承、生效法律文书、事实行为成就、先占、添附等。

不用特意记哪些是基于，哪些是非基于，考试不会这么考，只要根据各自单独的构成要件能判断是否能发生所有权变动即可。

一、基于法律行为的所有权变动（合同）【基于法律行为物权变动模式 A；登记 C；交付 A；一物数卖 C】

（一）基于法律行为的不动产所有权变动

法条群

《民法典》第二编物权 第一分编通则 第二章物权的设立、变更、转让和消灭 第一节不动产登记

第二百零九条【不动产物权的登记生效原则及其例外】不动产物权的设立、变更、转让和消灭，经依法登记，发生效力；未经登记，不发生效力，但是法律另有规定的除外。

依法属于国家所有的自然资源，所有权可以不登记。

第二百二十一条【预告登记】当事人签订买卖房屋的协议或者签订其他不动产物权的协议，为保障将来实现物权，按照约定可以向登记机构申请预告登记。预告登记后，未经预告登记的权利人同意，处分该不动产的，不发生物权效力。

预告登记后，债权消灭或者自能够进行不动产登记之日起九十日内未申请登记的，预告登记失效。

1. 不动产所有权变动＝有效合同＋有权处分＋不动产登记。

（1）有效合同：合同无效或被撤销，即使是有权处分并且办理了登记也不发生所有权变动。

（2）有权处分：有足够的所有权的处分，称为有权处分，反之叫无权处分。无权处分需要满足善意取得，才能发生所有权变动效果（后面会说）。

（3）不动产登记：未办理不动产登记，所有权不发生变动，但不影响合同效力。

2. 常考的登记种类

（1）更正登记和异议登记

权利人、利害关系人认为登记簿上记载的事项错了，可以申请更正登记、异议登记。甲是登记簿记载的房屋所有权人，乙认为登记错了，房屋是自己的。

①（乙）申请更正→有证据证明确实登记错了／登记簿记载的人（甲）书面同意／→登记机构进行更正。

②（乙）申请更正→甲不同意，乙也没证据证明错了→（乙）申请异议→登记机构登记异议→申请人（乙）在登记之日起 15 日内提起确权之诉。

→法院支持（房子是乙的），登记机构更正登记（变成乙）。

→法院不支持（房子还是甲的，登记不用变），如果诉讼耽误了甲，造成甲的损失，申请人（乙）要赔偿。

③【注意】异议登记也可以直接申请，不需要先申请更正登记。

异议登记有啥用？

①仅仅能阻却善意取得，无法阻止有权处分的正常交易。例如，异议登记后，甲把房屋卖给丙：

如果法院认为异议登记正确，房是乙的，则甲是无权处分，但因为有异议登记，丙不善意，丙无法善意取得房屋所有权。此种情况异议登记就有用，阻止了善意取得。

如果法院认为异议登记错误，房屋是甲的，则甲是有权处分，丙可以取得所有权（有权处分＋有效合同＋登记）。此种情况异议登记没用。

②异议登记只管 15 天，15 天内应该及时起诉（起诉后可以去申请诉讼保全，就无需异议登记了），15 天后异议登记就失效了，无法再阻却善意取得。

（2）**预告登记**

如果暂时不能办理正式登记，可以先办理预告登记来保障未来能取得所有权。如开发商甲公司在房屋预售时将房出售给乙（此时房屋没建好，房产证都没下来，没办法办理正式登记），双方进行了预告登记，以防止开发商把房再次出售或者进行抵押。

①预告登记≠正式登记，不会发生物权变动。

②未经预告登记权利人同意，处分不动产的（出卖、抵押等），不发生物权效力，但不影响合同效力。甲公司将房屋再卖给丙，丙不能取得所有权，但不影响甲公司和丙合同效力，到时候甲公司无法履行合同，丙可以要求承担违约责任。

③当具备办理登记的条件时，乙可以请求甲公司按约为自己办理房屋过户登记。

④预告登记的失效

A. 债权消灭：买卖合同被认定无效、被撤销；预告登记权利人放弃债权等。

B. 自能够进行正式的不动产登记之日起 90 日内未申请登记，预告登记失效。

3. 借名买房

（1）**法律关系：**实际出资人甲花钱出资 + 占有 / 使用 / 收益 / 处分，但登记在名义登记人乙的名下。

（2）**合同效力（借名买房合同）：**原则上有效，除非涉及经济适用房等社会保障房。

（3）**物权效力**

观点一：不动产所有权归属于实际出资人甲。（【**理由**】名义登记人与实际权利人不一致的，以实际权利人为准，实际权利人可以申请更正登记、异议登记或提起确权之诉）

按照此观点，乙如果将房屋出卖给丙是**无权处分**，丙只能在符合善意取得构成要件时善意取得所有权。

观点二：不动产所有权归属于名义登记人乙，只是甲有权依据有效的借名买房合同请求乙履行给自己办理过户登记的义务，办理完毕登记，甲成为所有权人。（【**理由**】不动产权利人应以不动产登记簿记载的权利人为准）

按照此观点，乙如果在给甲办理登记之前将房屋出卖给丙是**有权处分**，乙丙合同有效 + 办理过户登记，丙取得所有权。

【说明】这两种观点争议非常大，建议考试作如下处理：

客观题：看选项是单选还是多选，按照选项的逻辑关系看采用哪种观点；如果这种办法都做不出这个题，则建议用观点一。

主观题：让观点展示的话都答；没说观点展示，建议答观点一。主观题核心是逻辑自洽。

4. 不动产一物数卖

一物数卖是指，同一出卖人将同一标的物与不同买受人分别订立多个买卖合同。

一般考试会问：合同效力问题、物权变动情况、多份合同履行顺序。

（1）合同效力问题：根据区分原则，一物数卖的多份合同，都是有效的（合同效力和物权无关）。

（2）物权变动情况，看是否符合：有效合同 + 登记 + 有权处分的规则，如果符合，物权就发生变动；不符合，物权就没变动。

（3）都没办理过户登记，合同履行顺序：先占有房屋 > 先付款 > 合同成立在先。

例1：乙把同一套房子卖给甲、丙、丁，其中给丙办理了过户登记，三份合同都有效，物权归丙。

例2：乙把同一套房子卖给甲、丙、丁，都没办理过户登记，也都没交付，但丙先给钱，甲最早订立合同，问应该优先履行哪一份合同？应该优先履行丙的合同。

（二）基于法律行为的动产所有权变动

法条群

《民法典》第二编物权 第一分编通则 第二章物权的设立、变更、转让和消灭 第二节 动产交付

第二百二十四条【动产物权变动生效时间】动产物权的设立和转让，自交付时发生效力，但是法律另有规定的除外。

第二百二十五条【特殊动产物权变动采取登记对抗主义】船舶、航空器和机动车等的物权的设立、变更、转让和消灭，未经登记，不得对抗善意第三人。

动产所有权变动＝**有效合同＋有权处分＋**动产交付。

1. **交付**：

（1）交付：基于卖方的意思转移占有，买方自行占有不构成交付。如甲卖画给乙，约定5天后取画。第3天乙就让甲的儿子取画给自己。画并未交付。

（2）交付有哪些方式

	行为模式	什么时候完成交付	总结
现实交付	直接给 （甲直接给乙）	甲直接交付给乙时	
简易交付	达成买卖合意前，买方已经占有，如先借/租后买——东西一直在买方手里 （甲借给乙，然后又达成买卖合意）	买卖约定生效时	第二个约定生效时完成交付
占有改定	先卖后借/租——东西一直在卖方手里 （甲卖给乙，然后又约定甲再用几天）	借用/ 租赁约定生效时	
指示交付	把请求第三人返还的权利转让给买方，如先借/租给丙，后卖给乙 （甲借给丙，又卖给乙，甲把请求丙返还的权利转移给乙）——借期内甲不能请求丙返还，如果非要等到借期结束甲请求返还再卖给乙，显然不符合各方利益，因此设置指示交付方式更便捷完成交易	返还请求权让与合意生效时	

【关于占有改定】占有改定不能设立动产质权，不能善意取得①。

2. **特殊动产的所有权变动**

汽车、船舶、航空器等登记可以产生对抗效力的动产，称为特殊动产，但再特殊，也还是动产，因此也是交付发生所有权变动，而不是登记。具体有以下几种情况：

① 【原理】占有改定的交付方式中，标的物始终都在出卖人自己手中，以其作为动产质权和善意取得的公示要件，公示效力太弱，难以被外部人察知，不利于保护交易安全。

（1）交付+登记。所有权发生变动，而且登记还可以"加强"所有权，对抗其他一切人。如甲把汽车卖给乙，交付且登记。乙取得加强的所有权，可以对抗任何人。

（2）交付、没有登记。所有权发生变动，但没登记，不得对抗其他善意的物权人。如甲把汽车卖给乙，交付未登记，甲又把车抵押给不知情的丙，并办理抵押登记。乙取得所有权，乙的所有权不能对抗丙的抵押权，丙基于登记的公信力（登记的所有权人是甲），可以请求行使抵押权，乙必须配合，有损失可以找甲追偿。

但注意，虽然没有登记，但还是交付了，如果买方也已经支付合理价款，可以对抗其他债权人。**【买方给钱后，其他债权人可以申请执行卖方的银行账户，如果还能再执行买方买的东西，对买方就不公平了】**如甲把汽车卖给乙，交付未登记，乙支付了合理价款。甲还欠丙钱，丙申请对该车强制执行，乙的所有权可以对抗丙，不能强制执行这个车。

（3）没有交付、登记了。所有权没有变动，但登记了，在一物数卖中可以优先请求履行。具体见"一物数卖"的合同履行顺序部分。

3. 动产的一物数卖

同一出卖人将同一动产与不同买受人分别订立多个买卖合同。

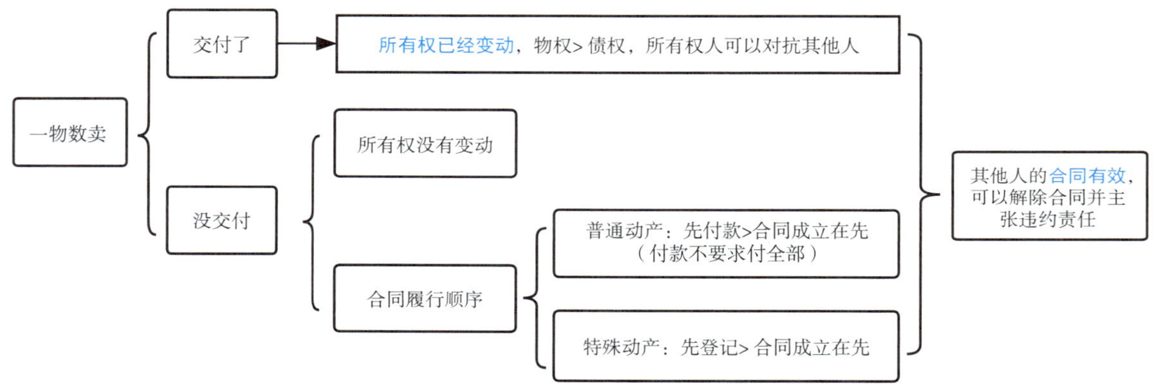

判断分析

1. 5月18日，甲与丙签订房屋买卖合同，并办理了所有权转移登记，但甲仍然占有房屋，并没有将房屋交付给丙。甲仍为房屋的所有权人。（2022年仿真题）【错误。已经办理登记，所有权已经转移】

2. 庞某有1辆名牌自行车，在借给黄某使用期间，达成转让协议，黄某以8000元的价格购买该自行车。次日，黄某又将该自行车以9000元的价格转卖给了洪某，但约定由黄某继续使用1个月。关于该自行车的归属，请判断。（2017年第3卷第5题）

A. 庞某未完成交付，该自行车仍归庞某所有【错误。简易交付完成交付】

B. 黄某构成无权处分，洪某不能取得自行车所有权【错误。有权处分】

C. 洪某在黄某继续使用1个月后，取得该自行车所有权【错误。占有改定完成交付，借用约定生效就完成交付】

3. 甲将自有的打印机出借给丙，3月1日甲与乙就该打印机签订买卖合同，并约定甲对丙的返还请求权转给乙。3月1日，乙享有打印机的所有权。【正确。指示交付完成交付】

二、非基于法律行为的所有权变动

（一）善意取得【善意取得 A】

法条群

《民法典》第二编物权 第二分编所有权 第九章所有权取得的特别规定

第三百一十一条【善意取得的构成要件】无处分权人将不动产或者动产转让给受让人的，所有权人有权追回；除法律另有规定外，符合下列情形的，受让人取得该不动产或者动产的所有权：

（一）受让人受让该不动产或者动产时是善意；

（二）以合理的价格转让；

（三）转让的不动产或者动产依照法律规定应当登记的已经登记，不需要登记的已经交付给受让人。

受让人依据前款规定取得不动产或者动产的所有权的，原所有权人有权向无处分权人请求损害赔偿。

当事人善意取得其他物权的，参照适用前两款规定。

【情境案例】丙从甲那买了套房子，查询了房屋登记，确认登记在甲名下，价格也合理，过户登记也办了，但2年后，甲的妻子乙突然冒出来，说那套房子是夫妻共同财产，甲侵犯了自己的权益，要求撤销交易，把房子拿回来。

问：如果你是丙，买东西遇到这些事，你要把已经买到手的房子还回去吗？凭什么？

【原理】善意取得制度是一种保护善意第三人利益的法律制度，在特定条件下，即使转让人**无权处分财产，受让人仍能合法取得该财产的所有权或其他物权，从而促进交易安全和市场流通。**

善意取得制度本质上是**牺牲了原权利人的物权**（原物权人可以请求无权处分人承担赔偿责任），选择保护第三人的信赖利益。因此，第三人信赖利益要值得保护，所以善意取得的构成要件颇为严苛，**全部构成要件都满足，才构成善意取得**，保护第三人；不满足任何一个构成要件，都应该保护原权利人。

需要说明的是：善意取得制度可以适用于各类物权，包括所有权、用益物权、担保物权的善意取得，本节主要描述所有权善意取得的构成要件和法律效果。（担保物权的善意取得详见担保部分第三章质权，用益物权的善意取得不考，所以讲义省略）。

1. 构成要件

善意取得＝无权处分＋受让人善意＋以合理价格受让＋完成公示（登记/交付）＋占有委托物

（1）无权处分

①“无权”是指：没有所有权，或没有足够的所有权（共有中没达到处分共有物的条件）。注意：如果有足够的所有权，就属于有权处分，不属于善意取得制度处理的情况，使用普通的物权变动规则即可。

如一物数卖，甲把房子卖给乙，签了合同；甲后面又把房子卖给知情的丙，并过户登记。

问：丙构成善意取得吗？如果丙不知情构成善意取得吗？

答：都不构成善意取得。因为甲是有权处分，甲有所有权。有权处分物权变动规则只需要合同有效＋完成登记，不需要管是否善意。

②“处分”包括：出卖、抵债、互易等，但租、借这类不发生物权变动的不属于处分。

③第三人善意取得所依据的合同必须是有效的，如果合同无效/被撤销，不能发生善意取得。

【疑问】问：为什么善意取得的合同必须是有效的?

答：善意取得牺牲了原权利人的物权，选择保护第三人利益，因此必须要第三人值得保护，甚至要比一般的交易更值得保护。如果第三人的合同是可撤销（欺诈、胁迫别人），或直接内容违法无效，那第三人就根本不值得保护，所以善意取得肯定需要满足一般物权变动的条件（合同有效 + 登记 / 交付），同时还要满足善意取得自己的额外条件：善意、合理价格等。

【注意 1】无权处分不影响合同效力。这是为什么呢?

答：合同有效，可以让无权处分人承担违约责任。如果让合同无效，只能承担缔约过失责任，而缔约过失责任赔偿范围没有违约大，让无权处分人承担违约责任更能保护第三人利益。

【注意 2】无权处分≠无权代理。**无权处分**是没有足够的所有权进行处分，但依然以自己的名义处分了，解决物权变动问题。如甲借了乙的相机，然后说是自己的，卖给了丙。甲是无权处分，丙符合善意取得条件可以取得相机的所有权。

无权代理是虽然被代理人没授权，但依然以被代理人名义去做事，解决这个法律行为（合同）效果能不能让被代理人承担的问题。如甲看朋友乙的车这时候卖能卖个好价钱，就和丙说，我朋友托我卖车，你买不买。但其实乙并没授权甲帮他卖车。甲是无权代理，乙如果追认，那么买卖合同后果由乙承担，乙是合同当事人。乙如果不追认，买卖合同对乙不生效。

（2）受让人善意

①善意：从达成买卖合意到最后登记 / 交付，受让人一直都不知道是无权处分，并且对不知道无权处分这个事情也没有重大过失。比如房屋是甲乙共有，但只登记在甲名下。

②不善意（**情形不用死记，都是情理之中的事情**）：A. 登记薄上存在有效的异议登记；B. 预告登记有效期内，未经预告登记的权利人同意；C. 登记簿上已经记载司法机关或者行政机关依法裁定、决定查封或者以其他形式限制不动产权利的有关事项；D. 受让人知道登记簿上记载的权利主体错误；E. 受让人知道他人已经依法享有不动产物权。

（3）以合理价格受让

①受让：不用现实已经支付，只要约定的价格合理即可。

②合理价格：赠与、继承、不合理低价不发生善意取得。

例：甲父生前受好友所托保管一幅齐白石真迹画作，去世后甲以为画作为父亲所有，并认为父亲不可能会收藏名贵真迹，于是以 3000 元将画作卖给乙，甲无权处分，乙不能善意取得，因为没有以合理的价格受让该画。

（4）完成公示

不动产完成登记，动产（包括特殊动产）完成交付（除占有改定之外的交付方法）。

（5）占有委托物

①不动产要发生善意取得，肯定是“登记”出了问题，如果登记没问题，不可能发生善意取得。

②动产要发生善意取得，要求对象需是“占有委托物”。

占有委托物指的是：原权利人自愿交付他人占有的动产，如租赁、保管、借用等。

占有脱离物不能善意取得：占有脱离物是指不是基于原权利人的意思丧失占有，包括遗失物、盗赃物、漂流物、埋藏物、隐藏物等。甲祖传的房屋被征收用于建造博物馆，在挖掘过程中挖出一枚古币，经查该币为甲祖父（甲系其唯一继承人）所埋，该币后被其他人以市价卖给不知情的乙，乙不能善意取得，因为该币为埋藏物。

【原理】善意取得牺牲了原权利人的物权，选择保护第三人利益，占有委托物是原权利人自愿交付给别人的，只是交给了一个不靠谱的人，被无权处分了，从这个角度看，原权利人也有过错“看走眼”，因此，牺牲原权利人物权，让原权利人去找无权处分人追偿，很合理。但占有脱离物就不符合原权利人有过错，牺牲原权利人物权就不合理。

货币是一般等价物，适用占有即所有的规则（保障货币的流通性），谁在占有谁就是所有权人，因此不存在无权处分。

2. 法律效果

（1）原所有权人的所有权消灭，受让人通过善意取得，取得所有权。而且受让人取得的所有权是无任何负担的所有权，以前有的负担都消灭，除非受让人受让的时候知道有负担那就继续负担。

甲将乙的手表卖给了丙，符合所有善意取得构成要件，丙善意取得手表所有权，乙丧失所有权。乙曾为戊在自己的手表上设定了抵押权但未登记，手表上戊的抵押权从丙善意取得所有权时消灭，戊不能来找丙主张将该手表拍卖变卖以实现自己的抵押权。

（2）原所有权人可以找无权处分人主张侵权责任（侵害所有权）/违约责任（有合同关系）/返还不当得利。

（3）如果**不构成**善意取得：原所有权人仍享有所有权，可以要求返还；受让人可以依据有效的买卖合同请求无权处分人承担违约责任。

判断分析

1. 甲遗失其为乙保管的迪亚手表，为偿还乙，甲窃取丙的美茄手表交乙，乙善意取得美茄手表所有权。（2015 年第 3 卷第 61 题）【错误。盗赃物不适用善意取得】

2. 甲被法院宣告失踪，其妻乙被指定为甲的财产代管人。3 个月后，乙将登记在自己名下的夫妻共有房屋出售给丙，交付并办理了过户登记。在此过程中，乙向丙出示了甲被宣告失踪的判决书，并将房屋属于夫妻二人共有的事实告知丙。丙善意取得房屋所有权。（2016 年第 3 卷第 6 题）【错误。丙不善意】

3. 甲将自己珍藏多年的名画借给乙观赏，约定两个礼拜内归还。在乙观赏的过程中，该画被其侄子丙看到，求借一个礼拜来临摹，乙碍于关系就借给丙。在丙临摹的过程中，被来做客的丁看到，丁为古画收藏家，遂提出以高价购买该画，丙告知该画为乙所有。在丙的牵线下，乙禁不住金钱的诱惑，决定将该画卖给丁，约定丁先支付50万元，等丙临摹结束后直接交付。对此，下列哪些说法是正确的？（2021 年仿真题）

A. 丙的行为属于无权处分【错误。丙没有处分】

B. 乙的行为属于无权处分【正确。乙卖了甲的东西】

C. 丁应承担侵害甲所有权的责任【错误。乙无权处分，丁合理价格受让且善意，善意取得所有权。无权处分人乙要承担侵害甲的责任】

D. 丙临摹结束前，丁已经取得所有权【正确。指示交付方式完成交付】

4. 张某继承其父的一套房产，因张某长期在外地工作，打算出售房产，出售前将房屋内的一套红木家具无偿赠与李某，李某又以 30 万元的价格转让给收购旧家具的甲公司。后查明该家具是周某寄放在张某父亲处的。对此，下列表述正确的是？（2024 年仿真题）

A. 张某与李某之间的赠与合同无效【错误。无权处分不影响合同效力】

B. 周某有权请求甲公司返还家具【错误。李某无偿受赠红木家具，不能善意取得家具所有权。后又卖给甲公司属于无权处分，甲公司已经善意取得家具所有权】

（二）拾得遗失物【拾得遗失物 A】

1. 遗失物

（1）遗失物：不是基于原占有人的意思丧失占有，如东西丢了。（注意和后面抛弃物进行区分）

（2）遗失物规则的适用具有优先性：如果遗失物规则跟**占有返还等冲突，优先适用遗失物规则**。

（3）拾得漂流物，发现埋藏物、隐藏物的，参照拾得遗失物的有关规定。

2. 拾得遗失物的法律关系

（1）遗失人和拾得人的权利义务关系（还在拾得人手里）

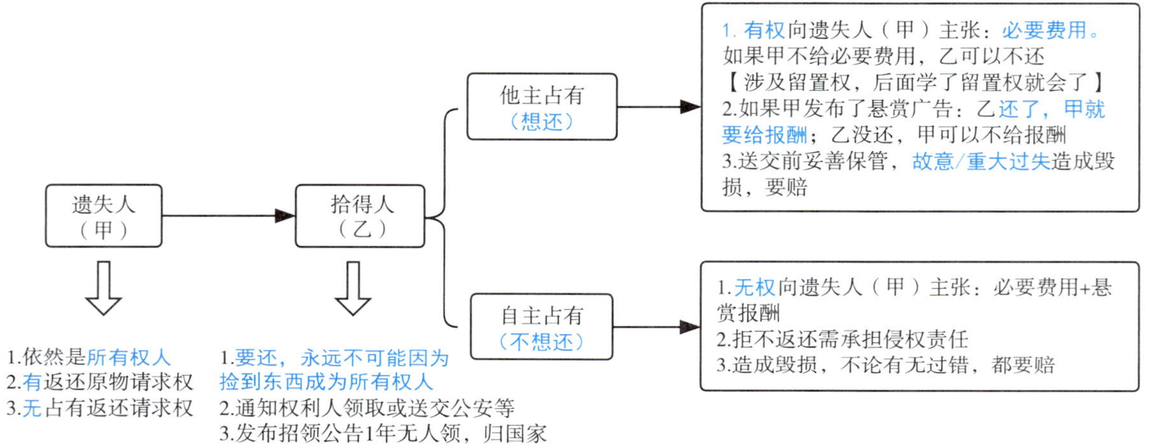

（2）遗失人、拾得人和受让人的权利义务关系（拾得人卖了）

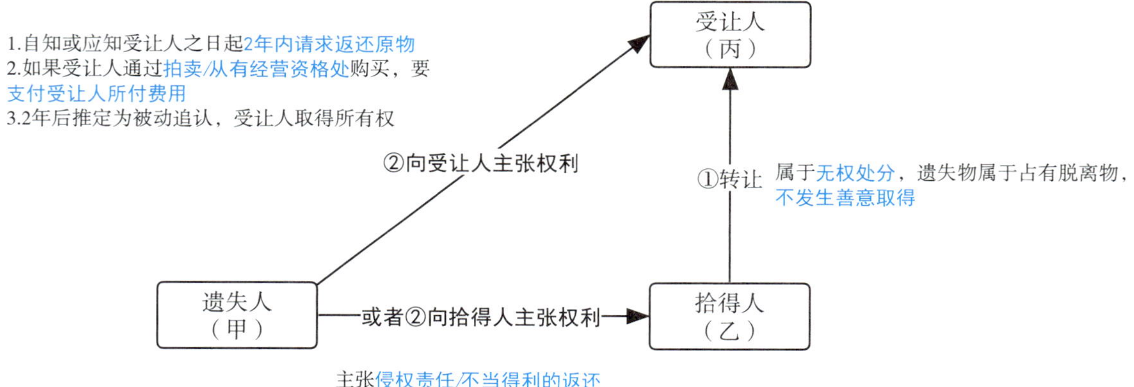

【注意】遗失人对受让人和拾得人的权利择一行使。

判断分析

1. 甲的宠物狗走失，公开发布悬赏广告。乙在家门口捡到该狗，通知甲领取前该狗生病，遂带该狗去看兽医，并支付费用。对此，下列说法正确的是？（2021 年仿真题）

A. 甲应当支付医药费【正确。属于必要费用，且乙他主占有】

B. 甲可以请求返还宠物狗【正确。依然是所有权人】

C. 乙构成善意取得【错误】

D. 乙还狗后，可以请求甲支付悬赏报酬【正确】

2. 丙在回家路上将玉石丢失被丁拾得，丁通过自己正规的古玩店将其卖给戊。下列哪些选项是错误的？（2020年仿真题）

A. 丙可以无偿追回玉石【错误。戊从有经营资格处购买，要支付费用】

B. 戊已取得该玉石的所有权，丙无权请求返还该玉石【错误。遗失物不能善意取得，丙有权要求返还】

D. 丙基于所有权请求戊返还玉石不受时间限制【错误。自知道受让人之日起2年内】

（三）继承、事实行为、文书等【继承、文书等A】

1. 什么时候取得所有权？

（1）继承：继承开始时（被继承人死亡时），继承人取得所有权。

（2）事实行为：事实行为成就时，发生所有权变动。如合法建造及拆除房屋，自建造行为或拆除行为完成时，行为人取得或丧失房屋的所有权。

（3）文书——生效法律文书、征收决定：自文书生效时，取得所有权。

此处的生效法律文书仅包括能够直接改变原来的物权关系的判决、裁定等。如以前是别人的，现在是你的；以前是共有的，现在变成你的等。

①甲将房屋出卖给乙，完成登记后，甲因被欺诈去法院起诉撤销买卖合同，法院审查认为合同确实存在撤销事由，自判决生效时，乙失去房屋所有权，发生物权变动。判决生效，直接改变了物权关系（以前是乙的，现在是甲的）。

②甲将房屋出卖给乙，签订合同后甲迟迟未为乙办理过户登记，乙诉至法院请求甲履行合同，法院判决甲在某期限内为乙办理房屋过户登记手续。判决生效，仍需给付行为（去办理登记）才能改变物权关系。

③甲建房屋，8月15日房屋建成，乙认为是自己的，诉至法院主张房屋归自己所有。法院判决房屋是甲的。8月15日房屋已经是甲的，判决生效，是确认早已发生的物权变动，没有直接改变物权关系。

【总结】直接改变物权关系的文书

①**共有物分割**案件中所形成的生效判决、裁决、调解书；

②行使**可撤销合同**中的撤销权所产生的生效判决；

③行使**债权人撤销权**所形成的生效判决；

④法院在执行程序中作出的拍卖成交裁定书、变卖成交裁定书、以物抵债裁定书等。

【注意1】拍卖成交或者裁定以物抵债的，所有权自裁定送达买受人或者接受抵债物的债权人时转移。（此处是《民诉法解释》的特殊规定，其余为生效时变动）

【注意2】当事人达成的以物抵债协议经法院确认或者法院根据协议制作成调解书的，不能直接导致物权变动，需要抵债人履行。（结合后面非典型担保、债的消灭部分以及民诉理解。这里简单清楚不一样就行）【新增】

2. 取得所有权然后呢？怎么处分？

（1）继承开始、文书生效、事实行为完成时，就取得所有权，无需办理登记 / 交付。

（2）即使没有登记 / 交付，所有权同样受到保护，有人侵害，可以主张物权请求权等保护所有权（返还原物请求权等）。如甲父去世，留下一套房屋由甲继承，为处理父亲后事，甲还未来得及办理登记，乙擅自进入房屋居住，甲有权请求乙搬离。

（3）不动产如果想处分（卖、送、设立抵押等），需要先办理登记，否则处分不发生物权效力，但不影响合同效力。如甲想将继承来的房屋出卖给乙，必须办理登记 1（甲父→甲）；才可以出卖房屋，再办理登记 2（甲→乙），房屋的所有权才转移至乙名下。

（四）先占【先占 C】

1. 构成要件：无主动产 + 以自己所有的意思占有

（1）无主动产：无主动产是没有主人的动产，抛弃行为产生的就是无主动产。遗失物不是无主动产，遗失人没有丧失遗失物的所有权，仅仅是丧失对遗失物的占有。因此遗失物不适用先占。

例：甲将自己不用的包扔到垃圾桶，上楼后想起包里还有一块名表便立即下楼寻找，但此时已经被收垃圾的丙拿走。包被抛弃，是无主物，丙可以先占。但甲没有抛弃名表的意思，名表是遗失物，丙不能先占。

（2）自己所有的意思：甲将自己不用的包扔到垃圾桶。乙看到被扔掉的包，以为是好友丁的，就拿走想要明天还给丁。包被甲抛弃属于无主的动产，乙也占有了包，但乙没有所有的意思，因此不构成先占。

2. 法律效果：先占人取得所有权。

【注意】有重大科研价值的陨石归国家所有，不适用先占。（普通陨石、小块陨石可以先占）

（五）添附【添附 C】

添附：把分别归属不同所有人的物结合在一起形成新物，非经毁损不能分离；或者在别人的物上进行劳动来提升该物的价值。如甲的砖砌进了乙的房，甲的面粉里掺进了乙的糖，甲把乙的玉石雕刻成了玉佛。

1. 面对新物，谁取得所有权？

（1）不动产和动产添附：不动产所有权人取得新物；

（2）动产和动产添附：主物 / 价值高的物的所有权人取得新物，否则按份共有；

（3）加工：原物所有权人取得新物；但如果加工增加的价值明显大于原材料价值 + 加工人善意（不知道原物是别人的）时，加工人取得新物。

2. 丧失所有权的人怎么救济权利？

取得新物的所有权人有过错，赔偿；没有过错，补偿。

判断分析

1. 甲的父母去世后，甲继承父母房屋一套，未办理过户登记。甲和乙签订房屋买卖合同，后甲依约交房。对此，下列哪一说法是正确的？

A. 房屋所有权尚未转移给甲【错误。继承开始时就取得所有权，无需办理登记】

B. 房屋所有权已经转移给乙【错误。未经登记，处分不发生物权效力。甲要先登记，然后再给乙办理登记】

2. 甲打篮球时将可乐和书包扔在篮球架下面，乙可捡捡该可乐。(2019年仿真题)【错误。先占对象是无主物，可乐是甲的】

3. 甲喜欢雕刻，乙喜欢收集奇石，甲将乙的一块太湖石（价值5万）和一块白龙玉（价值1万）借回家玩。后甲装修房屋将太湖石嵌于自家客厅背景墙中，将白龙玉雕刻成精美雕像（价值3万），下列说法正确的是？（2019年仿真题）

A. 甲应对太湖石进行赔偿【正确。动产和不动产添附，不动产所有权人甲取得所有权。甲有过错，要赔】

B. 甲取得该雕像所有权【错误。加工人甲非善意】

C. 乙取得该雕像所有权【正确】

D. 太湖石成为房屋附着物，甲取得所有权【正确】

第二节　共有

共有：两个以上的人共同享有同一个不动产或动产的一个所有权。

（一）分类

共有分为按份共有和共同共有。

按份共有：共有人区分份额地对共有物享有权利并承担义务。

共同共有：共有人不分份额地共同享有权利并承担义务。

1. 如何区分是按份还是共同呢？

第一步：看约定，有明确的约定按约定；

第二步：没有约定，看有没有共同关系。有共同关系，就是共同共有；没有共同关系，就是按份共有。

2. 共同关系有哪些？

（1）夫妻婚后共同财产是共同共有关系；

（2）遗产分割前，各个继承人对整体遗产是共同共有关系。

3. 按份共有，怎么确定份额？

有约从约→无约按出资额确定→不能确定的，视为等额享有。

【注意】份额不是对共有物的份额，而是对所有权的份额。比如一栋2层别墅甲乙按份共有，不是甲有一层所有权，乙有另外一层所有权，而是甲乙对这2层都有所有权，只是各占一定的份额。这个份额决定我们卖房的时候怎么卖。

（二）共有物的管理、处分【共有物管理、处分、分割等 C】

有约从约，无约按照以下方式处理		
	按份共有	共同共有
【对外涉及到钱】 1. 债权 （主要是收益，如共有房屋出租） 2. 债务 （主要是管理费用及对外侵权，如存放共有物的仓储费、共有物倒塌致害）	对外：连带 对内：按份	对外：连带 对内：共同
【涉及到物的决策】 1. 重大修缮（如共有房屋全面翻新） 2. 变更性质 / 用途(如共有房屋出租变自住） 3. 处分（如出卖、设定担保）	占份额 ≥ 2/3 按份共有人同意，否则无权处分 （只看份额不看人数） 【简单维修，谁都可以，不用 2/3】	全体共同共有人一致同意，否则是无权处分 例外：日常家事代理权（因生活需要而处理夫妻共同财产的，一方可以决定）

【注意】出租是负担行为还是处分行为在学界存在争议，法考真题观点认为出租是负担行为，不是处分行为，出租较处分程度更轻，如果达到处分的标准，出租当然没问题。

（2012 年真题）甲、乙、丙、丁共有 1 套房屋，各占 1/4，对共有房屋的管理没有进行约定。甲、乙、丙未经丁同意，以全体共有人的名义将该房屋出租给戊。此行为有效，对共有物的处分应当经占份额 2/3 以上的按份共有人同意，出租行为较处分为轻，当然可以为之。

（三）按份共有人的优先购买权【按份共有人的优先购买权 C】

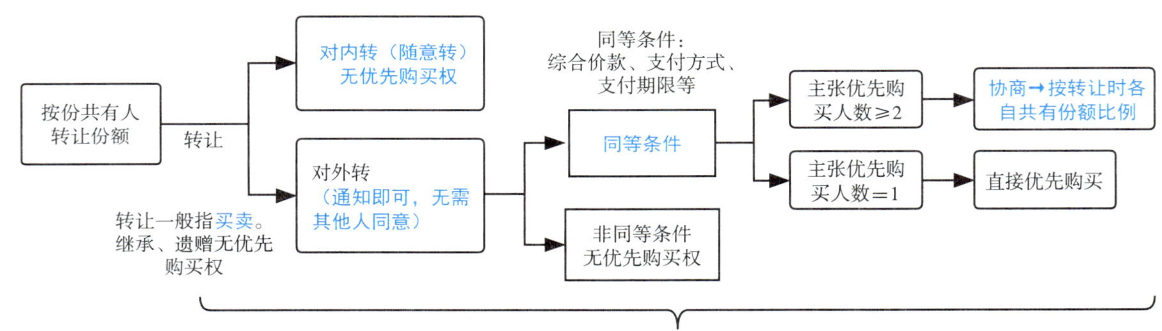

1.优先购买权在什么时间内行使？
有约从约→通知了，按通知时间（如果通知载明的时间＜15天/没写时间，按15天）→没通知，按知道同等条件之日起15日→共有份额转移之日起6个月
2.在上述期间内行使，优先购买成功。不行使，丧失优先购买权。
3.如果转让人没通知，按份共有人依然可以在上述期间内主张优先购买，不能单独主张合同无效。期间经过，就不能再主张优先购买，可主张侵犯优先购买权的赔偿责任。

【区分】处分份额 VS 处分共有物

1. **处分份额**：只有按份共有才存在处分份额问题；处分份额才有其他按份共有人的优先购买权问题，且不需要其他按份共有人的同意就可以处分自己的份额。

2. **处分共有物**：按份和共同都有处分共有物问题；处分共有物没有优先购买权问题，按份共有要份额占比 ≥ 2/3 的按份共有人同意，共同共有要全体共同共有人同意。

判断分析

1. 甲、乙、丙三人共同出资购买一套商品房，其出资比例为 8∶1∶1。甲由于手头资金不足，将该房屋以 100 万元的价格转让给丁。对此，下列说法正确的是？（2021 年仿真题）

A. 甲转让的是共有份额【错误。转让的是房，共有物】

B. 甲与丁之间的买卖合同有效【正确】

C. 丁构成善意取得【错误。甲乙丙按份共有，甲份额 80%，超过 2/3 份额，可以处分房屋，有权处分】

D. 乙有优先购买权【错误。对份额才有优先购买权】

2. 甲乙按份共有的货车在运输过程中将戊撞伤。戊只能按照份额请求甲乙赔偿。【错误。共有物产生的对外债权债务，不管按份还是共同，都是连带】

第三节 建筑物区分所有权【建筑物区分所有权 A】

建筑物区分所有权 = 专有权（对建筑物专有部分）+ 共有权和管理权（对建筑物共有部分）。

例：甲购买千科小区 1 号楼 1 单元 2-1 号住宅。

1. 甲享有该 2-1 号住宅的专有权；

2. 甲享有对 1 单元电梯、过道、外墙等共有部分的共有权；

3. 甲可以参与解聘物业等管理权。

（一）专有权——其实就是所有权

1. 哪些部分是业主单独所有？

房内空间、业主买的或开发商送业主的车库或车位等。

【注意】（1）建筑区划内，规划用于停车的车位、车库应当首先满足业主的需要。

①建筑区划：建设单位开始建房的时候就经过规划部门批准，并且卖房的时候广告中也有标注，建完后可以办理产权登记。

②首先满足业主需要：建设单位按照车位和房屋套数的比例把车位出售、出租给业主。

（2）对专有部分的转让，其他业主无优先购买权。

2. 禁止住改商：业主将住宅改变为经营性用房（如改成茶馆、麻将馆等），应当经有利害关系的业主一致同意。

（1）有利害关系业主：本栋建筑肯定是；其他栋如果能证明房屋价值、生活质量可能受到不利影响的也是。

（2）有利害关系的业主拥有一票否决权。

（二）共有权

1. 哪些部分是业主共有？

专有部分外都是共有。如外墙、楼梯、电梯、物业服务用房、维修资金、小区道路、占用业主共有道路的车位、屋顶、走廊、排水系统等。

2. 物业服务企业等利用业主共有部分产生的收入，在扣除合理成本之后，属于业主共有。如物业把外墙用来贴广告，扣除合理成本后，收益归业主共有。

3. 业主基于对住宅、经营性用房等专有部分特定使用功能的合理需要，可以无偿利用屋顶以及和专有部分对应的外墙面等共有部分。如把空调安在自家窗户下的外墙上。

（三）管理权

1. 业主有权组成业主大会和业主委员会来管理小区事务。

（1）业主大会：全体业主组成。

（2）业主委员会：业主大会选举部分业主组成，是业主大会的执行机构。

2. 业主大会与业主委员会的表决规则

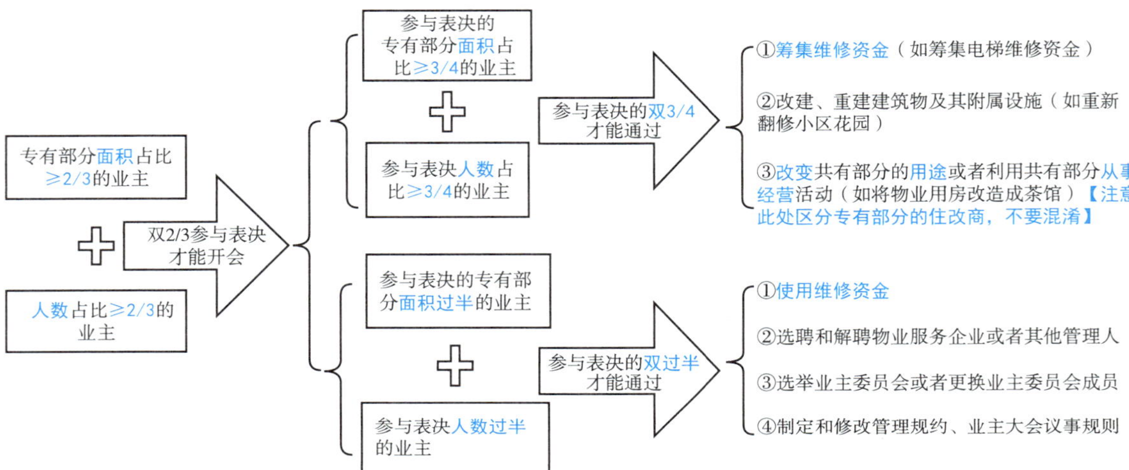

3. 诉讼

（1）侵害**不特定多数业主**的利益，业主大会或业主委员会作为原告起诉。如任意弃置垃圾、排放污染物或者噪声、违反规定饲养动物、违章搭建等。

（2）侵害**特定业主**的利益，被侵害业主作为原告起诉。如楼上邻居不当装修损坏自己天花板，自己起诉。

（3）**业主大会或业主委员会的决定侵害**业主合法权益，受侵害的业主作为原告起诉，知道或应当知道作出决定之日起1年内主张撤销。

判断分析

甲公司是某高档小区的物业服务公司，甲公司私自将两间物业服务用房租给乙公司改成了酒吧对外营业。下列说法正确的是？（2022年仿真题）

A. 出租物业服务用房的行为侵害了业主的建筑物区分所有权【正确。物业服务用房共有】

B. 物业服务用房需要有利害关系业主一致同意才能改成酒吧【错误。专有部分住改商才是利害关系人一致同意，共有部分从事经营活动看表决规则】

C. 除去合理成本，剩余租金应归全体业主共有【正确】

主观题延伸拓展

案例1：甲与丙签订了房屋买卖合同，约定合同签订后3日内丙付清全部房款，同时办理过户登记。3日后，丙付清了全部房款，并办理了过户登记。

问题1：该房屋物权归属如何确定？

问题2：办理过户登记前，房屋买卖合同效力如何？

案例2：2024年4月7日，王某将名下一台豪车卖给同小区的杨某，并于同日交付，但尚未办理车辆过户手续。

问题：该豪车所有权归谁所有？

案例3：甲卖房给乙，双方一起到房屋登记机关验证房屋确实登记在甲名下，于是甲乙签订买卖合同，并办理了过户登记。后发现，房屋为夫妻共同财产，妻子李某知情后表示不同意出卖。

问题：李某是否可以主张房屋过户登记为无效或者撤销登记？

案例1—问题1：该房屋物权归属如何确定？

答案：归丙。该房屋已完成登记。法条依据为《民法典》第209条第1款。

案例1—问题2：办理过户登记前，房屋买卖合同效力如何？

答案：有效。基于区分原则，未办理登记的，不影响合同的效力。法条依据为《民法典》第215条。

案例2—问题：该豪车所有权归谁所有？

答案：杨某。汽车已完成交付，未登记只是不得对抗善意第三人。法条依据为《民法典》第224条、第225条。

案例3—问题：李某是否可以主张房屋过户登记为无效或者撤销登记？

答案：不能。甲擅自出卖共有财产属于无权处分，乙善意取得所有权。法条依据为《民法典》第311条第1款。

KEEP AWAKE

第三章 用益物权

用益物权是指权利人对他人所有的物（主要是不动产）依法享有的占有、使用和收益的权利，包括居住权、地役权、土地承包经营权、建设用地使用权、宅基地使用权。建设用地使用权、宅基地使用权几乎不考，所以此章舍去相应内容。

【怎么考】1. 从考频来看，近几年考得很多。

2. 从考查内容看，重点考设立、变动要件，合同生效还是要登记。

【怎么学】不用多拓展，掌握讲义内容即可。

第一节 居住权【居住权 A】

【原理】为解决离婚后无住房一方及未成年子女、老人等弱势群体的居住问题，设立了居住权制度。乙是一位老年人，无子女，也没钱治病，于是将自己唯一的房屋以较低的价格卖给丙，提前变现。但卖了之后，自己就没房子住，就想住在自己老房子里，怎么办？

可以设立一个条件：丙必须为乙设立终身居住权，而且居住权是个物权，需要登记的，设立完之后，居住权就得到保障，丙后面再把房子卖给任何人，乙都享有居住权。

居住权人有权按照合同约定，对他人的住宅进行占有、使用，以满足生活居住需要。

1. 居住权的设立：书面形式 / 遗嘱方式 + 登记（自登记时设立）。

2. 居住权的限制【本来就是为了保障弱势群体居住需要】

（1）原则上无偿，当事人另有约定除外；

（2）居住权人不能出租房屋，只能自己住，当事人另有约定除外；

（3）居住权不得转让 / 继承。

3. 居住权的消灭

居住权期间届满 / 居住权人死亡，居住权消灭。

判断分析

甲将房子卖给乙，同时签订居住权合同，约定在此房子上为甲设立居住权，为期十年，并办理了居住权登记。之后甲因经济困难将居住权转让给丙。5年后甲去世，遗嘱中让儿子小甲继续居住剩余的期限。下列说法错误的是？

A. 甲的居住权自居住权合同生效时设立【错误。居住权自登记时设立】

B. 丙对该房子享有居住权【错误。居住权不得转让】

C. 小甲可继续享有该房子剩余期限的居住权【错误。居住权不得继承】

D. 甲的居住权在甲死亡时已经消灭【正确】

第二节　地役权【地役权 C；相邻关系 E】

一、地役权和相邻关系

1. 地役权

地役权是为了提高自己不动产的效益而利用别人的不动产。如 A 地块使用人甲想看海，于是找到旁边 B 土地的乙，让乙不能修建超过 10 米的建筑，影响自己看海，作为条件，每年给乙 10 万元，这样 A 地块就多了一个“看海景”的权利，我们称为需役地（权利地），B 地块多了一个“不能建超过 10 米建筑”的义务，我们称为供役地（义务地）。

2. 相邻关系

相邻关系是基于地理位置邻近而形成的法律关系，在使用自己不动产的过程中，相邻方必须提供便利。如甲乙的两块地相邻，甲要想到自己的地必须经过乙的地，那乙就要容忍，就要提供便利，要允许甲通行。

3. 区别

地役权是一种“享受”，你想要享受，就要经过对方同意（意定），甚至要给对方费用（有偿）。

相邻关系是一种“邻居必须要尽到的底线义务”，法律规定的，不需要经过邻居同意，也不需要给费用。

二、地役权的设立

地役权自合同生效时设立，未经登记，不得对抗善意第三人（取得供役地权利的善意第三人，见后面供役地的变动）。

三、地役权的变动

1. 需役地（权利地）的变动

需役地以及需役地上的土地承包经营权、建设用地使用权部分转让时，转让部分涉及地役权的，受让人同时享有地役权。

【注意】地役权是否登记在所不问（地役权就是为了需役地的便利，因此谁用需役地谁就有地役权。而且对于供役地来说，没有加重其负担）。

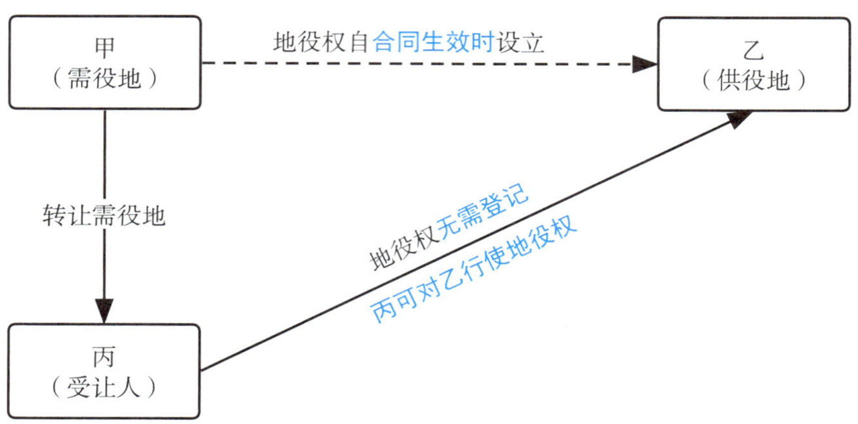

2. **供役地（义务地）的变动**

供役地以及供役地上的土地承包经营权、建设用地使用权部分转让时，转让部分涉及地役权的，看地役权有没有登记。

若地役权未登记，不能对抗善意第三人（因为供役地是“负担”，没有登记即变更，受让人作为第三方，在受让时不知道自己要承受该种义务，故该地役权没有登记的情况下，受让人善意受让供役地，不必再承担供役地的义务）。

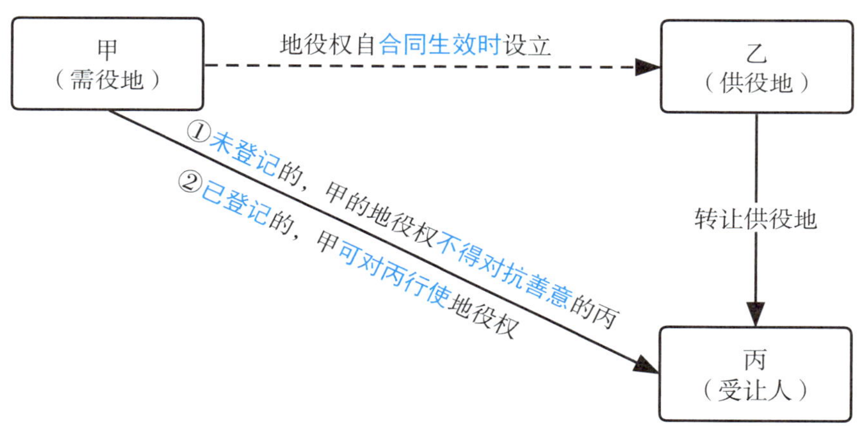

3. **需役地（权利地）和供役地（义务地）同时变动**

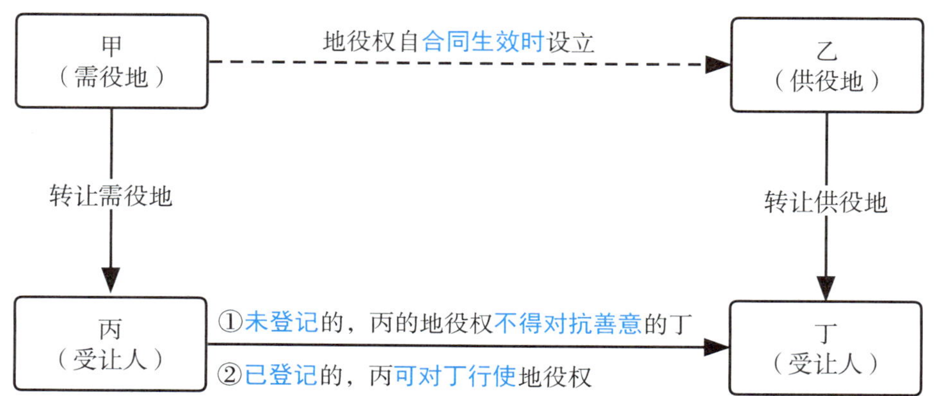

判断分析

2013年2月，A地块使用权人甲公司与B地块使用权人乙公司约定，由甲公司在B地块上修路。同年4月，甲公司将A地块过户给丙公司，6月，乙公司将B地块过户给不知上述情形的丁公司。下列哪些表述是正确的？（2013年第3卷第56题）

A. 2013年2月，甲公司对乙公司的B地块享有地役权【正确。合同生效时设立】

B. 2013年4月，丙公司对乙公司的B地块享有地役权【正确。权利地转让，是否登记在所不问】

C. 2013年6月，甲公司对丁公司的B地块享有地役权【错误。甲公司的地役权已经转让给丙公司，甲公司不再享有地役权】

D. 2013年6月，丙公司可对丁公司的B地块主张地役权【错误。地役权未登记，不能对抗不知情的丁公司】

第三节 土地承包经营权【土地承包经营权C】

农村土地归国家和集体所有，农民采用承包经营的方式使用土地并收益。

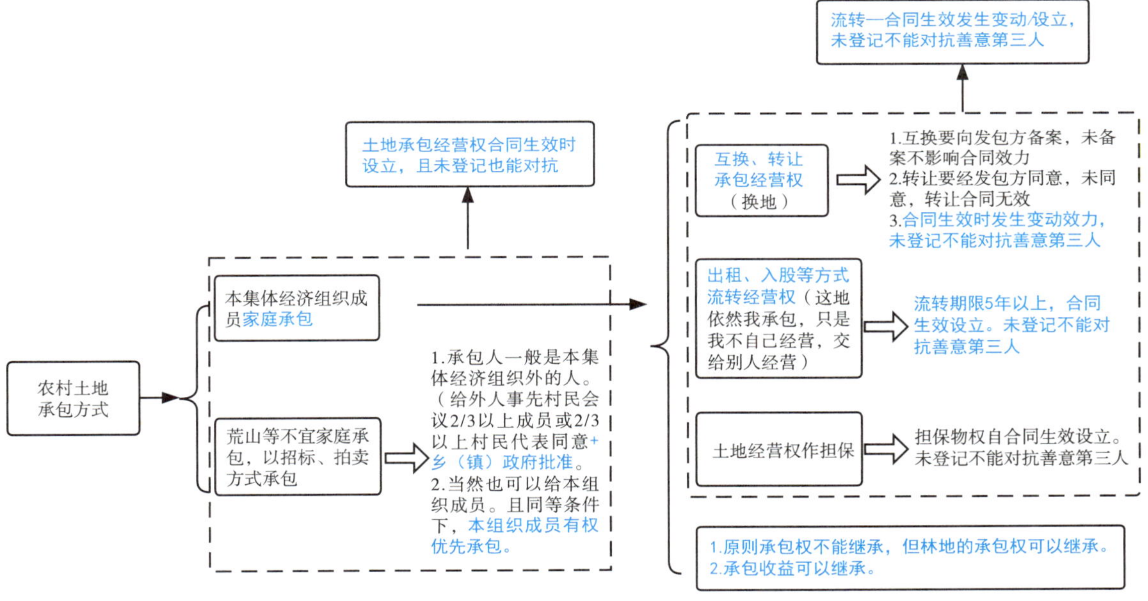

判断分析

1. 乙承包了本村的50亩地。2019年，经村委会同意，乙用20亩地与同村丙的15亩地互换，但未登记。2021年，乙将30亩地出租给甲公司，租期6年，亦未登记。下列关于2021年至2027年期间乙与甲公司对土地权属状况的表述，正确的是？（2021年仿真题）

A. 乙对50亩土地享有土地承包经营权【错误。乙丙互换，合同生效就发生变动效力。出租土地经营权，不丧失土地承包经营权。乙对45亩土地有承包经营权】

B. 乙对45亩土地享有土地承包经营权【正确】

C. 乙对 15 亩土地享有土地承包经营权【错误】

D. 甲公司对 30 亩土地不享有土地经营权【错误。流转 5 年以上，合同生效就设立】

2. 甲承包一片林地，承包期内甲死亡，甲的继承人可以继续承包。(2022 年仿真题)【正确。原则承包权不能继承，但林地可以继承】

KEEP AWAKE

第四章 占有和物权的保护

【怎么考】1. 返还原物请求权（必考）——基本作为一个选项考，问能不能请求返还，出题角度就是构成要件“谁能请求”和“无权占有”。

2. 占有的判断、分类、占有返还请求权（基本隔 1 年考 1 次）——常问有没有丧失占有、是无权还是有权、善意还是恶意、能不能请求返还。

【怎么学】1. 重点把握有权占有和无权占有的判断，关系到返还原物请求权的题能不能做对。

2. 牢牢把握返还原物和占有返还的构成要件，然后做对应部分的题目，可以加深理解。

【原理】民法是权利法，保护债权、物权、人格权等，但占有不是任何一种权利，只是一种事实状态，民法为什么要保护呢?

物权主要是关注物的“归属”，而占有作为法律上独立于物权的概念，主要关注物的事实“状态”（实际控制和对控制的保护）。占有的存在，可以为没有物权的个人提供保护措施，确保他们能够控制并维护对物的占有。

如乙在公园看到一只遗失的手表，并将其捡起保管，这个时候如果甲来抢，说“又不是你的表，你凭什么拿着”，乙靠什么来拒绝呢？答案是乙是占有人，占有状态本身就值得保护，不需要有物权。又比如甲偷了乙的东西，这个东西后来又被丙偷了，甲虽然是偷来的，但是这种占有东西的事实状态依然受保护，丙不能去侵犯。

一、占有的概念（判断：有没有占有）【占有的性质及分类 B】

占有 = 占有的意思 + 对物实际控制。

1. 占有的意思：内心想控制某物。

2. 实际控制：时间上要持续一定时间、空间上要在人的力量控制范围内。

例 1：小偷甲在躲避追捕过程中将赃物偷偷放入路人乙的背包，乙对此完全不知情，乙没有占有的意思，不成立占有。

例 2：甲将电脑放在其办公室，去办公楼楼下取外卖时对其电脑依然成立占有。

例 3：甲去高铁站坐车出差，临走时忘记拿包，3 小时后返回找包。甲丧失占有。

【区分】辅助占有 VS 占有

辅助占有：基于雇佣、学徒等类似从属关系，受雇主的“指示”而事实上管领控制某物，如珠宝店的员工对珠宝的占有、公司司机对车的占有。

辅助占有不是占有，其老板、雇主、主人才成立占有。不得对辅助占有人主张返还，辅助占有人也不能请求返还。（把辅助占有人想象成占有人的“一只手”，占有的效果、权利等都归属于占有人，而不是“手”）

例：甲雇佣乙操作某台机器，乙为辅助占有人，甲为占有人。

如果丙偷走了机器，甲作为占有人可以请求丙返还占有，乙不是占有人，乙不能找丙请求返还占有。

如果机器是甲偷来的，所有权人只能找甲请求返还，不能找乙请求返还。

判断分析

甲在教室备考复习，把教材放在教室，打算吃完饭后回来继续复习，乙见甲离开教室，便翻看其教材，后将教材带走占为己有。对于甲对教材的占有，下列说法正确的有？（2018 年仿真题）

A. 甲离开教室即失去对教材的占有【错误。短暂离开不影响】

B. 乙翻看教材时甲即失去对教材的占有【错误。短暂控制不成立占有】

C. 乙将教材带出教室甲即失去对教材的占有【正确。丧失实际控制】

D. 甲对教材的占有不因乙带出教室的行为而受到影响，即甲不曾失去对教材的占有【错误】

二、占有的分类【占有的性质及分类 B】

（一）自主占有 VS 他主占有（想不想还）

1. 自主占有：是以据为己有的意思而占有。（不想还）例：甲偷来乙的手机，去刷机解锁留着自己使用。

2. 他主占有：不以据为己有的意思而占有。（想还）例：甲借来乙的手机，准备 3 天后归还。

3. 区分意义：在先占制度中，占有人必须为自主占有才能取得所有权。

（二）直接占有 VS 间接占有（是否直接占有物）

1. 直接占有：占有人直接对物进行事实上的管领和控制。如承租人、质权人、保管人。

2. 间接占有：虽未直接占有某物，但依据一定的法律关系（占有媒介关系），通过直接占有人间接管领和控制该物。

成立间接占有，需同时满足以下 3 个条件：

（1）直接占有人基于占有媒介关系取得占有。租赁合同、保管合同、借用合同、质押合同等属于典型的占有媒介关系。例如，承租人（直接占有人）基于租赁合同（占有媒介关系）取得占有。

（2）直接占有人须为他主占有。例如，承租人对租赁物的占有属于他主占有。小偷对赃物是自主占有，因此不能说小偷对赃物是直接占有，所有权人是间接占有，所有权人已经丧失占有。

（3）间接占有人可以请求直接占有人返还占有物。例如，租赁合同期限届满，出租人（间接占有人）可以请求承租人（直接占有人）返还租赁物。

3. 区分意义：直接占有人只能有 1 个，间接占有人可以有多个。

（三）有权占有 VS 无权占有（是否有权利基础）

1. 有权占有：占有有权利基础，即基于物权（所有权、留置权等）、债权（租赁等）等占有。

2. 无权占有：占有没有权利基础。如小偷对盗赃物、拾得人对遗失物、租期届满承租人继续占有都是无权占有。

【注意】基于物权的有权占有，具有绝对性，对于其他所有人都是有权占有；

基于债权（合同）的有权占有具有相对性，对于合同相对人是有权占有，对于所有权人可能是无权占有。

例：甲的汽车被乙偷了，乙租给丙，丙占有汽车是基于租赁合同，对合同相对人乙是有权占有，对所有权人甲是无权占有。

3. 区分意义：返还原物请求权的对象只能是无权占有人。

（四）善意占有 VS 恶意占有（知不知道自己无权占有）

善意占有：不知道自己无权占有　　恶意占有：知道自己无权占有

	善意占有	恶意占有
是否要还原物和孳息	√	√
是否可以请求必要费用（为保存或管理必须支出：如保管费、饲养费）	√	×
是否承担正常使用的损耗责任以及物灭失的赔偿责任	×（如果拿到了赔偿金等，要还）	√（无过错责任）

例：甲的奔驰被乙错开（善意占有），宝马被爱占小便宜的丙故意开走（恶意占有）。

（1）车——乙和丙都要还。（无权占有别人的东西肯定要还）

（2）车坏了，乙丙各支出修车费 1 万元。乙可以请求甲支付必要费用 1 万，丙不能请求。（我以为是我的所以我修了，结果不是我的，但其实我不修你也得修，这个钱肯定得花，因此善意占有人可以请求支付；恶意的人活该）

（3）乙、丙各开车 100 公里，轮胎、发动机的损耗，乙不需要赔偿，丙要赔偿。（我以为我有权占有而使用占有物，保护信赖，不用赔；恶意的人活该）

（4）车在乙丙那里被雷电引起的火灾烧毁了，车虽投保，仍不够赔偿甲的损失，乙不需赔偿不够部分，丙需要赔偿不够的部分。（首先，保险金、赔偿金等不管善意恶意都要还。然后，针对不够的部分，善意不赔，恶意赔）（保护善意占有人）

【总结】善意占有人只有返还义务；恶意占有人一切不利的都自己承担。

【做题技巧】如果选项只问是有权还是无权，是恶意还是善意，没说相对于谁，一律认为是在问相对所有权人的占有状态。请务必注意，不然很容易做错题。

如（2020 年仿真题）张三在路边捡到一块玉，准备交到失物招领处，途中遇见李四，向其炫耀一番，并说该玉为自己所有，由于李四想把玩几天，遂暂借给李四。

李四是善意占有吗？是的，选项没问是相对于谁，那就是问相对于所有权人，相对于所有权人，李四是无权占有，但误认为自己有占有的权利，为善意占有。

但如果题目问李四相对于张三而言，是有权占有，对吗？对的。李四基于和张三的借用合同，有权占有玉。

判断分析

1. 丙找甲借自行车，甲的自行车与乙的很相像，均放于楼下车棚。丙错认乙车为甲车，遂把乙车骑走。甲告知丙骑错车，丙未理睬。某日，丙骑车购物，将车放在商店楼下，因墙体倒塌将车砸坏。下列

表述正确的是？（2012 年第 3 卷第 58 题）

A. 丙错认乙车为甲车而占有，属于无权占有人【正确。乙丙没有借用合同，丙占有乙的车没有权利基础】

B. 甲告知丙骑错车前，丙修车的必要费用，乙应当偿还【正确。甲告知丙骑错车前，丙对自行车的占有为善意占有】

D. 对于乙车的毁损，丙应当承担赔偿责任【正确。丙知情后是恶意占有人，对物的毁损应承担损害赔偿责任】

2. 甲的车被乙偷了，乙是直接占有人，甲是间接占有人。【错误。乙是自主占有，甲不是间接占有，而是丧失占有】

三、占有的保护——物被侵夺，行使占有返还请求权【占有保护请求权 B】

构成要件（同时满足“+”）

1. **占有被侵夺**：侵夺是指非基于占有人的意思，排除占有人对物事实上的管控，且侵夺人的行为必须是造成占有人丧失占有的直接原因。如占有的动产被抢被盗、不动产被霸占等。

例 1：甲把汽车租给乙，租期届满，乙拒不归还，继续使用。乙基于租赁合同获得对汽车的占有，不构成侵夺。

例 2：甲的衣服被风吹落，邻居乙拾得并据为己有。乙捡到不是造成甲丧失占有的直接原因，乙不构成侵夺。

例 3：甲遭受乙的欺诈，低价将平板转让给乙。转让占有物是基于甲的意思，即使存在欺诈、胁迫，也不构成侵夺。

2. **谁请求**：占有被侵夺的占有人：既包括有权占有人，也包括无权占有人；既包括直接占有人，也包括间接占有人。

（请求权人是无权占有人）乙偷来的手机被丙又偷走，乙作为手机的无权占有人，其无权占有依然受法律保护，乙可以向丙主张占有返还请求权。

（请求权人是间接占有人）甲把手机借给乙，丙从乙手中抢走手机。甲是间接占有人，乙是直接占有人，丙既侵夺了乙的直接占有，也侵夺了甲的间接占有，因此甲、乙都可以向丙主张占有返还请求权。

3. **请求谁**：

（1）还在占有的侵夺人，直接占有和间接占有都可。乙偷走甲的手机后，又将该手机租给丙。甲可以向间接占有人乙主张占有返还请求权。

【注意】如果侵夺人的占有已经消灭，不能再对侵夺人主张占有返还请求权。

（2）侵夺人如果转给第三人，原则也能向第三人请求返还。除非第三人是通过继承之外的方式（如买卖、出租、赠与）取得且不知道侵夺的事实，此时不能向第三人主张返还。

例 1：上述例子中，丙如果知道偷的事实，甲可以向丙主张占有返还请求权。

例 2：乙偷走甲的手机后，又将该手机卖给丙，丙不知道偷的事实。丙通过买卖方式取得且不知道侵夺事实，甲不能向丙主张占有返还请求权。而且甲也不能向乙主张占有返还请求权，因为乙丧失占有。【但是甲可以向丙主张返还原物请求权或向乙主张侵权等】

例 3：乙偷走甲的手机后死亡，乙的儿子丙继承该手机。丙不知道偷的事实。丙通过继承方式取得，不管知不知道侵夺事实，甲都可以向丙主张占有返还请求权。

4. **时间要求**：占有人需要自侵夺之日起 1 年内行使占有返还请求权，否则权利消灭。

四、物权的保护[①]——物被无权占有，行使返还原物请求权【物权请求权 B】

构成要件（同时满足，“+”）

1. 存在他人无权占有的事实，如因偷走、拿错、超时间不还等原因占有；无权占有人是指相对于请求人为无权占有。（注意前面说的基于债权的有权占有具有相对性）

例 1：甲的汽车被乙偷了，乙租给丙，丙占有汽车是基于租赁合同，对合同相对人乙是有权占有，对所有权人甲是无权占有。甲可以向丙主张返还原物请求权。

例 2：甲的汽车租给乙，租期内乙是有权占有，甲不能向乙主张返还原物请求权。

2. **谁请求**：有占有权能的物权人，如所有权人、用益物权人、质权人、留置权人。抵押权人不对抵押物进行占有，故抵押权人不能主张返还原物请求权。债权人也不能主张返还原物请求权。

【注意】此处**常结合前面所有权变动的知识点（交付、继承等）来判断是不是所有权人**，从而问能不能请求返还原物，注意结合前面。

3. **请求谁**：现在的无权占有人：直接占有、间接占有均可。

例 1：甲的汽车被乙偷了，乙租给丙，乙丙之间，丙是直接占有，乙是间接占有。甲可以向乙、丙主张返还原物请求权。

例 2：甲的汽车被乙偷了，乙出卖并交付丙。乙已经丧失占有，甲不能向乙主张返还原物请求权。

【注意】返还原物请求权的前提是原物还存在，若原物已经灭失，则无返还原物请求权。

例：乙将甲的全球限量版香水盗走并全部用完，此时香水已经灭失，甲无返还原物请求权，但可以向乙主张侵权责任。

4. 原则上不受诉讼时效限制，任何时候都能请求返还。例外：未登记的动产的返还原物请求权适用 3 年诉讼时效。

【总结】

	占有返还请求权	返还原物请求权
核心要件	占有被侵夺（抢、偷等）	无权占有（基于合同的占有对所有权人可能是无权）
谁请求	占有人（有权、无权、直接、间接）	（含占有权能的）物权人
请求谁	侵夺人（含间接占有）/ 第三人（善意的买受人、承租人、受赠人除外）	现在的无权占有人（直接、间接）
时间	侵夺行为发生之日起 1 年的除斥期间	未登记动产：3 年诉讼时效 不动产和登记动产：无时效限制

【占有返还 VS 返还原物 VS 损害赔偿】

1. 如果选项**明确问**“甲能否对乙主张**返还原物**”或“能否基于**所有权**请求返还”，按照返还原物请求权构成要件判断；如果明确问“甲能否向乙主张**占有返还**”，按照占有返还请求权判断；如果只是问“甲

① 根据被侵害的情形不同，也可以采取停止侵害、排除妨碍、消除危险、损害赔偿的方式来救济，但是法考一般考占有的保护考的都是占有返还，因此核心讲占有返还。对物权的保护，停止侵害、排除妨碍、消除危险等会在侵权部分讲解，这里只讲返还原物。

能否请求乙**返还**某个东西”，则都要考虑，即使不符合返还原物，也可能符合占有返还，只要符合一个就是能请求返还。

2. 占有和物权被侵害时，还可以提起损害赔偿的债权保护方法。看受害人如何主张，只要符合各自的构成要件即可。而且如果只主张返还原物 / 占有返还无法救济权利，还可以主张损害赔偿。因为返还原物 / 占有返还是为了恢复物 / 占有的圆满状态，而损害赔偿是为了填补损害，制度功能不同，因此可以同时主张。民法上一般制度功能相同，只能主张一个；制度功能不同，可以同时主张。

【一些相关的概念辨析】

1. 有权占有≠有权处分。一般来说所有权人才有处分权，但是占有人并不一定是所有权人，有权占有人可以是债权人、留置权人等。

2. 有权占有 VS 善意占有。善意、恶意占有是对无权占有的再分类，善意和恶意是无权占有。

3. 善意占有≠善意取得。善意取得所有权后，是有权占有，而非善意无权占有。

4. 丧失占有≠丧失所有权。占有和所有权是 2 个事情，比如我的东西被偷了，我依然是所有权人，只是丧失了占有。

判断分析

1. 张三在路边捡到一块玉，准备交到失物招领处，途中遇见李四，向其炫耀一番，并说该玉为自己所有，由于李四想把玩几天，遂暂借给李四。次日，玉被王二盗走，王二准备在二手市场交易，被失主赵五恰巧碰到。对此，下列说法正确的是？（2020 年仿真题）

A. 张三是无权占有【正确。张三是遗失物的拾得人，无权占有】

B. 李四可请求王二返还玉【正确。王二侵夺了李四的占有，李四的无权占有也受保护】

C. 李四是恶意占有【错误。李四是无权占有，李四误认为自己有占有的权利，为善意占有】

D. 赵五可请求王二返还原物【正确。赵五是所有权人，王二是现在的无权占有人】

2. 庞某有 1 辆名牌自行车，在借给黄某使用期间，达成转让协议，黄某以 8000 元的价格购买该自行车。次日，黄某又将该自行车以 9000 元的价格转卖给了洪某，但约定由黄某继续使用 1 个月。庞某既不能向黄某，也不能向洪某主张原物返还请求权。（2017 年第 3 卷第 5 题）【正确。黄某通过简易交付取得所有权，又通过占有改定的方式卖给洪某，自行车归洪某。庞某不是所有权人，不能再主张返还原物请求权】

3. 星星公司就某台设备与环球公司订立买卖合同，并约定由星星公司继续租用。一周后，星星公司将该设备交给月亮公司使用并按照约定收取租金。环球公司有权请求月亮公司返还设备。（2022年仿真题）【正确。环球公司通过占有改定取得设备所有权。月亮公司对星星公司是有权占有，但基于合同的占有具有相对性，对环球公司是无权占有】

担 保

担保
担保概述
担保的法律关系（担保：保障债权实现）
担保的从属性
注意效力（担保合同无效的责任承担）、内容和范围、抗辩、移转
担保物权的特性
优先受偿性、物上代位性、不可分性
反担保
担保追偿权
抵押权
抵押权的设立
抵押财产的范围
不动产抵押权设立：登记
无法办理登记的责任承担
抵押预告登记
房地一体
动产抵押权设立：合同有效，未登记不能对抗
抵押物转让与正常经营买受人规则
能不能卖抵押物
能不能取得抵押物所有权
能不能继续行使抵押权
动产浮动抵押
最高额抵押
抵押权人的权利
从物、孳息、保全请求权
主债诉讼时效对抵押权的影响
质权
动产质权设立与消灭：交付
质权人权利与义务
转质
权利质权（交付/登记）和保证金账户质押
抵押权和质权的善意取得
留置权
留置权的成立要件（一定要会判断“同一法律关系”）
留置权的效力与消灭
保证
保证的设立
保证方式：一般还是连带
保证期间与保证债务诉讼时效
保证人的抗辩权与追偿权
共同担保
债权人怎么实现债权？怎么追偿？
注意连带共同保证和连带责任保证
担保物权顺位
价款优先权
顺位、抵押权顺位变更
非典型担保
让与担保、后让与担保、届满前以物抵债
届满后以物抵债（清偿）

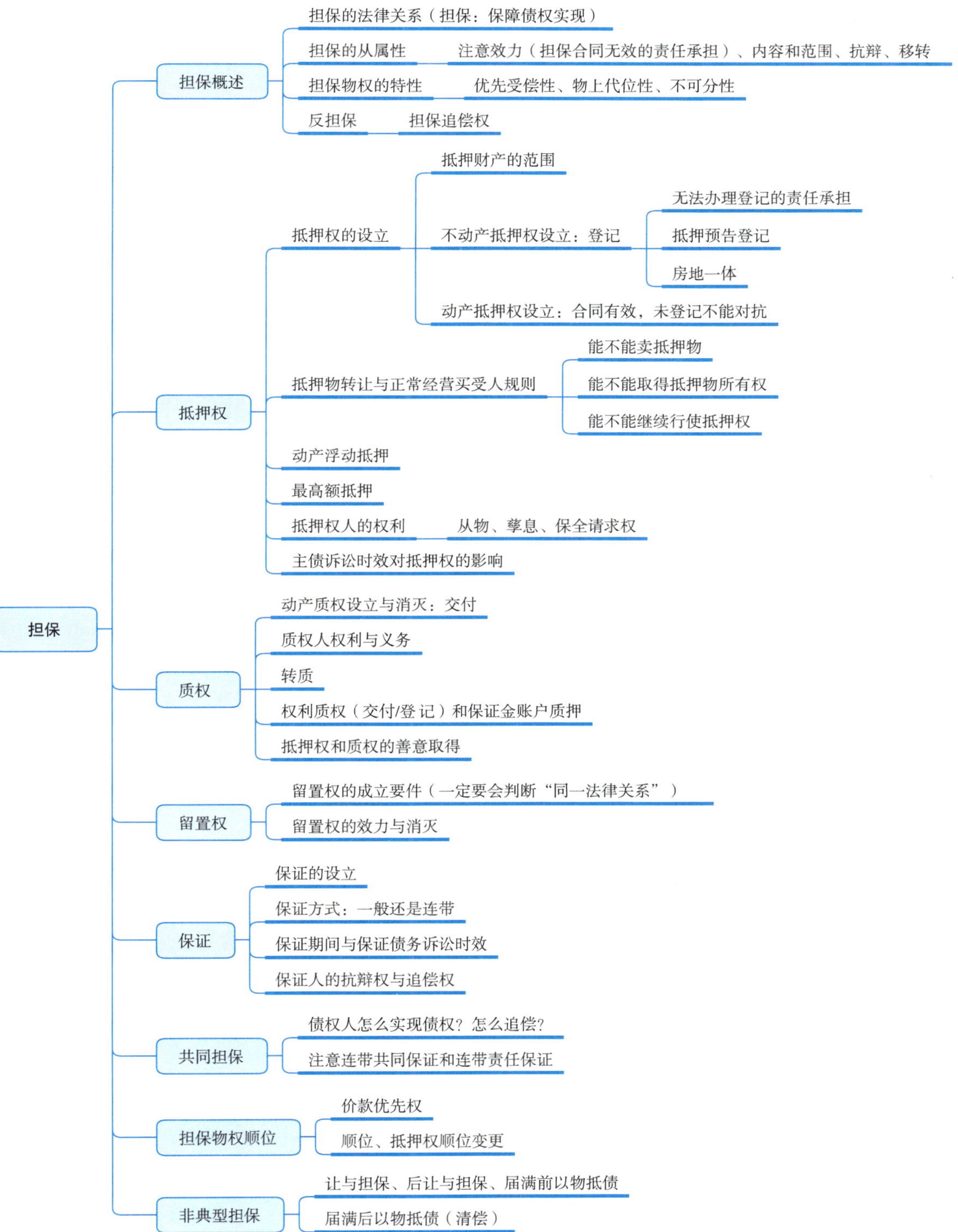

KEEP AWAKE

第一章 担保概述【客+主】

【怎么考】本章常考担保从属性，担保从属性经常和保证、债的移转搭配出题，常考担保合同效力及引发的责任承担、范围从属性、抗辩从属性、移转从属性。

【怎么学】1. 这一章理论性比较强，要核心理解担保的法律关系，为后面知识打基础。

2. 重点注意担保从属性，移转会在后面债部分详细讲解。

第一节 担保的法律关系

一、什么是担保

担保是通过提供额外的保障，使得债权人在债务人不履行债务时，能够通过特定的财产或第三方的承诺来实现债权。

它包括物的担保（抵押权、质权、留置权）和人的担保（保证）两大类，目的是增加债务履行的可靠性，保障债权的实现。随着社会实践的发展，还发展出了很多新的担保形式，如让与担保等。

二、担保法律关系

担保法律关系主要有三种情况：①债务人自己的特定财产来担保；②第三人的特定财产来担保；③第三人来担保（没有用特定财产），具体见下图和例子：

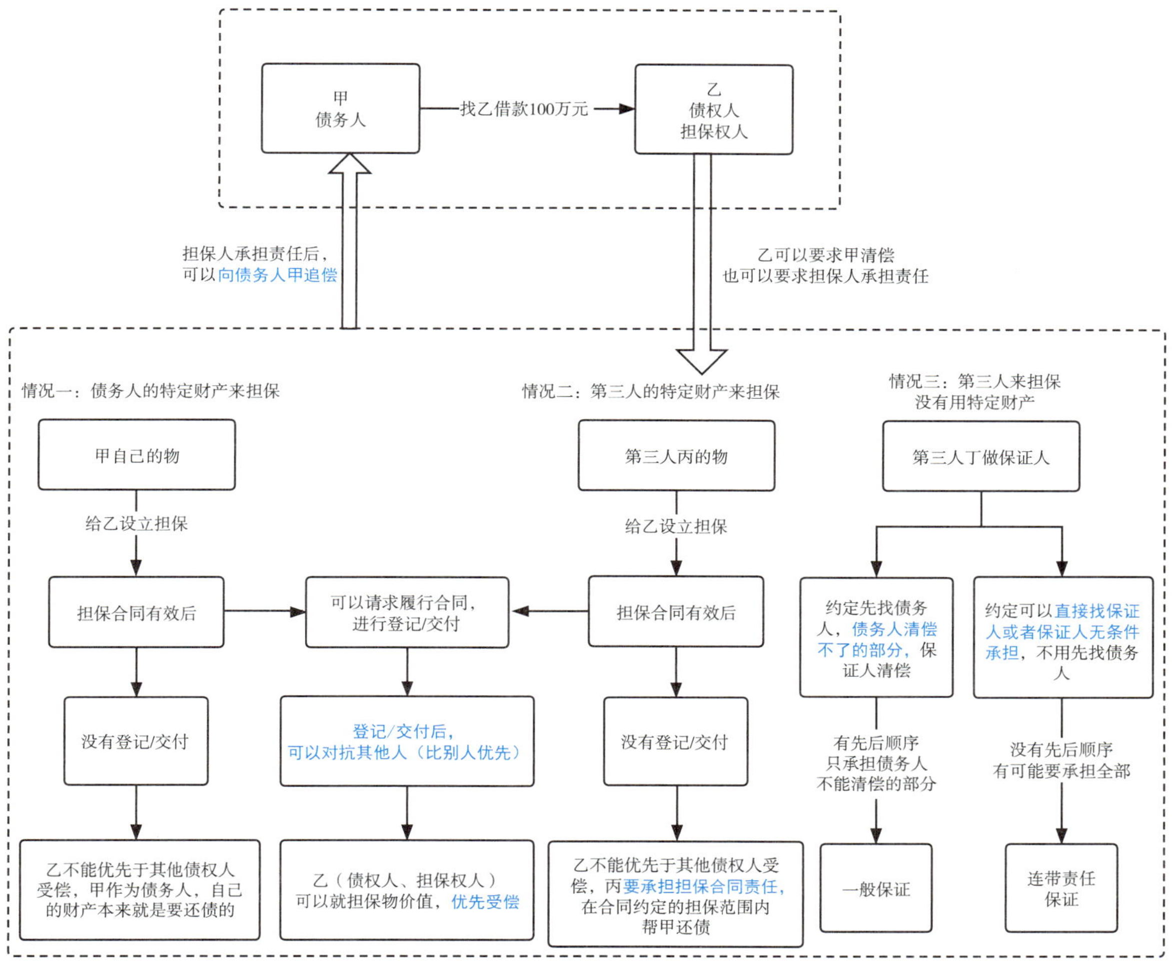

甲找乙借100万元，乙怕甲还不了，说“不想借，我怕你还不起”，这时候甲可以说“你别怕，我给你提供担保”。问：能提供什么担保？

第一种：甲可以**用自己的特定财产**提供担保，比如用房子给乙设立抵押。签订抵押合同后，乙有权要求甲配合办理不动产的抵押登记。

1. 抵押登记了，完成了公示，乙享有担保物权（抵押权）。**登记产生了公信力**，可以对抗第三人（在抵押财产的范围内，可以优先于其他债权人受偿）。此时如果甲还有其他普通债权人A、B，如果房屋拍卖后是110万元，那么乙优先受偿100万元，剩余的10万元才能轮到A、B。

2. 如果没有办理抵押登记，乙不享有担保物权，乙就不能优先受偿，但甲作为债务人，本来所有的财产都要用于还债，乙只是不能优先于其他债权人受偿。此时如果甲还有其他普通债权人A、B，那么乙就要和A、B平等受偿。

第二种：甲找了自己的朋友丙，**丙用自己的特定财产**，如价值80万元的房子给乙提供抵押。签订抵押合同后，乙有权要求丙配合办理不动产的抵押登记。

1. 抵押登记了，完成了公示，乙享有担保物权（抵押权）。**登记产生了公信力**，可以对抗第三人（在抵押财产的范围内，可以优先于其他债权人受偿）。

2. 如果没有办理抵押登记，乙不享有担保物权，不能优先受偿。但由于担保合同是有效的，所以丙要承担合同责任，具体有：

（1）乙可以要求丙配合办理抵押登记（履行合同），登记后有抵押权。

（2）没有办理登记，丙要承担担保合同的违约责任，这里的违约责任，具体分两种情况：

情况一：如果因为丙的原因，例如丙又把房卖给别人导致无法办理抵押登记，那么丙要以房子财产价值为限（80 万元），承担担保合同的违约责任。

注意对比：如果登记了，乙有抵押权，可以就这套房子优先受偿。

如果没登记，乙虽然可以找丙承担责任，但只是合同责任，乙不能优先于其他债权人受偿，此时如果丙还有其他普通债权人 A、B，那么乙就要和 A、B 平等受偿。

情况二：如果不是丙的原因，如地震、自然灾害导致房屋损毁灭失，有保险金、赔偿金这些代位物的，丙在这些“金”范围内承担责任；如果没有这些“金”，丙就不承担责任（合同违约责任可以因不可抗力而免责）。

【总结】担保合同有效，原则上就要承担担保合同责任；登记 / 交付是为了获得对抗第三人效力（优先于第三人受偿），解决能不能优先受偿问题。

3. 丙承担担保责任后，可以找债务人甲追偿。

第三种：甲找了自己的朋友丁，丁给乙提供保证。

1. 如果丁和乙约定：甲不还钱，乙先找甲，然后再找丁。丁提供的是一般保证，到时候乙必须先找甲，甲如果还了 70 万元，则丁只需要还剩余的 30 万元。

如果丁和乙约定可以直接找保证人丁或丁无条件承担保证责任，那么甲不还钱，乙可以直接找丁承担 100 万元。丁提供的是连带责任保证。

2. 丁承担担保责任后，可以找债务人甲追偿。

【延伸】人保和物保都是担保形式，但对债权人乙来说，物保可能更有利。原因是：

接上例：

保证人丁公司还欠 A 100 万元，但丁公司全部财产只有一座价值 100 万元的厂房。A 先下手为强，请求拍卖了厂房，则 A 受偿 100 万元，那么乙的债权就没办法得到保障。

但如果提供的是物保，用厂房给乙设定了抵押，并办理了抵押登记，那么乙就可以优先受偿这 100 万元，而作为普通债权人的 A 的债权则无法得到保障。（公示过后可以优先受偿）。

第二节 担保的从属性【客 + 主】【担保从属性 B】

法条群

《担保制度的解释》

第二条第一款【担保独立性约定无效】当事人在担保合同中约定担保合同的效力独立于主合同，或者约定担保人对主合同无效的法律后果承担担保责任，该有关担保独立性的约定无效。主合同有效的，有关担保独立性的约定无效不影响担保合同的效力；主合同无效的，人民法院应当认定担保合同无效，但是法律另有规定的除外。

第三条第一款【担保范围的从属性】当事人对担保责任的承担约定专门的违约责任，或者约定的担保责任范围超出债务人应当承担的责任范围，担保人主张仅在债务人应当承担的责任范围内承担责任的，人民法院应予支持。

担保是为了保障债权的实现，因此担保从属于债权，具有从属性。具体而言包括：

1. 成立上的从属性：主债不成立，担保不成立。

2. 效力上的从属性：

（1）主合同无效，担保合同也无效。如甲和乙公司虚构债权，丙为乙公司的债权提供担保。甲和乙公司的借款合同因虚假行为无效，乙公司和丙的担保合同也无效。

（2）独立性约定无效：约定担保合同的效力独立于主合同，或约定担保人对主合同无效的法律后果承担担保责任，独立性约定无效，但不影响担保合同的效力。

（3）担保合同无效，担保人不承担担保责任，但可能因合同无效会承担缔约过失责任。具体情况如下表：

情形	过错		担保人赔多少?
	债权人	担保人	
主合同有效，担保合同无效	有错	有错	≤债务人不能清偿部分的 1/2
	没错	有错	＝债务人不能清偿的部分
	有错	没错	不承担
主合同无效导致担保合同无效		没错	不承担
		有错	≤债务人不能清偿部分的 1/3

【记忆】担保人没错不赔；有错：1 人错最多全赔；2 人错最多赔 1/2；3 人错最多赔 1/3。

例 1：甲欠乙钱，丙公立医院以医疗设备提供担保。根据法律规定，公益目的的非营利医疗机构不能用医疗设施提供担保。该担保合同无效，乙和丙医院都有错，丙医院最多赔“债务人甲不能清偿部分的 1/2”。

例 2：甲为制造假币，找知情的乙借钱 100 万，不知情的丙提供担保。主合同因违法而无效，因此担保合同也无效。丙没错，不赔。

【注意】合同无效≠合同解除。问：如果主合同被解除，担保也会解除吗?

答：不会！主合同被解除，意味着主合同是有效的，所以担保也是有效的；如果解除的理由是对方违约，要承担违约责任，那么担保就是担保这个违约责任的。

3. 内容和范围上的从属性：

（1）担保的范围≤主债的范围（主债权、利息、违约金等）：约定的担保责任范围＞主债的，大于部分无效；对担保责任约定专门的违约责任，无效。

例：甲欠乙钱，丙提供保证，并与乙约定“若丙未依约履行保证责任，则从逾期之日起另行支付逾期付款违约金”。这属于对保证责任约定专门的违约责任，约定无效。

【注意】担保人承担责任超出范围部分：不能找债务人追偿，可以找债权人返还。

（2）债权人与债务人协商变更主债内容：未经担保人书面同意，减轻的，对减轻后的债务依然要担责；加重的，对加重部分不承担（对小的担责）。

【区分】未经保证人书面同意，协商变更主债履行期：保证期间不受影响（主债履行期缩短或延长对担保人的影响不能确定是好是坏，所以保证期间维持原状；主债变大变小对担保人的影响是确定的，所以直接按照有利担保人的来规定）。

4. 抗辩上的从属性：

（1）担保人可以主张债务人对债权人的抗辩。即使债务人放弃，担保人也能主张。甲欠乙100万元，丙提供保证。主债时效届满后，甲有时效经过的抗辩权，可以不还钱，担保人丙也可以主张该抗辩权。如果甲脸皮薄，还是要还，丙还是可以主张该抗辩权。（债务人本来可以不用还，这样担保人也就可以不用还，但债务人放弃抗辩变相损害了担保人，为避免这种损害，担保人依然可以抗辩）

（2）债务人对债权人享有抵销权或撤销权，担保人能在相应范围内拒绝承担担保责任。甲向乙购买瓷器，为担保买卖价款的支付，丙提供保证。后丙知道甲是因为遭受了乙的胁迫才签了合同，甲对乙有撤销权，丙可以拒绝承担担保责任。

5. 移转上的从属性（详见债编部分债的移转）：

（1）债权转让，原则上担保跟着转，通知担保人后，担保人对新债权人承担担保责任。

（2）债务承担分免责和并存：

免责的债务承担（债务人换人，有风险）：未经担保人书面同意，担保人对转移部分不承担担保责任。**【注意】口头同意视为没有同意，一定要书面！**

并存的债务承担（债务人没变，没风险）：不需要经过担保人同意，因为不影响担保责任的承担。

6. 消灭上的从属性：主债消灭的，担保人不再承担担保责任。

借新还旧怎么承担担保责任？

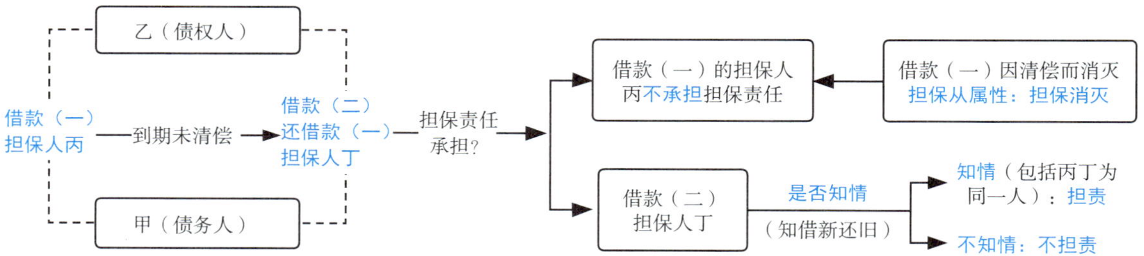

【注意】如果丙继续为第二笔借款提供担保且之前的担保登记未注销，但在第二笔借款签合同之前丙又给其他人比如戊提供了担保，此时的顺位：乙>戊。【登记的公信力】

例：甲向乙借款20万元，丙以自己的汽车提供担保并办理了登记。后甲又想向乙借款25万元，用于偿还之前借款本息。丙知道此事后同意继续以该汽车提供担保。但是在甲乙第二笔借款合同签订之前，丙又以同一辆汽车为戊提供担保并办理登记。——丙对借新还旧知情，应对第二笔借款承担担保责任。且对于该汽车，乙优先于戊受偿。

7. 管辖上的从属性：

（1）主合同或担保合同约定了仲裁条款：法院对约定仲裁条款的合同无管辖权。（仲裁和诉讼是并行的解决纠纷机制，当事人可以自由选择哪种方式解决纠纷）；

（2）没有约定仲裁，一并起诉债务人和担保人的，根据主合同确定管辖法院；

（3）没有约定仲裁，只起诉担保人，根据担保合同确定管辖法院。

【总结】未经担保人书面同意，主债的任何变更不得对担保人产生不利影响。

判断分析

1. 甲公司与乙公司签订供货合同，丙公司提供保证。后甲公司有2022万元货款未支付，乙公司表示免除22万元货款，未通知丙公司，丙公司只对2000万货款承担保证责任。（2022年仿真题）【正确。未经保证人书面同意变更主债内容，减轻的，保证人对减轻后的债务依然要担责】

2. 甲因资金周转，向大江银行借贷50万元，乙提供保证。两个月后甲又增加借贷20万元，并告知乙，乙未置可否。下列说法正确的是？（2019年仿真题）

B. 甲对银行的抗辩权，乙对银行也享有【正确。债务人对债权人的抗辩，担保人可以主张】

C. 乙就银行对甲的70万元债权承担保证责任【错误。未经保证人书面同意，保证人对加重的20万元不承担保证责任】

D. 乙就银行对甲的50万元债权承担保证责任【正确】

第三节 担保物权的特性【担保物权的特性 E】

用特定物提供担保的，我们称之为担保物权，主要有抵押权、质权、留置权，担保物权除了有担保从属性外，还有：优先受偿性、物上代位性、不可分性。

1. 优先受偿性

在担保物上，如果有担保物权，那么就该担保物的价值，有担保物权的债权人可以优先于其他债权人受偿。

例：甲欠乙丙丁钱，只给乙提供了房屋抵押。甲的财产只有该栋房屋时，乙可以请求拍卖、变卖房屋，就房屋价款优先受偿，而丙丁只能等乙受偿完（如果还有剩余）才能受偿。

2. 物上代位性

如果担保物消灭了，但上面有保险金、赔偿金、补偿金，担保物权人可以请求给付义务人向自己支付保险金等并优先受偿，而且顺位和原担保物权顺位一样。【这些“金”，替代了物的存在】

例：甲欠乙钱，丙以房屋提供抵押。后洪水将房屋冲垮，能获得200万元保险金。乙可以请求保险公司向自己支付200万元的保险金，并有权优先受偿。

3. 不可分性

担保物权的不可分性是指在整个债权未完全清偿之前，担保物的全部都要对债权的全部进行担保：

（1）担保物的全部价值都用来确保债务的全部偿还。

①不能因为债少了，就主张担保物也随之减少。如A向银行贷款100万元，并以自己的房屋作为抵押。A偿还了50万元贷款，尚未还清全部债务。在这种情况下，银行仍然对这套房屋有抵押权，不能因为A偿还了一部分贷款就要求银行解除一部分抵押权。如果A继续不履行剩余债务，银行可以根据抵押权处置整套房产，以偿还剩余50万元的贷款。

②不能因为债权转了一部分给其他人，就主张担保物只担保部分债权。如A向银行贷款100万元，并以自己的房屋作为抵押。后银行把其中50万元债权转给B，则该房屋同时担保银行的50万元债权和

B 的 50 万元债权。

（2）担保物本身通常是一个整体，分割担保物在实践中可能会导致对担保物价值的损害，也增加了实现担保物权的复杂性和不确定性，因此，在债权完全清偿之前，担保物（如房子、车子等）必须作为一个完整的东西来担保债权。

①不能因为担保物价值增加，就请求分割担保物。如 A 向银行贷款 100 万元，并以自己的房屋作为抵押。如 A 的房产增值至 200 万，A 不能说一半房屋给你提供抵押，银行仍然对整个房屋享有抵押权。

②不能因为担保物被分割或部分转让，就主张只有剩余的担保物担保债权。如 A 向银行贷款 100 万元，并以自己的 2 层楼房作为抵押。后 A 将第二层房屋转给 B，则 A 的第一层房屋和 B 的第二层房屋都担保银行的 100 万元债权。不能说只有 A 的第一层房担保 100 万元债权。

【原理】担保物权的不可分性本质上是为了保障债权人的利益，确保在债权未完全清偿前，担保物权的效力不会因部分清偿而减弱或消失。这样，债权人始终可以凭借担保物的全部价值来实现其全部债权。

第四节 反担保【反担保 D】

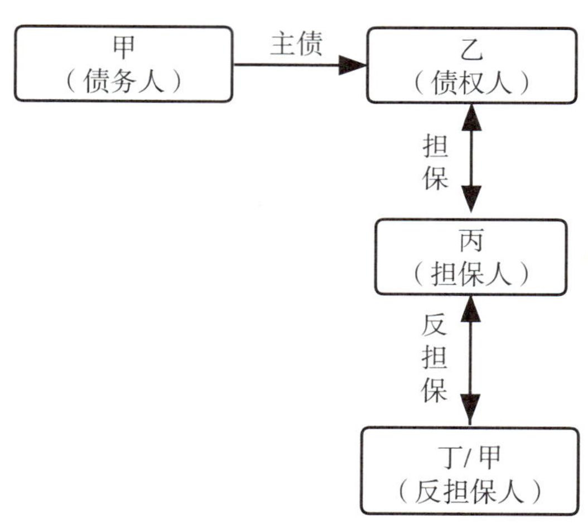

甲欠乙钱，因为乙要求甲提供担保，甲就找到丙，想让丙给乙提供担保，但是丙有点犹豫，“万一到时候甲不还，我替你还了（承担了担保责任），我找你追偿的时候你没钱，我追偿不了，怎么办？”为了让丙安心承担担保责任，甲说“我给你提供反担保。”于是，丙安心地和乙签了担保合同，答应承担担保责任。

1. 问：提供反担保的形式有哪些？

可以债务人甲用自己特定财产给丙提供反担保；也可以找第三人提供担保，第三人提供人保、物保都可以。

2. 问：那完整的法律关系是什么样子？ 反担保到底担保什么？

（1）甲乙成立主债权债务关系，丙给乙提供担保。到时候甲不还钱，乙可以找丙承担担保责任。

（2）丙承担担保责任后，可以找债务人甲追偿。

①如果没给丙提供反担保，则丙就只能找甲，而且只是个普通债权。

②如果给丙提供了反担保，则：

A. 若债务人甲用自己的特定财产提供担保（抵押、质押），则丙可以实现担保物权，申请拍卖该担保物并就价款优先受偿。

B. 如果是第三人提供担保，丙可以找债务人甲追偿，也可以找第三人承担担保责任。如果提供物保，实现担保物权；如果提供人保，主张保证责任。

因此，反担保，担保的是担保人对债务人的追偿权，相当于给担保人吃了个定心丸。

【注意】（1）反担保人不是债权人的担保人，和债权人无关。甲不还乙钱，乙不能找丁要，也不能去实现甲为丙提供的抵押、质押。

（2）反担保合同不是担保合同的从合同→担保合同无效，不会导致反担保合同无效，担保合同无效，虽然不承担担保责任，但可能承担缔约过失责任，担保人承担后，有权找反担保人承担责任。乙丙间的担保合同无效，丙仍有可能要承担缔约过失责任，承担后仍然可以向甲追偿，就该追偿之债，丙可以向反担保人丁／甲主张担保责任。

（3）主债消灭→担保消灭→没有追偿的可能，追偿消灭→反担保消灭。

判断分析

甲向乙银行借款500万元，丙为保证人，丙要求债务人甲为其提供反担保，甲找到朋友庚为丙作保证。若甲到期依约向乙银行清偿了借款，该反担保继续有效。（2018年仿真题）【错误。反担保担保的是担保人的追偿权，债务人清偿后，担保人无需承担责任，也就无需追偿，反担保也随之消灭】

主观题延伸拓展

案例： 甲向乙借款100万，丙提供保证，丙与乙约定保证合同效力不受借款合同影响。

问题： 该保证合同效力如何？

答案： 有效。关于“保证合同效力独立”的约定是无效的，但是不影响保证合同效力。法条依据为《担保制度的解释》第2条第1款。

KEEP AWAKE

第二章 抵押权【客+主】

【怎么考】通常问抵押权是否设立、抵押物能否转让、受让人能否取得所有权以及抵押权人能否继续行使抵押权等。

【怎么学】抵押权设立规则记住就行，抵押物转让和正常经营买受人规则注意看清问题问什么，按讲义思路分别分析，不要混淆。另外再注意一下动产浮动抵押和最高额抵押与普通抵押权相比的特殊之处即可。近 7 年真题做完。

抵押权：债务人/第三人【抵押人】用一个特定的物【抵押物】给债权人【抵押权人】设定担保，而且不用转移物的占有，债务人到期不还款，债权人可就该财产拍卖、变卖并就价款优先受偿。

抵押是实践中最理想、被广泛使用的担保形式，因为不需要转移抵押物的占有，可以由抵押人继续使用并发挥它的价值，取得的收益也能用来清偿债务。因此抵押也被称为“担保之王”。

一、抵押财产的范围【抵押权的设立 A；担保人资格 E】

1. 原则自由：除法律、行政法规规定不得抵押的财产外，其他财产均可以抵押。但债权人是否愿意接受某种财产，则取决于财产价值及变现的难度。

2. 例外禁止：法律、行政法规禁止抵押的财产包括：

种类	对抵押合同效力的影响
（1）以公益为目的的非营利性学校、幼儿园、医疗机构、养老机构等组织+用公益设施设定抵押	抵押合同无效。如公立大学的课桌不能作为抵押物。 ①当然公益设施以外的财产可以作为抵押物。 ②以保留所有权方式买入/以融资租赁方式租入公益设施（实质具有担保的性质），有效。如公立大学为购买教学设备，可以与出卖人约定在付清价款前，出卖人保留所有权；或者想租入教学设备，可以与融资租赁公司约定，购买该设备后租给学校，出租人甲公司拥有所有权。两个合同都是有效的。
（2）违法建筑物	抵押合同无效，除非一审法庭辩论终结前已经办理合法手续。 【注意】以建设用地使用权抵押，抵押合同不因土地上有违法建筑物而无效。
（3）所有权、使用权不明或者有争议的财产	合同有效； 物权效力：经调查为有权处分，可以继受取得抵押权；经调查为无权处分，满足善意取得条件可善意取得抵押权。
（4）查封、扣押、监管财产	合同有效； 只是影响实现：查封、扣押、监管措施解除的，才能实现抵押权。

二、抵押权的设立【抵押权的设立 A；房地一体 E】

（一）不动产抵押权设立

法条群

《民法典》第二编物权 第四分编担保物权 第十七章抵押权 第一节一般抵押权

第四百零二条 【不动产抵押权的设立规则】以本法第三百九十五条第一款第一项至第三项规定的财产或者第五项规定的正在建造的建筑物抵押的，应当办理抵押登记。抵押权自登记时设立。

《担保制度的解释》

第四十六条第三款【未办理不动产抵押登记的责任承担】因抵押人转让抵押财产或者其他可归责于抵押人自身的原因导致不能办理抵押登记，债权人请求抵押人在约定的担保范围内承担责任的，人民法院依法予以支持，但是不得超过抵押权能够设立时抵押人应当承担的责任范围。

1. 不动产抵押权设立＝合同有效＋登记。

（1）抵押合同为要式合同（书面），自双方在合同书上签字，即成立并生效。

（2）未登记，不享有抵押权，没有物权效力（如不能优先受偿），但不影响合同效力【物权区分原则】。

如果抵押合同有效，但没有办理登记：

①有权请求履行合同，去办理抵押登记；

②无法办理抵押登记的责任承担：

A. 因可归责于抵押人原因不能登记（如抵押财产转让）：债权人可以请求抵押人在约定的担保范围内担责（抵押合同的合同责任）。甲欠乙 100 万元，丙用价值 80 万元的房屋提供担保。后丙把房卖给丁，导致无法给乙办理抵押登记，乙可以要求丙承担 80 万元的责任，起诉丙，拍卖丙的车等其他财产，然后就拍卖价款受偿，只是没有优先性，乙只是个一般债权人。

B. 因不可归责于抵押人原因不能登记（如邻居放火烧、政府征收）：抵押人不用承担责任。但如果获得保险金、赔偿金或补偿金等，要赔给债权人，只是不能优先受偿。（如果是抵押登记后没了，可以基于物上代位性主张优先受偿）。

判断分析

乙向甲借款，第三人丙为乙的借款以自有不动产提供担保，并与债权人甲签订不动产抵押合同。丙经甲催告多次恶意不办理抵押登记，借款合同到期后，以下说法正确的是？（2022 年仿真题）

A. 丙恶意延期不办理抵押登记，视为抵押权已经设立【错误。不动产抵押权自登记时设立】

B. 合同成立后抵押权设立【错误】

C. 丙在抵押物的价值范围内承担违约责任【正确。因抵押人自身原因不能办理登记，可以请求抵押人在约定的担保范围内担责】

D. 抵押合同效力待定【错误。合同自成立时生效，未办理登记的，不影响合同效力】

2. 不动产抵押预告登记

法条群

《担保制度的解释》

第五十二条第一款【抵押预告登记的效力】当事人办理抵押预告登记后，预告登记权利人请求就抵押财产优先受偿，经审查存在尚未办理建筑物所有权首次登记、预告登记的财产与办理建筑物所有权首次登记时的财产不一致、抵押预告登记已经失效等情形，导致不具备办理抵押登记条件的，人民法院不予支持；经审查已经办理建筑物所有权首次登记，且不存在预告登记失效等情形的，人民法院应予支持，并应当认定抵押权自预告登记之日起设立。

【原理】不动产抵押权自登记时设立，但在商品房预售的场景中，预售商品房是正在建造的期房，如果想用期房设立抵押，因没有办理产权证，也无法办理抵押登记。于是有了抵押预告登记来确保将来取得抵押权，核心意义在于当能够办理正式抵押登记时，预告登记权利人能够获得更加优先的顺位。

（1）抵押预告登记的效力：保障顺位在先。

之前办理了抵押预告登记，后面即使又办理了正式抵押登记，抵押权设立的时间也是按照：之前抵押预告登记的时间（顺位在先）。甲欠乙钱，丙以刚签订预售买卖合同的商品房为乙提供不动产抵押。由于房屋尚未竣工，无法办理所有权登记，乙丙无法办理正式抵押登记，为保障债权人乙能在满足条件之时顺利设立抵押权，2022 年 10 月 8 日办理抵押预告登记。抵押登记的条件满足后，丙又以该不动产为丁设立了抵押，2022 年 12 月 15 日办理抵押登记；2022 年 12 月 21 日，乙申请办理正式的抵押登记。乙和丁的抵押权谁顺位在先？乙虽在 12 月 21 日才申请办理抵押登记，但直接认定在 10 月 8 日办理抵押预告登记之日，抵押权已设立。因此乙的顺位在丁之前。

（2）抵押预告登记的存续期：

自预告登记权利人知或应知买房人已经办理所有权登记之日的 90 日内仍未申请正式抵押登记的，抵押预告登记失效。如乙于 22 年 11 月 1 日知道开发商为丙办理了不动产所有权登记，直到 23 年 4 月才申请正式的抵押登记，此时抵押预告登记已经失效，不能再产生顺位在先的优先效力。

3. 房地一体

法条群

《民法典》第二编物权 第四分编担保物权 第十七章抵押权 第一节一般抵押权

第三百九十七条【房地一并抵押规则】以建筑物抵押的，该建筑物占用范围内的建设用地使用权一并抵押。以建设用地使用权抵押的，该土地上的建筑物一并抵押。

抵押人未依据前款规定一并抵押的，未抵押的财产视为一并抵押。

第四百一十七条【新增部分的抵押规则】建设用地使用权抵押后，该土地上新增的建筑物不属于抵押财产。该建设用地使用权实现抵押权时，应当将该土地上新增的建筑物与建设用地使用权一并处分。但是，新增建筑物所得的价款，抵押权人无权优先受偿。

地随房走、房随地走	建筑物和建设用地使用权须一并抵押，未一并视为一并。到期未清偿，对房和地都有优先受偿权。 甲公司拥有A土地的建设用地使用权，A土地上盖有B楼房。 1. 若甲公司只将B楼房抵押给乙银行并办理登记，乙银行的抵押财产范围？B楼房及其占用部分的土地建设用地使用权（A土地）； 2. 若甲公司又将A土地的建设用地使用权抵押给丙银行并办理登记，丙银行的抵押财产范围？A土地的建设用地使用权及其上的B楼房。 【注意】房地分别抵押：抵押人将建筑物、建设用地使用权分别抵押给不同人，仍然遵循一并抵押规则；同一不动产上有数个抵押权，按登记先后确定受偿顺序。 接上例，乙、丙银行受偿的顺位？乙银行登记在先，顺位在先，优先于丙银行受偿。
不及于新增建筑物/续建	实现抵押权时新增建筑物/续建部分一并处分，对所得价款无权优先受偿。 3. 若甲公司将A土地的建设用地使用权抵押给丙银行并办理登记后，A土地上又建造C楼房/在B楼房上续建3层，丙银行的抵押财产范围？A土地的建设用地使用权及其上的B楼房（原本部分），不包括新增的C楼房/B楼房续建的3层。

判断分析

甲公司以一地块的建设用地使用权作抵押向乙银行借款3000万元，办理了抵押登记。其后，甲公司在该地块上开发建设住宅楼。乙银行对该住宅楼拍卖所得价款享有优先受偿权。（2017年第3卷第55题）

【错误。新增建筑物住宅楼不属于抵押财产，一并处分，但不可优先受偿】

（二）动产抵押权设立

法条群

《民法典》第二编物权 第四分编担保物权 第十七章抵押权 第一节一般抵押权

第四百零三条【动产抵押权的设立规则】以动产抵押的，抵押权自抵押合同生效时设立；未经登记，不得对抗善意第三人。

《担保制度的解释》

第五十四条第一、二项【未登记动产抵押权不能对抗的善意第三人之范围】动产抵押合同订立后未办理抵押登记，动产抵押权的效力按照下列情形分别处理：

（一）抵押人转让抵押财产，受让人占有抵押财产后，抵押权人向受让人请求行使抵押权的，人民法院不予支持，但是抵押权人能够举证证明受让人知道或者应当知道已经订立抵押合同的除外；

（二）抵押人将抵押财产出租给他人并移转占有，抵押权人行使抵押权的，租赁关系不受影响，但是抵押权人能够举证证明承租人知道或者应当知道已经订立抵押合同的除外。

1. 动产抵押权设立 = 合同有效。

（1）抵押合同为要式合同（书面），自双方在合同书上签字，即成立并生效。

（2）抵押合同生效，抵押权即设立。动产抵押权的设立无需登记，也无需交付。

2. 未经登记，不能对抗善意第三人。

（1）善意指不知也不应知抵押权的存在。

（2）未登记，不能对抗善意第三人的常考情形是：

①不能对抗已经占有抵押物的善意买受人。丙公司以汽车为债权人乙提供抵押但未登记，后丙公司将车卖给善意的丁并交付。丁取得所有权，乙的抵押权消灭。

②不能对抗已经占有抵押物的善意承租人。丙公司以汽车为债权人乙提供抵押但未登记，后丙公司将车租给善意的戊并交付。乙实现抵押权不能影响戊承租该车，因此，乙将车拍卖时需说明车辆存在戊的租赁（可能影响拍卖价格）。买受人购得该车后，戊可对新的买受人主张继续承租该车。

（3）这里的不能对抗，不包含普通债权人，换而言之，动产抵押，即使没有登记，但也是有抵押权这个担保物权的，担保物权优先于普通债权受偿。如丙公司以汽车为债权人乙提供抵押但未登记，丙公司还欠了甲的钱，车拍卖价款应该先还给乙（乙有抵押权），有剩余，才轮得到甲。

【注意】此处学界有争议，部分学者认为，没有登记，就无法产生公信力（无法对抗第三人），应该包括所有第三人，包括普通债权人，否则随便私下签个合同，就可以优先于别人受偿，岂不是很不合理？这样说也有道理，但考试范围内，还是按照动产抵押即使未登记也可以优先于普通债权人来理解。

判断分析

A公司与甲公司就房屋与汽车签订抵押合同，但尚未办理抵押登记。甲公司不享有抵押权。（2019年仿真题）【错误。房屋为不动产，抵押权登记设立。汽车为动产，抵押权自合同生效时即设立。因此，甲公司对房屋不享有抵押权，对汽车享有抵押权】

三、抵押物转让与正常经营买受人规则【抵押物转让与正常经营买受人B】

法条群

《民法典》第二编物权 第四分编担保物权 第十七章抵押权 第一节一般抵押权

第四百零四条【正常经营活动买受人规则】以动产抵押的，不得对抗正常经营活动中已经支付合理价款并取得抵押财产的买受人。

第四百零六条第一款【抵押物的转让】抵押期间，抵押人可以转让抵押财产。当事人另有约定的，按照其约定。抵押财产转让的，抵押权不受影响。

《担保制度的解释》

第四十三条【禁止或限制转让抵押财产约定的效力】当事人约定禁止或者限制转让抵押财产但是未将约定登记，抵押人违反约定转让抵押财产，抵押权人请求确认转让合同无效的，人民法院不予支持；抵押财产已经交付或者登记，抵押权人请求确认转让不发生物权效力的，人民法院不予支持，但是抵押权人有证据证明受让人知道的除外；抵押权人请求抵押人承担违约责任的，人民法院依法予以支持。

当事人约定禁止或者限制转让抵押财产且已经将约定登记，抵押人违反约定转让抵押财产，抵押权人请求确认转让合同无效的，人民法院不予支持；抵押财产已经交付或者登记，抵押权人主张转让不发生物权效力的，人民法院应予支持，但是因受让人代替债务人清偿债务导致抵押权消灭的除外。

第五十六条【正常经营活动买受人规则的排除情形】买受人在出卖人正常经营活动中通过支付合理对价取得已被设立担保物权的动产，担保物权人请求就该动产优先受偿的，人民法院不予支持，但是有下列情形之一的除外：

（一）购买商品的数量明显超过一般买受人；

（二）购买出卖人的生产设备；

（三）订立买卖合同的目的在于担保出卖人或者第三人履行债务；

（四）买受人与出卖人存在直接或者间接的控制关系；

（五）买受人应当查询抵押登记而未查询的其他情形。

前款所称出卖人正常经营活动，是指出卖人的经营活动属于其营业执照明确记载的经营范围，且出卖人持续销售同类商品。前款所称担保物权人，是指已经办理登记的抵押权人、所有权保留买卖的出卖人、融资租赁合同的出租人。

【情境案例及法律关系】甲公司找银行借200万元用于企业经营，并提供A厂房作为抵押。后甲公司经营不善，决定另外开辟赛道，打算将A厂房卖给丙公司。

甲公司还能卖A厂房吗？——能。甲公司是所有权人，有权卖厂房。设立抵押权并不影响所有权人再次处分。【抵押权只是影响能不能优先受偿问题】

丙公司能买到吗？——能。没必要让抵押物一直“死”，要让物流通，让经济转起来。

丙公司为什么愿意买上面有抵押的厂房？——因为便宜。

那银行怎么办？——就算丙公司买到了，甲公司没还钱，银行依然能拍卖该厂房就价款优先受偿，不影响实现抵押权。【既然不影响，就没必要阻止抵押人卖抵押物】

【原理】允许抵押物转让就是为了让物流通，让经济“活”！

抵押物转让和正常经营买受人看起来复杂，其实总结起来就是解决这3个问题，按照下面规则牢牢把握就行，看题目问什么，就回答什么，不用扩展和深究。

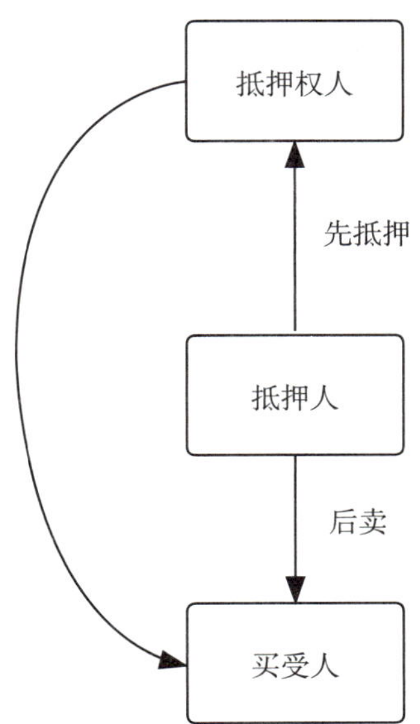

1. 问抵押人能不能卖抵押物？

（1）能，有所有权，属于有权处分，无需抵押权人同意，通知就行。

（2）抵押权人能证明可能损害抵押权的，可以请求将买卖价款提前清偿或提存。

（3）买卖合同有效，即使抵押人和抵押权人约定不能卖依然卖，合同也有效。

2. 问买受人能不能取得抵押物所有权？

能，除非买受人知道抵押人和抵押权人约定不能卖（不能卖的约定登记了视为知道）。

3. 问抵押权人能不能对买受人行使抵押权？

（1）原则能继续行使抵押权。但如果符合下面2个例外的任何一种情形，抵押权人都不能行使抵押权，抵押权消灭，抵押权人可以向抵押人主张侵权责任。

（2）例外一：动产抵押权未登记，且买受人善意。

（3）例外二：动产的正常经营买受人规则：

如果买受人符合“正常经营活动＋已付合理价款＋已取得动产所有权”要件，则买受人的信赖利益优先于抵押权保护，即使抵押权已经登记也不能对正常经营买受人行使。

【原理】动产抵押如果抵押登记了，就可以对抗买受人。这样势必会导致我们每买一个动产都要去查询有无抵押登记，对交易的安全很不利，为了平衡买受人与抵押权人的利益，就有了“正常经营买受人规则”，如果符合正常经营买受人规则，就保护买受人，牺牲抵押权人；如果不符合，就保护抵押权人。对正常经营买受人规则的认定有以下几点细节：

①正常经营活动的认定：营业执照记载＋持续销售同类产品。如主营销售电器的销售商卖车就不是正常经营活动。

②已付合理价款：必须实际支付，仅约定不行；而且不要求付完全款，支付大部分价款即可。

③取得所有权：一般情况下动产完成交付即取得所有权；但约定出卖人保留所有权的买受人即使取得动产占有，也未取得所有权，因此不适用该规则。

④不适用正常经营买受人规则的情形（不正常）：

A. 购买商品的数量明显超过一般买受人；

B. 购买出卖人的生产设备；

C. 订立买卖合同的目的在于担保出卖人或者第三人履行债务；

D. 买受人与出卖人存在直接或者间接的控制关系。

【注意】不管是普通抵押还是浮动抵押，都适用正常经营买受人规则；不管抵押权有没有登记，都适用该规则；也不管买受人是否善意，也适用该规则。

判断分析

1. 甲向银行借款100万元，并将一批棉花抵押给银行，办理了抵押登记。后未经银行同意，甲将该批棉花出卖给乙，并未告知乙棉花已经抵押的事实。判断下列说法。（2019年仿真题）

A. 银行抵押权自登记之日起设立【错误。动产抵押权合同生效时设立】

B. 乙没有取得棉花的所有权【错误。抵押期间，抵押人可以转让抵押物，完成交付，乙取得所有权】

2. 甲公司为扩大生产规模向乙银行借款，甲公司以其现有的以及将有的生产设备、原材料、产品设立抵押，但未办理抵押登记。乙银行向甲公司发放贷款。乙银行的抵押权不得对抗在正常经营活动中已支付合理价款并取得抵押财产的买受人。（2020年仿真题）【正确】

3. 甲公司经营二手车买卖，因资金周转困难，从乙处借款100万，借款期限1年。丙将自己80万的房屋抵押给乙，并办理了抵押登记。后因甲公司持续经营困难，乙要求甲公司将一辆价值20万的二手车一并抵押给自己，甲公司同意。后丙在乙不知情的情况下，将房转让给了丁。甲公司在乙不知情的情况下，将该车转让给了戊，戊支付了相应对价并交付，同时办理了登记。下列说法错误的是？

A. 乙仍然有权对房行使抵押权【正确。抵押物转让不影响抵押权人行使抵押权】

B. 乙仍然有权对车行使抵押权【错误。满足正常经营买受人规则，抵押权消灭】

C. 若丙与乙约定禁止将房转让，并就该约定进行了登记，则乙有权主张丁不享有房屋的所有权【正确。买受人知道不能转让的约定，不能取得所有权】

四、动产浮动抵押【动产浮动抵押 C】

【原理】浮动抵押产生的主要原因是中小企业融资过程中，提供不动产担保很困难，中小企业拥有的流动资产远超固定资产，因此很难融到资。有浮动抵押制度后，就可以用流动资产设定抵押，而且抵押财产在确定前是浮动的，抵押人可以自由处分，充分地物尽其用，实现融资、原材料加工、投入市场变现的良性循环。

动产浮动抵押是特殊的抵押，特殊在抵押财产是浮动的，具体怎么浮动看下面图示内容，浮动抵押掌握图示内容就行，其他和普通动产抵押的规则一样。

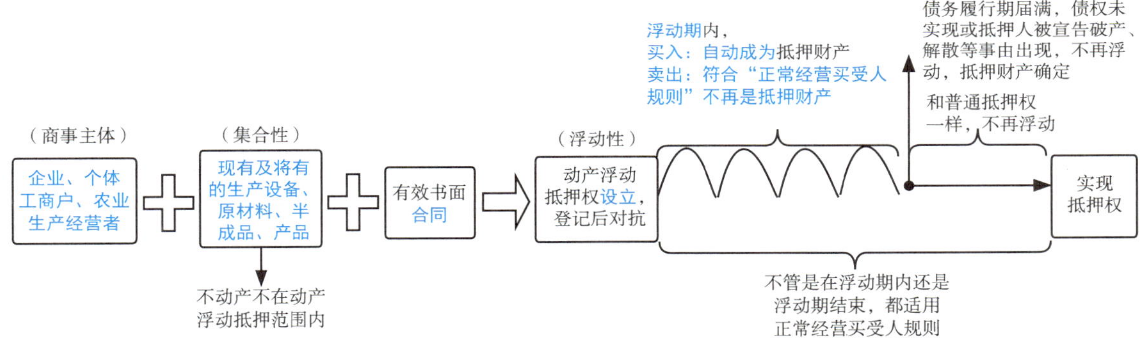

判断分析

1. 甲公司为扩大生产规模向乙银行借款，甲公司以其现有的以及将有的生产设备、原材料、产品设立抵押，但未办理抵押登记。乙银行向甲公司发放贷款。关于甲公司的抵押，下列哪些选项是正确的？（2020年仿真题）

A. 乙银行自抵押合同生效时取得抵押权【正确】

B. 该抵押合同为动产浮动抵押合同【正确】

2. 甲公司向乙银行借款，约定甲公司以其现有以及将有的动产为乙银行设立动产浮动抵押权，办理了抵押登记。二个月后，甲公司向丙公司购买了A设备。乙银行对A设备不享有抵押权。（2021年仿真题）【错误。买入财产自动成为抵押财产】

五、最高额抵押【最高额抵押 C】

最高额抵押：抵押人和抵押权人约定，在最高债权额限度内，以抵押财产对未来一定期间连续发生的债权提供担保。如甲公司需要向乙银行申请一系列贷款，但其实甲公司自己都不知道需要借多少钱，因此签一个最高额抵押合同，用厂房设定抵押，担保未来半年内甲公司和乙银行的债权，并设定担保的最高债权额为500万元。结果是：这半年甲公司可以多次向乙银行借钱，半年后每笔债权加起来如果≤500万元，乙银行可以对厂房拍卖并就价款优先受偿。

【原理】如果没有最高额抵押制度，甲公司每次借钱，都要设定一遍担保，很麻烦。最高额抵押合同多适用于连续的交易往来。

最高额抵押也是一种特殊的抵押权，特殊在最高额抵押担保的是未来一定期间连续发生的债权。

1. 担保对象

（1）担保未来不特定债权，但有最高限额，超过最高额部分，不担保，抵押权人不能优先受偿。接上例，如果半年后实际债权是700万元，抵押权只担保500万元，剩余的200万元是没担保的普通债权。

【注意】如果半年后实际债权是400万元，也只担保400万元。（取小）

（2）最高额抵押权设立之前已经存在的债权，经抵押人和抵押权人同意，也可以纳入担保范围。但同样地，不能超过最高限额。

2. 发生如下任一情形，债权确定：

（1）约定的债权确定期间届满；（2）抵押权人或抵押人自最高额抵押权设立之日起满2年后请求确认债权；（3）新的债权不可能发生；（4）抵押权人知或应知抵押财产被查封、扣押；（5）债务人、抵押人被宣告破产或解散。

3. **从属性例外**：在最高额担保的债权确定前，部分债权转让的，最高额抵押权不跟着转，除非另有约定。【担保未来不确定的整体债权，而不是某一笔债权】接上例，3个月的时候乙银行把债权转出去20万元，则被转出去的20万元是没担保的普通债权。

债权确定后，最高额抵押权和普通抵押权不再有区别，部分债权转让的，最高额抵押权跟着转。

【说明】最高额质押、最高额保证，没有特别规定时参照适用最高额抵押的规则。

判断分析

甲超市与乙公司存在长期的进货关系，丙公司以其办公用房在300万元的额度范围内为乙公司在未来5个月内连续发生的货款债权提供抵押担保，并办理了抵押登记。2个月后，乙公司将其中一笔30万元的货款债权转让给丁公司。判断下列说法。（2018年仿真题）

A. 若最高额抵押权设定前，甲超市另欠乙公司50万元债权，当事人可以约定将之纳入抵押担保的范围【正确】

B. 丁公司有权就30万元债权主张最高额抵押权【错误。最高额担保的债权确定前，部分债权转让，最高额抵押权不跟着转】

六、抵押权人的权利【抵押权人的权利E】

（一）抵押权对从物、孳息的效力

1. 从物

（1）先有从物后设立抵押权：抵押权效力及于从物，主物和从物一并处分，都有优先受偿权。【从随主】

（2）先有抵押权后产生从物：抵押权效力不及于从物，但主物和从物一并处分，只是对从物价款不享有优先受偿权。

2. 孳息

（1）收取权：①法院扣押抵押财产前，孳息由抵押人收取；②法院扣押抵押财产后，孳息由抵押权人收取（法定孳息要通知义务人）。③收取后，优先偿还收取孳息的费用 > 主债。

（2）孳息的所有权属于抵押人（所有权人），不属于抵押权人，但抵押权人可以收取，用于清偿自己的债。

（二）抵押权人的保全请求权

1. 抵押人的行为足以使抵押财产价值减少的，抵押权人有权请求停止侵害、排除妨害、消除危险。

2. 抵押人的行为已经使抵押财产价值减少的，抵押权人有权先请求恢复抵押财产价值或增加担保。既不恢复价值又不增加担保的，有权请求提前清偿债务（加速到期）。

【注意】不是抵押人的行为，则没有保全请求权。如抵押之后，房子因为市场原因降价，或地震震坏了，抵押权人不能要求恢复（因为不是抵押人的原因）；但如果抵押人自己拆毁房子，影响到抵押权，那么抵押权人就可以要求抵押人恢复。

七、主债诉讼时效对抵押权的影响【担保物权权利保护期间 C】

为方便一起对照和总结，这里同时说对质权和留置权的影响。

1.【**没占有，低保护**】抵押权、以登记作为公示方式的权利质权：主债诉讼时效届满，权利消灭，不能再行使抵押权等。例：甲欠乙钱，丙以房屋提供抵押。现甲乙主债诉讼时效已过 3 年。此时乙不得再主张行使抵押权。

2.【**在占有，高保护，占有能视为一直在主张权利**】动产质权、以交付权利凭证作为公示方式的权利质权、留置权：主债诉讼时效届满后，仍可以行使担保物权。

判断分析

甲向乙银行借款 500 万元，戊以自己的房屋向乙银行设定抵押并办理了抵押登记手续。如乙银行的债权已过诉讼时效期间，乙银行要求戊承担担保责任的，戊无权拒绝。（2018 年仿真题）【错误。主债诉讼时效经过后，抵押权消灭】

主观题延伸拓展

案例 1： 乙公司向 A 公司借款 1000 万元，丁公司以价值 800 万元的建筑提供抵押，未办理登记，后丁公司将该建筑出卖给张星并办理过户登记，A 公司请求办理抵押登记无果。

问题： A 公司对建筑的抵押权是否设立？

案例 2： 甲公司中标 C 省 B 市 A 地块建设用地使用权后，与丙公司签订建设工程施工合同，由丙公司为其承建两栋（A1、A2）商品房。A1 栋完工，在动工建设 A2 栋前，因融资需要，甲公司向乙银行贷款，并将 A 地块的建设用地使用权抵押给乙银行，并办理登记手续。

问题： 若甲公司未偿还乙银行的贷款，且商品房已全部建成，乙银行应当如何行使其抵押权？

案例3：乙公司（主营房地产开发业务）为丁公司设定了动产浮动抵押（包括2台铲车），并办理了登记。后在经营过程中，乙公司将2台铲车卖给了自然人E，并获得1950万元货款。

问题：丁公司对2台铲车的抵押权是否能够对抗E的权利?

案例1—问题：A公司对建筑的抵押权是否设立?

答案：未设立。丁公司以建筑提供抵押，未办理抵押登记，而不动产抵押权自登记时设立。法条依据为《民法典》第402条。

案例2—问题：若甲公司未偿还乙银行的贷款，且商品房已全部建成，乙银行应当如何行使其抵押权?

答案：乙银行有权在建设用地使用权以及A1栋建筑物拍卖价款范围内行使抵押权。甲公司以建设用地使用权抵押，基于房地一体原则，土地上已有的建筑物A1栋视为一并抵押。建设用地使用权抵押后，土地上新增的A2栋建筑物不属于抵押财产。但应当将该土地上新增的建筑物一并处分，只是无权优先受偿。法条依据为《民法典》第397条、第417条。

案例3—问题：丁公司对2台铲车的抵押权是否能够对抗E的权利?

答案：能。乙公司将其生产设备2台铲车出卖给E，不属于正常经营活动，不能适用正常经营买受人规则。丁公司的抵押权办理了登记，可以对抗E，可以就2台铲车行使抵押权。法条依据为《民法典》第403条、《担保制度的解释》第56条。

第三章 质权【客+主】

【怎么考】近几年常考权利质权和保证金账户质押的设立方式，给一个案例，问质权是否 / 何时设立。

【怎么学】背清楚各类质权的设立方式即可，这部分难度不大。剩余部分如质权人权利义务等注意标蓝加粗部分就行。

质权包括动产质权和权利质权，不动产不能设立质权。

动产质权也是用特定的物提供担保，债务人到期不还款，债权人可以拍卖、变卖并就价款优先受偿。和抵押不同的是，动产质权需要转移占有，而抵押不用转移占有。

权利质权就是用股权等提供担保，需要转移占有或登记。

一、动产质权设立与消灭【动产质权设立与消灭 C】

1. 动产质权设立 = 合同有效 + **交付**。

（1）交付（转移占有）：包括现实交付、简易交付和指示交付，但**不能以占有改定**的方式设立质权。例：甲和乙签订质押合同，约定将祖传的宝玉质押给乙，但甲为向家人隐瞒质押事实，与乙约定借用宝玉几个月。乙的质权没有设立。

（2）**未交付，不设立质权，但不影响质押合同效力**。

2. 动产流动质押

（1）概念：债务人或第三人以其原材料、半成品、产品等库存货物向债权人设定质押，双方委托**第三方**（一般是物流）**占有并监管**质押财产，质押财产被控制在一定数量或价值范围内动态更换。例：甲公司向乙借款 100 万元，将自己现有和将来生产的占地 2000 平方米仓库的电子零件为乙设定质押，并约定质物价值不能低于 150 万。甲公司、乙、丙仓库约定由丙仓库负责监管，甲公司仍可提货销售，但要经乙同意，乙开具提货单丙仓库才放货。

（2）动产流动质押有没有设立，核心看：质物是否受**债权人实际控制**（包括**第三方受债权人委托**占有控制质物）。若丙仓库受甲公司委托看管质物，无需乙同意即可放货，动产流动质押未设立。

3. 质权人丧失占有对质权的影响：

（1）质权人**返还**质物，质权**不得对抗善意第三人**；

（2）质权人**非自愿丧失**对质物的占有，如被偷，质权**不消灭**，因为质权人仍可请求返还。

判断分析

1. 甲既能就汽车设立抵押权，又能就汽车设立质权。（2018 年仿真题）【**正确**】

2. 甲可以自己的房屋为乙设立质权。【错误。不动产不能设立质权】

二、质权人权利与义务【质权人权利与义务 E】

质权人权利	1. 孳息收取权： （1）只能收取，不享有孳息的所有权； （2）孳息收取后，用于清偿收取孳息的费用 > 主债。 **【注意】**与抵押权区别：抵押权人只能在“法院扣押抵押财产后”才有权收取孳息，但是质权设立后质权人就能收取孳息，因为质权有占有权能。
	2. 质权保全请求权： 因不能归责于质权人的事由可能使质物毁损、价值明显减少，足以危害质权人权利，质权人有权先请求出质人提供相应担保；不提供，可拍卖、变卖质物，并将所得价款提前清偿或提存。
	3. 转质权（详见第三部分）
质权人义务	1. 未经出质人同意，不能擅自使用、处分质物。
	2. 妥善保管： （1）质权人保管不善，承担赔偿责任； （2）质权人的行为可能使质物毁损、灭失的，出质人可以请求质权人将质物提存，或提前清偿债务并请求返还质物。
	3. 及时行使质权： 债务履行期届满后，出质人可请求质权人及时行使质权；质权人不行使的，出质人可请求法院拍卖、变卖质物。

判断分析

2016 年 3 月 3 日，甲向乙借款 10 万元，约定还款日期为 2017 年 3 月 3 日。借款当日，甲将名贵宠物鹦鹉质押交付给乙作为担保。关于乙的质权，下列哪些说法是正确的？（2017 年第 3 卷第 56 题）

A. 2016 年 5 月 5 日，鹦鹉产蛋一枚，市值 2000 元，应交由甲处置【错误。质权人乙享有孳息收取权】

B. 因乙照管不善，2016 年 10 月 1 日鹦鹉死亡，乙需承担赔偿责任【正确。质权人乙负有妥善保管的义务】

C. 2017 年 4 月 4 日，甲未偿还借款，乙未实现质权，则甲可请求乙及时行使质权【正确。质权人负有及时行使质权的义务】

三、转质【转质 E】

转质：质权人以质权人身份，将质物出质给第三人（转质权人）。甲向乙借钱，把电脑质押给乙作担保。乙是质权人。// 后乙向丙借钱，和丙说自己是质权人，又把该电脑质押给丙。质权人乙再次出质给丙，称为转质，丙是转质权人。

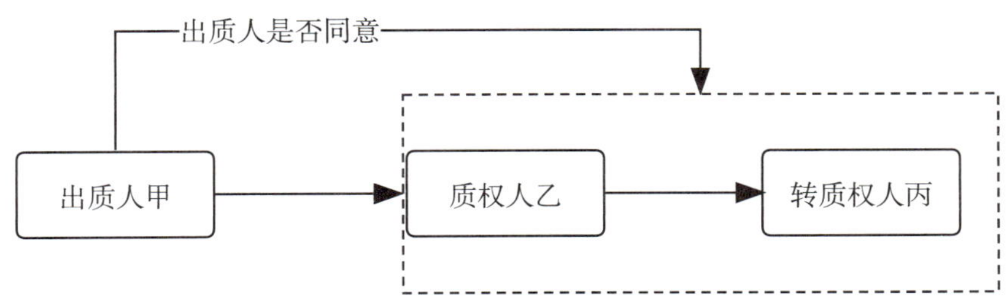

	承诺转质	责任转质
概念	出质人同意	未经出质人同意
转质权设立	不管承诺还是责任转质，质权人和转质权人的转质押合同有效＋交付，转质权就设立	
优先性	不管承诺还是责任转质，转质权都优先于原质权受偿（可以理解成甲替乙还了对丙的债务，甲就可以找乙追偿，甲正好又欠乙钱，抵销了，因此可以简化交易）	
转质权人优先受偿范围	转质权人优先受偿的范围可＞原质权。 甲用 2 万元的电脑质押担保对乙 1 万元的债务。乙经甲同意，和丙说自己是质权人，把电脑再质押给丙，担保对丙的 1.5 万元债务。丙可以优先受偿 1.5 万元。	转质权人优先受偿的范围≤原质权范围。（不能对甲不利） 甲用 2 万元的电脑质押担保对乙 1 万元的债务。乙未经甲同意，和丙说自己是质权人，把电脑又质押给丙，担保对丙的 1.5 万元债务。丙只能优先受偿 1 万元。
质物毁损灭失责任	质权人（乙）承担过错责任	质权人（乙）承担无过错责任

四、权利质权和保证金账户质押【权利质权与保证金账户质押 C】

法条群

《民法典》第二编物权 第四分编担保物权 第十八章质权 第二节权利质权

第四百四十三条第一款【基金份额、股权的权利质权】以基金份额、股权出质的，质权自办理出质登记时设立。

第四百四十五条第一款【应收账款的权利质权】以应收账款出质的，质权自办理出质登记时设立。

（一）权利质权

1. 权利质权的设立＝合同有效＋交付（除占有改定）/ 登记

	交付凭证时设立	登记设立
具体标的	有权利凭证的： ①汇票（必须背书记载“质押”字样并签章）、本票、支票； ②债券、存款单； ③仓单（必须背书记载“质押”字样，并经保管人签章）、提单。	没有权利凭证的①②③； ④基金份额、股权； ⑤知识产权中的财产权； ⑥现有的及将有的应收账款。（理解成基于合同的金钱之债就行，比如甲找乙买房，乙对甲享有的要求给钱的债权就是应收账款债权）

2. 应收账款质权的特别规定

（1）设立的特别规定

光登记没有用，应收账款还必须是真实存在的；或应收账款虽为虚构，但债务人向质权人确认了真实性（不得反悔）。甲乙虚构 10 万元债权，甲用该笔债权为丙设立应收账款质权，乙向丙证明了债务的真实存在后，丙办理了登记，乙不能再以债权不存在为由主张不承担责任。

（2）应收账款出质后，不得转让，除非协商同意。转让所得价款，提前清偿或者提存。

判断分析

甲对乙享有应收账款债权，因甲对丙负有债务，甲于是与丙订立质押合同，将其对乙享有的应收账款债权出质给丙，并办理了质押登记。后甲又将该应收账款债权转让给不知情的丁。对此，下列说法正确的是？（2019 年仿真题）

A. 该质权在登记前设立，登记后可以对抗第三人【错误。以应收账款出质的，质权自办理出质登记时设立】

B. 甲、丙间的质押合同自成立时生效，不以办理出质登记为生效要件【正确】

D. 若丙同意甲转让应收账款债权，丙可以主张以该转让所得价款优先受偿【正确】

（二）保证金账户质押

保证金账户质押的设立 = 合同有效 + 金钱特定化（设立保证金账户）+ 交付（债权人控制）。

例：甲公司向乙银行借款，丙担保公司在乙银行设立专门保证金账户，将相当于未还贷款本息和 50% 数额的金钱存入账户，且未经乙银行同意，保证金账户资金不得流动。到时候乙银行就可以对保证金优先受偿。

【注意】保证金账户内的款项浮动，不影响债权人行使优先受偿权。

判断分析

甲、乙、丙三公司与丁银行订立书面《担保协议》，约定：甲公司从乙公司进货，丙公司按约向在丁银行开设的专门账户转账，每次转入甲、乙公司交易金额的 50% 作为担保金，用以担保乙公司价款债权的实现。且该专门账户乙、丙公司共同管理，账户内的资金转账需乙、丙公司的共同签字。在合同履行过程中，现甲公司尚有 200 万元货款到期不能履行，乙公司却发现丙公司私自转走专门账户内的 50 万元。下列哪些说法是正确的？（2020 年仿真题）

A. 乙公司对专门账户内的资金不享有担保物权【错误。开设了专门账户储存，该笔资金特定化，并且债权人乙公司控制】

B. 乙公司对转走的 50 万元资金不享有担保物权【正确。转走后丧失特定性】

五、抵押权和质权的善意取得【善意取得 A】

【回忆】所有权的善意取得 = 无权处分 + 受让人善意 + 以合理价格受让 + 完成公示（登记 / 交付）+ 占有委托物。

1. 由于抵押、质押合同无偿（抵押权人 / 质权人不向抵押人 / 出质人支付对价），所以善意取得抵押权/质权不需要"以合理价格受让"。

2. 由于动产抵押权自抵押合同生效时设立，未登记不得对抗善意第三人，所以善意取得动产抵押权不需要"完成公示"，只是未登记不得对抗善意第三人。

甲欠乙钱，丙以丁的汽车为乙提供动产抵押，乙不知且不应知汽车为丁所有，乙善意取得汽车的抵押权，无需"合理价格"/"交付"，只是善意取得的对汽车的抵押权未经登记不得对抗善意第三人。

【延伸】留置权本就可以留置第三人的动产，没有善意取得适用的空间。

主观题延伸拓展

案例： 甲于2023年3月1日向乙银行借款500万，甲的朋友丙以股权质押为甲的借款提供担保，3月9日签订合同，3月15日办理登记。

问题： 乙银行的权利质权何时设立？

答案： 2023年3月15日。丙以股权提供质押，已办理登记。法条依据为《民法典》第443条第1款。

KEEP AWAKE

第四章 留置权【客+主】

【怎么考】主要考留置权的成立要件，判断是否成立留置权。近几年需要注意一下留置权的效力和消灭。

【怎么学】要能判断"同一法律关系"，听完课认真理解，做题检验。

抵押和质押是基于当事人的合意设立的，但留置不一样，留置是法定的，法律规定：在满足一定条件的情况下，债务人到期不履行，债权人（留置权人）可以留置物，并有权拍卖、变卖物，就价款优先受偿。

一、留置权的成立要件【留置权的成立要件B】

法条群

《民法典》第二编物权 第四分编担保物权 第十九章留置权

第四百四十八条【留置财产与债权的关系】债权人留置的动产，应当与债权属于同一法律关系，但是企业之间留置的除外。

《担保制度的解释》

第六十二条【留置第三人的动产及商事留置权的特殊规定】债务人不履行到期债务，债权人因同一法律关系留置合法占有的第三人的动产，并主张就该留置财产优先受偿的，人民法院应予支持。第三人以该留置财产并非债务人的财产为由请求返还的，人民法院不予支持。

企业之间留置的动产与债权并非同一法律关系，债务人以该债权不属于企业持续经营中发生的债权为由请求债权人返还留置财产的，人民法院应予支持。

企业之间留置的动产与债权并非同一法律关系，债权人留置第三人的财产，第三人请求债权人返还留置财产的，人民法院应予支持。

（一）普通留置权的成立

留置权成立 = 债权人合法占有债务人或第三人的动产 + 同一法律关系

1. 债权人合法占有债务人或第三人的动产。

（1）仅要求债权人合法占有，债务人是否合法占有，在所不问。甲偷了乙的车送去给丙维修，到期未付钱，丙可以留置该车。

（2）合法占有：不能去偷去抢，不过要注意拾得人对遗失物的占有，也是合法占有（虽然是无权占有，但是合法，无权≠非法）。失主拒不支付合理费用时，拾得人可以留置遗失物。

（3）即使债权人知道占有的是第三人的动产，也能成立留置权。

2. 占有的动产与所担保的债权属于同一法律关系，即债权人占有动产的原因和取得债权的原因是一样的，是基于同一个合同。常见的有承揽、保管、维修、运输、委托等。

一定要掌握同一法律关系的判断：

例1：甲的车坏了，交给乙修理，乙修好后甲不支付修理费。乙能否留置？——乙占有车是基于承揽合同，乙有修理费债权也是基于同一个承揽合同，是同一法律关系，乙可以留置该车。

例2：甲的A车坏了，交给乙修理，乙修好后甲支付了修理费，乙以未支付上次修B车的修理费为由留置该车。乙能否留置？——乙占有A车是基于A车的承揽合同，乙有修理费债权是基于B车的承揽合同，是2个合同，不是同一法律关系，乙不能留置。

（二）商事留置权的特殊规定

商事留置权是指双方都是企业的留置。和普通留置区别在于，不要求同一法律关系，也能成立留置权，只是需额外同时满足下面2个条件：

1. 不能留置第三人动产，只能留置债务人动产。

2. 必须是企业持续经营中发生的债权。（企业间因经常性的商事交易而发生的债权，如买卖价款债权。通常不包括债权转让或非基于法律行为，如添附取得的债权。）

例：甲给乙公司加工A机器零件，但是乙公司未付钱。后甲又给乙公司加工B零件，乙公司付了B零件的加工费。

问（1）：甲能不能因为没支付A零件的加工费留置B零件？——不能。甲为自然人，不适用商事留置，只能适用普通留置。普通留置要求同一法律关系，但A零件的加工费和占有B零件是2个承揽合同，不是同一法律关系。

问（2）：若甲是公司，甲公司能不能留置B零件？——能。甲乙双方都是公司，可以适用商事留置，不要求同一法律关系。而且留置的是债务人乙公司的动产，也是企业持续经营中发生的债权。

【当然双方都是公司，也能成立普通留置权，满足普通留置的条件就行】

判断分析

1. 甲把房屋出租给乙，屋内电器为甲所有。乙提议把自己购买的沙发以2000元的价格出卖给甲，甲同意，但甲之后仅向乙支付了1000元。若甲不支付剩余的1000元，乙有权留置屋内甲所有的电器。（2019年仿真题）【错误。乙占有电器是基于租赁合同，乙取得债权是基于买卖合同，二者不是同一法律关系】

2. 甲乙公司签订物流合同，甲公司支付运费，乙公司自行安排组织运输及费用。后乙公司与丙签订货运合同，丙履行完合同，乙公司并未支付运费，丙有权留置货物。（2022年仿真题）【正确。丙占有货物是基于货运合同，丙取得债权也是基于货运合同，是同一法律关系。而且留置第三人动产不影响留置权的成立】

二、留置权的效力与消灭【留置权的效力与消灭 C】

留置权人的权利	1. 优先受偿权：只有在宽限期届满后还不履行，留置权人才能就留置物的价值优先受偿。宽限期看约定，没约定就一般给 60 日以上，鲜活易腐等不易保管的除外。
	2. 留置权人可以收取孳息（不享有所有权），用于清偿收取孳息的费用>主债。
留置权人的义务	1. 若留置物可分，只能留置和债务相当的财产。
	2. 妥善保管：保管不善致使留置物毁损、灭失的，承担赔偿责任。
	3. 不能擅自使用、出租或处分留置物。
消灭事由	1. 留置权人自愿放弃占有，或非自愿丧失占有且无法请求返还，留置权消灭。 关于留置物非基于留置权人意愿丧失占有（如被偷）的情形，留置权是否消灭，理论上有不同观点： 观点（1）：非自愿丧失占有之时，留置权不消灭；若无法请求返还（留置物毁损灭失等），留置权才消灭。 观点（2）：留置权自非自愿丧失占有之时消灭。 客观题考试建议按第（1）种观点答题，主观题可观点展示。
	2. 留置权人接受债务人另行提供的担保，留置权消灭。

主观题延伸拓展

案例：甲公司是一家机器设备公司，乙公司是一家仓储企业。甲公司将一件价值 10 万元的机器设备交给乙公司储存，甲公司另外还欠乙公司仓储费 10 万元，逾期未还，乙公司遂将甲公司储存的机器设备留置。

问题：乙公司能否留置该机器设备？

答案：能。商事留置不要求占有动产与债权的发生属于同一法律关系。法条依据为《民法典》第 448 条。

KEEP AWAKE

第五章 保证【客+主】

【怎么考】常考保证方式的识别和保证人的抗辩权，且经常结合担保从属性、共同担保一起考。

【怎么学】理解与记忆结合，弄清楚背后的原理再精准记忆，多做题练习。

抵押、质押和留置都是用特定的物提供担保，而保证不是用特定的物提供担保，是用第三人的信用，也就是全部财产提供担保，债务人不履行时，保证人还钱。

一、保证的设立【保证的设立 D】

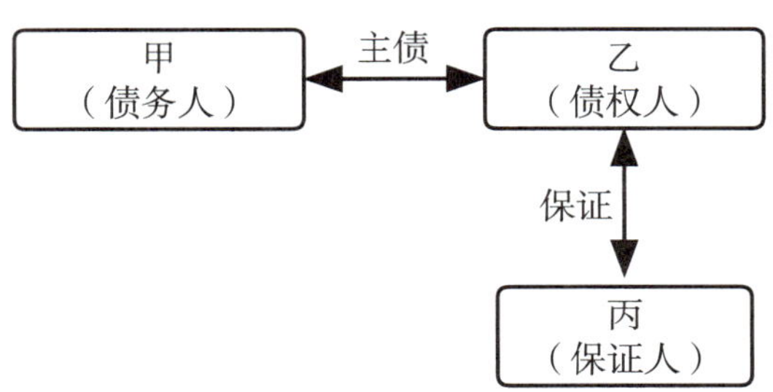

合同当事人	保证人和债权人（和债务人无关）
合同性质	要式（书面）、从合同
4 种设立方式	1. 主合同外，保证人和债权人单独签一个书面保证合同。 2. 主合同有保证条款，保证人在主合同签字、盖章、按指印。 3. 主合同没有保证条款，但第三人以保证人身份在主合同签字、盖章、按指印。 4. 第三人单方以书面形式作出保证，债权人接收且未提出异议。 【总结】设立保证，一定要有提供保证的明确意思表示。仅在借据 / 欠条 / 收据等债权凭证或借款合同上签名、盖章，但未表明保证人身份或承担保证责任，不能认定为保证人。（这种情况下一般是作为见证人签名，不是提供保证，不能要求承担保证责任）

判断分析

1. 方某、李某和张某签订借款合同，约定："方某向李某借款 100 万元，张某提供保证。"张某在该合同上签字，张某应承担保证责任。（2015 年第 3 卷第 13 题）【正确。主合同有保证条款，保证人在主合同签字的，保证合同成立】

2. 甲向乙借款 5 万元，乙要求甲提供担保，甲分别找到友人丙、丁、戊、己，他们各自作出以下表

示，其中哪些构成保证？（2008 年第 3 卷第 53 题）

A. 丙在甲向乙出具的借据上签署"保证人丙"【构成。主合同没有保证条款，以保证人身份签字】

B. 丁向乙出具字据称"如甲到期不向乙还款，本人愿代还 3 万元"【构成。单方表示，债权人接收且没异议】

C. 戊向乙出具字据称"如甲到期不向乙还款，由本人负责"【构成。同上】

D. 己向乙出具字据称"如甲到期不向乙还款，由本人以某处私房抵债"【不构成。这是特定财产提供担保，是抵押】

二、保证方式【保证方式 B；保证人的诉讼地位 E】

法条群

《民法典》第三编合同 第二分编典型合同 第十三章保证合同 第一节一般规定

第六百八十六条【保证的方式】保证的方式包括一般保证和连带责任保证。

当事人在保证合同中对保证方式没有约定或者约定不明确的，按照一般保证承担保证责任。

第六百八十八条【连带责任保证】当事人在保证合同中约定保证人和债务人对债务承担连带责任的，为连带责任保证。

连带责任保证的债务人不履行到期债务或者发生当事人约定的情形时，债权人可以请求债务人履行债务，也可以请求保证人在其保证范围内承担保证责任。

《担保制度的解释》

第二十五条【一般和连带的区分】当事人在保证合同中约定了保证人在债务人不能履行债务或者无力偿还债务时才承担保证责任等类似内容，具有债务人应当先承担责任的意思表示的，人民法院应当将其认定为一般保证。

当事人在保证合同中约定了保证人在债务人不履行债务或者未偿还债务时即承担保证责任、无条件承担保证责任等类似内容，不具有债务人应当先承担责任的意思表示的，人民法院应当将其认定为连带责任保证。

（一）保证方式区分

<table>
<tr><th></th><th>一般保证</th><th>连带责任保证</th></tr>
<tr><td rowspan="2">核心区别</td><td>债权人必须先找债务人，债务人不能履行再找一般保证人→一般保证人只需承担债务人无法清偿的部分</td><td>债权人既能找债务人也能直接找连带保证人，无顺序限制→债务人不用先承担，连带责任保证人可能会承担全部</td></tr>
<tr><td colspan="2">顺序是表象，实质是：连带责任保证人更可能要还更多的钱。甲欠乙 10 万，丙提供保证。若甲一分都还不了，丙提供一般还是连带责任保证，最后还多少钱没有区别（都是 10 万），只是顺序差别（一般保证要先找甲），但顺序没有实质意义。但在甲能清偿部分债务的情形下，连带责任保证人可能要还更多钱：1. 若丙提供一般保证，乙必须先找甲，若甲还了 5 万，丙只对剩下 5 万担责；2. 若丙提供连带责任保证，乙可以直接找丙还全部的 10 万。（尽管丙可以找甲追偿，但追偿不能的风险就落在了丙头上）
一般保证人承担债务人不能清偿的部分，连带责任保证人承担全部，所以一般保证的责任范围≤连带责任保证的责任范围。</td></tr>
</table>

	一般保证	连带责任保证
怎么判断	1. 约定“一般保证”	1. 约定“连带责任保证”
	2. 约定债务人不能 / 无力履行时，保证人才承担	2. 约定债务人不履行债务即承担保证责任、无条件承担保证责任
	3. 没约定或约定不明，是一般保证	
诉讼地位	不能单独告一般保证人：法院要先释明追加债务人为共同被告，当事人不同意的，法院驳回起诉。[①]（因为一般保证人只偿还债务人不能偿还的部分，要起诉债务人才能确定他不能偿还的数额）。 可以单独告债务人。 可以共同告债务人 + 保证人（法院在判决书明确一般保证人仅对债务人强制执行后不能偿还部分担责）。	可以单独告保证人。 可以单独告债务人。 可以共同告债务人 + 保证人。

（二）一般保证人的先诉抗辩权

一般保证人只对债务人不能偿还的部分担责，也就是流程应该是：债权人要起诉 / 仲裁债务人→拿到生效判决 / 裁决书申请强制执行债务人财产→执行完了还有一些没偿还→一般保证人承担。这在民法上叫一般保证人的先诉抗辩权：即强制执行完债务人财产再找一般保证人，否则一般保证人可以拒绝承担责任。

但一般保证人的先诉抗辩权在有下列情形时会丧失，此时债权人可以直接找一般保证人承担责任，而不用先找债务人。

（1）债务人下落不明 + 无财产可供执行；

（2）法院已受理债务人破产案件；

（3）债权人有证据证明债务人无足够财产或无履行能力；

（4）保证人书面放弃先诉抗辩权。

【注意】连带责任保证人没有先诉抗辩权。

判断分析

1. 甲向乙借款，丙承担保证责任，丙和乙在保证合同中约定“如甲不能履行债务时，由丙承担保证责任”。丙的保证方式是连带责任保证。【错误。不能履行才承担，是一般保证】

2. 甲因资金周转，向大江银行借贷 50 万元，乙提供保证担保，但未约定保证方式。乙对银行享有先诉抗辩权。（2019 年仿真题）【正确。没约定保证方式，是一般保证】

① 《民诉法解释》第六十六条和《民间借贷规定》第四条均规定，仅起诉一般保证人的，人民法院应当追加债务人为共同被告；《担保制度的解释》第二十六条规定，仅起诉一般保证人的，人民法院应当驳回起诉。《最高院关于担保制度解释的理解与适用》认为，应先释明追加共同被告，当事人不同意再驳回起诉。由于《担保制度的解释》更合理，考试以最后一种观点为准。

三、保证期间与保证债务诉讼时效【保证期间与保证债务诉讼时效 D】

法条群

《担保制度的解释》

第三十一条【债权人撤诉的影响】一般保证的债权人在保证期间内对债务人提起诉讼或者申请仲裁后，又撤回起诉或者仲裁申请，债权人在保证期间届满前未再行提起诉讼或者申请仲裁，保证人主张不再承担保证责任的，人民法院应予支持。

连带责任保证的债权人在保证期间内对保证人提起诉讼或者申请仲裁后，又撤回起诉或者仲裁申请，起诉状副本或者仲裁申请书副本已经送达保证人的，人民法院应当认定债权人已经在保证期间内向保证人行使了权利。

（一）保证期间的性质

保证期间是指法律规定或当事人约定的，债权人可以要求保证人承担保证责任的时间期限。如果债权人在保证期间内未主张权利，则保证人可以免除保证责任。

保证期间制度可以保护保证人的合法权益，防止债权人长期拖延、不积极行使权利，从而让保证人长期处于不确定的法律风险中；也可以督促债权人在合理期限内主张权利，尽早解决纠纷。

虽然有主债的诉讼时效制度，保证人也可以援用债务人的抗辩权，但诉讼时效有 3 年，还可以中断，债权人想着反正有保证人，不急，债务人说“缓两天”也会同意（诉讼时效就要重新计算），保证人在这里就很被动，因此法律就规定了“保证期间”这个制度。

保证人受保证期间、保证债务诉讼时效、主债务诉讼时效的三重保护，三个时间的关系，具体如下图：

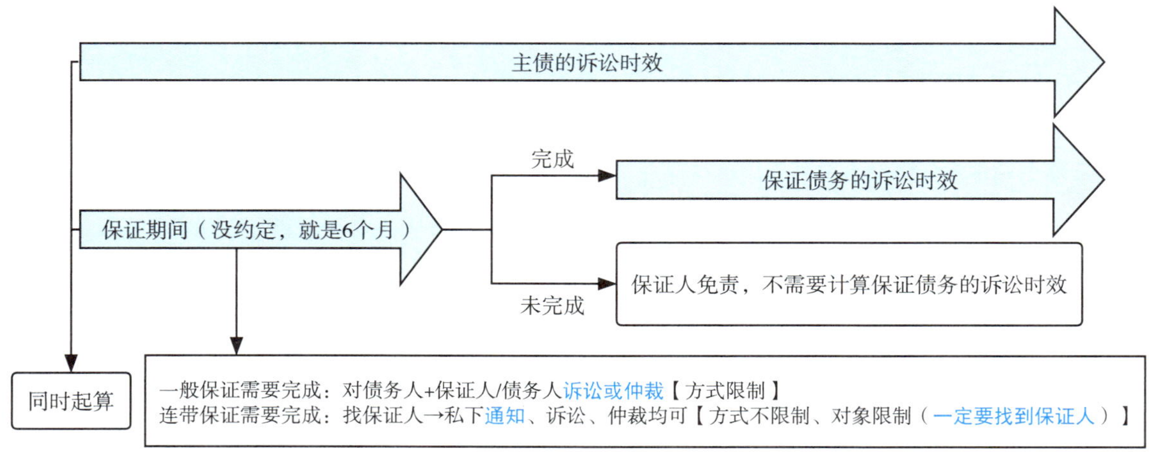

（二）保证期间的计算

1. 保证期间和主债的诉讼时效同时起算（自主债履行期届满开始算）。

2. 保证期间的长度：主债履行期届满之日起 6 个月，除非另有约定。

3. 如果①约定保证期间早于主债履行期或同时届满、②约定承担责任直至主债本息还清为止：保证期间一律认定是 6 个月。

4. 保证期间是除斥期间，不发生中止、中断、延长（只有时效会有中止中断延长一说）。

（三）保证期间内，债权人需要做啥“任务”才能让保证人承担责任？

一般保证	连带责任保证
起诉 / 仲裁债务人（可同时起诉一般保证人）。注意：一定要诉讼 / 仲裁，不能私下通知。【起诉又撤诉 = 没起诉，保证期间内没有再起诉，一般保证人不担责。（也适用于仲裁）】	请求保证人承担责任，方式不限，可以私下通知，也可以起诉 / 仲裁，反正对象要有保证人。【起诉保证人后又撤诉：不影响，只要起诉状副本已送达保证人，就属于通知了，保证人就要担责。（也适用于仲裁）】

1. 保证期间经过，债权人没做这些事，保证责任消灭。

（1）保证责任消灭后，债权人书面通知保证人担责，即使保证人签字、盖章、按手印，也不承担保证责任。除非成立新的保证合同。

（2）如果保证合同无效，保证人需要承担缔约过失责任，但如果债权人保证期间内没做这些事，保证人不再承担责任。

2. 保证期间内，债权人做了这些事，就要开始起算保证债务的诉讼时效（3 年）。

（1）一般保证起算时间：①作出终结执行裁定的：裁定送达债权人之日起算；②未作出裁定的：收到申请执行满 1 年之日起算；③债权人知“债务人下落不明 / 破产 / 丧失履行能力或保证人书面放弃先诉抗辩权”之日起算。

连带责任保证起算时间：请求连带保证人承担责任之日起算。

（2）3 年的保证债务诉讼时效内，债权人都没找保证人主张权利（方式不限），时效届满，保证人可以提诉讼时效抗辩，拒绝承担保证责任。如果债权人 3 年内主张了，诉讼时效中断，再重新起算 3 年。【就是前面总则部分学的诉讼时效】

判断分析

2023 年 4 月 9 日，甲欠乙 2 万元，借期 1 年。丙提供一般保证，丁提供连带责任保证。到 2024 年 10 月 9 日之前，乙只请求丁承担责任，丙的保证责任消灭。【正确。保证期间为 2024 年 4.10−10.9，在该期间乙只对丁主张了权利，丁要承担。未起诉 / 仲裁债务人甲，丙作为一般保证人，保证责任消灭】

四、保证人的抗辩权与追偿权【保证人的抗辩权与追偿权 B】

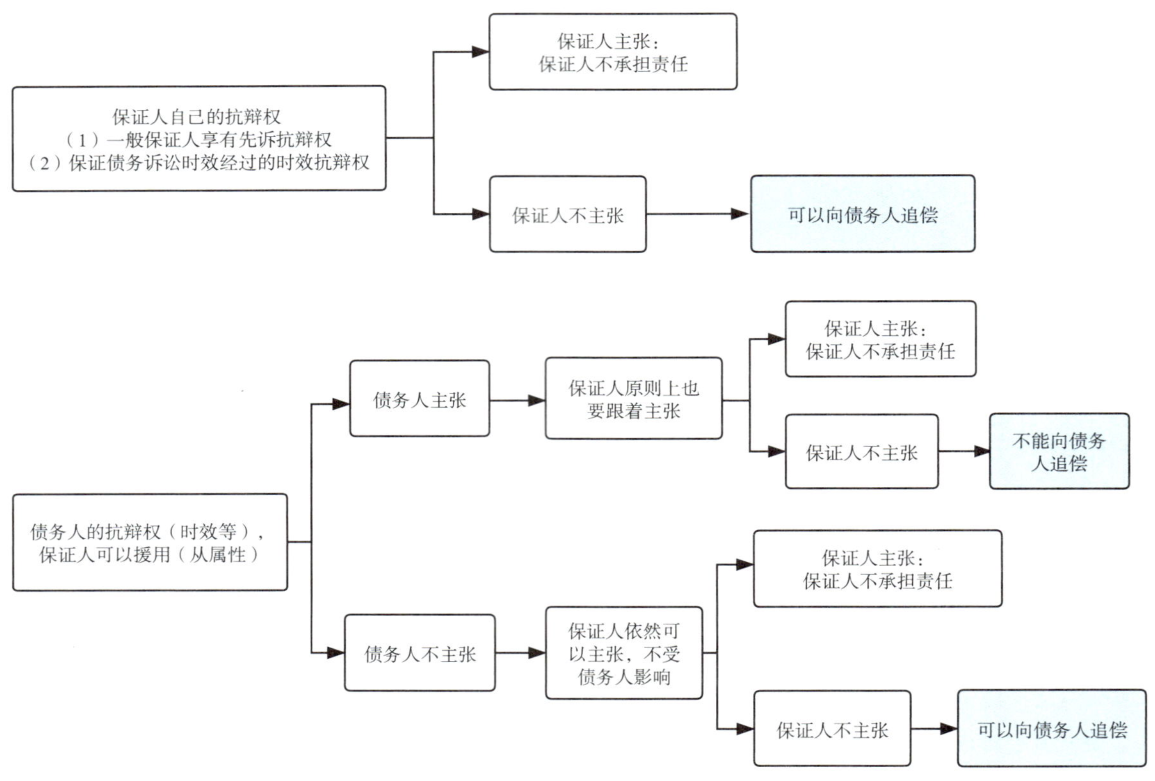

主观题延伸拓展

案例： 2021 年 4 月 20 日，甲公司为筹集建设款，以其建设用地使用权作抵押向银行贷款 7 亿元，借款期限为 3 年，并办理了抵押登记。小王提供保证担保，但未约定保证方式。

问题： 小王的保证方式是什么？

答案： 一般保证。小王与银行没有约定保证方式。法条依据为《民法典》第 686 条第 2 款。

KEEP AWAKE

第六章 共同担保【客+主】【共同担保（含混合担保）B】

【怎么考】这部分的题往往融合多个物保人保，案情复杂，难度大，重点落在实现债权的顺序和追偿的问题上。

【怎么学】听完课要试着自己捋顺逻辑，梳理清楚规则，可以用画逻辑图的方式，然后反复做真题、模拟题。

法条群

《民法典》第二编物权 第四分编担保物权 第十六章一般规定

第三百九十二条【混合担保】被担保的债权既有物的担保又有人的担保的，债务人不履行到期债务或者发生当事人约定的实现担保物权的情形，债权人应当按照约定实现债权；没有约定或者约定不明确，债务人自己提供物的担保的，债权人应当先就该物的担保实现债权；第三人提供物的担保的，债权人可以就物的担保实现债权，也可以请求保证人承担保证责任。提供担保的第三人承担担保责任后，有权向债务人追偿。

《担保制度的解释》

第十三条【共同担保的担保人之间相互追偿问题】同一债务有两个以上第三人提供担保，担保人之间约定相互追偿及分担份额，承担了担保责任的担保人请求其他担保人按照约定分担份额的，人民法院应予支持；担保人之间约定承担连带共同担保，或者约定相互追偿但是未约定分担份额的，各担保人按照比例分担向债务人不能追偿的部分。

同一债务有两个以上第三人提供担保，担保人之间未对相互追偿作出约定且未约定承担连带共同担保，但是各担保人在同一份合同书上签字、盖章或者按指印，承担了担保责任的担保人请求其他担保人按照比例分担向债务人不能追偿部分的，人民法院应予支持。

除前两款规定的情形外，承担了担保责任的担保人请求其他担保人分担向债务人不能追偿部分的，人民法院不予支持。

前面学了抵押、质押、留置、保证，知道了债务人不履行到期债务，债权人可以主张实现担保物权或要求承担保证责任。只有 1 个担保难度不大，但是如果这一笔债有 2 个担保，就是我们这里说的“共同担保”。**如果是 2 个人都提供保证，叫共同保证；2 个人都提供物保，叫共同物保；既有保证，也有物保，叫混合担保。**

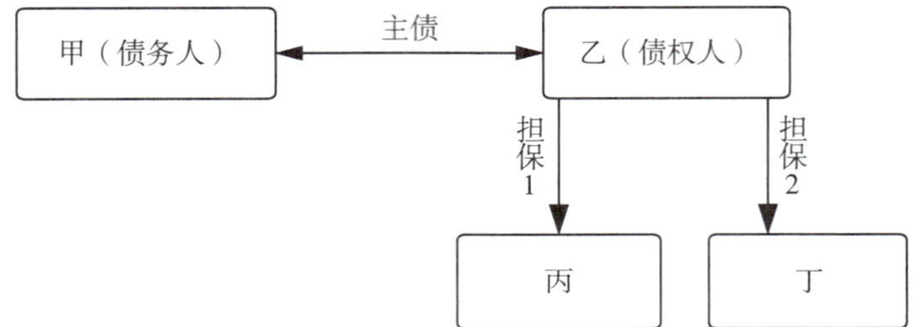

一、共同担保的法律关系梳理

只有一个帅哥追你，很简单，就是一个 yes/no 的问题，但有多个帅哥追你，这些帅哥还有的有钱，有的有才，有的体力好，而且还和你的闺蜜相互认识，牵扯甚广，这可怎么办哦，到底选哪个帅哥？还是都要？要怎么解决帅哥之间的内部问题？

共同担保也是一样的，债权人手上有多个担保权，到底要选哪个？有没有顺序要求？选了之后另一个怎么办？担保人之间怎么分担责任？能不能相互追偿？追偿有没有顺序要求？

担保本来就复杂，多个担保就更复杂了，但无论怎么复杂，我们要学会**有逻辑地拆解这个法律关系，核心思维是：问什么，就看什么，不要管别的，把复杂问题拆解成简单的小问题。**

共同担保主要就以下几个问题：

1. 债权人实现债权的时候，那么多担保，债权人怎么选？有没有顺序要求？份额要求？

债权人实现完债权后，债权人就走了，不用考虑，剩下担保人和债务人，那就问：

2. 担保人能不能向债务人追偿？

3. 担保人能不能要求其他担保人分担（向其他担保人追偿）？能向其他担保人追偿的份额比例是？

只要上面每个问题的规则都记住，都会回答就好，千万不要整体梳理，就拆成小问题看待。具体看下面的逻辑图：

债权人实现债权顺序以及追偿法律关系图

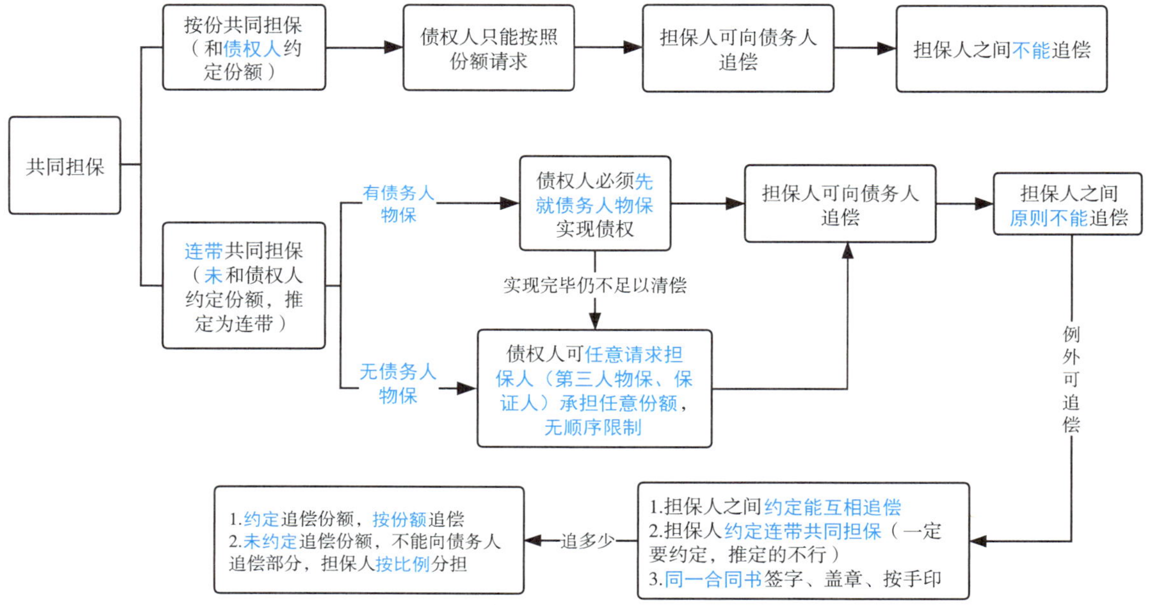

1. 按份共同担保

例：甲向乙借款100万元，丙用汽车设定抵押，丁用房屋设定抵押。乙（债权人）、丙（担保人）、丁（担保人）三人约定：丙、丁各自承担50万元的担保份额。履行期限届满甲无力还款。

乙应如何实现债权？——各担保人与债权人有明确的份额约定，是按份共同担保，债权人只能按照份额请求，乙只能请求丙、丁各承担50万元的担保责任。

担保人担责后如何追偿？——丙、丁担责后，可各自向债务人甲追偿；按份担保人丙、丁之间不能追偿。

【注意】内部约定和外部约定陷阱

如果是担保人和债权人的责任份额约定，属于外部约定，可以约束债权人，债权人要按照约定行使权利，不能违反约定。

但如果是担保人和担保人之间的责任份额约定，属于内部约定，在内部追偿的环节有效，但不能约束债权人，债权人行使债权的时候，按照没有约定来判断，走“连带共同担保”而不是“按份共同担保”。

2. 连带共同担保

例：甲向乙借款100万元，并以价值80万元的房屋设定抵押，丙以价值120万元的汽车设定抵押，丁提供保证。丙丁约定彼此可以追偿，但未约定份额。履行期限届满甲无力还款。

乙应如何实现债权？——各担保人与债权人没有约定份额，是法律推定的连带共同担保。有债务人物保，债权人必须先就债务人物保实现债权，乙应先对债务人甲的房屋实现债权。然后再任意找丙或丁承担责任。

担保人担责后如何追偿？——丙、丁担责后，可向债务人甲追偿。担保人之间原则上不能追偿，但丙丁约定彼此可以追偿，因此丙丁之间可以追偿。至于追偿多少，先看能找债务人追偿多少，剩下的部分丙丁按比例分担。

按份共同担保，约定好份额，按照约定承担责任就好，没有复杂的追偿问题，所以难度不大。而连带共同担保就会有复杂的追偿问题，前面债权的行使会影响到后面担保人的追偿，担保人追偿的时候也会有责任分担的问题。因此，按照法理上“行使权利不能对别人产生不利影响”的要求，主要强调以下几点：

（1）债权人“乱行使”债权，导致后续担保人追偿受影响，后果由债权人负责。

①债权人原则上不能放弃债务人物保（因为会让担保人责任增加），如果债权人放弃了债务人物保，其他担保人在债权人丧失优先受偿权的范围内免责。甲向乙借款100万元，并以价值80万元的房屋设定抵押，丙以价值120万元的汽车设定抵押。乙本该先实现债务人甲的房屋抵押权，但却表示放弃，要丙承担担保责任，此时丙可以在80万元范围内免责，只承担20万元的担保责任。

②如果保证人之间能互相追偿，但因为债权人未在保证期间向部分保证人主张权利导致其保证责任消灭，那么需要承担责任的保证人可以主张在不能追偿的范围内免责。甲向乙借款100万元，丙提供连带责任保证，丁也提供连带责任保证，并约定可以互相追偿担责的50%。保证期间内，乙只向丙主张了保证责任，保证期间经过，丁的保证责任消灭，因此丙不能再向丁追偿。丙不再对不能追偿的50万元担责，即只对乙承担50万元的保证责任。

（2）担保人不能“瞎搞”，让其他担保人责任增加。

担保人承担责任后，在追偿环节，可以取代债权人，用“债权人之前的权利”，但不能因此增加其他担保人责任。

①担保人追偿的时候，可以主张债权人之前的担保物权，但必须遵守担保人之间的追偿规则。如甲向乙借款100万元，丙以价值80万元的房屋设定抵押，丁以价值120万元的汽车设定抵押，戊以价值60万元的房屋设定抵押。丙丁约定可以相互追偿各一半的份额，戊没有约定。之后，债权人乙找丁承担了担保责任，丁承担责任之后，可以用“债权人之前的权利”去追偿，但要遵守担保人之间的追偿规则。因此，丁对丙的房子享有抵押权，可以在50万元的范围内优先受偿（因为丁可以向丙追偿，份额是一半）；同时，丁对戊的房子没有抵押权（因为丁本来就不能向戊追偿）。

②担保人受让债权人的债权，视为是承担担保责任（不视为“债权让与”），受让债权的担保人不能以债权人的身份要求其他担保人承担担保责任，只能根据受让之前担保人间追偿规则，看能否向其他担保人追偿（因为担保人变成债权人，担保人就少了一个，其他担保人要承担的责任就多了一些，这样瞎搞，让其他担保人责任增加了）。甲向乙借款100万元，丙以价值120万元的汽车设定抵押，丁提供保证，丙丁约定可以相互追偿各一半的份额。乙将100万元债权转让给丙，视为丙承担了100万元的担保责任。丙只能根据追偿规则向丁追偿50万元。丙不能作为债权人，要求丁承担100万元的担保责任。

二、共同保证的问题梳理

保证方式分为：一般保证（有先诉抗辩权），连带责任保证。

如果一个债有两个以上保证人，这就属于共同担保中的共同保证。如果保证人和债权人有约定份额，就属于按份共同担保/保证；如果没有和债权人约定份额，就属于连带共同担保/保证。

很多考生会对以上四个概念有混淆，理不清，尤其是连带责任保证和连带共同保证，很多老师讲的太理论，就说：保证方式是保证人和债权人之间的问题，而共同保证是保证人和保证人之间的问题，考生好像学懂了，但做题就会被绕进去，也梳理不出逻辑，所以请抛开你所有的关于这块知识点的记忆、理解，按照下面的逻辑来理解。

其实不管法条多绕、法律关系多复杂，在共同保证中总共就三个核心问题：

问题一：因为有多个保证人，那么每个保证人最多要承担多少责任（保证人最多要帮债务人还多少钱？）【此处看：连带共同保证/按份共同保证，主要解决保证人“理论上的责任上限”】

问题二：债权人找保证人承担保证责任的时候，是必须要先找债务人，还是可以直接找保证人？有没有顺序要求？【此处看：连带责任保证/一般保证，主要解决保证人“实际要承担多少责任”】

问题三：保证人承担完责任之后，肯定能向债务人追偿，但能不能向其他保证人追偿？

把这三个核心问题解决，你就搞定了！

我们以一个案例来算具体的责任，并且辨析清楚连带责任保证和连带共同保证，是个什么关系！**案例：B欠A钱，主债是100万元，甲、乙作为保证人来担保。**

1.先解决问题一：**（保证人“理论上的责任上限”）：因为有多个保证人，那么每个保证人最多要承担多少责任？**

核心是看：甲乙是连带共同保证，还是按份共同保证**（不要管一般保证，还是连带责任保证）**

连带共同担保对应的是按份共同担保，这个概念和一般保证还是连带责任保证无关，这个概念目前**只解决：每个担保人理论上最终承担的责任上限（理论上，最多，要帮忙还多少钱？）。实际承担多少责任，我们看问题二。**

如果甲乙连带共同保证，意思就是理论上，甲乙都要承担100万元的责任。

对应地，如果甲乙是按份共同保证，意思就是甲或乙只承担100万元的一部分，不是全部，具体多少，看甲、乙和债权人A的约定。如果约定甲70%，乙30%，那就是理论上，甲最多承担70万元；理论上，乙最多承担30万元。

2.再解决问题二：**债权人找保证人承担保证责任的时候，是必须要先找债务人，还是可以直接找保证人？有没有顺序要求？**

核心是看：甲乙是**连带责任保证，还是一般保证，**核心解决甲乙**"实际要承担多少责任"。**

一般保证就要求债权人**先对债务人行使债权，不足部分，才能找一般保证人（先诉抗辩权）**，因此，**一般保证人要承担的实际责任＝"理论上的责任上限"—"债务人能清偿的部分"。**

而连带责任保证，可以直接找保证人，债务人清偿能力不影响连带保证人的保证责任，因此，连带责任保证人要承担的实际责任＝"理论上的责任上限"。

情况一：甲乙如果是连带共同保证，那么甲乙理论上都是100万元的责任。

①但如果甲乙**都是一般保证**，那么债权人A必须要先找债务人B，如果B很有钱，全额清偿了，那么甲乙可能完全不用承担责任（理论责任是100万元，实际责任是0）；如果B只能清偿60万元，剩余40万元，那么甲、乙要对债权人承担40万元的连带责任（理论责任是100万元，甲乙实际责任是40万元）。所以，**甲乙的实际责任等于理论责任减掉债务人能清偿的部分。**

②但如果甲乙**都是连带责任保证**，那么债权人A可以直接找甲、乙（不用先找债务人B），这个时候，就不用看债务人B清偿能力，**甲乙的实际责任就等于理论上的责任（甲、乙承担100万元）。**

③如果**甲是一般保证，乙是连带责任保证**，那么对于甲而言，甲实际承担的责任要看债务人B能清偿多少（算法同①），对于乙而言不用考虑债务人B，理论责任就等于实际责任（同②）。

情况二：甲乙如果是**按份共同保证**，那么甲理论上是70万元，乙理论上是30万元。

①但如果甲乙**都是一般保证**，那么债权人A必须要先找债务人B，如果B很有钱，全额清偿了，那么甲乙可能完全不用承担责任（理论责任是70万元和30万元，实际责任是0）；如果B只能清偿60万元，剩余40万元，那么甲承担40万元的70%（28万元），乙承担40万元的30%（12万元），（理论责任是70万元和30万元，实际责任是28万元和12万元）。所以，**甲乙的实际责任等于理论责任减掉债务人能清偿的部分。**

②但如果**甲乙都是连带责任保证**，那么债权人A可以直接找甲、乙（不用先找债务人B），这个时候，就不用看债务人B清偿能力，**甲乙的实际责任就等于理论上的责任（甲70万元、乙30万元）。**

③如果**甲是一般保证，乙是连带责任保证**，那么对于甲而言，甲实际承担的责任要看债务人B能清偿多少（算法同①），对于乙而言不用考虑债务人B，乙的实际责任就等于理论上的责任（同②）。

3.**再解决问题三：保证人承担完责任之后能不能向其他保证人追偿？**

不管前面问题一、问题二是什么结论，**这里和前面"共同担保追偿"是一样的，**没有任何区别：

1.保证人承担完责任后，**都可以向债务人追偿。**

2.保证人之间**原则上不能相互追偿**，除非：**保证人之间有约定可以相互追偿／保证人之间明确约定是连带共同保证／保证人都在同一份合同上签字。**

【说明】共同保证，只需要搞定上面三个问题即可，可以覆盖所有法条规则和题目，不用去绕和钻研，尤其第一个问题，好好读一下，好好理解。

总结：

1. 共同保证（连带共同保证/按份共同保证）决定保证人担责的“理论上的责任上限”【核心看保证人有没有和债权人约定份额，有份额，理论责任上限就是份额（按份），否则就是担保全部债权额（连带）】。

2. 保证方式（一般保证/连带责任保证）进一步决定保证人承担责任的实际责任：一般保证的实际责任＝“理论责任”—“债务人能清偿的部分”；连带责任保证的实际值＝“理论上的责任上限”。【一般保证人有先诉抗辩权的保护，仅承担债务人不能清偿的部分，不能“直接”找一般保证人，因此一般保证人实际责任就小一些；连带责任保证人就没有先诉抗辩权的保护】

3. 保证人能向债务人追偿，但彼此不能相互追偿，除非：有约定可以追偿/明确约定是连带共同保证/在同一份合同签字。

判断分析

1. 丙公司向银行贷款100万元，甲公司将其机器设备抵押给银行，担保其中40万元贷款，但未办理抵押登记。同时，丙公司将自有房产抵押给银行，担保其余60万元贷款，办理了抵押登记。丙公司届期不能清偿银行贷款。判断下列说法正误。（2013年第3卷第8题）

A. 如银行主张全部债权，应先拍卖房产实现抵押权【错误。和债权人约定了份额，银行只能按照份额请求，拍卖设备受偿40万元，房产受偿60万元】

B. 如银行主张全部债权，可选择拍卖房产或者机器设备实现抵押权【错误。理由同上】

2. 甲公司向乙银行借款，同时约定甲公司以其现有的以及将有的生产设备、原材料、产品为前述借款设立抵押，未登记。丙提供连带责任保证，丁以一台大型挖掘机作质押并交付。如甲公司未按期还款，乙银行欲行使担保权利，当事人未约定行使担保权利顺序，下列选项正确的是？（2017年第3卷第91题）

A. 乙银行应先就甲公司的抵押实现债权【正确。动产浮动抵押权自合同生效时设立。有债务人物保，应先就债务人甲公司的抵押权实现债权】

B. 乙银行应先就丁的质押实现债权【错误】

C. 乙银行可选择就甲公司的抵押或丙的保证实现债权【错误】

D. 乙银行可选择就甲公司的抵押或丁的质押实现债权【错误】

3. 甲向乙银行借款500万元，借期2年，丙、丁为保证人，但对于保证范围和保证方式均未约定。关于甲、丙、丁关系的表述正确的是？（2018年仿真题）

B. 如甲到期不能还款，乙银行不能直接请求丙、丁中的任意一人承担责任【正确。乙银行可以任意请求丙丁承担责任，因为构成连带共同保证。但不能直接，因为丙丁是一般保证人，需要先找债务人】

C. 如丙清偿了500万元债务，可以向甲、丁各自追偿250万元【错误。丙可向债务人甲追偿，但没有约定连带共同担保/约定可以追偿/同一份合同书上签字，不能向其他担保人追偿（注意：担保人丙与丁没有和乙银行约定份额，是法律推定的连带共同保证，但只有直接约定的连带共同保证才可以追偿）】

D. 如丁清偿了500万元债务，可以向甲追偿，亦可向丙追偿【错误】

4. 甲向乙银行借款，丙、丁为保证人，但对于保证范围和保证方式均未约定。戊、己分别以各自房屋向乙银行设定抵押并办理了抵押登记。请判断说法正误。（2018年仿真题）

A. 乙银行不能要求甲、戊、己承担连带责任【错误。丙丁戊己都没和乙银行约定份额，构成连带共同担保】

B. 乙银行可以就戊或者己的房产行使抵押权【正确。乙银行债权无债务人甲自己提供的物保，因此乙银行既可以请求保证人丙、丁承担保证责任，也可以就戊、己提供的物保实现债权，相互间并无先后顺序之分】

5. 甲对乙享有60万元债权，丙、丁分别与甲签订保证合同，但未约定保证责任的范围和方式。戊以价值30万元的房屋为乙向甲设定抵押并办理了登记。下列关于乙、丙、丁关系的表述何者正确？（2005年第3卷第85题）

A. 丙、丁的保证都为连带责任保证【错误。没约定保证方式，是一般保证】

B. 丙、丁构成连带共同保证【正确。没和债权人约定份额】

C. 若丁代乙清偿了全部债务，可以向丙追偿【错误。担保人之间原则不能追偿】

D. 若丁代乙清偿了全部债务，只能向乙追偿【正确】

6. 甲对乙享有60万元债权，丙、丁分别与甲签订保证合同，但未约定保证责任的范围和方式。戊以价值30万元的房屋为乙向甲设定抵押并办理了登记。下列关于丙、丁、戊关系的表述何者正确？（2005年第3卷第86题）

A. 若甲放弃对戊的抵押权，则丙、丁只对甲的30万元债权承担保证责任【错误。放弃债务人物保，其他担保人才能免责】

B. 若甲要求丙、丁承担保证责任，丙、丁可主张先诉抗辩，要求甲先行使对戊的抵押权【错误。可以主张先诉抗辩，但是先诉抗辩权是指先找债务人，而不是先找其他担保人】

C. 甲可以在丙、丁、戊中任意选择一人，要求承担担保责任【正确。没有债务人之物的担保，债权人行使债权就没顺序限制。题目中也没有说“直接”，因此不用考虑先诉抗辩权】

D. 若乙以自己的汽车向甲设定抵押并登记，丙承担了担保责任后，可主张对乙的汽车行使优先受偿权【正确。担保人承担责任后，可以行使债权人对债务人的担保物权】

主观题延伸拓展

案例： 2018年12月27日，周二因手头拮据，却仍想给心仪的主播们打赏，便希望丁能够借他250万元，其愿意以M轿车设定质押。周二的朋友戊当即向丁出具一份书面申明，表示自己愿意就周二的250万元借款提供连带责任保证。第二天，好友戊也将自己的房产为周二的该笔250万元借款提供担保，并办理了抵押登记。后周二到期未还款。

问题1： 丁应当如何实现自己的债权？

问题2： 如果丁的质权未能有效设立，保证人戊将250万元借款的本息向丁进行了全额清偿，戊能否向戊进行追偿？为什么？

案例—问题1： 丁应当如何实现自己的债权？

答案： 丁应先就周二提供的质押优先受偿，不足以清偿债务的，再任意请求戊或戊承担责任。债务人周二自己提供了质押，戊提供保证，戊提供抵押，构成连带共同担保。丁应先就周二提供的质押实现债权。法条依据为《民法典》第392条。

案例一问题2：如果丁的质权未能有效设立，保证人戊将250万元借款的本息向丁进行了全额清偿，戊能否向戌进行追偿？为什么？

答案：不能。担保人戊和戌未约定相互追偿，未约定提供连带共同担保，也没有在同一合同书上签字、盖章，不存在可以追偿的法定情形。法条依据为《担保制度的解释》第13条。

KEEP AWAKE

第七章 担保物权顺位【客+主】

【价款优先权 B；担保物权顺位 C】

【怎么考】顺位核心考价款优先权、抵押权顺位，其中价款优先识别难度有点大。

【怎么学】价款优先可以先理解这个制度出现的原因，然后务必熟悉典型的例子，看到能够识别出考点。其他的顺位理解的基础上记忆即可。

共同担保是一笔债有多个担保，解决债权人怎么对这几个担保实现债权的问题；

担保物权顺位是指一个物上给好几个债权人设立了担保，解决哪个债权人优先实现债权的问题。比如甲向乙借钱，用车设立抵押；后又向丙借钱，用同一辆车设立抵押。到时候乙和丙谁的权利优先。

法条群

《民法典》第二编物权 第四分编担保物权 第十七章抵押权 第一节一般抵押权

第四百一十四条【抵押权顺位】同一财产向两个以上债权人抵押的，拍卖、变卖抵押财产所得的价款依照下列规定清偿：

（一）抵押权已经登记的，按照登记的时间先后确定清偿顺序；

（二）抵押权已经登记的先于未登记的受偿；

（三）抵押权未登记的，按照债权比例清偿。

其他可以登记的担保物权，清偿顺序参照适用前款规定。

第四百一十五条【抵押与质权竞合】同一财产既设立抵押权又设立质权的，拍卖、变卖该财产所得的价款按照登记、交付的时间先后确定清偿顺序。

第四百一十六条【价款优先权】动产抵押担保的主债权是抵押物的价款，标的物交付后十日内办理抵押登记的，该抵押权人优先于抵押物买受人的其他担保物权人受偿，但是留置权人除外。

《民法典》第二编物权 第四分编担保物权 第十九章留置权

第四百五十六条【留置权与抵押权或者质权的关系】同一动产上已经设立抵押权或者质权，该动产又被留置的，留置权人优先受偿。

《担保制度的解释》

第五十七条 担保人在设立动产浮动抵押并办理抵押登记后又购入或者以融资租赁方式承租新的动产，下列权利人为担保价款债权或者租金的实现而订立担保合同，并在该动产交付后十日内办理登记，主张其权利优先于在先设立的浮动抵押权的，人民法院应予支持：

（一）在该动产上设立抵押权或者保留所有权的出卖人；

（二）为价款支付提供融资而在该动产上设立抵押权的债权人；

（三）以融资租赁方式出租该动产的出租人。

买受人取得动产但未付清价款或者承租人以融资租赁方式占有租赁物但是未付清全部租金，又以标的物为他人设立担保物权，前款所列权利人为担保价款债权或者租金的实现而订立担保合同，并在该动产交付后十日内办理登记，主张其权利优先于买受人为他人设立的担保物权的，人民法院应予支持。

同一动产上存在多个价款优先权的，人民法院应当按照登记的时间先后确定清偿顺序。

一、价款优先权

【情境案例及原理】甲公司向乙银行借款，并用现有及将有的生产设备、原材料、半成品、产品设立动产浮动抵押且办理了抵押登记。后甲公司为扩大生产规模向丙公司买设备，但资金比较紧张。此时甲公司和丙公司会面临下面的困境：

如果丙公司怕甲公司给不了钱选择不卖，则甲公司无法再融到资，不利于企业的发展。

如果丙公司选择卖设备，但是怕甲公司给不了钱就用这个设备给丙公司设立抵押，起码有个抵押权。但依然有个问题：动产浮动抵押设立后，新买的动产自动成为抵押财产，乙银行的抵押权先设立，肯定优先于丙公司抵押权，所以依然不利于丙公司，影响交易的积极性。

为彻底解决融资的困境，法律规定：如果在交付设备后 10 日内，丙公司办理了该设备的抵押登记，则丙公司的抵押权虽然登记在后，但也优先于乙银行的抵押权。【在民法上叫：价款优先权】

1. 价款优先权的设立：担保物担保的债权正是买入 / 租入该物价款本身 + 交付后 10 日内办理登记。

2. 效果：优先于其他抵押权、质权（而且不管谁先登记都优先），但不优先于留置权。

3. 适用范围：

（1）向出卖人赊账买，再把物抵押给出卖人。如上例，甲公司买不起，约定半年后付款。丙公司交付设备后 10 日内，办理了设备的抵押登记。丙公司有价款优先权。

（2）向出卖人以所有权保留方式买。接上例，甲公司从丙公司处买设备，约定甲公司付清价款前，丙公司保留设备所有权。后丙公司交付设备，且交付后 10 日内，办理所有权保留登记。丙公司有价款优先权。

（3）出卖人不愿意赊账，买受人找其他人借钱并提供担保。接上例，丙公司不愿意赊账，甲公司找丁公司借钱，为担保该笔借款，丁公司在交付设备后 10 日内，办理了抵押登记。丁公司有价款优先权。

（4）向出租人以融资租赁方式租。接上例，甲公司从融资租赁公司丙公司租入某大型设备，为担保租金，在设备交付后 10 日内为，出租人办理了融资租赁登记。丙公司有价款优先权。

【注意】我们前面都是说的动产浮动抵押后设立的价款优先权，其实一般动产抵押后再设立价款优先权也是可以的。如 2024 年 8 月 8 日，甲公司向乙公司买设备，因资金紧张，约定半年后付款，8 月 9 日乙公司交付设备。8 月 11 日甲公司把该设备抵押给丙公司并办理登记。8 月 13 日，乙公司办理设备的抵押登记。乙公司有价款优先权，优先于丙公司的抵押权。

二、各个债权人的优先受偿顺位

留置权 > 价款优先权（内部看登记时间先后）> 公示的抵押权 / 质权（内部看登记 / 交付的时间先后）

＞未登记的动产抵押权（内部顺位相同，按债权比例）＞普通债权人。

【原理】确定顺位的 4 层逻辑：①法定的担保物权（留置权）优先于一切意定的担保物权；②意定担保物权公示的优先于没有公示的，都公示的按照“先来后到”的规则（公示的时间比较好确定）；③没有公示的担保物权仍是物权优先于普通债权（例外：未登记不对抗善意第三人，详见抵押权部分）；④没有公示的，时间不好确定，所以按比例。

例：2023 年 8 月 2 日，甲向乙购买一批器械，并以该批器械为乙设立抵押权用以担保购买器械的价款，该批器械于当日交付。同年 8 月 3 日，甲急于融资，遂将该批器械抵押给丙，并于当日办理抵押登记。同年 8 月 7 日，甲将该批器械质押给丁并当日交付。同年 8 月 9 日，乙办理抵押登记。后由于该批器械出现故障，遂运至戊修理厂修理，修好后戊数次催促丁支付维修款，丁拒不给付。戊遂留置了该批器械。问担保物权的顺位如何？

【①为担保购买器械的价款，甲乙在标的物交付后 10 日内办理了登记，因此乙有价款优先权，虽然 8 月 9 日才登记，但优先于丙、丁。②由于丙的抵押权的公示时间（8 月 3 日）早于丁的质权（8 月 7 日），因此丙的动产抵押权优先于丁的动产质权。③留置权最优先。因此担保物权顺位为：戊（留置权）＞乙（价款优先权）＞丙（公示在先抵押权）＞丁（公示在后质权）】

三、抵押权顺位的变更

抵押权人经协商同意，顺位可以变更；但未经其他抵押权人书面同意，不能对其他抵押权人产生不利影响。

这里考试题目很固定，做题步骤也很固定：

第一步：把变更前，每个人可以获得多少清偿列出来；

第二步：把变更后，每个人可以获得多少清偿列出来；

第三步：没有书面同意的人，变更后，不能比变更前少，如果少，少的部分，从前面顺位扣给没有书面同意变更的人。

例：甲分别向乙、丙、丁借款 40 万元、60 万元、80 万元，并以价值 100 万元的汽车先后为三人设立抵押登记。乙丁协商变更顺位，未经丙书面同意。

	债权	变更前受偿	变更后受偿 ×	不能产生不利影响，应按下列方式受偿：√
车（100）	乙（40）	40	丁（80）	丁（40）
	丙（60）	60	丙（20），对丙不利	丙（60）
	丁（80）	0	乙（0）	丁的剩余 40 万和乙的 40 万成为普通债权（0）

判断分析

1. 甲公司向乙银行借款，约定甲公司以其现有以及将有的动产为乙银行设立动产浮动抵押权，办理了抵押登记。二个月后，甲公司向丙公司购买生产设备 A，约定分期支付价款，甲公司以 A 设备为丙公司设立抵押权，担保 A 设备购置款的支付。丙公司向甲公司交付 A 设备的当日办理了抵押登记。下列表述正确的是？（2021 年仿真题）

A. 乙银行对 A 设备不享有抵押权【错误。设立浮动抵押后，购入的财产自动成为抵押财产】

C. 丙公司对 A 设备的抵押权优先于乙银行对 A 设备的抵押权【正确。为担保购买价款，交付设备

的当日办理了抵押登记，丙公司对设备有价款优先权，优先于乙银行的抵押权】

D. 乙银行、丙公司均不得对A设备行使抵押权优先受偿【错误】

2. 3月12日，甲向乙借款50万元，以一台机器抵押，但未办理抵押登记。一个月后，甲向丙借款30万元，以同一台机器抵押，办理了抵押登记，但丙知道乙对该设备享有抵押权。又一个月后，甲向丁借款20万元，再次以同一台机器抵押，办理了抵押登记，丁不知道乙对该设备享有抵押权。下列说法错误的是？（2022年仿真题）

A. 在先的乙的抵押权优先于恶意的丙【错误。登记的抵押权优先于未登记的，丙知情不影响顺位】

B. 登记的丁的抵押权优先于未登记的乙【正确】

C. 在先的丙的抵押权优先于在后的丁【正确。都登记的，看时间先后】

D. 丁的抵押权自登记时设立【错误。动产抵押权自合同生效就设立，登记只是产生对抗效力】

主观题延伸拓展

案例1：张大欲购买胡小的一辆跑车，价款为60万元，约定分期支付，并以该跑车为胡小提供抵押，担保价款支付。胡小于9月1日将跑车交付给张大，张大于9月5日为胡小办理了抵押登记。此外，张大于9月3日向丁一借款20万元，以该跑车为丁一设定抵押担保，并办理了登记。

问题：胡小的权利和丁一的抵押权何者优先？

案例2：4月1日，陈某将A车出质给乙，同日完成交付。5月1日，陈某将该车抵押给丙，同日办理抵押登记。

问题：乙的质权和丙的抵押权何者优先？

案例1—问题：胡小的权利和丁一的抵押权何者优先？

答案：胡小的抵押权优先。为担保购买跑车的价款，张大在跑车交付10日内为胡小办理了抵押登记，胡小有价款优先权，而价款优先权优先于登记在先的抵押权。法条依据为《民法典》第416条。

案例2—问题：乙的质权和丙的抵押权何者优先？

答案：乙的质权优先。乙的质权设立时间早于丙的抵押权登记时间。法条依据为《民法典》第415条。

KEEP AWAKE

第八章 非典型担保：用物抵债【客+主】

【让与、后让与、届满前以物抵债 B；清偿 B；物权法定原则 C】

【怎么考】给出案例问能不能取得所有权 / 能不能请求履行。

【怎么学】这部分难度较大，听课一定要认真。注意区分债务履行期届满前，其实是担保；届满后是清偿。届满后可以单独记。

届满前：即使无法区分是让与担保、后让与担保还是以物抵债，没关系，不影响做题。都不能直接取得所有权；问能不能优先受偿，就看有没有公示。

【原理】我们前面都是学的典型担保，法律明确规定了担保类型以及具体内容，比如抵押、质押、留置和保证及其各种规则。但是随着实践的发展，出现一些法律没有规定的担保形式，然后现在被法律承认，我们叫做非典型担保，如让与担保，它出现的原因是债权人对担保人的不信任，即使像抵押和质押完成抵押登记或交付依然不放心，让与担保是通过转移标的物所有权起到担保作用，标的物已经登记到债权人名下，那么抵押人就很难再转让，这样就避免了第三人又主张权利，能让债权人更加放心。

法条群

《担保制度的解释》

第六十八条【让与担保】债务人或者第三人与债权人约定将财产形式上转移至债权人名下，债务人不履行到期债务，债权人有权对财产折价或者以拍卖、变卖该财产所得价款偿还债务的，人民法院应当认定该约定有效。当事人已经完成财产权利变动的公示，债务人不履行到期债务，债权人请求参照民法典关于担保物权的有关规定就该财产优先受偿的，人民法院应予支持。

债务人或者第三人与债权人约定将财产形式上转移至债权人名下，债务人不履行到期债务，财产归债权人所有的，人民法院应当认定该约定无效，但是不影响当事人有关提供担保的意思表示的效力。当事人已经完成财产权利变动的公示，债务人不履行到期债务，债权人请求对该财产享有所有权的，人民法院不予支持；债权人请求参照民法典关于担保物权的规定对财产折价或者以拍卖、变卖该财产所得的价款优先受偿的，人民法院应予支持；债务人履行债务后请求返还财产，或者请求对财产折价或者以拍卖、变卖所得的价款清偿债务的，人民法院应予支持。

债务人与债权人约定将财产转移至债权人名下，在一定期间后再由债务人或者其指定的第三人以交易本金加上溢价款回购，债务人到期不履行回购义务，财产归债权人所有的，人民法院应当参照第二款规定处理。回购对象自始不存在的，人民法院应当依照民法典第一百四十六条第二款的规定，按照其实际构成的法律关系处理。

《民间借贷规定》

第二十三条【后让与担保】当事人以订立买卖合同作为民间借贷合同的担保，借款到期后借款人不能还款，出借人请求履行买卖合同的，人民法院应当按照民间借贷法律关系审理。当事人根据法庭审理情况变更诉讼请求的，人民法院应当准许。

按照民间借贷法律关系审理作出的判决生效后，借款人不履行生效判决确定的金钱债务，出借人可以申请拍卖买卖合同标的物，以偿还债务。就拍卖所得的价款与应偿还借款本息之间的差额，借款人或者出借人有权主张返还或者补偿。

《合同编通则解释》

第二十七条【届满后以物抵债】债务人或者第三人与债权人在债务履行期限届满后达成以物抵债协议，不存在影响合同效力情形的，人民法院应当认定该协议自当事人意思表示一致时生效。

债务人或者第三人履行以物抵债协议后，人民法院应当认定相应的原债务同时消灭；债务人或者第三人未按照约定履行以物抵债协议，经催告后在合理期限内仍不履行，债权人选择请求履行原债务或者以物抵债协议的，人民法院应予支持，但是法律另有规定或者当事人另有约定的除外。

前款规定的以物抵债协议经人民法院确认或者人民法院根据当事人达成的以物抵债协议制作成调解书，债权人主张财产权利自确认书、调解书生效时发生变动或者具有对抗善意第三人效力的，人民法院不予支持。

债务人或者第三人以自己不享有所有权或者处分权的财产权利订立以物抵债协议的，依据本解释第十九条的规定处理。

第二十八条【届满前以物抵债】债务人或者第三人与债权人在债务履行期限届满前达成以物抵债协议的，人民法院应当在审理债权债务关系的基础上认定该协议的效力。

当事人约定债务人到期没有清偿债务，债权人可以对抵债财产拍卖、变卖、折价以实现债权的，人民法院应当认定该约定有效。当事人约定债务人到期没有清偿债务，抵债财产归债权人所有的，人民法院应当认定该约定无效，但是不影响其他部分的效力；债权人请求对抵债财产拍卖、变卖、折价以实现债权的，人民法院应予支持。

当事人订立前款规定的以物抵债协议后，债务人或者第三人未将财产权利转移至债权人名下，债权人主张优先受偿的，人民法院不予支持；债务人或者第三人已将财产权利转移至债权人名下的，依据《最高人民法院关于适用〈中华人民共和国民法典〉有关担保制度的解释》第六十八条的规定处理。

【说明】这一章我们会学到让与担保、后让与担保、以物抵债等，届满后的以物抵债其实不是担保，是债的清偿方式，但因为很容易混淆，所以放在这里一起学。

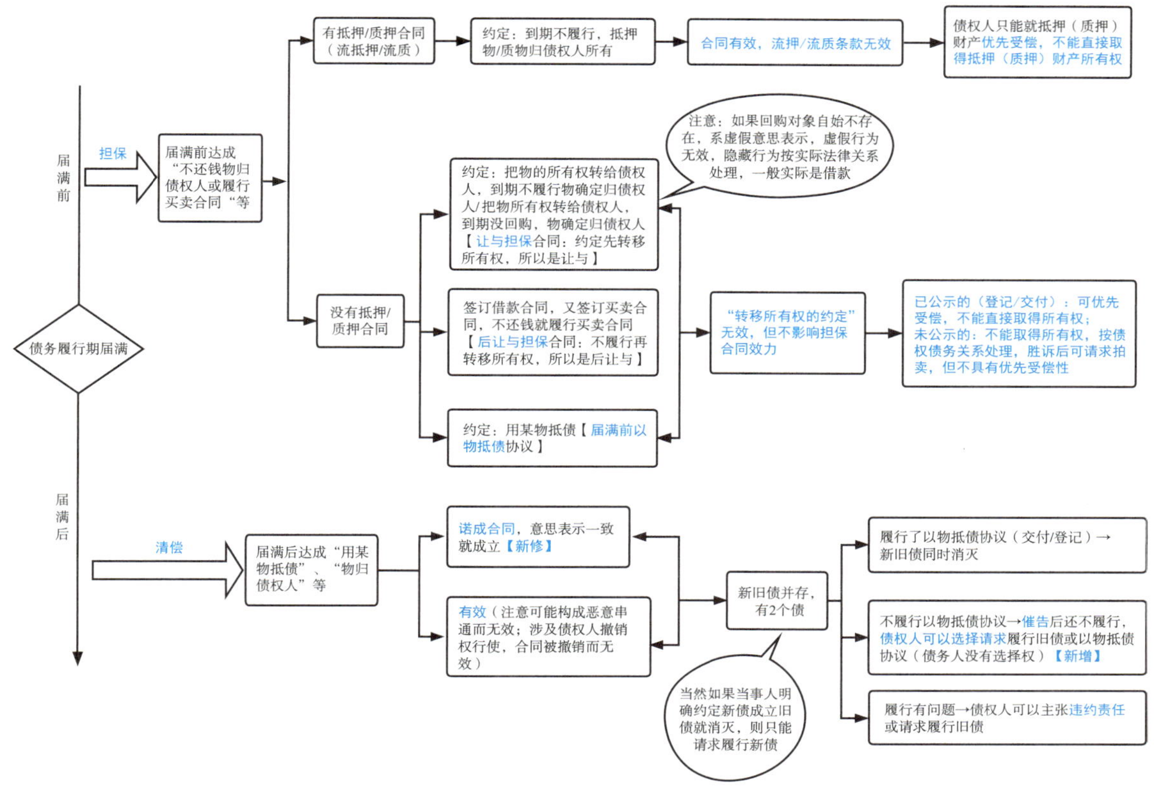

【总结】让与担保、后让与担保、届满前以物抵债虽然看着很复杂，很难区分，但客观题其实可以不细区分，客观题不会问定性：这是哪种担保。只会问这种约定有没有效，能不能请求履行，所以只要记住：

①但凡履行期届满前约定“到期不履行，东西归债权人，所有权变动的”，约定无效，但不影响整个担保合同的效力。【为了避免债权人利用债务人的急迫滥用优势地位，通过压低担保物价值的方式获取暴利】

②能不能优先受偿：看有没有公示。登记/交付了，能优先受偿；没有登记/交付，不能优先受偿。

③不能直接取得所有权。

例1：甲向乙借款150万元，并以其价值200万元的房屋抵押给乙，抵押合同中约定，到期甲不还款，房屋归乙所有。甲乙办理了抵押登记。

①抵押合同中约定到期不还款，抵押物归抵押权人所有的约定，是流抵押条款，无效，但不影响抵押合同的效力。

②甲乙完成公示，抵押权设立，到期甲不还款，乙可以就该房屋优先受偿，但不能直接取得房屋所有权。

例2：甲向乙借款150万元，并约定：将其价值200万元的房屋转让给乙，如果到期甲还款，乙应当将房屋返还给甲。如果到期没还款，乙确定取得房屋所有权。约定后，甲给乙办理了过户登记。

①甲乙约定先形式上转移房屋所有权，是让与担保合同。其中转移所有权的约定无效，但不影响担保合同效力。

②因为完成登记，乙享有担保物权。如果到期甲不还款，乙可拍卖、变卖房屋并就价款优先受偿。但不能直接取得所有权。

③如果没有办理过户登记，不享有担保物权，只能请求拍卖房屋，但不能优先受偿。

例3：甲向乙借款150万元，并以其一套房屋与乙签订买卖合同，约定：如果到期甲还款，该买卖合同不用履行。如果到期没还款，甲要履行买卖合同。

①甲乙约定到期不还款才履行买卖合同，是后让与担保合同。其中转移所有权的约定无效，但不影响担保合同效力。

②如果到期甲不还款，乙不能请求履行买卖合同，只能按债权债务关系处理。胜诉后，可以申请拍卖房屋，但不能优先受偿。

例4：甲向乙借款150万元，还款期限未到，甲乙签订《抵债协议》，约定将甲的房屋抵给乙来偿债。

①甲乙在履行期届满前签订以物抵债协议，本质是担保。其中转移所有权的约定无效，但不影响担保合同效力。

②如果办理了过户登记，按照让与担保处理，乙有担保物权，可以优先受偿。

③如果没有办理过户登记，按后让与担保处理，可以申请拍卖，但不能优先受偿。

例5：甲向乙借款150万元，履行期届满后，甲乙签订《抵债协议》，约定将甲的房屋抵给乙来偿债。

①抵债协议有效。甲乙在债务履行期届满后签订以物抵债协议，不存在利益失衡问题。

②如果甲不履行抵债协议，经乙催告还不履行，乙可以选择请求甲转移房屋所有权或还钱。

③如果甲履行了抵债协议，甲乙的抵债协议和借款协议都因清偿而消灭。

判断分析

1. 甲向乙借款10万元，并在借款合同中约定，甲将价值10万元的钻戒转让给乙。若甲依照约定履行了10万元债务，乙应当将该钻戒返还给甲。如果甲没有依约履行，乙取得钻戒所有权。甲将钻戒交付给乙。后甲到期未还款。下列说法正确的是？

A. 乙享有该钻戒的所有权【错误。约定先转移所有权，是让与担保合同。且已交付，乙有担保物权，可以优先受偿。但不能取得所有权】

B. 甲乙合意在该钻戒上设置了质权【错误。没有出现“质押、出质”等字眼】

C. 乙可以就该钻戒享有优先受偿权【正确】

D. 该合同只具有合同效力，不具有物权效力【错误】

2. 蒋六金因投资需要，于2021年1月1日向蒋五金借款50万元，期限3个月。2021年2月1日蒋五金和蒋六金签订买卖合同，约定蒋六金把铲车卖给蒋五金，如果蒋六金到期还款，则买卖合同不履行；如果未还款，则履行买卖合同。2021年5月1日，蒋五金起诉蒋六金要求履行买卖合同，交付铲车。以下正确的是？

A. 蒋五金起诉要求蒋六金交付铲车，法院应该支持【错误。到期不履行才转移所有权，是后让与担保。不能请求履行买卖合同，按债权债务关系审理】

B. 法院应当按照民间借贷法律关系审理【正确】

3. 王某向丁某借款100万元，后无力清偿，遂提出以自己所有的一幅古画抵债，双方约定第二天交付。对此，下列哪些说法是正确的？

A. 双方约定以古画抵债，等同于签订了另一份买卖合同，原借款合同失效，王某只能以交付古画履

行债务【错误。没有明确约定新债成立旧债消灭，新旧债并存】

B. 双方交付古画的行为属于履行借款合同义务【正确】

C. 王某有权在交付古画前反悔，提出继续以现金偿付借款本息方式履行债务【错误。债务人没有选择权】

主观题延伸拓展

案例 1：自然人甲与乙订立借款合同，其中约定甲将自己的一辆汽车作为担保物让与给乙。借款合同订立后，甲向乙交付了汽车并办理了车辆的登记过户手续。

问题：甲与乙关于将汽车让与给债权人乙作为债务履行担保的约定效力如何？为什么？乙对汽车享有什么权利？

案例 2：2016 年 1 月 10 日，自然人甲为创业需要，与自然人乙订立借款合同，约定甲向乙借款 100 万元，借款期限 1 年，借款当日交付。2016 年 1 月 12 日，双方就甲自有的 M 商品房又订立了一份买卖合同，其中约定：如甲按期偿还对乙的 100 万元借款，则本合同不履行；如甲到期未能偿还对乙的借款，则该借款变成购房款，甲应向乙转移该房屋所有权；合同订立后，该房屋仍由甲占有使用。

问题：乙能否请求履行买卖合同？

案例 3：2010 年 7 月 2 日，甲公司与乙公司签订借款协议，约定甲公司向乙公司借款 7000 万元用于建设施工，借期 3 年。后借款届期，甲公司无力偿还本息，多次沟通下，双方于 2013 年 10 月 1 日签订了《还款协议》、《债务清偿协议》，约定甲公司以 10 套商品房用以抵偿本息，但甲公司一直不配合办理变更登记。

问题：乙公司能否请求甲公司办理变更登记？

案例 1—问题：甲与乙关于将汽车让与给债权人乙作为债务履行担保的约定效力如何？为什么？乙对汽车享有什么权利？

答案：（1）让与汽车的约定无效，但不影响担保合同的效力。甲乙约定转移汽车所有权担保借款合同的履行，属于让与担保。甲乙转移汽车所有权的约定无效，但不影响担保合同的效力。

（2）享有担保物权。甲乙约定转移汽车所有权以担保借款合同的履行，属于让与担保。且完成了交付，乙对于汽车享有担保物权。

法条依据为《担保制度的解释》第 68 条第 2 款。

案例 2—问题：乙能否请求履行买卖合同？

答案：不能。甲乙签订买卖合同以担保借款合同的履行，属于后让与担保。甲到期未还款，乙不能请求履行买卖合同，只能按借款关系处理。法条依据为《民间借贷规定》第 23 条第 1 款。

案例 3—问题：乙公司能否请求甲公司办理变更登记？

答案：能。甲公司约定以 10 套房屋抵偿债务，属于债务履行期届满后达成的以物抵债协议，该约定有效，乙公司有权要求甲公司移转 10 套房屋的所有权。

债

债
债法概述
债的概念和特征
债的分类
法定之债和意定之债（产生原因是法定还是约定）
简单之债和选择之债（给付有无选择性）
劳务之债和财物之债（给付形式不同）
特定物之债和种类物之债（财物之债标的物是否可替代）
单一之债和多数人之债（主体人数不同）
债的移转
债权让与
构成要件
有效的债权让与合同
法律效果
内部效力：债权转让至新债权人处
外部效力：对债务人、担保人通知生效
债务承担
免责的债务承担
需债权人同意，新债务人自己还，
担保人书面同意才担责
并存的债务承担（债务加入）
债权人未明确拒绝即可，新债务人和
债务人连带，担保不影响
债的保全
代位权
代位权的构成要件：债务人怠于对次债务人行权，影响债权人的债权实现
代位权的行使（代位权之诉）
债权人胜诉的法律效果：次债务人向债权人还钱
代位保存（又叫代位权的期前行使）
债权人撤销权
构成要件：债务人不当处分财产，影响债权人的债权实现
债权人撤销权的行使（债权人撤销权之诉）
债权人胜诉的法律效果：债务人和相对人的合同被撤销，
受让人将财产返还债务人
债的消灭
清偿
第三人代为清偿（代为履行）
清偿抵充规则
以物抵债（见担保部分第八章非典型担保）
抵销
抵销概述
法定抵销
提存：债权人原因导致债务人难以履行，债务人交提存部门
免除：债权人放弃债权，免除债务人的债务
混同：债权和债务同归于一人
无因管理
构成要件：无义务+为他人利益管理他人事务+产生损失/必要费用
法律效果：管理人请求返还必要费用、补偿损失；不得请求报酬
不当得利
构成要件：一方获利+一方受损+有因果关系+无法律根据
法律效果：请求返还不当得利
善意还现存，恶意还全部

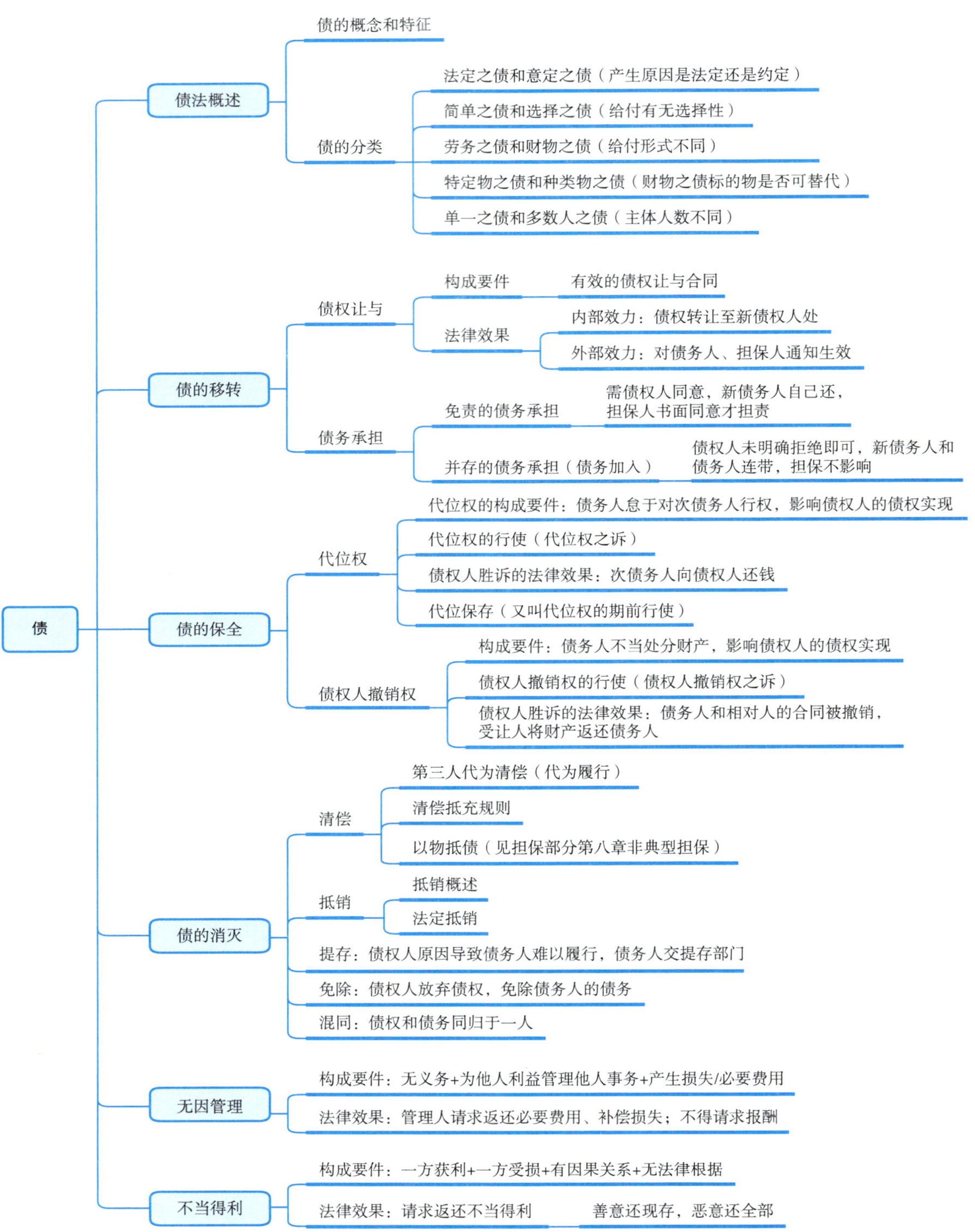

KEEP AWAKE

第一章 债法概述

【怎么考】本章作为理解债的基础，几乎不会直接考，但很重要，因为本章是学习各种具体债的基础。

【怎么学】本章重在理解什么是债，注意和生活中我们所说的债区分；另外需要有体系意识，后面学的合同、侵权都是债，若无特殊规定，都适用债编相关规则。

一、债的概念和特征

甲购买汽车，花费 20 万元（买卖合同之债）；第一天开车时不慎撞伤乙，赔偿医药费 1000 元（侵权之债）；第二天开车救助了被肇事逃逸司机撞伤的受害人丙，为其垫付医药费 2000 元，可以要求丙返还（甲没有义务，仍为丙的利益管理了丙的事务，成立无因管理之债）；因为发生此意外，忘记了要签订合同，造成对方损失 3000 元（缔约过失之债）；甲于是打车上班，车费 10 元，错付给司机丁 100 元，可以要求丁返还多给的 90 元（甲受有损失，丁因此获利，且没有合法原因，成立不当得利之债）。

债，是在特定当事人之间产生，享有权利一方【债权人】可以请求负担义务一方【债务人】为一定行为或不为一定行为【给付】的民事法律关系。

给付的形式，并不一定是给付金钱，也可以是交付财物、转移权利、提供劳务或者服务、提交工作成果、不作为等。

【注意】债在生活中常指借款，但是民法上的债是更大的概念，借款是一种合同，所有合同都是一种债，而且除了合同外，还有侵权、不当得利、无因管理也是一种债。

由于债的概念很抽象，很多初学者理解不了，**因此可以把抽象的“债”理解成具体的“借款合同”来学习**（借款合同也是一种债，符合债的特征）。具体的体系，见下图：

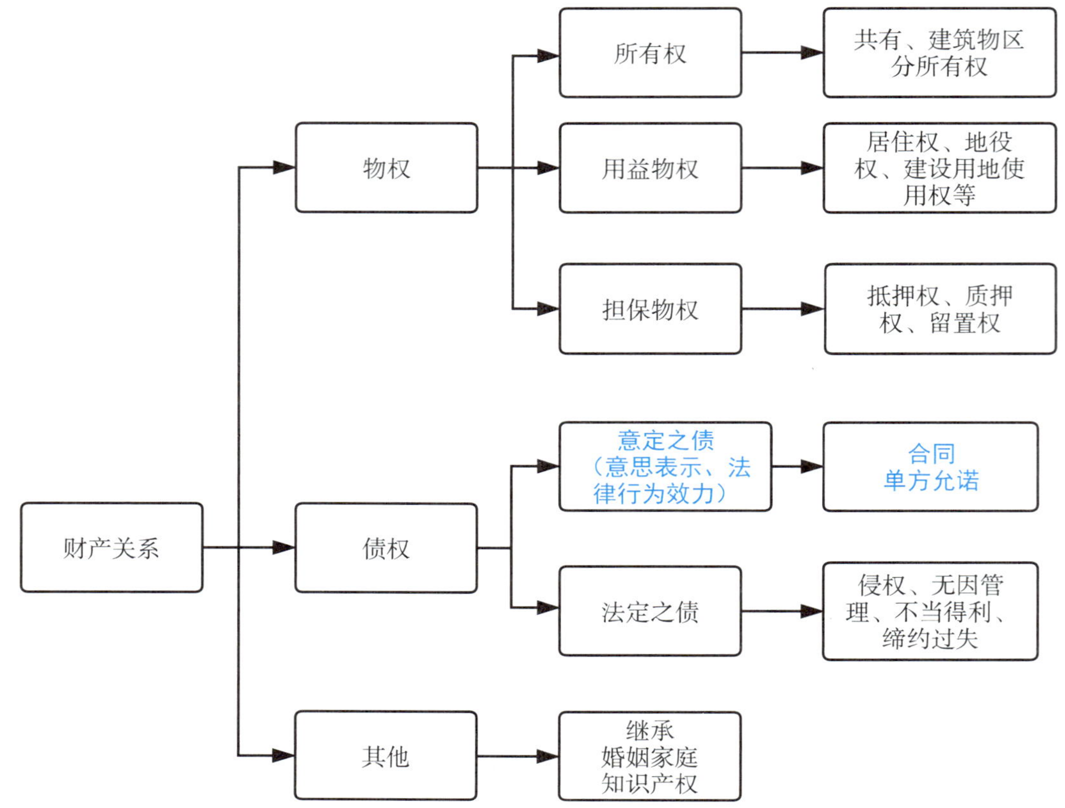

民法的财产关系核心就是物权和债权两类，当然也包括一些其他的小分支，如知产、继承、婚姻，但核心就是债和物。所以，债权和物权是相对应的概念，要把二者放在一起理解。

物权主要是调整“财产的归属”，保护静态的支配状态不受侵犯；债权主要是调整“财产的交易”，保护动态的财产流转有秩序、公平、诚信、符合交易人的想法（意思表示）。

财产的“归属、支配”，任何人都不能去干涉，侵犯，所以“物权”的核心是：按照法定的要求公示（登记/交付），然后获得公信力（可以对抗第三人），对所有人产生效力。

财产的“流转、交易”，肯定是在特定相对人之间，不可能流转给不特定的人，所以**“债”的本质：特定当事人之间产生的，在特定当事人之间产生效力，对其他人没有效力。**

由于债只在特定当事人之间产生效力，因此：

1. 债具有相对性，原则上仅对当事人双方具有法律约束力，不能及于第三人（详见合同总则第一章合同概述）；

对比物权：登记/交付后对所有人都有约束力，可以对抗第三人，所有人都要受到约束。

2. 由于债仅在特定当事人之间产生效力，无法约束第三人，因此债务人可以和第三人订立新的债，可以同时存在多个债（如一物数卖，可以有多个合同，且这些合同都是有效的）。

对比物权：一个物上，只能存在一个所有权。

3. 如果债务人身上背了多个债务，多个债权人之间也都是平等的，没有优先性。还是因为债是特定当事人之间的，无法对第三人产生效力，就无法约束第三人（如一物数卖，第一个签买卖合同的，无法拿这份买卖合同约束后面的买家）。

对比物权：登记/交付后具有对抗效力，其他人要受约束（如一物数卖，有人有登记/交付，可以

拿登记 / 交付形成的物权约束其他买家)；先登记 / 先交付的担保物权具有优先性，可以比后登记 / 交付的优先受偿，而且有担保物权的债，在担保物价款范围内，可以优先于没有担保物权的债受偿（前面A登记 / 交付了，就可以对抗后面的B）。

二、债的分类【债的分类E】

（一）法定之债和意定之债（产生原因是法定还是约定）

1. **法定之债**：依据法律规定而发生的债，无需意思表示和行为能力。如侵权之债、无因管理之债、不当得利之债、缔约过失之债等。

2. **意定之债**：依据当事人约定发生的债，需要意思表示和行为能力。如合同之债、单方允诺之债。

（二）简单之债和选择之债（给付有无选择性）

1. **简单之债**：给付内容不可选择的债。

例：甲答应若乙通过法考就送乙一部手机和一台电脑，属于简单之债。

2. **选择之债**：给付内容可选择的债。

例：甲答应若乙通过法考就送乙一部手机或一台电脑，属于选择之债。

（三）劳务之债和财物之债（给付形式不同）

1. **劳务之债**：债务人须提供一定劳务进行履行的债。如表演合同、授课合同等。

2. 财物之债

财物之债，即债务人须给付一定财物进行履行的债。如买卖合同、租赁合同。

（四）特定物之债和种类物之债（财物之债标的物是否可替代）

1. **种类物之债**：标的物为种类物的债。种类物是可以替代的物。一般的农产品、工业制品都是种类物，如苹果。

2. **特定物之债**：标的物为特定物的债。特定物，是指独一无二的物，或是从种类物中特定化下来的物。如独一无二的古董，或者500箱苹果中贴上了买受人名字的10箱。

3. **区分意义**：种类物之债不会发生履行不能问题，若苹果在交付前毁损灭失，出卖人再进货即可完成交付；但特定物之债可能发生履行不能问题，若古董灭失，出卖人不可能继续履行交付此件古董的合同义务，债务人不得请求实际履行。

（五）单一之债和多数人之债（主体人数不同）

1. **单一之债**：债务人和债权人均为1人的债。【区分】单一指人数，简单指债务。

2. **多数人之债**：指债权人或债务人任何1方为2人以上的债。

KEEP AWAKE

第二章 债的移转【客+主】

【怎么考】这块题目里人物会多一些，法律关系复杂，重点考查债权让与、免责的债务承担是否生效以及后果如何，也可能结合抵销、担保从属性考查，还会考查与涉他合同、第三人代为履行等概念的辨析。

【怎么学】1. 对比记忆本章几个制度的法律后果，通知还是同意、书面同意，抵销权什么情况能用，什么情况不能用，多关注新增内容，例如一债多转。

2. 本章法律关系涉及人物比较多，可以自己画图梳理清楚。

债的移转，其上位概念是债的变更。债的变更包括债的主体、客体、内容的变更，债的移转是指债的客体、内容不变，只有主体发生变更，包含以下三种类型：

1. 债权让与，即债权人的变更；

2. 债务承担，即债务人的变更；

3. 债权债务的概括承受，即一方的债权债务，一并转移给第三人。约定概括承受基本不考，法定概括承受常考租赁、继承，在对应章节学习，这里不再赘述。

债为什么能发生转移？

债权是一种财产利益，是可以交易（转移）的，交易的就是债本身，而不是物，实践中常见的金融产品就是债券、国债，这些就是债的交易，除此以外，还有如下常见的情况：

A 和 B 有合同，A 发了货，B 没给货款 100 万，承诺 1 年之后支付，A 就有一个价值 100 万的债权，这笔债权本身就可以交易，例如卖给银行 90 万，提前变现，而银行等一年之后去找 B 要钱。这个时候，债权人就从 A 变成了银行，发生了债的移转（意定）、债权让与。

甲欠乙 100 万，乙的另一个合作方丙，欠甲 100 万，甲找到乙、丙商量，“欠你乙的 100 万债务，就转给丙吧，反正乙和丙你们也熟”，乙丙同意，此时，甲就把对乙的 100 万债务转移给了丙，发生了债的移转（意定）、债务承担。

A 租张先生的房子 10 年，开服装店，4 年后 A 把店转给了 B，租赁合同也一并转移了（当然这种情况要经过张先生同意，详见租赁合同部分），租赁合同既有债权（可以要求出租人张先生维修等）、也有债务（要定期交租金），债权债务一起从 A 处转给了 B，发生了债的移转（意定）、债权债务概括承受。

张先生去世后，其债务人欠他的钱将转移给张先生的子女，其子女也需要在继承遗产的范围内偿还张先生生前的欠别人的钱。这个时候，债权债务一起从张先生处转给了其子女。发生了债的移转（法定）、债权债务概括承受。

一、债权让与【客+主】【债权让与 B】

法条群

《民法典》第三编合同 第一分编通则 第六章合同的变更和转让

第五百四十七条【债权转让后从权利一并转让】债权人转让债权的，受让人取得与债权有关的从权利，但是该从权利专属于债权人自身的除外。

受让人取得从权利不因该从权利未办理转移登记手续或者未转移占有而受到影响。

债权让与，是指原债权人【让与人】和新债权人【受让人】订立合同，把债权转让给新债权人。

（一）构成要件

债权合法有效+转让合同合法有效+债权可以转让。

不能转让的债权：

1. 从债权（如担保物权）不能单独转，需要和主债一起转；

2. 跟人身有关联的债权（如基于委托合同产生的债权、人身损害赔偿金债权等）

3. 当事人约定不能转，但债权人依然转给了第三人：

（1）非金钱债权，此约定有效，善意第三人可以取得债权，要求债务人履行，但恶意的第三人（知道对方内部有不能转让约定的），就无法取得债权，不能要求债务人履行。

（2）金钱债权，此约定对内部有效，对第三人不发生效力【是为了促进金钱债权的流通性】，如果转了：①无论第三人善意恶意，都能取得债权，都能要求债务人履行；②债务人可以向原债权人主张违约责任。

注意：金钱债权就指“钱”，如果有交货/服务的，不属于此处的金钱债权。

（二）法律效果

乙对甲享有10万元债权，乙资金周转困难，丙想以9万元买到这个债权。那这个债权怎么能转成功呢？首先乙和丙要签订债权转让合同，债权让与合同生效时，①丙成为新的债权人。然后需要通知甲，告知甲丙成为新的债权人，通知达到甲时，②债权转让对甲生效，此时③甲与丙之间建立新的债权债务关系，甲只能向新的债权人丙还钱了。

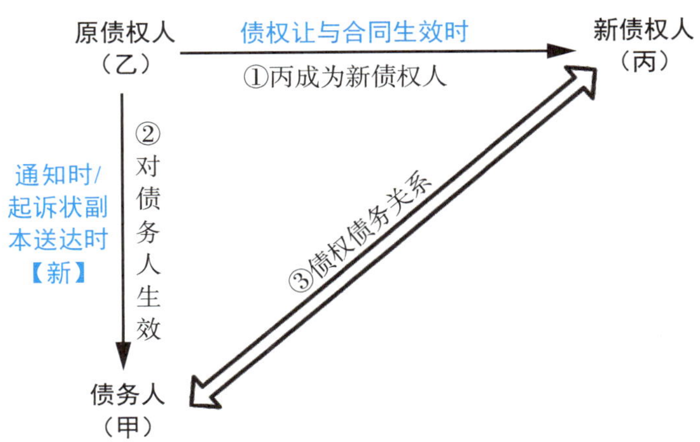

1. **内部效力**（原债权人与新债权人之间）

债权让与合同生效时，债权由原债权人处转移至新债权人处。

2. **外部效力**

（1）对债务人，分为通知[①]了债务人，和没通知债务人两种情况，后果不一样：

①通知了债务人：债权让与对债务人生效，（换个人“收钱”对债务人无不利影响，不需要其同意）

A. 债务人只能向新债权人履行债务，向原债权人清偿是无效清偿→新债权人可请求债务人再向自己清偿；债务人可请求原债权人返还不当得利。

B. 债务人对原债权人的抗辩，可以向新债权人主张；可以向新债权人主张抵销（债务人的债权早于转让债权或者与其同时到期 / 债务人的债权和转让债权基于同一合同产生）。

【延伸】债权出质同理。如乙对丙有一笔债权，出质给甲。丙对乙的抗辩也可以向甲主张。因为实现债权质权，也是从丙向乙还钱，变成向甲还钱，类似债权转让，甲就是“新债权人”。

C. 通知之日起，诉讼时效中断。

②未通知债务人：债权转让对债务人不生效，即对债务人而言，他的债权人没变，仍是原债权人，债务人不知道债权转移了。注意：新的债权人有通知的义务，你拿到债权的第一步，就应该去通知债务人“债权人是我，你要向我还钱”，否则就应该承受后果。

债务人向原债权人履行债务，是有效清偿→新债权人不能请求债务人再向自己清偿，只能请求原债权人返还不当得利。

【注意 1】保护债务人：债务人接到转让通知后，原债权人以让与合同无效、被撤销等请求债务人履行的，法院不支持，依然向新债权人履行，除非转让通知被撤销。【新增】

甲欠乙 10 万元，乙以 1 万元的价格将债权转让给自己的叔叔丙并通知了甲，后乙的债权人丁起诉撤销了该债权转让合同，乙以此为由请求甲仍向自己偿还，甲有权拒绝。

【注意 2】保护受让人（新债权人）：新债权人向债务人确认债权真实存在后，债务人不能又以债权不存在为由拒绝向新债权人履行。除非新债权人知道不存在。（其实是禁反言规则的运用，防止合谋诈骗新债权人）【新增】

乙将其对甲享有的 10 万元债权转让给丙，丙谨慎起见向甲求证债权真实性，得到肯定回答。其实该债权为甲乙 2 人虚构，丙对此并不知情，丙请求甲偿还时，甲不得以该债权不存在为由拒绝。

【注意 3】一债多转，一笔债，转给了 ABC 多个人，那么债务人应该向谁清偿？【新增】：

（1）看最先到达债务人的转让通知，通知里面谁新是债权人，就向他清偿；

（2）如果债务人收到通知，还向其他人清偿：最先人可请求债务人继续履行或请求原债权人承担违约责任，但不能请求接受履行的人返还【债权没有公示性，不知道到底转给谁】，除非接受履行的人知道有最先人。

例：甲先后与乙、丙签订债权转让合同，将自己对丁的 1 万元债权转让给乙、丙，并先后通知了丁，则丁应当向乙履行；若丁向丙履行，乙可以请求丁继续履行或者请求甲承担。

（2）对担保人：

① 通知有两类：1. 直接发通知（电子邮件、信件等都可以）；2. 去法院起诉，法院会把起诉状副本邮寄给被告，这也是一种通知。

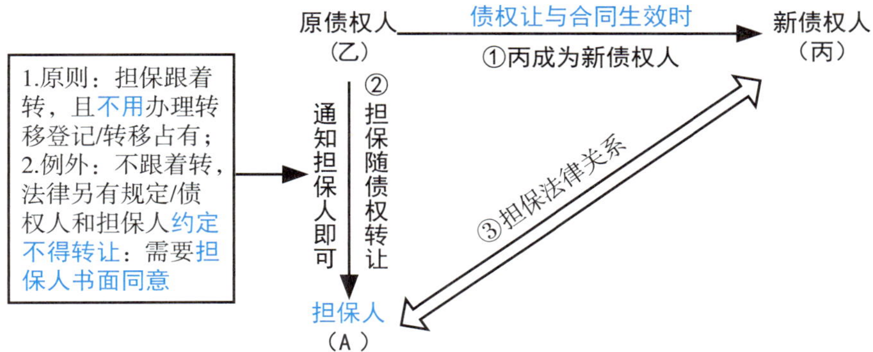

判断分析

1. 甲欠乙4万元、5万元，分别于2022年3月1日和6月1日到期；乙欠甲10万元，于2022年4月1日到期。5月12日，甲将对乙的全部债权转让给了丙且通知了乙。对此，乙有什么权利？（2022年仿真题）

A. 4月1日可向甲提出抵销9万元【错误。甲乙互负债权，若乙想抵销，必须债权已经到期。4月1日时，乙对甲只有4万元债权到期，5万元债权尚未到期，不能抵销】

B. 5月12日可向甲提出抵销9万元【错误】

C. 5月12日可向丙提出抵销9万元【错误。乙想对新债权人抵销，需要债权早于或同时于转让债权到期，只有4万元满足条件，另外5万元不满足条件不能抵销】

D. 5月12日可向丙提出抵销4万元【正确】

2. 甲与丙公司签订《房屋预订合同》，约定“甲向丙公司预付房款30万元，购买一套房屋”后丙公司违反约定将房屋另售他人，甲要求丙公司退回房款。后甲与乙签订合同，将该债权转让给乙，并通知了丙公司，因乙未及时支付转让款，甲又与丁签订合同，将债权转让给丁，并再次通知了丙公司。丙公司应当向乙履行债务。（2015年第3卷第88题）【正确。债权转让给多人的，债务人应当向最先通知的受让人履行】

3. 甲向乙借款100万元，并以自己的A房提供抵押担保，办理了登记。后乙将债权转让给丙，通知了甲，但未办理抵押权的变更登记。对此，下列说法正确的是？（2023年仿真题）

A. 丙尚未取得抵押权【错误】

B. 丙已经取得抵押权【正确。乙将对甲的债权转让给丙，虽未办理抵押权转移登记手续，不影响丙取得A房的抵押权，可以就A房优先受偿】

C. 甲可以向乙履行债务【错误。乙将对甲的债权转让给丙，通知了甲，该债权转让对甲生效，甲应向丙履行债务，向乙履行债务不发生清偿的效力】

D. 丙可以就A房优先受偿【正确】

二、债务承担【债务承担B】

债务承担，是债务人把自己的债务全部或部分转移给第三人的法律行为。债务人对转出部分免责，叫免责的债务承担；债务人对转出部分不免责，只是多了第三人和债务人一起担责，叫并存的债务承担（债务加入）。

（一）免责的债务承担

甲欠乙10万元，丁以自己的汽车为乙提供抵押担保。丙是甲的富二代好友，为帮助哥们渡过难关，决定替甲还债。丙怎样才能成功代替甲呢？首先①甲丙2人要订立债务转移合同。②这个合同要征得乙的同意。然后合同生效时，③丙成为新的债务人，与乙建立债权债务关系，甲与乙之间的债权债务关系消灭。那怎样才能让丁继续为债权担保呢？需要④丁书面同意，这样就有了⑤丁继续为乙的债权提供担保。若丙后期未偿还债务，乙仍然可以向丁行使抵押权。如下图：

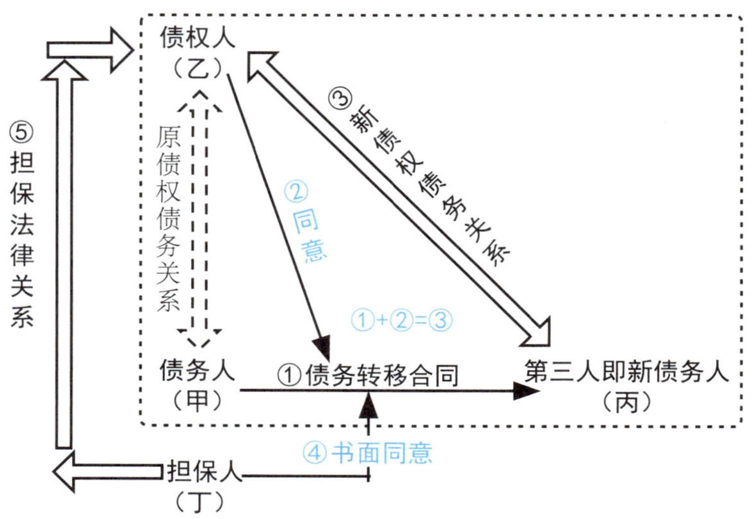

（1）需经债权人同意。债务人或者第三人可以催告债权人在合理期限内予以同意，债权人沉默的，视为拒绝。（万一第三人是个穷光蛋，债权人就会承担风险，所以需要其同意）

【对比】债权让与对债务人来说只是换个人“收钱”，没有什么风险，所以只需要通知债务人就行，不需要同意。

（2）债务人退出，第三人成为新债务人，自己对债权人承担债务；

（3）新债务人可以主张债务人对债权人的抗辩；债务人对债权人享有债权的，新债务人不得对债权人主张抵销；

（4）债务承担的意思表示到达债权人之日起，诉讼时效中断；

（5）**对担保人：**未经担保人书面同意，担保人不再承担担保责任。

【对比】担保从属于债权而非债务，因此：债权转让，担保直接转（通知担保人即可）；免责的债务承担，担保人书面同意才继续担责。

（二）并存的债务承担（债务加入）

（1）只需通知债权人，债权人未在合理期限内拒绝即可（多一个人还钱有利于债权人，通知就行）。

（2）债务人并不退出，新债务人与债务人对债权人承担连带债务。新债务人承担后，可以按约定/不当得利等找债务人追偿。债务人对债权人的抗辩可以向新债务人主张。【新增】

例：甲、乙、丙三人约定，丙加入甲对乙的债务，和甲一起向乙承担1万元的债务，丙履行后可向甲全额追偿。其后甲一直未还款，乙的债权诉讼时效届满后，丙对乙进行清偿，待丙向甲追偿时，甲可以诉讼时效期间届满为由抗辩，拒绝向丙清偿。

（3）**对担保人：**担保责任不受影响。

（4）第三人说“帮债务人一起还钱”，没有约定清楚，到底是保证、还是债务加入，如何认定？

保证与债务加入难以识别→推定为保证（**原理：无偿合同有两种以上解释的，选择对债务人负担比较轻的解释——保证人有保证期间的保护，加入债务无此保护**）。

判断分析

1. 甲经乙公司股东丙介绍购买乙公司矿粉，经结算乙公司欠甲 50 万元货款。乙公司与丙商议，由乙公司和丙以欠款人的身份向甲出具欠条。构成并存的债务承担（2017 年第 3 卷第 9 题）【正确。原债务人乙不退出法律关系，丙加入债务，乙丙共同作为债务人向甲担责，属于并存的债务承担。】

2. 甲向乙银行借款 500 万元，借期 2 年，戊、己分别以各自房屋向乙银行设定抵押并办理了抵押登记手续。如甲将全部债务转让给好友辛，未经戊和己的书面同意，戊和己不再承担担保责任。（2018 年仿真题）【正确。未经担保人书面同意，债权人允许债务人转移全部债务的，担保人不再承担相应的担保责任】

主观题延伸拓展

案例：甲对乙享有 50 万元债权，丙用自己的房屋为甲设立抵押，并办理了抵押登记，后甲将 50 万元债权转让给了丁，并通知了丙，但未办理抵押转移登记。

问题：若乙到期未能偿还债务，丁能否请求就丙的房屋实现抵押权？

答案：能。甲将债权转让给丁，丁取得从属于债权的抵押权，未转移登记不影响担保责任的承担。法条依据为《民法典》第 547 条。

KEEP AWAKE

第三章
债的保全【客+主】

【怎么考】给案例问能不能行使本章的两个权利，行使后的法律效果；债权人撤销权可能结合恶意串通、可撤销合同、赠与合同的撤销权考查。

【怎么学】1. 理清法律关系（可以画图）。

2. 记忆代位权和撤销权的行使条件和后果。

3. 注意和可撤销合同区分（都叫撤销，但是两个无关的制度）。

债的保全，是指债务人为逃避债务，恶意采取积极/消极行为使自己财产减少/应增加而未增加，影响到了债权人债权的实现，此时法律赋予债权人代位权和债权人撤销权两种权利，保障债权实现。

一、代位权【代位权 C】

（一）代位权的构成要件

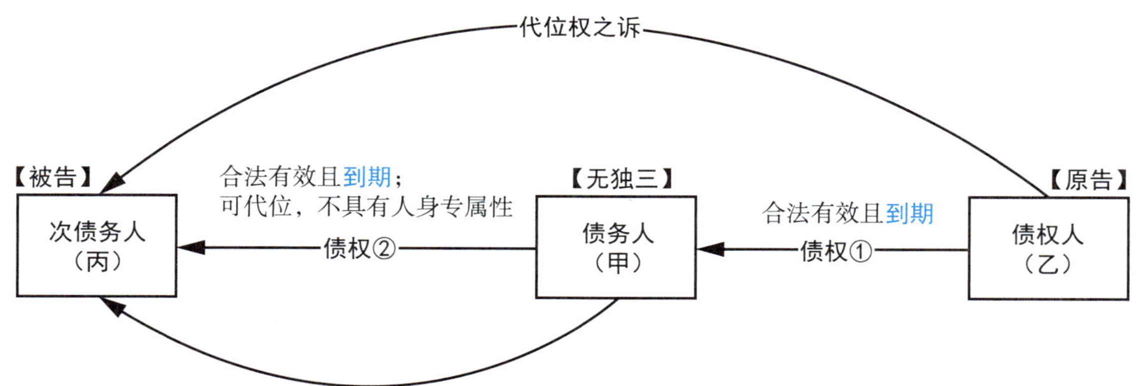

【说明】代位权针对的一般是金钱债权。人身伤害赔偿请求权、继承权、劳动报酬给付请求权都是具有较强的人身专属性的债权，不能代位行使。另外，返还请求权是物权，与特定物的所有权或占有权益直接相关，具有对世性，通常只属于债务人自己，也不得代位（如丙偷了甲的狗，甲的债权人乙如果能代位行使甲的返还原物请求权得到狗，就相当于可以肆意越过物权人，取而代之，有悖物权原理）。但是债权人可以请求债务人将物权请求权让渡给自己（如甲欠乙钱，把自己的房屋抵押给乙，丙因甲欠钱不还，强行住进该房屋，甲一直怠于行使对丙的返还请求权，后甲无力偿还对乙的债务，需要拍卖房屋，乙虽不能直接代位行使返还原物请求权，但是甲有义务配合拍卖，乙可以请求甲将返还原物请求权让渡给自己行使。）

（二）代位权的行使（代位权之诉）

1. 必须以诉讼方式行使。

（1）管辖法院：次债务人住所地法院。

（2）诉讼当事人：①原告：债权人；②被告：次债务人；③第三人：应当追加债务人为无独立请求权的第三人。

2. 代位权的行使范围受双重限制：以债权人对债务人的债权①为限，且以债务人对次债务人的债权②为限【就低不就高】。

3. 被告（次债务人）可以援引的抗辩：（1）债务人对债权人的抗辩；（2）次债务人对债务人的抗辩；（3）次债务人对债权人的抗辩（如管辖异议）。

不能援引的抗辩【新增】：（1）债权①未经生效法律文书确认；（2）起诉后债务人无正当理由减免次债务人债务 / 延长履行期限；（3）债务人和次债务人之间有管辖协议 / 仲裁协议（债务人 / 次债务人在首次开庭前申请仲裁，可以中止代位权诉讼）

4. 提起代位权诉讼，会导致两笔债权的诉讼时效都中断。

（三）债权人胜诉的法律效果

1. 次债务人直接向债权人履行债务。履行完毕后，债权人对债务人、债务人对次债务人的债权在相应范围内消灭；

2. 诉讼费用由次债务人负担。必要费用（如律师费、差旅费），由债务人负担。【诉讼费用由败诉方负担，必要费用由坏人（引起无谓诉讼之人）负担】

（四）代位保存（又叫代位权的期前行使）

债权人债权①未到期，但债务人的债权②或相关的从权利存在诉讼时效届满或未申报破产债权等情形，影响债权人的债权①实现，债权人可要求次债务人向债务人履行，目的是保存债务人对次债务人的债权②。

例：甲对丙的债权②诉讼时效期间即将届满，此时债权人乙对甲的债权①尚未到期，不能行使代位权。于是乙向丙主张保存债权，即要求丙向甲还钱。该保存行为会导致甲丙之间债权②的诉讼时效自保存时中断，重新起算3年，乙可以安心等待自己债权到期，再行使代位权了。

判断分析

甲公司对乙公司享有5万元债权，乙公司对丙公司享有10万元债权。如甲公司对丙公司提起代位权诉讼，则针对甲公司，丙公司的下列哪些主张具有法律依据？（2012年第3卷第59题）

A. 有权主张乙公司对甲公司的抗辩【正确。丙公司作为次债务人，有权主张债务人乙公司对债权人甲公司的抗辩】

B. 有权主张丙公司对乙公司的抗辩【正确】

C. 有权主张代位权行使中对甲公司的抗辩【正确】

D. 有权主张甲公司只能对其中5万元行使代位权【正确。代位权的行使范围就低不就高】

二、债权人撤销权【债权人撤销权 B】

法条群

《民法典》第三编合同 第一分编通则 第五章合同的保全

第五百三十八条【对无偿处分行为的撤销权】债务人以放弃其债权、放弃债权担保、无偿转让财产等方式无偿处分财产权益，或者恶意延长其到期债权的履行期限，影响债权人的债权实现的，债权人可以请求人民法院撤销债务人的行为。

第五百三十九条【对有偿处分行为的撤销权】债务人以明显不合理的低价转让财产、以明显不合理的高价受让他人财产或者为他人的债务提供担保，影响债权人的债权实现，债务人的相对人知道或者应当知道该情形的，债权人可以请求人民法院撤销债务人的行为。

《合同编通则解释》

第四十三条【对有偿处分行为的撤销权】债务人以明显不合理的价格，实施互易财产、以物抵债、出租或者承租财产、知识产权许可使用等行为，影响债权人的债权实现，债务人的相对人知道或者应当知道该情形，债权人请求撤销债务人的行为的，人民法院应当依据民法典第五百三十九条的规定予以支持。

第四十四条【债权人撤销权诉讼主体地位、管辖与合并审理规则】债权人依据民法典第五百三十八条、第五百三十九条的规定提起撤销权诉讼的，应当以债务人和债务人的相对人为共同被告，由债务人或者相对人的住所地人民法院管辖，但是依法应当适用专属管辖规定的除外。

两个以上债权人就债务人的同一行为提起撤销权诉讼的，人民法院可以合并审理。

【情境案例】小帅个人欠小白 180 万元被诉至法院，庭审后第二天与妻子小美签订离婚协议，约定全部婚后财产归小美所有；然后把自己的车送给小王，把自己的名表以市场价格卖给小李，卖来的钱拿去挥霍一空，最终搞得一穷二白。问：小白能否申请撤销离婚协议、汽车赠与合同、手表买卖合同？

（一）构成要件

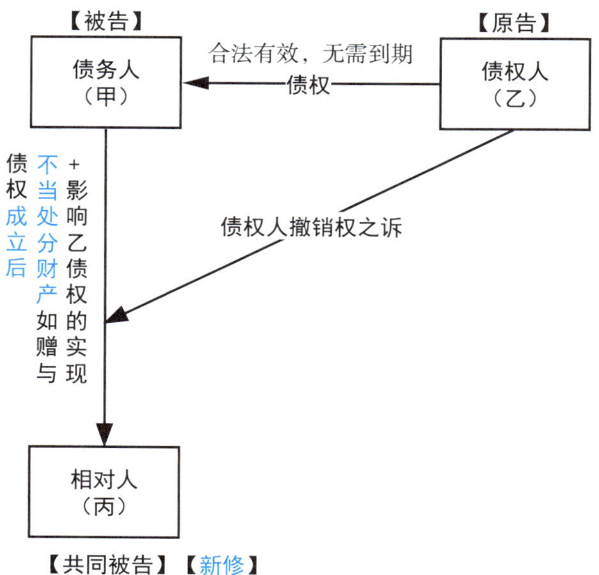

【说明1】一定要不当处分行为，侵害了债权人的债权，债权人才有撤销权：

1. 债务人很有钱，不当处分不影响自己清偿能力，债权人不能撤。

2. 债权成立后的不当处分财产行为才可撤，债权成立之前的行为，不能撤。如果债权成立前已经签订赠与合同，即使没实际交付，也是债权存在前的行为，不能撤。

【说明2】不当处分行为有哪些？

1. 无偿处分都可以撤（不要求相对人恶意）:（1）放弃债权;（2）放弃债权担保;（3）恶意延长到期债权的履行期;（4）无偿转让财产。

2. 为他人的债务提供担保（要求相对人恶意才能撤）。

3. 不合理的有偿处分（要求相对人恶意才能撤）:（1）以明显不合理低价（低于70%）转让财产;（2）以明显不合理高价（高于30%）受让财产;（3）以明显不合理的价格，实施互易财产、以物抵债、出租或承租财产、知识产权许可使用等。【新增】

例：甲欠乙钱无法偿还，将其唯一财产汽车赠与丙，乙可以请求撤销；但如果甲将其汽车以不合理低价卖给丙，乙可以请求撤销吗？看丙是否恶意，即对买卖有损乙债权的事实是否知情。若丙明知甲家徒四壁欠乙钱仍低价受让汽车，此为恶意，乙可以行使债权人撤销权。

【区分】债务人以市价处分财产，或是没有导致财产减少，仅导致财产没有增加的行为（如拒绝接受赠与、放弃继承等），为自己的债务提供担保，都不是这里的不当处分行为，债权人不能撤销。【核心债务人的行为，会让债务人现在的财产不合理减少，这样的行为才可以撤】

（二）债权人撤销权的行使（债权人撤销权之诉）

1. 必须以诉讼方式行使，原告：债权人；被告：债务人和相对人为共同被告。管辖法院是债务人或相对人的住所地法院。【新修】

2. 行使范围：以债权人债权范围为限。

3. 债权人可以在撤销权诉讼中同时请求相对人向债务人返还财产、折价补偿、履行到期债务等。【新增】

4. 除斥期间：自债权人知或应知撤销事由起1年内行使；最晚自债务人的行为发生之日起5年内必须行使（任何一个期间经过债权人撤销权消灭）。

（三）债权人胜诉的法律效果

1. 债务人和相对人的合同被撤销，自始没有法律约束力。

2. 债权人可请求受让人将所获利益返还债务人（不是还给债权人）。

3. 诉讼费用由债务人负担；必要费用如律师费用、差旅费，由债务人负担。

【注意】恶意串通和债权人撤销权可以同时构成。甲欠乙钱，为避免还钱，甲和表弟丙商议后将唯一房产过户给表弟丙。甲丙有损害乙利益的主观恶意，构成恶意串通；同时又符合债权人撤销权的构成要件，乙可以行使撤销权。只是在实践中，要证明甲丙的恶意比较难，而行使撤销权一样能达到让转让合同自始无效的目的，因此乙往往提起债权人撤销权之诉；如果能证明恶意，乙可以选择提起债权人撤销之诉，或主张恶意串通合同无效。

【区分】债权人撤销权与可撤销合同的撤销权是两个东西，而且是专有名词。如果乙可以行使债权人撤销权撤销甲丙合同，不能因此就说甲丙的合同是“可撤销合同”，因为可撤销合同专指存在重大误解、欺诈、胁迫、显失公平事由的合同。另外，撤销主体也不同：可撤销的合同是当事人撤，行使债权人撤销权是合同之外的第三人撤。

判断分析

1. 甲欠乙30万元到期后，乙多次催要未果。甲与丙结婚数日后即办理离婚手续，在《离婚协议书》中约定将甲婚前的一处住房赠与知悉甲欠乙债务的丙，并办理了所有权变更登记。乙认为甲侵害了自己的权益，聘请律师向法院起诉，请求撤销甲的赠与行为。下列哪些选项是正确的?（2017年第3卷第58题）

B. 如甲证明自己有稳定工资收入及汽车等财产可供还债，法院应驳回乙的诉讼请求【正确。债务人的不当处分行为未影响到债权实现，不能行使债权人撤销权】

C. 如法院认定乙的撤销权成立，则该赠与行为自始没有法律效力【正确】

2.A公司欠甲公司和乙公司各数百万元，均已到期，A公司名下仅有房屋1栋与汽车1辆可供执行。甲公司总经理找到A公司说："你公司的财产只够清偿我公司的欠款，不如与我公司签订抵押合同。"于是，A公司与甲公司就该房屋与汽车签订抵押合同。乙公司可主张撤销。（2019年仿真题）【错误。为自己的债务提供担保不属于债权人撤销权的适用情形】

主观题延伸拓展

案例：杨某欲购买新款iPhone13，向其好友小王借款1万元。杨某为追求小李，遂放弃了其对小李哥哥大李的8000元到期债权。杨某对小王的债务到期后，无法偿还借款。

问题1：小王能否请求法院撤销杨某放弃债权的行为?

问题2：当事人的地位应当如何列明?

答案1：能。杨某放弃债权的行为，影响债权人小王的债权实现，符合债权人撤销权的成立条件。法条依据为《民法典》第538条。

答案2：债权人小王是原告，债务人杨某和相对人大李为共同被告。法条依据为《合同编通则解释》第44条第1款。

KEEP AWAKE

第四章 债的消灭

【怎么考】本章常考的点是第三人代为履行和抵销，这两点需要理解；其他考查频率较低，记忆其中重要规则即可。

【怎么学】1. 注意第三人代为履行与相关概念的区分。

2. 抵销可以画时间轴梳理法律关系，同时注意新增内容。

债的消灭，指债权债务关系因一定的法律事实而终止。导致债消灭的原因包括清偿、抵销、提存、免除和混同五种。

一、清偿【清偿 B】

【情境案例】甲看中了一套三亚海景房，想买来退休后养老住，便与房屋所有人乙签订了房屋购买合同，合同签订后还未来得及付款和登记，房屋就被法院查封，乙的债权人丙申请拍卖房屋以实现自己的债权，此时甲果断出手替乙偿还其对丙的债务，就构成下面要学到的第三人代为履行。为啥甲要代替乙还钱？因为房屋一旦被拍卖，甲和乙的房屋买卖合同就难以实现，此时甲代乙还钱，就可以保住自己心仪的房子！

清偿，是指清偿人（债务人或第三人）向债权人全面而适当地履行债务，而使债务消灭的行为。

（一）第三人代为清偿（代为履行）

基于债（合同）的相对性，原则上只能由债务人向债权人清偿；满足以下条件，例外允许第三人代债务人清偿。

1. 构成要件

（1）债的性质允许第三人代为清偿。而竞业禁止协议产生的不作为债务、委托合同的债务等，是具有专属性的债务，只能由债务人亲自清偿。

（2）债务人不履行债务，第三人有代债务人清偿的意思。

【注意】对债务履行具有利害关系的第三人代为清偿，债权人无权拒绝。常见的有利害关系第三人包括：抵押物的受让人代债务人清偿债务、次承租人代承租人支付租金等。

甲欠乙200万元，丙以汽车抵押。若丙为了自己的汽车不被执行，提出替甲还款，丙就属于“有利害关系第三人代为清偿”。

2. 法律效果

（1）债权人和债务人之间：债权债务关系因第三人清偿而消灭。

（2）第三人和债务人之间：第三人代为清偿后，可以向债务人追偿。

（3）第三人履行有瑕疵的：①原则上由债务人承担违约责任（基于合同相对性，第三人不是合同相对人，不承担违约责任，由债务人承担）。②例外：第三人背着债务人，恶意清偿，债务人对此不知情，债务人无需承担违约责任。

甲公司对乙公司负有交付葡萄酒的合同义务，丙公司和乙公司约定，由丙公司代甲公司履行，甲公司对此全不知情，后丙公司并未按约交付葡萄酒。1. 乙公司应当向谁主张违约责任？丙公司。因为甲公司对丙公司履行不知情（你债权人自己找别人交货，货有问题找债务人承担责任，凭什么？）。2. 丙公司承担违约责任后，甲乙之间的债务消灭，丙公司是否可以向甲公司追偿？丙公司就代为清偿的债务可以向甲公司追偿，但承担的违约责任不能追偿。

3. 第三人代为清偿 VS 债务承担

二者的核心区分是：合同相对人换了没，由谁承担合同违约责任？第三人代为清偿，只是清偿，合同相对人是没变的，而债务承担是合同相对人直接换人了。

债务承担：债务人变更，第三人成为新的债务人，合同责任由第三人承担。

第三人代为清偿：第三人代为清偿债务，债务人未变，合同责任仍由原债务人承担。

例如：A 和 B 有买卖合同，A 给了钱，B 要交一批货，但最终是由 C 交的这批货。

如果是债务承担，B 转给 C 要经过 A 的同意，那么 AB 之间的买卖合同，要变成 AC 的，C 直接作为合同相对人，这批货有问题，C 直接承担违约责任，在免责的债务承担之下，B 无需承担合同责任。

如果是第三人代为履行，B 依然是合同相对人，依然要承担合同责任，B 的角色和责任没有任何变化（所以第三人代为履行无需 A 的同意），只是 C 来履行，C 也不是合同相对人，不需要承担合同责任。

【注意】免责的债务承担与第三人代为履行难以识别的情况下→推定为第三人代为履行（不轻易的放过原债务人）。

判断分析

甲公司把 A 市的物流业务承包给乙公司，乙公司与丙签订货运合同，后丙履行完合同，乙公司并未给付丙合同价款，丙便扣下了快递，甲公司为取回快递无奈之下给丙付了钱。下列说法正确的是？（2022 年仿真题）

A. 甲公司有权代为履行债务【正确。第三人甲公司不付钱无法拿回快递，对欠款支付具有利害关系，因此有权代为清偿】

C. 甲公司有权找乙公司要钱【正确。第三人代为清偿后可向债务人追偿】

（二）清偿抵充规则

1. 数笔债务：先还的是哪一笔？

甲欠乙数笔种类相同的债务，且甲的履行不足以清偿全部债务。此时，需要判断：甲的履行清偿的是数笔中的哪一笔？

约定＞债务人指定＞已到期债务＞缺乏担保 / 担保最少＞负担较重＞债务到期顺序＞债务比例。

例：甲先后向乙借款 4 笔，第一笔金额 6 万元，20 年 5 月 1 日到期；第二笔金额 8 万元，21 年 3 月

1 日到期，年利率为 10%；第三笔金额 10 万元，21 年 7 月 1 日到期，丙提供担保；第四笔金额 13 万元，21 年 8 月 1 日到期。21 年 7 月 3 日，甲向乙还款 20 万元，甲乙不存在清偿顺序的约定，且甲未指定。问：不考虑逾期利息，20 万元清偿顺序是什么？

答：由于当事人未约定且无债务人指定，第一步：先履行到期的第一、二、三笔借款，发现前三笔借款合计 24.8 万元，仍然不足以全部清偿，进入第二步；第二步：优先偿还到期的三笔借款中的第一、二笔缺乏担保的借款；由于第二笔负担较重（有利息），所以第二笔优先于第一笔。综上，清偿顺序为：第二笔本息共计 8.8 万元 + 第一笔 6 万元 > 剩下 5.2 万元清偿第三笔 10 万元中的 5.2 万元 > 第四笔未获清偿。

2. 一笔债务：先还的是哪一部分？

甲欠乙一笔债务，该笔债务由主债务（本金）、利息和实现债权产生的费用三部分组成。甲只履行了一部分，不足以清偿全部债务，那甲所清偿的是本金、利息、还是费用？

约定 > 费用 > 利息 > 本金。

判断分析

甲为创业，向朋友乙借钱，第一次借 20 万元，2017 年 4 月 1 日到期，年利率为 20%，有担保；第二次借款 20 万元，2017 年 5 月 1 日到期，年利率 6%，无担保。甲一直未还钱。2017 年 5 月 6 日，甲委托丙代自己向乙偿还第一笔借款，丙随即向乙转让 20 万元，丙转账时备注偿还的是第一笔借款。乙不同意，收到后表示归还的是第二笔借款，因此对丙代为偿还的是哪一笔借款，甲乙发生争执。对此，若不考虑借款已经产生的利息，下列表述正确的是？（2018 年仿真题）

A. 甲乙可于事后协商确定偿还的是哪一笔借款【正确。约定优先于债务人指定，事后约定也可溯及至还款之时】

B. 若甲乙不能于事后达成协议，应认定偿还的是第一笔借款【正确。当不能达成约定之时，以债务人指定为准】

（三）以物抵债

略，见担保部分第八章非典型担保。

二、抵销【抵销 D】

（一）抵销概述

抵销是指双方当事人互负债务时，互负的债务相抵而在对等数额内归于消灭。甲欠乙 100，乙欠甲 200，乙直接还甲 100 就行了。

抵销分为法定抵销和意定抵销，意定抵销即双方协商一致即可抵销债务，没什么特殊要求，只需要双方协商一致；而法定抵销则按照法律规定，可以直接行使抵销权（形成权），无需对方同意，单方就可以抵销；法定抵销需要满足一定的要求，考试考的也是法定抵销。

（二）法定抵销

1. 法定抵销构成要件

（1）双方互负债务。

（2）双方债务的标的物种类、品质相同。乙到期不还从甲处借来的彩电，于是甲也到期不还乙借给自己的手表。手表和彩电不是同类标的物，甲不能主张抵销。

不得抵销的债务包括：依照债的性质不得抵销（如给付养老金、退休金；侵害人身权益 / 故意或重大过失侵害财产权益【侵权人不得主张，被侵权人可以】【新增】）、当事人约定不得抵销。

（3）主动债权已到期。

例1：甲欠乙5000万元，2021年1月5日到期，该还钱；乙欠甲6000万元，2022年1月5日才到期。①主动债权的判断：谁提出抵销，谁的债权就是主动债权。若甲提出抵销，甲对乙的6000万元债权为主动债权；若乙提出抵销，乙对甲的5000万元债权为主动债权。②到期的判断：即债务履行期是否届满，债务人是否该还钱了。问：2021年1月6日，甲能否抵销？甲的6000万主动债权22年1月5日才到期，不能抵销。

【原理】法定抵销规则的底层逻辑是"时间利益"，如上述例子，甲欠乙5000万，现在就要还，乙欠甲的6000万，明年才需要还，还有一年的时间，如果严格按照合同约定履行，甲应该还乙5000万，乙拿着5000万存银行，一年利息5%可以获得250万，乙准备还给甲的6000万，存一年，5%利息也有300万，这一年乙就有250+300=550万的"时间利益"。但如果现在就抵销了，甲不用还钱给乙，乙虽然也不用还6000万给甲，只需要还1000万，但乙少了5000万存银行一年的"时间利益"。"时间利益"是可以放弃的，在这个例子里面，我们不允许甲来法定抵销（甲没有时间利益），只允许乙来法定抵销（乙的债权到期，乙有时间利益，乙可以放弃时间利益，主张抵销）。

【注意】诉讼时效届满的债权可以主张抵销，是否能抵销成功，要看债务人是否提出抗辩（关键在债务人是否愿意放弃诉讼时效利益）【新增】

例：甲欠乙5万元，2022年3月1日到期，乙欠甲4万元，2023年10月1日到期。2025年5月8日，乙的债权诉讼时效已届满，乙若向甲主张抵销，甲不提出抗辩，抵销成功，甲若提出抗辩，抵销失败。

2. 法定抵销权的行使及法律效果

（1）行使方式：抵销权是形成权，通知即可，无需对方同意。

（2）法律效果【新增】：①抵销通知到达对方时即生效，互负的主债务、利息、违约金或者损害赔偿金等在同等数额内消灭。

②不足以抵销全部债务+没有约定→按照实现债权费用＞利息＞主债务的顺序抵销（适用清偿抵充规则）。

判断分析

甲装修公司欠乙建材商场货款5万元，乙商场需付甲公司装修费5万元。现甲公司欠款已到期，乙商场欠费也已到期。甲公司可以装修费充抵货款。【正确。甲公司的债权作为主动债权已经到期，且两个债权均为金钱债务，即种类、品质相同，可以抵销】

三、提存【提存E】

提存，指因债权人原因而导致债务人难以履行债务，债务人可将履行债务的标的物交给提存部门以实现债的消灭。甲卖给乙100台空调，到交货时乙认为空调市场疲软，拒绝受领并要求甲退款。甲可以提存空调来履行债务。

提存的法律效果：

（1）对债权人：①承担标的物毁损、灭失的风险；②享有标的物孳息的所有权；③负担提存费用；④提存部门负妥善保管义务，保管不善致标的物毁损灭失，向债权人赔偿；⑤可以随时领取，自提存之日起5年内不领取权利消灭，提存物扣除提存费用归国家所有。

（2）对债务人：①自提存日起，债务人在提存范围内已经履行了债务；②需通知债权人。

判断分析

1. 甲公司与乙公司签订仓储合同，将一部分货物存在乙公司的仓库里面，后期限届满，甲公司一直没有提货，乙公司多次催促，但甲公司置之不理。乙公司无奈只好变卖仓库中的部分货物抵销仓储费用，并对剩下的货物进行了提存；五年后甲公司仍未领取。对此，下列说法正确的是？（2022年仿真题）

A. 乙公司有权提存货物【正确。由于甲公司无正当理由不提货，导致乙公司无法履行债务，乙公司可以提存】

B. 提存5年后甲公司未领取，货物归国家所有【正确】

C. 提存5年后甲公司未领取，货物归提存机构【错误】

D. 提存5年后甲公司未领取，提存机构有权先扣除提存费用【正确】

四、免除【免除E】

免除，是指债权人放弃自己的债权，免除债务人债务的行为。免除生效后，债务相应消灭。甲的法拉利被小乙刮蹭，甲来到小乙家要修理费，发现小乙家徒四壁，只有眼盲年迈的奶奶卧病在床，甲心软于是说："不用你赔了"，此谓免除，小乙的侵权之债消灭。

1. 债权人单方作出免除的意思表示到达即生效，无需债务人同意。但是，债务人在合理期限内，有权拒绝免除。甲欠乙钱，乙免除甲的债务，免除的意思表示已经生效；但甲拒绝免除，则甲继续还款。

2. 免除需向债务人或其代理人作出，否则不发生免除的效果。甲喝酒的时候吹牛说"乙欠我的5千万，我眼睛都不眨一下，送他了，这就叫格局，五千万都能送，你们这点几百万小生意，算个啥"，乙不在酒局，甲这番话不发生债务免除的效果。

判断分析

甲乙丙三人为好友，乙借给甲5000元，约定一年后还款。某日乙、丙单独吃饭时，乙对丙说："甲生活艰难，之前借给他的5000元，我就不要了。"乙没有委托丙转告甲此事。但丙第二天打电话告诉了甲此事，甲知道了未置可否。但乙从未向甲表达过该意思。借款期满后，乙请求甲返还5000元借款。对此下列选项表述正确的是？（2020年仿真题）

A. 因为未经甲同意，乙免除甲借款债务的意思表示未生效【错误。免除的意思表示到达债务人甲处就生效，不需要经过甲同意】

B. 因为甲未在合理期限内拒绝，乙免除甲借款债务的意思表示已经生效【错误。免除的意思表示必须由债权人对债务人作出，或债权人委托第三人对债务人作出，乙既未对甲作出，也没有委托丙对甲作出，意思表示不生效】

C. 甲无须偿还对乙的借款债务【错误。免除的意思表示未生效，债务人甲仍要还款】

D. 甲应当偿还对乙的借款债务【正确】

五、混同【混同 E】

1. 债的混同，是指债权和债务同归于一人，致使债的关系消灭的事实。

小甲 18 岁那年，甲父出借 500 万元给小甲创业，1 年后甲父离世，小甲继承甲父所有遗产，包括那 500 万元债权，构成混同，债权债务消灭。(债权人和债务人为同一人，还款失去意义。)

除了上例讲到的自然人继承，法人合并、债务人自债权人处受让其对自己的债权都会导致债的混同。

2. 物权也存在混同，如同一财产的所有权与担保物权归于一人，担保物权会消灭，除非担保物权存在仍有意义。

甲向乙借款，以 A 房屋为乙设定抵押权，后甲将 A 房屋卖给乙，乙同时拥有 A 房屋所有权和抵押权：

(1) 一般情况下，抵押权与所有权混同，抵押权消灭。

(2) 例外：接上例，甲为乙设定抵押权后，又以 A 房屋为丙设定抵押权，如认定乙的抵押权消灭，丙行使抵押权，相当于剥夺乙的优先顺位，乙的抵押权有存在的意义，故不消灭。

第五章 无因管理

【怎么考】本章可能单独考查，也常和其他章节结合（监护、侵权、物权等等），作为一个选项考查，问“是否构成无因管理”。

【怎么学】注意掌握每一个构成要件下面拓展的点，都是真题考点。

无因管理，是指在没有法定或约定的义务前提下，为避免他人利益受损，而自愿管理他人事务。管理他人事务的人叫管理人，被管理事务的人叫受益人。管理人因无因管理产生了必要费用、损失，可以要求受益人返还、适当补偿。无因管理的制度目的是适当界定“禁止干预他人事务”，同时鼓励助人为乐的善行。

一、无因管理之债的构成要件【无因管理的构成要件 B】

无因管理之债 = 管理他人事务 + 为他人利益 + 符合受益人明示或可推知的意思 + 无法定 / 约定义务 + 产生损失 / 必要费用。如甲母带着 2 岁的甲在小区中散步，突遇无人看管的恶犬攻击。清洁工乙见状，上前拿着自己的拖把将恶犬打晕，甲幸免于难。乙拖把断裂的损失可以请求甲母适当补偿。

1. 客观上，有管理他人事务的行为：

（1）不要求管理目的达成。如甲担心乙的房屋被台风刮倒，遂雇人用几根木桩支撑住乙的房屋，后房屋还是被台风刮倒，甲仍构成无因管理。

（2）管理行为只限于避免他人损失，不包括使他人获益。如甲擅自清洗了乙停在路边的车，要求乙支付洗车费，洗车行为并不是防止乙受损的行为（即使不洗车乙也没有损失），甲不构成无因管理。

（3）管理的应是特定人的事务（只要能找到具体的受益人主张无因管理之债即可）。如甲见门前马路下水道井盖被盗致路人跌伤，遂自购一井盖铺上，虽维护了不特定路人的利益，但是对下水道负有管理义务的还有市政公司这个可以找到的主体，同样受益，因此甲对市政公司成立无因管理。

2. 主观上，为他人利益：

（1）不要求完全为了他人，也可兼顾自己利益。如甲乙房屋相邻，甲见乙房屋起火，担心火势变大殃及自家，遂救火，仍构成无因管理。但完全为自己利益 / 不知道在管理他人事务，以为是自己事务而管理，都不构成无因管理。如甲捡到乙走丢的牛好生照料打算转手卖钱 / 误把乙的牛当做自己的牛来饲养，不构成无因管理。

（2）管理人应对受益人的身份、范围有可能的认知。如乙的房子由丙承租，另在 A 公司购买了火灾保险。一日起火，邻居甲救火。按照社会一般观念，应当认为甲对房主乙、实际居住的丙可以认知，但是对保险一般是不知情的，因此甲只对乙、丙构成无因管理，不能找A公司主张无因管理之债。

3. 管理事务要符合受益人明示或可推知的意思（否则叫不当管理），除非受益人的意思违背法律/公序良俗。

例1：乙在卖鱼，突发急事离开，隔壁摊贩甲将乙的鱼低价卖光，违背乙的意思，不构成无因管理。

例2：乙欠税不缴，甲代乙缴税/乙将妻子遗弃，甲为乙妻买药送饭，以上2例虽都违背乙本来的意思，但乙的本来意思违法/违背公序良俗，因此甲都仍构成无因管理。

4. 无法定/约定义务。

例1：甲委托乙看管房屋，乙请来丙为自己安装空调，见甲家空调老旧，担心落下砸到行人，遂请求丙将甲的空调拆掉。乙有看管房屋的约定义务，但是没有拆空调的义务，且拆卸空调违反了甲可推知的意思，所以不构成无因管理。

例2：甲（6周岁）是小童星，演出收入颇丰。甲的父母为保值，以甲的名义购买了一套商品房。甲的父母系甲的法定监护人，有法定的义务保护甲的民事权益，甲父母的行为不构成无因管理。

5. 有无因管理的行为，还需要因此产生了损失/必要费用，才会引起无因管理之债。如甲将邻居小汽车上的积雪清扫干净，并未产生任何损失/费用，不会产生无因管理之债。

【注意】无因管理是事实行为，对管理人没有行为能力的要求。6岁的甲救火、15岁的甲打车送同学去医院看病，都可以构成无因管理。

判断分析

1. 甲谎称自己是乙，以乙的名义向丙借款，借期一年，让丙将钱款打入其指定的账户，丙认为是借给乙且自己知道乙的银行卡号的情况下，为省事丙直接将钱款打入乙的账户。乙正好缺钱，收到丙的钱后对甲、丙表示感谢。甲的行为构成无因管理。（2019年仿真题）【错误。甲没有为乙利益的意思】

2. 钱某在修建自家房屋时，砖块不够，想要借用邻居赵某院子里的砖块，由于赵某不在家，于是钱某未经赵某同意便使用，等赵某回来再付钱。钱某构成无因管理。（2021年仿真题）【错误。钱某并未管理赵某事务】

二、无因管理的法律效果【无因管理的法律效果A】

1. 管理人可以请求受益人偿还必要费用（包含利息），适当补偿损失（因管理遭受的人身损害及财产损害）；管理人不可以请求受益人支付报酬。

例：甲承包西瓜园，收获季节突然病故。乙因联系不上甲家人，便主动为甲办理后事和照看西瓜园，并将西瓜卖出，获益5万元。另办理后事花费1万元、摘卖西瓜雇工费以及其他必要费用共5000元。乙认为自己应得劳务费5000元。乙应当扣除1.5万必要费用后，将3.5万西瓜价款返还甲的家人，劳务费不能主张。

2. 构成不当管理的（管理事务不符合受益人意思/未尽适当管理义务给管理人造成损失），管理人要承担赔偿责任；若受益人仍然因被管理而受益，仅在受益范围内对管理人承担必要费用和补偿损失。甲的西瓜成熟，有急事无法采摘，乙为了甲的利益采摘并出卖，乙在明知西瓜5元1斤的情况下，错以5角1斤的价格卖光，构成不当管理，乙对甲所受损失应当赔偿；同时乙在管理行为中如果产生了必要费用、损失，甲只在获得利益范围内承担。

3. 管理人有交付义务，即将管理事务取得的财产转交受益人。乙卖鱼时突发急事离开，隔壁摊贩甲擅自以高出原价 5 元 / 斤的价格替乙卖鱼，高出部分收益仍然要交回乙。

判断分析

1. 某日下暴雨，甲家门口的榕树被刮倒，砸进了旁边乙家院子，榕树的枝叶散落一地。邻居乙找人清理了榕树以及散落的树枝。乙有权请求甲支付清理树枝的费用。（2021 年仿真题）【正确。乙清理甲家的榕树，虽然兼顾自己利益但也是为了帮甲清理，构成无因管理，可以请求返还必要费用即清理费用】

2. 甲、乙在泳池游泳时，想测试救生员的救援速度，就游到离救生员最远的角落假装溺水。丙来参观游泳馆，见此，情急之下跳水救人，兜里的手机被泡坏。丙的行为构成无因管理，丙可以请求甲、乙适当补偿。（2020 年仿真题）【正确。虽然甲乙并未溺水，但丙救人的行为符合其可推知的意思，因此构成无因管理，造成的手机损失可以要求受益人甲乙适当补偿】

3. 外卖员张某在送外卖的时候遇到李某跳江自杀，将手机交给路人王某后奋不顾身跳入十米高的江里，落水时背部受伤。救人过程中，李某因挣扎反抗导致自己的手臂骨折，张某还是强行将李某救上岸。王某因围观太过紧张，不慎将张某的手机跌落导致屏幕摔碎。对此，以下哪一选项是正确的？（2023 年仿真题）

B. 张某背部损伤可向李某请求适当补偿【正确。张某没有义务，为了李某的利益管理李某的事务，虽违背李某的意思，但李某的真实意思违背公序良俗，因此张某构成无因管理，因此造成的人身损害可以请求李某适当补偿】

D. 张某手机摔坏可向李某请求赔偿【错误。管理人的财产损失可以请求受益人适当补偿，不是赔偿】

KEEP AWAKE

第六章 不当得利

【怎么考】本章常和其他章节结合，作为一个选项考查，问“是否构成不当得利”，也会考查需要返还的范围。

【怎么学】本章重在理解，自己要能判断是否构成不当得利；此外需记忆不构成的情形。

不当得利之债，是指没有法律根据，使他人利益受损而自己获益，受损人可以请求得利人返还该获益。不当得利旨在规范私法上无法律原因的财产变动，即去除不当得利，要把不当得利返还给有损失的人。

一、不当得利的构成要件【不当得利的构成要件 A】

1. 不当得利 = 一方取得利益 + 一方受到损失 + 有因果关系（一方的获益正是由于另一方的受损）+ 无法律根据

例 1：送奶人误将王某订的牛奶放入其邻居张某家的奶箱中，张某不明所以，取而喝之。张某对王某构成不当得利。

例 2：甲认识和自己长得很像的乙，知道其获得了劳动模范称号，便伪造乙的身份证冒领了证书和奖金，甲取得的证书和奖金构成不当得利。

（1）一方受到损失：如果只有人获益，无人受损，不构成不当得利。如小区房屋因建地铁而自然增值。

（2）取得利益无法律根据。常考情形：

①超过 LPR4 倍的约定利息（见合同分部分民间借贷合同一章）、中介员工跳单行为获得的报酬。

②合同无效、解除之后的已经给付但应当返还的合同债务。既可以基于合同无效 / 被解除要求返还，也可以主张不当得利返还，当事人自由选择。

例 1：甲与乙签订买卖合同，交货给乙后合同被认定无效，甲可以要求不当得利返还；

例 2：甲乙签订收养协议，甲支付 10 万元收养乙之子小乙，后小乙伤人，甲后悔，与乙协商解除收养协议，可要求返还 10 万元不当得利。

2. 不构成不当得利的情形（不能请求返还）

（1）基于道德义务的给付（因为符合社会一般道德观念）。如对无抚养义务的人进行抚养、以金钱接济贫苦朋友，不能请求不当得利返还。

（2）到期前的债务清偿。

（3）偿还诉讼时效经过的债务，即使债务人是不知情才偿还。（因为诉讼时效经过债务人仅仅获得抗辩权，并不意味债务消灭；且自愿还债法律是鼓励的，而且明文规定还债后不得后悔。）

（4）明知无给付义务的债务清偿（因为自愿处分权利）。甲未经乙同意给乙洗车，向乙索要洗车费。

甲为谋利，明知无义务仍为乙洗车，乙不构成不当得利。

（5）非法债务如赌债、收受的贿赂，由国家追缴，不进行不当得利返还。

判断分析

1. 甲欲买房，找到中介公司，签订了中介合同，约定买房后向中介公司支付2万元中介费。中介公司员工乙在网站上看到甲想要的房子，私下联系甲，带甲去看了丙的房子，并签订合同，乙仅收取甲5000元中介费。乙收取的5000元不构成不当得利。（2021年仿真题）【错误。乙收取的5000元费用属于私人中介费，是提取中介商机所得，没有法律依据，构成不当得利】

2. 甲谎称自己是乙，以乙的名义向丙借款，借期一年，让丙将钱款打入其指定的账户，丙认为是借给乙且自己知道乙的银行卡号的情况下，为省事丙直接将钱款打入乙的账户。乙正好缺钱，收到丙的钱后对甲、丙表示感谢。甲的行为使乙、丙间成立不当得利。（2019年仿真题）【错误。甲以乙的名义与丙订立借款合同，经过乙的追认，合同在乙丙间生效，故乙取得借款利益来源于有效的借款合同，具有法律上的原因，不构成不当得利】

二、不当得利的法律效果——请求返还【不当得利的法律效果 C】

1. 返还内容:（1）原物（2）原物产生的其他利益，如孳息（如利息）、使用利益、代位物（如补偿金、保险金）。

2. 返还不了或不能完全返还（如原物毁损灭失、消耗品已被使用）

善意得利人（不知自己获利是不当得利）	仅返还现存利益；不用赔偿
恶意得利人（知道自己获利是不当得利）	返还现存利益 + 不足部分应当赔偿
无偿受益第三人	得利人将得利无偿转让给第三人的，第三人在相应范围内承担返还义务

例1：甲的羊误入乙的羊群中，乙不知情，当做自己的羊喂养。首先乙不构成无因管理，因为没有为他人管理事务的意思，其次构成不当得利。若甲的羊被雷电劈中死亡。甲知道后，不能请求乙赔偿，因为乙是善意得利人。

例2：乙看着甲的羊误入自家的羊群，偷偷饲养，后甲的羊被雷电劈中死亡，甲可以请求乙赔偿，因为乙是恶意得利人。

例3：甲的羊误入乙的羊群，乙将该羊赠送给丙，甲知情后可以请求丙返还羊。

判断分析

1. 甲公司致电乙表示近期要给作为老客户的乙赠送礼品，乙让甲公司放到乙家门口，由乙的家人代收。乙的邻居丙网购了一台电脑，送货商丁送货的时候看错门牌号放在了乙的家门口，乙家人以为是甲公司赠送的礼物，遂收回家中。当晚，乙家发生大火，该电脑被焚毁。乙不承担赔偿责任。（2020年仿真题）【正确。乙的家人错拿了丙的电脑，构成不当得利，但善意的不当得利人仅返还现存利益，不赔偿损失】

2. 张某继承其父的一套房产，因张某长期在外地工作，打算出售房产，出售前将房屋内的一套红木家具无偿赠与李某，李某又以30万元的价格转让给收购旧家具的甲公司。后查明该家具是周某寄放在张某父亲处的。周某有权请求李某返还30万。（2024年仿真题）【正确。李某是善意的得利人，需要返还现存利益】

合 同

合同
合同概述
合同的概念与分类
合同相对性
合同成立
要约和要约邀请
要约（≈合同内容）
要约邀请（≠合同内容）
要约生效、撤回、撤销、失效
承诺
构成要件
承诺生效、撤回
缔约过失责任
构成要件、赔偿范围
合同成立的时间与地点
悬赏广告
合同的内容与履行
合同的内容
漏洞填补规则、格式条款
双务合同的履行抗辩权
同时履行抗辩权
先履行抗辩权（顺序履行抗辩权）
不安履行抗辩权
合同变更与解除
合同变更
合同解除
合同解除的后果（解除了会怎样？）
合同解除的事由与情形（哪些情形有解除权？）
合同解除权的行使（怎么去解除？）
违约责任
违约责任的成立
违约责任的承担方式
继续履行
采取补救措施
补偿性损害赔偿
惩罚性损害赔偿
违约金
定金
买卖合同
买卖合同中的风险负担转移
几种特殊的买卖
动产所有权保留买卖合同、分期付款买卖合同、试用买卖、商品房买卖合同
租赁合同
租赁合同的成立
无效的租赁合同
出租人与承租人义务
转租
买卖不破租赁
房屋租赁的特有问题
房屋承租人的优先购买权
房屋承租人的优先承租权
房屋租赁合同中的法定承受
一房数租
房屋装饰装修费用的处理
租赁合同的法定解除权

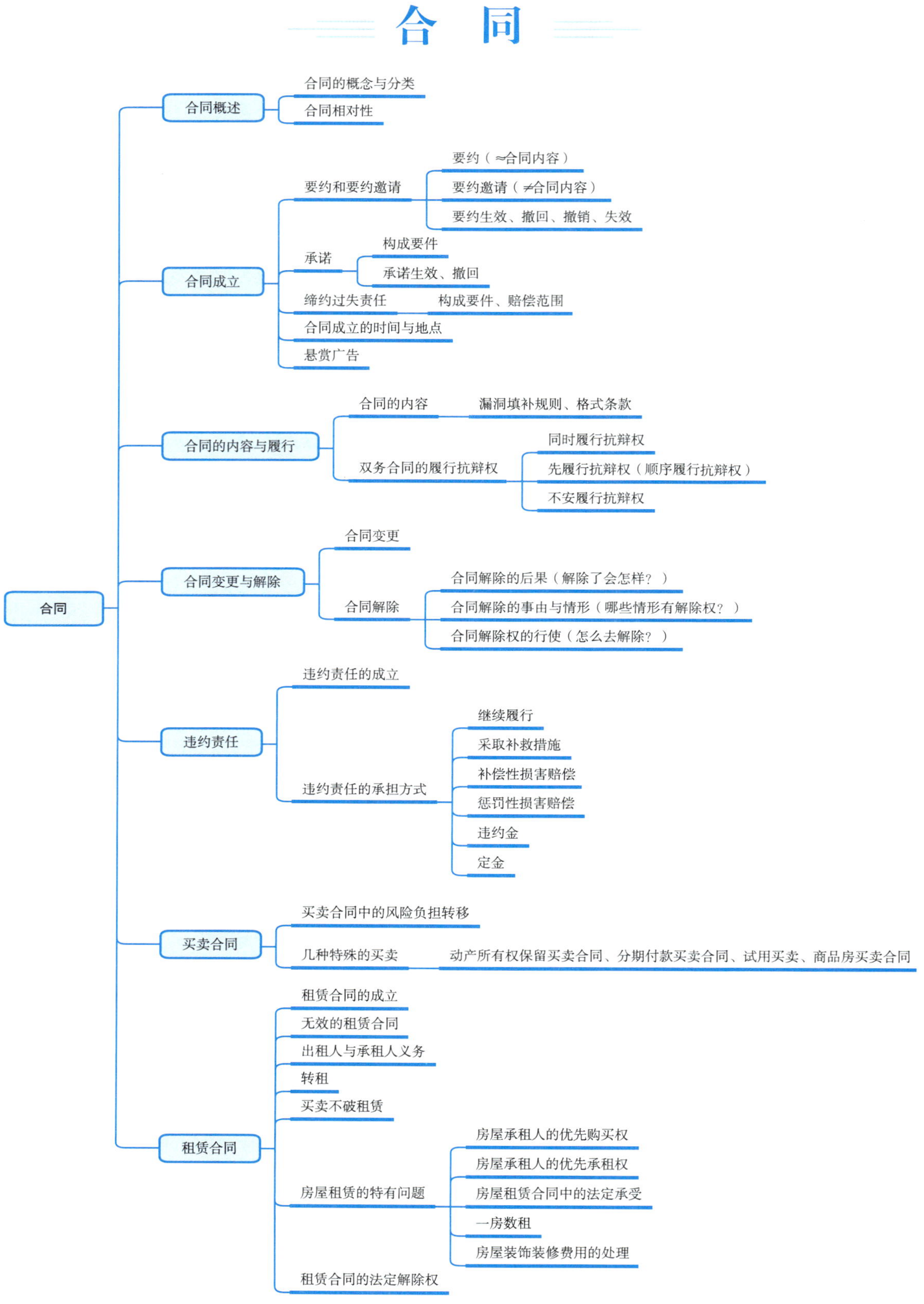

合同总

KEEP AWAKE

第一章 合同概述【客+主】

【怎么考】合同的分类：案情描述一个合同，问是什么类型的合同；合同相对性：考查签了合同谁找谁履行、担责，往往案情是涉及第三人的合同。

【怎么学】简单了解几个重要的合同分类。理解合同相对性，把握住原则，记忆常考例外情形即可。

一、合同的概念与分类【合同的概念与分类（预约）C】

（一）概念

合同是平等民事主体之间设立、变更、终止民事法律关系的协议。

婚姻、收养、监护等有关身份关系的协议，适用有关该身份关系的法律规定；没有规定的，可以根据其性质参照适用合同编规定。

（二）分类

1. 有名合同与无名合同（法律是否赋予名称并规定内容）：

有名合同	由法律规定其内容，并赋予一定名称的合同，合同编第二分编规定了 19 种有名合同，如买卖合同、租赁合同等
无名合同	1. 法律未规定其内容，也未赋予一定名称的合同，如教育培训合同、借用合同等 2. 无名合同适用合同编通则的规定，并可以参照适用合同编或者其他法律最类似合同的规定

2. 预约与本约（两个合同是否有手段、目的关系）：

预约	1. 约定将来订立一定合同的合同，如认购书、订购书、预订书等 2. 不履行预约合同的，对方可以请求承担预约合同的违约责任，但不能请求实际履行而强制订立本约（因为订立合同的基础是意思自治）
本约	因履行预约而订立的合同。合同主要内容达成合意，没说将来订立合同，是本约【新增】

3. 单务合同与双务合同（双方是否互负对待给付义务）：

单务合同	仅一方负担债务的合同，如赠与合同、保证合同、借用合同等
双务合同	双方互负对待给付义务的合同，如买卖合同、租赁合同等
区分意义	只有双务合同才发生履行抗辩权问题，单务合同不发生

4. 有偿合同与无偿合同（当事人取得利益是否需支付相应代价）：

有偿合同	一方享有合同利益须支付代价的合同，如买卖合同、租赁合同等
无偿合同	一方享有合同利益无须支付代价的合同，如赠与合同、保证合同等
区分意义	注意义务程度不同。无偿合同的注意义务较轻，有偿合同的注意义务较重。如保管人保管不善致保管物毁损灭失，若为有偿保管，应赔偿；若为无偿保管，有故意或重大过失才赔偿

5. 诺成合同与实践合同（合同成立是否需要物的交付）：

诺成合同	意思表示一致即可成立的合同，如买卖合同、赠与合同等
实践合同	除意思表示一致外，还需以物的交付为成立要件的合同。如①定金合同、②借用合同、③保管合同、④自然人间的借贷合同
区分意义	诺成合同中，不交付物，承担违约责任；实践合同中，不交付物，合同未成立，承担缔约过失责任，谈不上违约责任

6. 要式合同与不要式合同（合同成立是否需要具备一定的形式）：

要式合同	法律或当事人要求必须具备一定形式的合同，如担保合同要书面（抵押合同 / 质押合同 / 保证合同）
不要式合同	法律或当事人不要求必须具备一定形式的合同，如买卖合同等，可口头

判断分析

1. 李某与鲁某订立预租合同约定："李某与鲁某一个月后按市场租金价格的120%订立正式租赁合同。"一个月后，李某一直拒绝鲁某订立正式房屋租赁合同。对此，下列表述正确的是？（2021年仿真题）

A. 鲁某有权诉请李某履行订立正式租赁合同的义务【错误。题干中的预租合同约定将来签订正式租赁合同，因此属于预约合同，不能请求继续履行，因为等于强制对方缔约】

D. 鲁某有权请求李某承担违约损害赔偿【正确。预约合同同样是合同，可以请求违约方承担除了继续履行之外的违约责任】

2. 甲公司向乙公司借款30万元用于购买一设备，借期3个月，丙公司以其车辆提供担保。借款到期后，甲公司无力清偿，与乙公司签订了以物抵债的协议。后甲公司与丁公司签订了买卖合同，并约定甲公司应于合同签订后2日内交付2万元定金。上述哪个行为属于实践行为？（2022年仿真题）

A. 借款合同【错误。甲公司与乙公司之间的借款行为不是自然人之间的借款，不属于实践行为】

B. 定金合同【正确】

C. 以物抵债协议【错误】

D. 车辆担保【错误】

（三）法律行为、合同、债的关系

合同是一种法律行为，合同也是一种债，但债和法律行为不仅仅只有合同，还有其他的，逻辑上如下图。

法律行为　合同　债

抛弃所有权、订立遗嘱、追认、撤销等

侵权、无因管理、不当得利

其实合同、债、法律行为是从三个不同的角度来看，三者的关系如下图：

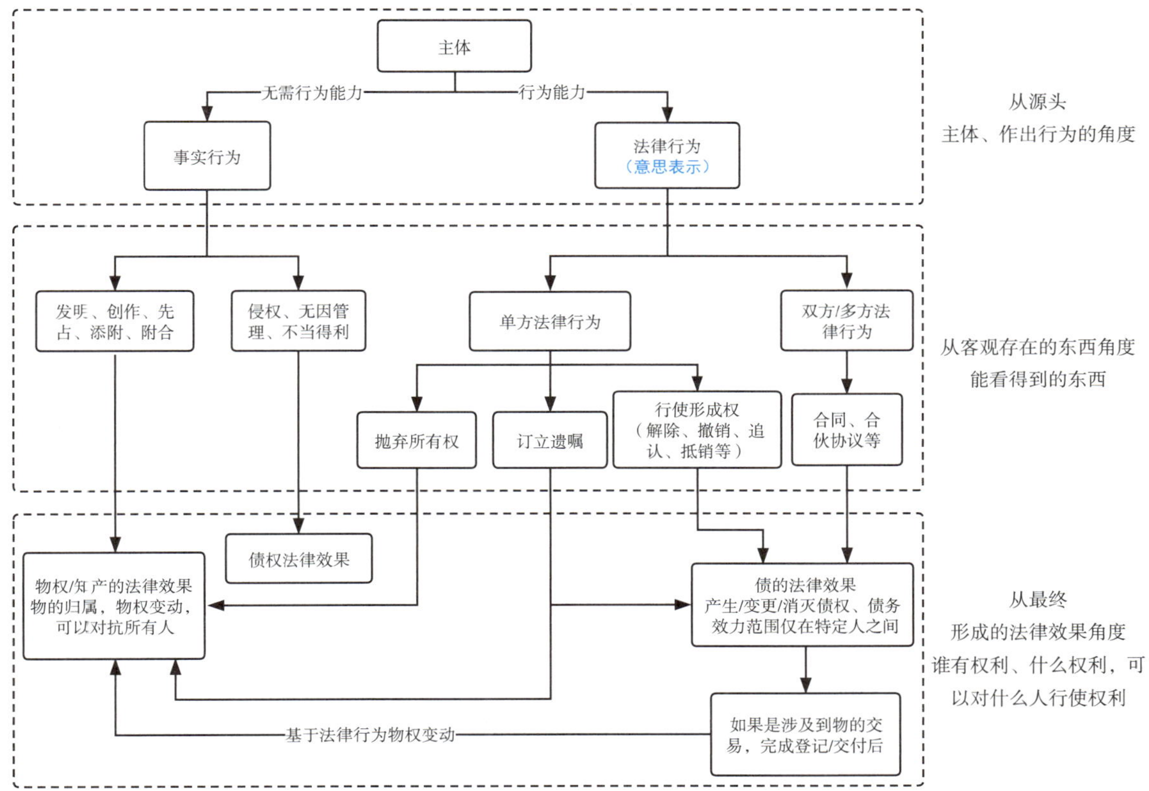

总结：

民事主体作出的行为中，有意思表示（需要行为能力）的就是法律行为。

双方作出意思表示（法律行为），并且一致之后，形成的契约，就是合同。

有了合同之后，就产生债权、债务的法律效果，约束合同相对人。

合同是一种法律行为，因此合同符合法律行为的特征，需要考虑行为能力、意思表示，也适用法律行为的规则，之前总则学的法律行为的效力章节，也完全可以用于判断合同效力。

合同是一种债，因此合同也符合债的特征，只在特定的人之间生效，要遵循相对性。

二、合同相对性【合同相对性 B】

法条群

《民法典》第三编合同 第一分编通则 第一章一般规定

第四百六十五条【合同的相对性】依法成立的合同，受法律保护。

依法成立的合同，仅对当事人具有法律约束力，但是法律另有规定的除外。

【情境案例】甲欠乙 20 万元，到期无力清偿，乙可以起诉甲的儿子小甲要求父债子偿吗？

（一）相对性为原则

合同相对性，指合同仅对当事人有约束力，即只能请求合同相对方履行、承担违约责任[①]。即使合同履行涉及第三人：

1. 向第三人履行的合同：债务人未履行，向债权人担责。甲向乙定作一件玉器，作为好友丙的生日礼物。甲指示乙直接交给丙。后送货中玉器碰坏。乙应当向甲（而非丙）承担违约责任。

2. 由第三人履行的合同：第三人未履行，由债务人担责。接上例，乙制作完成玉器后，委托丁向丙送货，丁送货中将玉器碰坏。甲应当向乙（而非丁）主张违约责任。

3. 因第三人违约：由债务人担责（担责后可找第三人追偿）。接上例，乙向甲担责后，向丁主张货运合同的违约责任。丁说："我正常开车，被不当驾驶的戊追尾，玉器才会碰坏"。乙应当找丁（而非戊）主张违约责任。

（二）例外：相对性的突破

合同相对性的突破：在法律另有规定的情形下，合同效力可以及于当事人之外的第三人，即第三人可以主张合同权利，或需要承担违约责任。

常考的合同相对性的突破情形：

1. 真正利益第三人合同：向第三人履行的合同 + 法律规定 / 当事人约定第三人可以直接请求债务人向其履行债务。【新增】

（1）第三人只是取得请求权，可以请求债务人履行：

①债务人不履行→第三人可以要求债务人承担继续履行、赔偿损失等违约责任；债务人对债权人的抗辩可以向第三人主张。

②债务人履行但第三人拒绝受领→债权人可以请求向自己履行。拒绝受领造成的损失，债权人承担。因为第三人只享有利益。

（2）第三人只是取得请求权，撤销权、解除权等决定合同命运的权利第三人不享有，依然归债权人。合同被撤销、解除后，债务人只能找债权人返还，因为第三人只享有利益。

2. 债权人代位权和撤销权（详见债编第 3 章）

3. 买卖不破租赁（详见合同分编第 2 章）

4. 建设工程施工合同（详见合同分编第 6 章）

① 合同是一把因签订合同各方意思自治而产生的"锁"，只能"锁住"贡献了意思自治的合同内的人，无法"锁住"合同外的人。

判断分析

1.8 月 5 日，A 公司法定代表人甲向其朋友乙出具借条载明："A 公司今借到乙 1000 万元，月息 1%，用于支付 A 公司对 B 公司的工程款。"乙按照与甲的约定直接将该款项打入 B 公司的账户。乙于 8 月 6 日向 B 公司账户转入的 1000 万元于 8 月 7 日到达 B 公司账户。若借款到期未偿还，乙只有权请求 A 公司偿还。（2019 年仿真题）【正确。借款合同仅在 A 公司与乙之间成立，乙无权请求合同外的第三人 B 公司偿还】

2. 甲公司致电乙表示近期要给作为老客户的乙赠送礼品，乙让甲公司放到乙家门口，由乙的家人代收。乙的邻居丙网购了一台电脑，送货商丁送货的时候看错门牌号放在了乙的家门口，乙家人以为是甲公司赠送的礼物，遂收回家中。当晚，乙家发生大火，该电脑被焚毁。丙可以要求甲公司把给乙的礼品作为对自己的补偿。（2020 年仿真题）【错误。根据"合同相对性"原理，丙只能请求出卖人承担违约责任，而无权请求甲公司把给乙的礼品作为对自己的补偿。】

主观题延伸拓展

案例：2014 年 3 月 20 日，A 公司进口一辆宾利汽车。同年 6 月 24 日，杨某与 B 公司签订销售合同，约定 B 公司向杨某销售宾利汽车一台。B 公司随后从 A 公司购入前述进口宾利汽车。一周后，该车辆运抵 B 公司，B 公司检查时发现车辆有漆面损伤，通过抛光打蜡清除了漆面损伤。杨某得知车辆运抵后，便到 B 公司处请求交付车辆，但 B 公司却称因 A 公司交付的车辆存在问题，无法履行销售合同。杨某要求 B 公司返还购车款，且 A 公司对此承担连带责任。一审法院判决 A 公司不承担连带责任。

问题：一审法院判决 A 公司不承担连带责任，是否正确？为什么？

答案：正确。基于合同相对性，销售合同当事人是杨某和 B 公司，杨某不得要求第三人 A 公司履行合同义务。法条依据为《民法典》第 465 条第 2 款。

KEEP AWAKE

第二章 合同成立【客＋主】

【怎么考】1. 要约、承诺：可能直接问合同成立了没，也可能问行为人作的意思表示是要约还是承诺，即考查定性；

2. 缔约过失责任：问是否构成缔约过失或者赔偿的范围。

【怎么学】重在理解和区分要约邀请、要约、承诺，以及理解它们在缔约过程中的关系，章前体系图很重要。

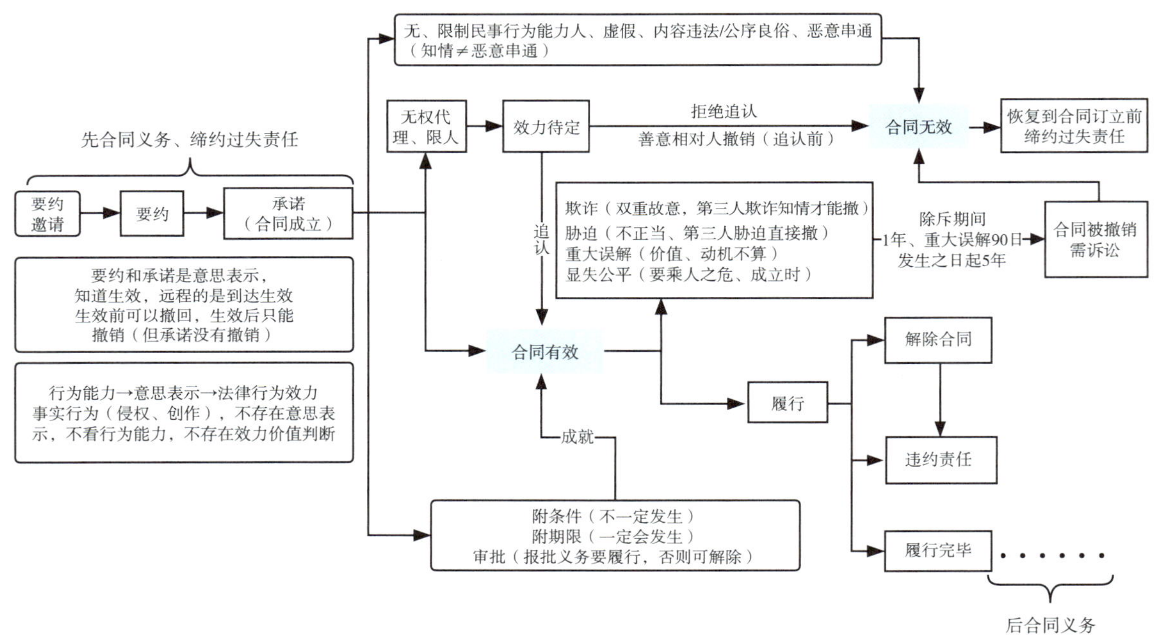

一、要约和要约邀请【要约和承诺 C】

法条群

《最高人民法院关于审理商品房买卖合同纠纷案件适用法律若干问题的解释》

【商品房广告定性】商品房的销售广告和宣传资料为要约邀请，但是出卖人就商品房开发规划范围内的房屋及相关设施所作的说明和允诺具体确定，并对商品房买卖合同的订立以及房屋价格的确定有重大影响的，构成要约。该说明和允诺即使未载入商品房买卖合同，亦应当为合同内容，当事人违反的，应当承担违约责任。

（一）要约（≈合同内容）

要约：要约人向受要约人作出的、希望和他人订立合同的意思表示。卖西瓜的摊贩在你路过时冲你吆喝：西瓜 5 块钱一斤啦，又甜又沙。此为要约。

1. 向希望与之订立合同的受要约人作出。受要约人可以特定，也可以不特定，如自动售货机、悬赏广告等。

2. 具有订立合同的目的并表明一经承诺即受拘束的意思。如果是在考虑就没有受拘束的意思。例：甲对乙说："我最近考虑将房子以 100 万元的价格卖给你。"甲表明自己尚在考虑中，没有一经承诺即受拘束的意思，故不构成要约。

3. 内容具体且确定：

（1）具体：必须包含合同的主要条款（当事人名称或者姓名、标的和数量）。

（2）确定：内容明确，而非含糊不清。

（二）要约邀请（≠合同内容）

要约邀请：希望他人向自己发出要约的表示。常见的要约邀请形式，如拍卖公告、招标公告、招股说明书、寄送的价目表、商业广告和宣传等。

1. 不是要约，不能作为合同内容。

2. 商品房的销售广告和宣传资料原则上属于要约邀请，但若同时符合下列 3 个条件，则为要约：

（1）房屋承诺：广告和宣传资料说明和允诺的对象是商品房开发规划范围内的"房屋"及"相关设施"。

（2）具体确定：所作的说明和允诺"具体确定"。

例：建设大面积绿化不叫具体确定，但是如果是建设 1000 ㎡的花园就具体确定。

（3）重大影响：该说明和允诺对商品房买卖"合同的订立"以及房屋"价格的确定"有重大影响。

【区分】判断是要约还是要约邀请核心看内容是否具体确定以及是否有受拘束的意思。两者都满足则为要约，否则是要约邀请。

例 1：甲在学校旁边吆喝"卖糖葫芦了，卖糖葫芦了。"内容不具体确定，不是要约，是要约邀请。

例 2：甲在学校旁边吆喝"5 元一根糖葫芦，快来买哟。"内容具体确定，且有受拘束的意思，是要约。

判断分析

1. 甲房产公司在交给购房人张某的某小区平面图和项目说明书中都标明有一个健身馆。张某看中小区健身方便，决定购买一套商品房并与甲公司签订购房合同。张某接房时发现小区没有健身馆。甲公司的宣传资料为要约邀请。【错误。该宣传资料中的健身馆在平面图和项目说明书中，属于在开发范围内的附属设施，且对健身馆的允诺具体明确，对合同订立产生重大影响，应定性为商品房买卖合同的要约】

2. 陈某在校内的二手平台上发布出售自行车的信息，标价 1000 元，附上发票照片和自行车照片并附言"仅此一辆，诚心出售，先到先得"。该信息属于要约邀请。（2023 年仿真题）【错误。陈某在二手平台上发布的信息内容具体确定，且能够体现要约人愿意受该意思表示的约束，构成要约】

（三）要约生效、撤回、撤销、失效

1. 生效（要约就是意思表示，故同总则编“意思表示的生效”）

2. 撤回和撤销

撤回（还没生效，阻止其生效）：要约生效前作出，撤回通知应当先于 / 与要约同时到达受要约人。

撤销（已经生效，让其失效）：承诺前作出，撤销通知应当在受要约人作出承诺前到达受要约人。

不得撤销的要约：①要约人确定了承诺期限；②要约人明示要约不可撤销；③受要约人有理由认为不可撤销 + 做了合理履约准备。

3. 失效

（1）要约依法被撤销。

（2）要约被拒绝。

（3）承诺期限届满，受要约人未作出承诺。

（4）受要约人对要约的内容作出实质性变更（详见后文承诺部分）。

判断分析

甲公司于 6 月 10 日向乙公司发出要约订购一批红木，要求乙公司于 6 月 15 日前答复。6 月 12 日，甲公司欲改向丙公司订购红木，遂向乙公司发出撤销要约的信件，于 6 月 14 日到达乙公司。而 6 月 13 日，甲公司收到乙公司的回复，乙公司表示红木缺货，问甲公司能否用杉木代替。甲公司的要约于 6 月 13 日失效。（2008 年第 3 卷第 6 题）【正确。受要约人乙公司对要约作出实质性变更，要约失效】

二、承诺【要约和承诺 C】

（一）构成要件

承诺是受要约人同意要约的意思表示。

1. 承诺只能由受要约人作出。

例：甲在学校旁边吆喝并询问乙“5 元一根糖葫芦。乙你买不买？”这是要约，则此要约的承诺只能由受要约人乙作出。

2. 承诺的内容应当与要约的内容一致。

（1）如果承诺对要约作出实质性变更（标的、数量、质量、价款或者报酬、履行期限、履行地点和方式、违约责任和解决争议方法等），构成新要约。

例：甲对乙说：“5 元一根糖葫芦。”乙说：“3 元行不行？”对价格的变更是实质性变更，为新要约。

（2）如果承诺对要约作出非实质性变更，承诺有效。除非要约人及时表示反对或要约明确表明不能变更。

3. 承诺必须在承诺期限内到达要约人。

（1）期限的确定：要约到达开始计算承诺期限。期限为要约确定的期限＞即时（对话方式）、合理期限（非对话方式）

（2）承诺迟延

①承诺期间届满后才发出承诺，不构成承诺，是一个新要约。除非要约人及时通知承诺有效；

②承诺期内发出承诺，但因其他原因致使承诺逾期到达要约人，承诺有效，除非要约人及时通知受要约人不接受该承诺。

（二）承诺生效、撤回

1. 生效（同意思表示的生效）

2. 撤回（阻止生效）

（1）时间点：承诺作出后到达前。

（2）方式：撤回通知应先于承诺到达或同时到达要约人。

（3）效果：承诺确定不生效，合同不成立。

3. 承诺不能撤销，因为承诺一旦到达，合同即成立。

【总结】要约与承诺

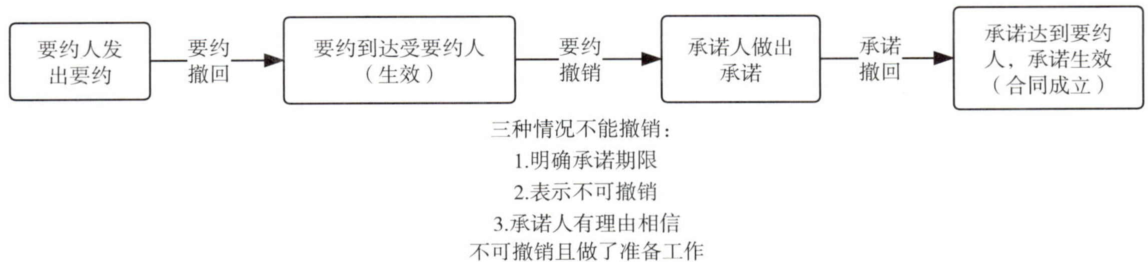

通过下面保证合同的例子，来理解要约和承诺订立合同的过程：

甲向乙借款 11 万元，借期一年，丙提供保证，保证期间一年。丙在借款合同的保证人一栏签字，甲将合同交给乙后，乙改主意要将借款期限和保证期限均延长至两年，甲同意，丙没有同意，甲乙签字，乙交付借款。

1. 借款合同：甲将借款合同交给乙（要约）→乙将借款期限延长至两年（对要约的实质性变更，新要约）→甲同意并签字（承诺）→借款合同成立（当然自然人间借款合同还需交付借款这一特殊要件才成立）。

2. 保证合同：甲将有丙作为保证人签字的合同交给乙（要约）→乙将保证期限延长至两年（对要约的实质性变更，新要约）→丙没有同意（未作出承诺）→保证合同未成立→无需承担保证责任。

判断分析

甲和乙在食堂就餐时闲聊，甲说想把自己的燃油车以 8 万元卖掉然后换新能源汽车，丙听到此话便向甲表示愿以 8 万元购买甲的车，但甲丙关系不好，甲不想卖给丙，就口头表示自己再考虑一下。三天后，丙拟好了购车合同找甲签署，甲拒绝。对此，下列说法正确的是？（2023 年仿真题）

A. 甲表示打算卖掉自己的燃油车构成要约【错误。甲在闲聊，没有受拘束的意思】

B. 丙表示愿意购买甲的燃油车构成要约【正确】

C. 甲口头答应考虑考虑构成承诺【错误。甲并无决定与丙订立合同的意思】

D. 丙拟好购车合同构成承诺【错误。承诺只能由受要约人甲作出】

三、缔约过失责任【缔约过失责任 C】

法条群

《民法典》第三编合同 第一分编通则 第二章合同的订立

第五百条【缔约过失】当事人在订立合同过程中有下列情形之一，造成对方损失的，应当承担赔偿责任：

（一）假借订立合同，恶意进行磋商；

（二）故意隐瞒与订立合同有关的重要事实或者提供虚假情况；

（三）有其他违背诚信原则的行为。

第五百零一条【保密义务】当事人在订立合同过程中知悉的商业秘密或者其他应当保密的信息，无论合同是否成立，不得泄露或者不正当地使用；泄露、不正当地使用该商业秘密或者信息，造成对方损失的，应当承担赔偿责任。

（一）构成要件

1. 适用阶段：合同不成立、合同成立未生效、合同无效、合同被撤销、合同未被追认等场合【“约”有问题，无法用违约责任，就用缔约过失责任】。

【注意】合同有效，履行过程中违约，承担的是违约责任。

2. 一方在缔约过程中违反基于诚实信用原则的先合同义务，如：

（1）假借订立合同，恶意进行磋商；

（2）故意隐瞒与订立合同有关的重要事实或提供虚假情况；

（3）泄露或不正当使用对方商业秘密或其他应当保密的信息。

【注意】缔约过失责任也有相对性：谁缔约，谁承担。

3. 缔约过失方有过错。

4. 另一方因此受到损失。

（二）赔偿范围

1. 缔约费用（如谈判费用）及利息；

2. 为准备履行合同所支出的合理费用及利息；

3. 丧失与第三人订立合同的机会所遭受的损失。

【注意】当事人所承担的缔约过失责任不应超过合同履行后可以获得的利益。

例：受丙公司指使，甲公司假意与乙公司协商购买乙公司建材事宜，这批建材市价 90 万，甲公司故意提高报价到 110 万促使乙公司放弃与丁公司以 100 万交易的机会，期间乙公司为了方便磋商，派团队特地赶往甲公司所在地花费差旅费 4000 元，并且为发货做准备将一批建材储存至码头仓库，花费仓储费 2 万元。后甲公司以公司战略调整为由放弃与乙公司缔约。问乙公司可以请求甲公司承担何种责任？范围如何？

答：乙公司可以请求甲公司承担缔约过失责任，包括差旅费 4000 元及利息（缔约费用及利息）、仓储费 2 万元及利息（为准备履行合同所支出的合理费用及利息）、与丁公司缔约可获得的利润 10 万（丧失与第三人订立合同的机会所遭受的损失），共计 124000 元。

4. 缔约过失责任和违约责任赔偿范围的区别：

缔约过失责任是“无效的合同”，自然就不需要去履行（不存在违约一说），因此赔偿的损失主要是：缔约的谈判费用，准备履行的费用、错失交易机会的损失。

违约责任是“有效的合同”，在履行过程中，没有按照合同约定的内容去履行（违约），因此赔偿的损失主要是：没有履行给对方造成的实际损失，以及如果按约定履行了，对方可以获得的预期利益。这些损失可以提前预估好，写在合同里，称为违约金条款，所以违约责任可以适用违约金，而缔约过失责任不存在违约这一说，所以自然不能适用违约金条款。

判断分析

德凯公司拟为新三板上市造势，在无真实交易意图的情况下，短期内以业务合作为由邀请多家公司来其主要办公地点洽谈。其中，真诚公司安排授权代表往返十余次，每次都准备了详尽可操作的合作方案，德凯公司佯装感兴趣并屡次表达将签署合同的意愿，但均在最后一刻推脱拒签。期间，德凯公司还将知悉的真诚公司的部分商业秘密不当泄露。对此，下列哪一说法是正确的？（2017年第3卷第12题）

A. 虽未缔结合同，但德凯公司构成恶意磋商，应赔偿损失【正确】

B. 未缔结合同，则商业秘密属于真诚公司自愿披露，不应禁止外泄【错误。当事人在订立合同过程中知悉的商业秘密，不得泄露或者不正当地使用】

四、合同成立的时间与地点【合同成立的时间与地点E】

（一）时间

1. 原则：承诺生效时，合同成立。

2. 特殊情形：

（1）合同书：约定或法定以书面形式订立合同的，自当事人均在合同书上签名、盖章或按手印时，合同成立。

【注意】未书面或未完成签字、盖章、按手印，但一方已履行主要义务，对方接受的，合同成立。

（2）确认书：当事人采用信件、数据电文等形式订立合同，要求签订确认书的，签订确认书时，合同成立。

（3）互联网：对方选择该商品或者服务并提交订单成功时，合同成立，但当事人另有约定的除外。

（二）地点

【判断合同成立地的意义】与民事诉讼法结合考查，确定合同案件由哪一地法院管辖。合同纠纷的当事人可以书面协议选择合同成立地等与争议有实际联系的人民法院管辖。

有约从约，没有约定则承诺生效的地点为合同成立的地点。书面合同以最后一方签字、盖章、按手印的地点为合同成立地。

判断分析

1. 张某和李某采用书面形式签订一份买卖合同，双方在甲地谈妥合同的主要条款，张某于乙地在合同上签字，李某于丙地在合同上摁了手印，合同在丁地履行。该合同在丙地成立。（2010年第3卷第11题）【正确。李某为最后按指印的合同当事人，故该合同在丙地成立】

2. 方某、李某、刘某和张某签订借款合同，约定："方某向李某借款100万元，刘某提供房屋抵押，张某提供保证。"除李某外其他人都签了字。刘某先把房本交给了李某，承诺过几天再作抵押登记。李某交付100万元后，方某到期未还款。借款合同未成立。（2015年第3卷第13题）【错误。李某虽未签字但已履行了主要义务，借款合同成立有效】

五、悬赏广告【悬赏广告 E】

悬赏广告：悬赏人以公开方式声明对完成特定行为的人给付报酬的行为。

1. 关于悬赏广告的定性有争议：

（1）要约说；（2）单方允诺说。

考试建议：客观题选要约，主观题观点展示 2 个都写。

2. 法律后果：（1）相对人完成指定行为，悬赏人应当按照广告内容给付报酬；（2）遗失人发布悬赏广告又不支付报酬的，拾得人不得因此对遗失物行使留置权（占有遗失物与请求悬赏报酬不是基于同一法律关系）。

主观题延伸拓展

案例： 丁代表公司去跟乙公司签约，将车停放在“枫叶”写字楼的停车场车位上，停车场的一棵大树因被大风刮倒，将丁的车砸坏。此意外还导致丁与乙公司未签约，造成乙公司损失 5000 万元。

问题： 乙公司就因此未能签订合同所遭受的 5000 万元损失是否可以向丁主张缔约过失责任？

答案： 乙公司不能向丁主张赔偿。丁没有违反诚实信用原则，因此不构成缔约过失责任。法条依据为《民法典》第 500 条、501 条。

KEEP AWAKE

第三章 合同的内容与履行【客+主】

【怎么考】1. 常考是否能行使履行抗辩权及法律后果。

2. 考查无效的格式条款。

【怎么学】1. 需要记忆三类履行抗辩权的区分、构成要件和法律后果，它们很多内容是一致的，只要记住不一样的就行。

2. 认定无效的格式条款，需要在记忆情形的基础上，多做题培养题感。

3. 漏洞填补规则只简单记忆履行期限的规则即可。

第一节 合同的内容

1. 根据意思自治原则，合同的内容原则上可以由当事人自由约定，但特殊情况下法律会对合同的内容进行限制：

（1）合同内容违反法律、行政法规的效力性强制性规定，违背公序良俗，无效。

（2）不让约定只能法定的内容，约定了也无效——如物权法定原则。

（3）未与对方协商、预先拟定的条款，若对对方不公，可能无效——格式条款规则。

2. 合同包含必要条款（当事人、标的和数量）和非必要条款（价款、履行方式、履行时间和地点、解决争议条款等等），其中必要条款缺失，合同不成立；非必要条款可以没有，若因缺失或不明引起争议的，补充即可，怎么补——合同漏洞填补规则。

一、漏洞填补规则【合同漏洞的补充 E】

合同漏洞的填补按下列顺序进行：

协议补充＞合同相关条款、交易习惯＞如下规则[1]：

1. 履行期限不明确：债务人可以随时履行，债权人也可以随时请求履行，但是应当给对方必要的准备时间。

2. 履行费用负担不明：由履行义务一方负担；因债权人原因增加的履行费用，由债权人负担。

① 此外关于合同履行地点的漏洞填补规则一般仅涉及民诉，因此见民诉管辖章节。

二、格式条款【格式条款的特别规制 C】

格式条款：当事人为了重复使用预先拟定＋订立合同时未与对方协商的条款。

【新增】"依据合同示范文本制作"、"双方已经约定不是格式条款"、"未实际重复使用"，都不能据此认定为非格式条款。

法律主要关注格式条款中对非提供方有重大利害关系的异常条款，比如提供方免除、减轻自己责任（如限定己方最高赔偿标准），加重对方责任等等。其中：

1. 合理免责、减责条款，只要求提供方尽到提示、说明义务；
2. 不合理免责、减责条款，直接无效。

区分合理和不合理看有没有导致双方权利义务严重失衡，这个一般考试体现很明显，比如出现"概不负责、自己承担全部风险"这样绝对的词汇，往往是不合理。例如规定飞机起飞前 6 小时内退票只退 50% 是合理的，规定商品离柜概不负责是不合理的。

合理免责、减责的条款	提供方提示义务	采用合理方式（如书面形式可通过显眼的字体颜色、加大或加粗字体标出，或者添加"请注意"字样等）
	提供方说明义务	按对方要求说明格式条款 【新增】通过互联网订立电子合同，仅设置勾选、弹窗不算履行了提示、说明义务。
	没有提示或说明的后果	对方可主张该条款不成为合同内容
不合理免责、减责的条款	具体情形	1. 免除造成对方人身损害的赔偿责任（如饭店在店里张贴告示：小心地滑，摔倒概不负责）； 2. 免除因故意或重大过失造成对方财产损失的赔偿责任； 3. 不合理地免除或减轻其责任、加重对方责任、限制对方主要权利（如合同履行的一切后果均由对方负责；高额的惩罚性赔偿；设置复杂的违约索赔程序；杀毒软件提示继续安装视为使用者同意承担一切风险）； 4. 排除对方主要权利；（如不得起诉） 【提示】若题目考查合同无效，除了格式条款的无效情形，别忘了民事法律行为一章学过的合同无效情形。①
	后果	该条款（不是整个合同）直接无效（即使提示说明也无效）
解释规则	依顺序：非格式条款优先＞按通常理解解释＞作不利于提供方的解释	

判断分析

程某在某天天健身房办了一张健身年卡，服务期限为 2019 年 1 月 1 日至 2019 年 12 月 31 日，其中有格式条款规定："年卡服务期限不因任何事由而顺延。"该格式条款应认定为无效。（2019 年仿真题）【正确。该条款不合理地限制程某的主要权利】

① 即无民事行为能力人实施法律行为；双方虚假意思表示；合同内容违法、违背公序良俗；恶意串通。

第二节 双务合同的履行抗辩权【客+主】【双务合同中的履行抗辩权 A】

法条群

《民法典》第三编合同 第一分编通则 第四章合同的履行

第五百二十五条【同时履行抗辩权】当事人互负债务，没有先后履行顺序的，应当同时履行。一方在对方履行之前有权拒绝其履行请求。一方在对方履行债务不符合约定时，有权拒绝其相应的履行请求。

第五百二十六条【先履行抗辩权】当事人互负债务，有先后履行顺序，应当先履行债务一方未履行的，后履行一方有权拒绝其履行请求。先履行一方履行债务不符合约定的，后履行一方有权拒绝其相应的履行请求。

第五百二十七条【不安抗辩权】应当先履行债务的当事人，有确切证据证明对方有下列情形之一的，可以中止履行：

（一）经营状况严重恶化；

（二）转移财产、抽逃资金，以逃避债务；

（三）丧失商业信誉；

（四）有丧失或者可能丧失履行债务能力的其他情形。

当事人没有确切证据中止履行的，应当承担违约责任。

第五百二十八条【不安抗辩权的行使】当事人依据前条规定中止履行的，应当及时通知对方。对方提供适当担保的，应当恢复履行。中止履行后，对方在合理期限内未恢复履行能力且未提供适当担保的，视为以自己的行为表明不履行主要债务，中止履行的一方可以解除合同并可以请求对方承担违约责任。

（一）双务合同履行抗辩权的共性

1. 当事人双方基于同一双务合同负有对待给付义务

（1）同一双务合同：甲租给乙房子，乙卖给甲家具。甲不付家具钱，乙不能拒绝返还租赁房屋。因为这不是同一合同。

（2）对待给付义务：一般是主给付对应主给付，如交货和付款义务；但从给付义务影响合同目的实现也可对应主给付。如买马参加赛马比赛，必须有血统证明书才能参赛，交付血统证明书和付款也构成对待给付。没给血统证明导致不能参赛，可以拒绝支付买马的钱。

2. 有权暂时拒绝履行相应部分，是合法行使权利，无需承担违约责任。甲向乙购买两台机器，约定甲支付价款 10 万元 / 台，总价 20 万元。后乙只交付给甲 1 台机器，甲可主张同时履行抗辩权，拒绝支付第 2 台机器的 10 万元的价款。

（二）同时履行抗辩权

除具备双务履行抗辩权的共性外，同时履行抗辩权是指：

1. 双方债务没有先后履行顺序；

2. 双方债务履行期限均已届至；任何一方未履行自己的义务或者履行不适当，还请求对方履行，此时对方可拒绝。

（三）先履行抗辩权（顺序履行抗辩权）

除具备双务履行抗辩权的共性外，先履行抗辩权是指：

1. 双方债务有先后履行顺序；

2. 双方债务履行期限均已届至；先履行一方未履行自己的义务或者履行不适当，还请求后一方履行，此时后一方可拒绝。

（四）不安履行抗辩权

1. 除具备双务履行抗辩权的共性外，不安履行抗辩权是指：

（1）双方债务有先后履行顺序；

（2）应当先履行一方有确切证据证明对方存在丧失或可能丧失履行债务能力的情形，包括：①经营状况严重恶化；②转移财产、抽逃资金，以逃避债务；③丧失商誉；④其他。

2. 行使效力

第一步：中止履行并及时通知对方，中止履行不构成违约；

第二步：对方在合理期限恢复履行能力或提供担保，不安抗辩权消灭，先履行一方应当恢复履行。

对方在合理期限内未恢复履行能力且未提供担保：视为以自己的行为表明不履行主要债务，构成预期违约，中止方有法定解除权，并可以请求对方承担预期违约责任。

【注意】三大履行抗辩权的区分：

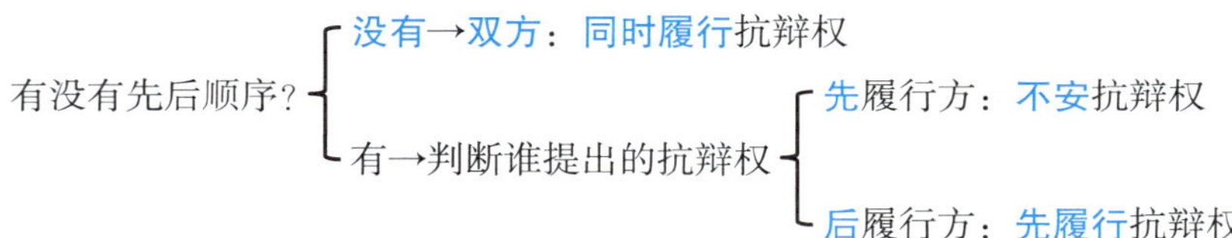

判断分析

王某与张某订立买卖合同，约定王某于2020年9月9日交货，张某在收货后10天内付款。交货期届满时，王某发现张某有转移资金以逃避债务的行为。王某可依法行使先履行抗辩权。（2020年仿真题）【错误。王某可依法行使不安履行抗辩权】

主观题延伸拓展

案例1：2017年2月1日，王某与天蓝公司签订房屋买卖合同，约定：一年后天蓝公司交房且办理房产登记；王某于合同成立时支付一半房款，剩余房款于办理完毕房屋产权登记后一个月内支付。2018年2月1日天蓝公司向王某交付房屋，王某随后搬入居住，此时天蓝公司还未为王某办理房屋产权登记。

问题：2018年2月1日，天蓝公司请求王某支付剩余房款，王某是否有权拒绝支付剩余房款？为什么？

案例2：乙公司于2020年6月7日和银龙公司签订《工业产品购销合同》，约定：乙公司向银龙公司购买热镀锌钢管、114沟槽弯头等，共计金额80万元。

问题：若未约定履行顺序，乙公司未付款请求银龙公司交货，银龙公司能否拒绝？

案例1—问题：2018年2月1日，天蓝公司请求王某支付剩余房款，王某是否有权拒绝支付剩余房款？为什么？

答案：有权拒绝。天蓝公司应该先履行却未履行，后履行一方当事人王某有权行使先履行抗辩权拒绝履行。法条依据为《民法典》第526条。

案例2—问题：若未约定履行顺序，乙公司未付款请求银龙公司交货，银龙公司能否拒绝？

答案：能。合同没有约定履行的先后顺序，银龙公司有权行使同时履行抗辩权拒绝履行。法条依据为《民法典》第525条。

KEEP AWAKE

第四章 合同变更与解除【客 + 主】

【怎么考】1. 解除事由常考一般法定解除权，认定是否构成合同目的不能实现。

2. 考查对情势变更的理解。

3. 考查合同解除的法律后果。

【怎么学】1. 判断合同目的不能实现，要多做题把握题感。

2. 情势变更制度要注意听课理解。

3. 对合同解除的事由和法律后果需要记忆，按照步骤判断合同能否解除。

一、合同变更

合同变更是指合同成立后、终止前合同内容的更改。

1. 双方协议变更：合同当事人可以协商一致变更合同。变更后，双方当事人按照变更后的合同履行。

【注意】没变更的部分按照原合同履行、担责。变更前已经产生的违约责任，若无其他约定，不因变更而消灭。甲与乙签订买卖合同，出卖 01 号房给乙，约定 1 月 10 号交房并办理过户登记；后甲将 01 号房出卖给出价更高的丙并完成了交房和登记。1 月 10 号，乙得知后，甲跟乙协商可以把 02 号房卖给乙，乙同意。乙是否可以要求甲承担迟延履行的违约责任？甲乙协商变更合同，仅仅变更标的物，对履行期限没有约定，即视为没有变更，按照原合同 1 月 10 日交房和登记，因此甲迟延履行，应当承担相应的违约责任。

2. 单方变更：原则上，合同当事人应秉持契约精神，按约履行，不得未经对方同意变更合同，当然也不应受公权力的干预而单方变更合同。**但有例外**：合同签订后，基础条件发生当事人无法预见、不属于商业风险的重大变化，再履行下去对一方当事人明显不公，此时法律允许司法机关依一方当事人申请，变更或解除合同，即情势变更制度（见下方合同解除）。

二、合同解除

和合同的变更一样，解除是例外情形，原则应当按约履行。只有合同已经无法履行或者没有必要履行的特殊情况，才可能赋予当事人解除权，让当事人从没有意义的合同约束中解放出来。

（一）合同解除的后果（解除了会怎样？）【合同解除效力 C】

1. 尚未履行的，终止履行；

2. 已经履行的，恢复原状（但像租赁这种继续性合同，不具有溯及力，已经履行的部分不用恢复原状，按照原合同结算）或采取补救措施、赔偿损失等。

3. 合同解除的：

（1）不影响违约责任的承担；

（2）不影响合同中结算和清理条款（如违约金、定金条款）、解决争议方法条款（如仲裁协议）的效力；

（3）不影响担保人承担担保责任（合同解除后，债务人可能要承担违约责任，担保人仍应对此承担担保责任）。

（二）合同解除的事由与情形（哪些情形有解除权？）【合同解除事由与情形 B；情势变更 A】

法条群

《民法典》第三编合同 第一分编通则 第四章合同的履行

第五百三十三条【情势变更】合同成立后，合同的基础条件发生了当事人在订立合同时无法预见的、不属于商业风险的重大变化，继续履行合同对于当事人一方明显不公平的，受不利影响的当事人可以与对方重新协商；在合理期限内协商不成的，当事人可以请求人民法院或者仲裁机构变更或者解除合同。

人民法院或者仲裁机构应当结合案件的实际情况，根据公平原则变更或者解除合同。

《民法典》第三编合同 第一分编通则 第七章合同的权利义务终止

第五百六十二条【约定解除】当事人协商一致，可以解除合同。

当事人可以约定一方解除合同的事由。解除合同的事由发生时，解除权人可以解除合同。

第五百六十三条【一般法定解除权】有下列情形之一的，当事人可以解除合同：

（一）因不可抗力致使不能实现合同目的；

（二）在履行期限届满前，当事人一方明确表示或者以自己的行为表明不履行主要债务；

（三）当事人一方迟延履行主要债务，经催告后在合理期限内仍未履行；

（四）当事人一方迟延履行债务或者有其他违约行为致使不能实现合同目的；

（五）法律规定的其他情形。

以持续履行的债务为内容的不定期合同，当事人可以随时解除合同，但是应当在合理期限之前通知对方。

判断合同能否解除（解除事由）的步骤（五步走）：

第一步，协议解除：双方协商一致可解除。

第二步，约定解除：在合同中约定解除情形，情形发生，约定的解除权人可解除；例外：如果违约程度显著轻微，不影响合同目的实现，不能解除合同。

第三步，特殊法定解除权（3类）：

1. 情势变更

甲公司与乙公司签订长期供货合同，原材料因地震导致购买成本和运输成本上涨，若继续履行合同甲将遭受重大损失，该合同因情势变更可变更／解除。

（1）构成要件：

①合同基础发生了重大变化（如国家政策、金融危机、严重通胀等）；

【注意】这种重大变化 1. 不是商业风险：商业风险是市场交易的固有风险（如价格小幅上涨下跌等），当事人应风险自负。2. 当事人在订立合同时无法预见：如果预见 / 有可能预见才签合同，表示当事人自己接受这种变化（的可能性），就应该履行。3. 不能归责于任何一方当事人：若可归责，直接由其承担违约责任，无需适用情势变更制度。

②变化发生在合同成立后，履行完毕前；

③继续履行将对一方当事人明显不公。

【注意】是履行中变的不公平，如果合同成立之时就不公平，可能构成显失公平，合同可撤销。

（2）法律效果：

①受不利影响的一方可与对方重新协商→合理期限内协商不成，请求法院或仲裁机构变更或解除合同；【新增】请求变更，法院不能判解除；一方请求变更，对方请求解除，法院判决变更或解除。

②任何一方不存在违约问题，无损害赔偿，由法院或仲裁机构酌情确定损失分担。

【新增】事先约定不适用情势变更，约定无效。

2. 合同僵局中的违约方解除权

甲与乙公司约定购买时代广场 A 栋 1002 号 100 平方米的商铺，双方签订《商铺买卖合同》，甲支付了全部价款，乙公司将该商铺交付使用但逾期迟迟未办理过户手续。后该广场因乙公司经营不善两次停业。乙公司股东为盘活资产、重新开业，拟对时代广场的全部经营面积调整，重新规划布局，为此陆续与大部分业主解除了商铺买卖合同，并开始施工。但是甲一直不同意解除，导致乙公司不能继续施工，6 万平方米建筑闲置，且甲也不能在商铺经营。乙公司可以请求解除合同。但本应承担的违约责任不因合同解除减少或免除。

（1）构成要件：

①形成合同僵局，因此致使合同目的不能实现。合同僵局，是指合同已经履行不能（如法律上、事实上已经不能履行、债务不适于强制履行等，详见第五章违约责任），同时也无法解除（守约方有解除权但不行使，违约方想解除但没有解除权）。

②违约方解除合同需同时满足以下三个条件：

A. 违约方不存在恶意违约；

B. 违约方继续履行对其显失公平；

C. 守约方拒绝解除有违诚实信用原则。

（2）法律后果：违约方有权起诉或仲裁请求解除合同。不影响违约方继续承担违约责任。

3. 特殊合同性质产生的**任意解除权**：随时可以解除

双方享有任意解除权	特定方享有任意解除权
（1）委托合同 （2）不定期继续性合同，如 ①不定期租赁合同 ②不定期保管合同 ③不定期物业服务合同	（1）承揽合同的定作人（承揽人完成工作前，造成损失应赔偿） （2）货运合同的托运人 （3）定期保管合同的寄存人 （4）定期物业服务合同的业主

第四步，**一般法定解除权**：虽无上述特殊情况，但也达到了合同目的不能实现的程度（根本违约），可行使一般法定解除权解除合同。

【解释】合同目的不能实现，是当事人签合同的时候主要希望得到的没得到（如买方签订商品房买卖合同的目的一般是取得房屋所有权并能够正常居住、业主签订物业服务合同的目的是获得相应的物业服务等），如果违约行为没达到此程度则不能解除合同。

（1）不可抗力致使合同目的不能实现（双方都有解除权）。甲乙订立房屋买卖合同，后来房屋被洪灾毁损，乙无法获得房屋居住，甲无法获得价款，甲乙均有解除权。

（2）预期违约（仅守约方有解除权）：履行期限届满前，一方明确表示不履行或者以自己的行为表明不履行主要债务。甲乙签订空调买卖合同，在约定的交货期限届至前，甲将空调卖与他人并交付，则甲属于以自己的行为表明不履行主要债务，乙有解除权。

（3）迟延履行主要债务后经催告仍不履行（仅守约方有解除权）。甲向乙订购了一批礼品，约定月底前交货，次月 1 日乙仍未交货，此时甲还没有解除权，需要催告后乙仍不履行方有解除权。

（4）其他违约行为导致合同目的不能实现（仅守约方有解除权）。

例 1：迟延履行直接导致合同目的无法实现，不用催告也可解除。甲公司向乙公司定做月饼用于中秋节出卖，约定在中秋节前交付，但乙公司在中秋节后 10 天仍未交付，乙公司的迟延履行导致合同目的已经不能实现，则甲公司有权解除合同。

例 2：出卖人没有履行从给付义务致使合同目的不能实现，买受人也可以主张解除合同。甲向乙购买一套珠宝用于参加拍卖会以赚取差价。甲乙钱货两讫，但乙迟迟不交付该珠宝的证书。后因没有证书无法拍卖。出卖人乙没有履行给付证书的从给付义务而导致合同目的不能实现，甲可以主张解除合同。

第五步：确定无以上任何解除事由，当事人没有解除权，不能解除合同。

判断分析

1. 甲公司将一建设工程发包给乙建筑公司，约定包工包料，甲按固定单价向乙支付工程款，不可变更。乙施工期间，受全球疫情影响，施工原材料市价暴涨 200%，若不相应调整工程款，乙将面临巨额亏损。乙向甲提出调整工程款，甲拒绝。乙于是诉至法院。该合同成立情势变更，可重新确定工程款。（2021 年仿真题）【正确】

2. 甲将 A 房屋和 B 房屋各一套以 500 万元的价格出卖给乙，乙一次性付清 500 万元房款后，甲的房屋被政府征收，因此未按约向乙交付房屋，亦未按约给乙办理过户登记。乙因此诉至法院，下列诉讼请求能够得到法院支持的是？（2021 年仿真题）

A. 主张解除与甲的房屋买卖合同【正确。甲的房屋被征收导致合同目的无法实现，乙享有解除权】

C. 请求甲返还已支付的 500 万元房款【正确。合同解除后，当事人可以请求恢复原状，乙可以请求甲返还 500 万购房款】

（三）合同解除权的行使（怎么去解除？）【合同解除权的行使 C】

法条群

《合同编通则解释》

第五十四条【撤诉后合同解除的时点】当事人一方未通知对方，直接以提起诉讼的方式主张解除合同，撤诉后再次起诉主张解除合同，人民法院经审理支持该主张的，合同自再次起诉的起诉状副本送达对方时解除。但是，当事人一方撤诉后又通知对方解除合同且该通知已经到达对方的除外。

1. **行使方式（通知到，让他知道）**

（1）不会自动解除，要通知对方，口头或者书面均可：

①自通知到达对方时解除；

②通知载明债务人一定期限内不履行则合同自动解除，债务人到期仍未履行，合同自通知载明的期限届满时解除；

（2）直接提起诉讼或者申请仲裁，法院或者仲裁机构确认该主张的，合同自起诉状副本或者仲裁申请书副本送达对方时解除。

起诉后撤诉的【新增】：①再次起诉解除，合同自再次起诉的起诉状副本送达时解除；②撤诉后又通知解除，自通知到达时解除。

【注意】情势变更和合同僵局中的违约方起诉解除，只能够起诉或申请仲裁，请法院/仲裁机构解除合同。其他的解除都是既可以起诉/仲裁，也可以通知。

2. **解除权行使期间：**形成权，适用除斥期间：法律规定/当事人约定>解除权人知道或应知解除事由之日起1年内/对方催告后的合理期限。

3. **相对人的异议权**

（1）对方有异议，双方均可请求法院/仲裁机构确认解除效力。

（2）法院/仲裁机构确认解除的，合同依然自通知到达对方时解除。

主观题延伸拓展

案例1：2014年甲公司与乙公司签订《面粉购销合同》购买面粉用于生产面包，乙公司交付部分面粉后，经有关部门公证检验，该面粉质量无法达到食品安全标准，无法加工面包。

问题：甲公司是否有权解除合同？

案例2：2017年3月1日，东方公司与安达公司签订《技术委托开发合同》，以改进东方公司现存的三座中型燃煤锅炉的脱硫技术。安达公司组建了技术团队，购置了相关设备与材料，进驻东方公司开展锅炉脱硫改造的工作。同年4月，A市政府根据省政府《关于进一步加强污染物减排工作的意见》的要求，作出拆除A市所有中小型燃煤锅炉的行政决定。因此，该技术委托开发合同的履行出现了障碍。

问题：东方公司是否有权请求解除合同？为什么？

案例1—问题：甲公司是否有权解除合同？

答案：有权。乙公司交付的面粉无法加工面包，该违约行为致使合同目的无法实现。法条依据为《民法典》第563条第1款。

案例2—问题：东方公司是否有权请求解除合同？为什么？

答案：有权。由于A市市政府政策的调整，发生了两公司在订立合同时无法预见的、不属于商业风险的重大变化，继续履行该《技术委托开发合同》对于东方公司明显不公平，东方公司有权基于情势变更请求解除合同。法条依据为《民法典》第533条第1款。

KEEP AWAKE

第五章 违约责任【客 + 主】

【怎么考】1. 考当事人是否要承担违约责任。坑点是，合同压根没成立 / 没有合同关系，是侵权行为 / 存在不可抗力免责，此时当事人不用承担违约责任；难点是，违约行为的认定。

2. 考某种损失是否是违约责任的赔偿范围、可得利益损失的计算方式。

3. 三金的并用问题。

【怎么学】1. 对于违约行为的认定较为灵活，多做题把握题感。

2. 损害赔偿、违约金、定金有新增内容，要引起重视。针对三金的并用，要在理解的基础上记忆。

3. 本章是合同总最后一章，学完注意把握整个合同总的体系。

一、违约责任的成立【违约责任的成立要件 B】

1. 前提：合同成立并生效。合同未成立、被撤销、无效等承担的是缔约过失责任；

2. 存在违约行为：履行和合同约定不一致。如拒绝履行、部分履行、迟延履行、瑕疵履行等。（较为特殊的是预期违约，可以马上解除合同并主张违约责任）。

3. 不存在法定或约定免责事由。

（1）法定免责事由：不可抗力，即不能预见、不能避免、不能克服的客观情况。如地震、台风等自然灾害。根据不可抗力的影响，部分或全部免除责任。甲向乙出售 10 吨大米，收受 3000 元定金。后因地震大米毁损无法交付。甲不用对乙承担定金责任。迟延履行后发生不可抗力，不免除。

（2）约定免责事由：不违反法律、行政法规的强制性规定，即有效。比如，不能约定造成对方人身损害还免责。

【注意】意外事件和第三人导致的违约不是违约责任的免责事由。

例：甲卖给乙一块玉石，未等交货，玉石在甲家中被偷，由于意外事件导致甲违约，不能免除违约责任。

4. 违约责任原则上只能向合同相对人主张（参见合同相对性）。

5. 不需要违约方有过错。除非法律明确规定的少数合同，有错才需承担违约责任，如保管合同中保管人未尽妥善保管义务才担责。

判断分析

程某在某天天健身房办了一张健身年卡，服务期限为 2019 年 1 月 1 日至 2019 年 12 月 31 日，其中有格式条款规定：“年卡服务期限不因任何事由而顺延。” 4 月份，因天天健身房装修中断服务，天天健身房通知程某服务期限顺延 1 个月。程某可以就天天健身房因装修顺延服务期限一个月的行为主张违约责

任。（2019 年仿真题）【正确。健身房因装修顺延服务，属于迟延履行，且无免责事由，构成违约】

二、违约责任的承担方式【违约责任的承担方式 B】

违约责任的承担方式是多样的，不是只有赔几百万才是承担违约责任，让对方继续按照合同内容履行或要求换货退货，都是主张违约责任。所以主张违约责任是很常见的，很多时候也并不严重。

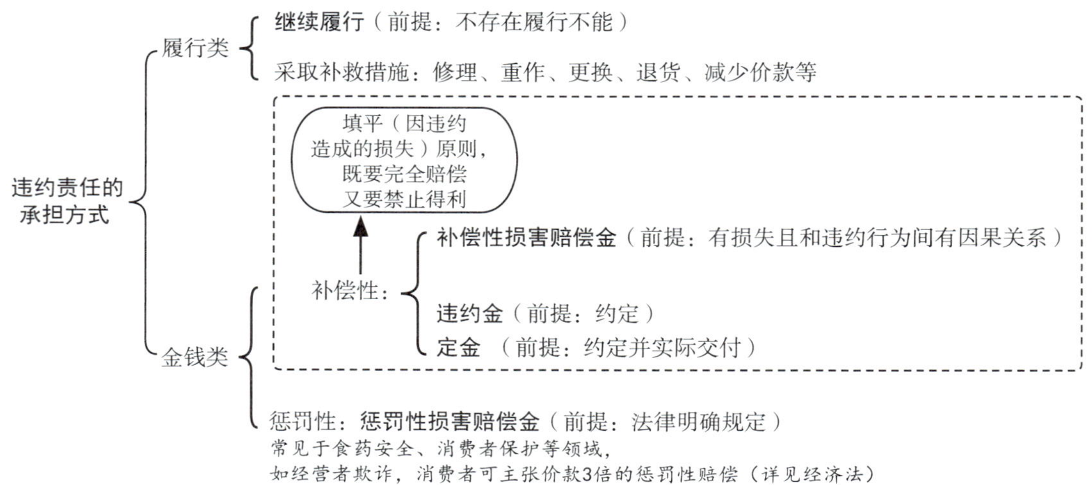

（一）继续履行

法条群

《民法典》第三编合同 第一分编通则 第八章违约责任

第五百七十七条【违约责任】当事人一方不履行合同义务或者履行合同义务不符合约定的，应当承担继续履行、采取补救措施或者赔偿损失等违约责任。

第五百八十条【非金钱债务的违约责任】当事人一方不履行非金钱债务或者履行非金钱债务不符合约定的，对方可以请求履行，但是有下列情形之一的除外：

（一）法律上或者事实上不能履行；

（二）债务的标的不适于强制履行或者履行费用过高；

（三）债权人在合理期限内未请求履行。

有前款规定的除外情形之一，致使不能实现合同目的的，人民法院或者仲裁机构可以根据当事人的请求终止合同权利义务关系，但是不影响违约责任的承担。

何时可以主张继续履行的违约责任？原则都可以，除非履行不能，如以下三种情况：

1. 法律 / 事实上不能履行。

2. 债务不适于强制履行（如人身性质债务）/ 履行费用过高。

3. 债权人合理期限未请求履行。

注意：1. 金钱债务不存在履行不能，也就是说，一定可以主张继续履行。砸锅卖铁、街边乞讨总能还点。

2. 不适于强制履行的，可以找第三人替代履行，费用由违约方承担。甲雇佣乙上钢琴课，上课时间，乙不知所踪。甲只好另请丙授课，丙的 300 元课时费由乙承担。

（二）损害赔偿（补偿性）

法条群

《民法典》第三编合同 第一分编通则 第八章违约责任

第五百八十四条【可预见规则】当事人一方不履行合同义务或者履行合同义务不符合约定，造成对方损失的，损失赔偿额应当相当于因违约所造成的损失，包括合同履行后可以获得的利益；但是，不得超过违约一方订立合同时预见到或者应当预见到的因违约可能造成的损失。

《合同编通则解释》

第六十条【可得利益损失的计算】人民法院依据民法典第五百八十四条的规定确定合同履行后可以获得的利益时，可以在扣除非违约方为订立、履行合同支出的费用等合理成本后，按照非违约方能够获得的生产利润、经营利润或者转售利润等计算。

非违约方依法行使合同解除权并实施了替代交易，主张按照替代交易价格与合同价格的差额确定合同履行后可以获得的利益的，人民法院依法予以支持；替代交易价格明显偏离替代交易发生时当地的市场价格，违约方主张按照市场价格与合同价格的差额确定合同履行后可以获得的利益的，人民法院应予支持。

非违约方依法行使合同解除权但是未实施替代交易，主张按照违约行为发生后合理期间内合同履行地的市场价格与合同价格的差额确定合同履行后可以获得的利益的，人民法院应予支持。

第六十三条第二款【因违约行为导致向第三人担责的损失计算】除合同履行后可以获得的利益外，非违约方主张还有其向第三人承担违约责任应当支出的额外费用等其他因违约所造成的损失，并请求违约方赔偿，经审理认为该损失系违约一方订立合同时预见到或者应当预见到的，人民法院应予支持。

1. 赔偿范围：因违约所造成的直接损失（已造成的损失）+ 可得利益损失（合同履行后可获得的利益）。

2. 可得利益损失的计算规则：（下面三种守约方可选，做题时案情符合哪种就用哪种）【新增】

（1）利润。守约方本应获得的生产 / 经营 / 转售利润。不包括守约方为订立、履行合同支出的合理成本。

违约方根本违约 + 守约方解除合同：

（2）守约方实施替代交易：原则上可得利益 = 替代交易价格 - 合同价格；除非替代交易价格明显偏离当地市场价格，可得利益 = 市场价格 – 合同价格。

（3）守约方未实施替代交易：可得利益 = 违约行为发生后合理期间内合同履行地的市场价格 - 合同价格。

3. 限制

（1）可预见规则（违约方预见不到不赔）：赔偿范围不得超过违约方 + 订立合同时预见到或应当预见到的因违约可能造成的损失。如旅客因飞机延误错过了一笔大生意，但航空公司售票时无法预见此损失，所以不赔。

【新增】守约方因违约方的违约行为而对第三人承担违约责任的，如果符合可预见性规则，违约方也要负责赔偿。甲从乙处进货，转卖给丙，并约定无法按期交付的违约金，对此乙知情。乙未按期交货，导致甲对丙违约。违约金由乙承担。

（2）减损规则（自己扩大不赔）：守约方有避免损失扩大的义务，未尽到义务，不得就扩大部分请求赔偿。

例：甲将房屋出租给乙，租期3年，1年后乙提出解除合同并搬走。甲不理睬，2年后要求乙支付2年的租金。乙搬走时甲有另行出租房屋避免租金损失的义务，未尽义务导致扩大损失，对此部分乙不用赔，但综合考虑甲的房屋找租客需要3个月左右，这3个月租金损失是乙违约造成的，应当赔偿。

【新增】在定期继续性合同中，可得利益按照非违约方寻找替代交易的合理期限对应价款或租金，并扣除非违约方应当支付的履约成本来计算；不按照合同剩余履行期限确定。

（3）损益相抵（带来利益不赔）：造成损失同时带来利益，则应扣除得益数额。

（4）过错相抵（自己有错不赔）：守约方对损失的发生也有过错，可以减少相应的损失赔偿额。

（三）违约金

法条群

《民法典》第三编合同 第一分编通则 第八章违约责任

第五百八十五条【违约金】当事人可以约定一方违约时应当根据违约情况向对方支付一定数额的违约金，也可以约定因违约产生的损失赔偿额的计算方法。

约定的违约金低于造成的损失的，人民法院或者仲裁机构可以根据当事人的请求予以增加；约定的违约金过分高于造成的损失的，人民法院或者仲裁机构可以根据当事人的请求予以适当减少。

当事人就迟延履行约定违约金的，违约方支付违约金后，还应当履行债务。

1. 违约金以约定为前提（可约定金额、比例、计算方式等），但不以有损失为前提。

2. 违约金和损害赔偿的关系：

如果要主张损害赔偿的违约责任，那么具体有多少损失是需要证据证明的，而很多损失是没办法用证据证明的，甚至无法量化的。例如，A公司未能按时履行合同，导致B公司未能按时交付产品给其客户张三，损害了B公司的商誉，也可能因此错失很多客户（客户张三未来可能给B公司介绍很多客户），但这些损失是很难用证据证明，甚至像商誉这类损失都无法量化。

这些没办法证明的损失，在主张损害赔偿中，很难得到法院的支持，而且找证据也很麻烦，因此，就有了违约金这个制度，违约金的本质，就是对损失的提前预估，追责的时候不用再举证，直接按照双方的约定赔。

3. 违约金的调整：

由于违约金是在签合同的时候，双方都认可的，所以原则上法院都会支持，而且可以高于损失（因为有证据证明的损失只是一部分），除非客观情况违约（不是故意违约），并且确实违约金过高，法院才会调整，此处请求降低方，就有举证义务，要证明损失确实少，违约金确实高，具体规则如下：

（1）约定的违约金低于损失的，可以请求增加，但不得超过损失；

（2）约定的违约金过分高于损失（即超过损失的30%），可以请求适当减少；高于但不过分高于的，不做调整。注意：主观故意违约的违约方原则上不能请求减少，除非是客观因素导致的违约，违约方才可以主张减少。【新增】

（3）由请求调低方举证证明违约金过高。【新增】

（4）“不能调整违约金”的约定无效。【新增】

（5）调整违约金的程序【新增】：

①当事人向法院/仲裁机构申请（或反诉/抗辩），法院不能主动依职权调整。

②在当事人只抗辩不用付违约金，却不主张调整过高违约金的情况下（如只抗辩合同不成立/无效、

不构成违约、守约方无损失等）：

A. 法院可以释明是否要调整过高违约金。

B. 法院认为抗辩成立因此未释明，二审法院认为应付违约金的，可以直接释明并改判。

（四）定金

法条群

《民法典》第三编合同 第一分编通则 第八章违约责任

第五百八十八条【定金与违约金、损害赔偿】当事人既约定违约金，又约定定金的，一方违约时，对方可以选择适用违约金或者定金条款。

定金不足以弥补一方违约造成的损失的，对方可以请求赔偿超过定金数额的损失。

1. 如何设立定金？

（1）须使用“定金”字样，或明确适用定金罚则。当事人交付留置金、担保金、保证金、订约金、押金或订金等，但没有约定定金性质的，不是定金。

（2）实际交付定金（定金合同为实践合同）。

①数额不得超过主合同标的额的 20%，超过部分不发生定金效力；

②约定的和实际交付的定金不一致，以实际交付的为准。

2. 如何主张定金的违约责任？ 定金罚则。

（1）给的违约：不能要；收的违约：还双倍。

（2）守约方 / 轻微违约方向根本违约方才可主张定金罚则。【新增】

【总结：违约责任承担方式的并用】

1. 履行类（继续履行、采取补救措施）可以和任何其他违约责任承担方式并用。

2. 惩罚性赔偿可以和任何其他违约责任承担方式并用。

3. 三金的适用：

①违约金与定金不能并用（都是当事人的约定，择一即可）；

②违约金与损害赔偿不能并用（违约金可调，调至填平损失即可）；

③定金与损害赔偿可以并用（定金不可调。不足以弥补损失时，就和损害赔偿并用，用损害赔偿补足差额部分）。

判断分析

1. 乙公司向甲公司订购 T 恤 1 万件，双方约定：乙公司向甲公司交付 5 万元定金，任何一方违约，应向对方支付 6 万元违约金。后乙公司如约支付了定金。后乙公司违约。下列说法正确的是？（2018 年仿真题）

A. 甲公司可以没收定金，并要求乙公司支付违约金【错误。违约金与定金不可并用】

B. 若甲公司实际损失为 9 万元，甲公司可以没收定金，并要求乙公司赔偿 4 万元损失【正确。定金不足以弥补损失的可以请求赔偿超过定金的数额】

C. 若甲公司实际损失为 9 万元，甲公司不得请求法院增加违约金的金额【错误。违约金低于损失的，可以请求人民法院或仲裁机构增加】

D. 若甲公司实际损失为 3 万元，乙公司以不构成违约为由进行抗辩而未主张调整过高违约金的，法

院应告知乙公司可申请减少违约金【正确】

2. 甲超市经常向郊区农民采购 2 年以上的老母鸡。采购价为每只 100 元，市场零售价 250 元，老母鸡常年供不应求。某日，甲超市与农民乙签订每季度供应 20 只老母鸡的合同。乙对零售价和批发价无异议。第二季度，乙仅向超市供应了 10 只老母鸡，超市支付乙 1000 元。对尚未交付的 10 只鸡，超市可就转售利润 1500 元向乙主张。(2019 年仿真题)【正确。损害赔偿金的范围包括可得利益的损失。】

3. 甲公司找乙公司购买材料，货值 100 万元，定金 20 万元。后来乙公司因为总经理意外去世，管理混乱无法交付货物，甲公司解除合同，转而找丙公司买同样的材料，花费 150 万元，甲公司有权起诉乙公司，要求双倍返还定金，并赔偿 30 万元的损失。(2024 年仿真题)【正确。替代交易差额 50 万元是甲公司的损失，除定金 20 万元外（双倍返还 40 万元，但其中有 20 万元是甲公司自己的，因此定金只填补了 20 万元的损失），还有 30 万元的损失可以请求赔偿】

主观题延伸拓展

案例：2022 年 6 月 7 日，A 公司与 C 公司在燕京市锋台区签订《债券认购及回购协议》，双方约定 C 公司认购金额为 5000 万元；A 公司应当在 1 年后以 5500 万元回购，逾期没有回购，A 公司需要支付 1000 万元的违约金……2023 年 6 月，A 公司到期未履行回购义务，沟通后仍拒绝履行，C 公司遂向锋台区法院起诉 A 公司，提出诉讼请求：A 公司履行回购义务并支付违约金 1000 万元。A 公司在答辩状中提出违约金过高，请求法院予以减少。

问题：根据 C 公司的诉讼请求，A 公司是否应当支付违约金？A 公司请求减少违约金的主张能否得到法院支持？

答案：（1）应当。A 公司未按照《债券认购及回购协议》的约定履行回购义务，构成违约。法条依据为《民法典》第 577 条。（2）能。A 公司与 C 公司约定的违约金过分高于造成的损失，法院可以根据当事人的请求予以适当减少。法条依据为《民法典》第 585 条第 2 款。

【合同总则总结图】

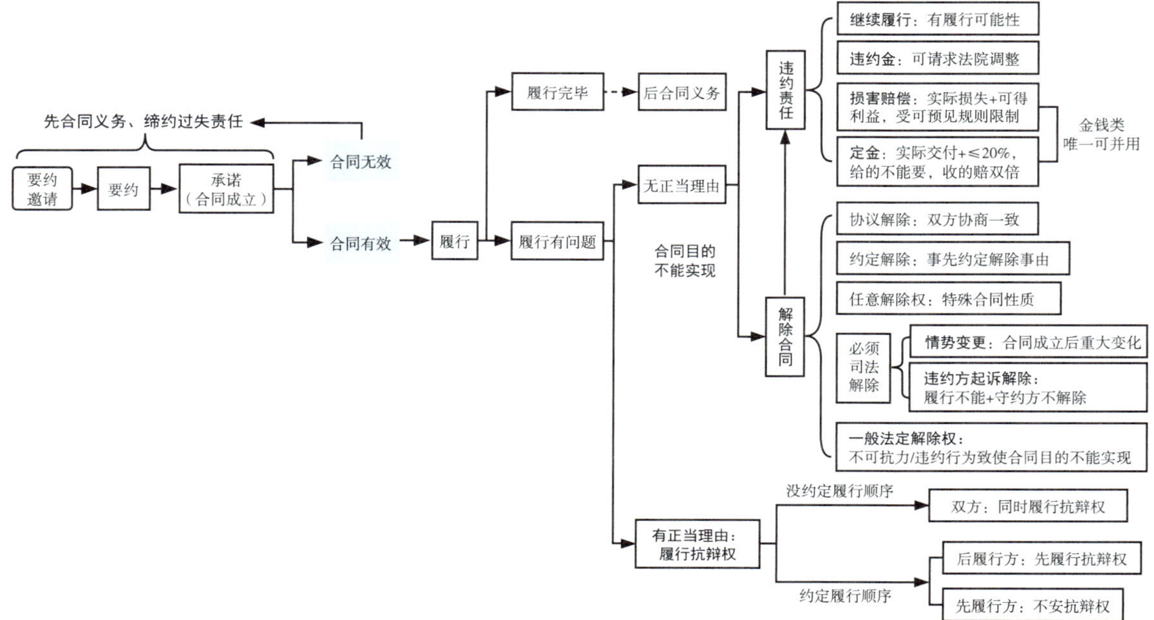

例：甲开发商将A商品房出卖给乙，签订商品房买卖合同。在乙选购时，甲交给乙的小区平面图和项目说明书中都标有一个健身馆，乙看中小区健身方便，故签订合同。后乙收房时发现没有健身馆。乙可以如何行使权利？

1. 乙可以撤销合同，并主张缔约过失责任。甲开发商欺骗乙有健身馆，乙信以为真并因此订立合同，构成欺诈，合同可撤销；同时甲开发商在缔约过程中违反如实告知的先合同义务，有违诚信原则，具有过错，对乙造成的损失应当承担缔约过失责任。

2. 乙可以不撤销合同，而是解除合同，并主张违约责任。甲开发商关于健身馆的说明明确具体，并对乙订立合同有重大影响，构成要约，是商品房买卖合同的内容，应当履行而未按约履行，构成违约，应当承担违约责任。同时，因为甲的违约行为导致乙的合同目的无法实现，乙可以主张一般法定解除权，解除合同。

3. 乙可以不解除合同，仅主张违约责任。如房屋升值前景好，乙愿意继续履行合同。但是甲构成违约，乙仍然可以向甲主张违约责任。

以上三种途径乙可以按照自己的利益任意选择一种。

合同分

KEEP AWAKE

第一章 买卖合同【客+主】

【怎么考】1. 风险负担转移：题目会问谁承担风险 / 损失、标的物没了还要不要付钱等。

2. 动产所有权保留买卖：会问标的物何时转移风险、何时转移所有权、出卖人能不能取回。此外可能会和担保、分期付款买卖合同结合考查。

【怎么学】1. 风险负担转移有理解上的难度，注意听课理解，重点记忆转移规则。

2. 动产所有权保留买卖也有理解难度，要认真听课理解，梳理清楚法律关系。

3. 分期付款买卖、试用买卖、商品房买卖难度不大，主要是记忆一些重点规则。

买卖合同是出卖人转移标的物所有权给买受人，买受人支付价款的合同，其性质是双务、有偿、诺成、不要式合同。

买卖合同也是最古老的合同（被称为合同之母），规则最完备，因此其他有偿合同，如果民法没有相关规定，可以参照适用买卖合同有关规定。

第一节 买卖合同中的风险负担转移【客+主】【风险负担 B】

法条群

《民法典》第三编合同 第二分编典型合同 第九章买卖合同

第六百零三条【交付的地点】出卖人应当按照约定的地点交付标的物。

当事人没有约定交付地点或者约定不明确，依据本法第五百一十条的规定仍不能确定的，适用下列规定：

（一）标的物需要运输的，出卖人应当将标的物交付给第一承运人以运交给买受人；

（二）标的物不需要运输，出卖人和买受人订立合同时知道标的物在某一地点的，出卖人应当在该地点交付标的物；不知道标的物在某一地点的，应当在出卖人订立合同时的营业地交付标的物。

第六百零四条【标的物毁损、灭失风险负担】标的物毁损、灭失的风险，在标的物交付之前由出卖人承担，交付之后由买受人承担，但是法律另有规定或者当事人另有约定的除外。

第六百零六条【在途标的物风险负担】出卖人出卖交由承运人运输的在途标的物，除当事人另有约定外，毁损、灭失的风险自合同成立时起由买受人承担。

第六百一十条【出卖人根本违约风险负担】因标的物不符合质量要求，致使不能实现合同目的的，买受人可以拒绝接受标的物或者解除合同。买受人拒绝接受标的物或者解除合同的，标的物毁损、灭失的风险由出卖人承担。

第六百一十一条【风险负担转移不影响违约】标的物毁损、灭失的风险由买受人承担的，不影响因出卖人履行义务不符合约定，买受人请求其承担违约责任的权利。

【情境案例】甲去宠物店买狗。

情况一，双方约定：甲先付款，宠物店给狗打疫苗、洗澡美容，五天后交狗。第二天狗被洪水冲走，甲已付价款能要回来吗?

情况二，双方约定：宠物店先交狗，五天后甲付款。第二天狗在甲家被洪水冲走，甲还要付款吗?

在宠物狗买卖合同中，宠物狗因不可抗力毁损灭失，叫作风险，风险不能归责于任何一方，换而言之，双方都没过错，那谁来承担这个后果呢? 如果卖方承担风险，意味着狗没了还不能要钱；如果买方承担风险，意味着没买到狗钱还得给。即使你没学过民法，你也可以凭借朴素的价值观，回答出上述情况的答案，那就是狗在谁那没了，谁负责，这就是买卖合同风险转移规则。

风险是指，在买卖合同生效后履行完毕前，因不可归责于当事人的事由导致标的物毁损灭失。如不可抗力、意外事件、第三人原因（被偷等）。若可归责于一方当事人，按违约或侵权处理。

到底谁承担风险? 原则上是看所有权归属（谁的所有权谁承担风险），但在买卖合同中，会发生所有权的转移，那风险也会随着转移，但民法规定的所有权变动的时间和风险转移的时间略有不同。

在物权变动中，不动产的所有权是登记后转移，动产是交付后转移，但风险转移的时间是按照下面规则确定：

1. 有约从约；

2. 原则上：交付主义。交付前出卖人承担，交付后买受人承担。

（1）交付方式：现实交付、占有改定、简易交付、指示交付。

（2）标的物需要运输的，交付时间的确定规则如下：

①约定了交付地点：到达指定地点交付承运人后风险转移。如山西的甲卖给重庆的乙100部手机，约定在西安交付，甲让丙快递运输至西安，乙让丁快递在西安接手，运输至重庆。在山西至西安途中手机因泥石流毁损灭失，谁承担风险? 甲。

②没有约定地点或约定不明：货交第一承运人后风险转移。如山西的甲卖给重庆的乙100部手机，没有约定交付地点，甲让丙快递运输至重庆。在山西至西安途中手机因泥石流毁损灭失。谁承担风险? 乙。

③电子合同（网购）：收货人签收后风险转移，而不是驿站代收。（是②需要运输情况的特别法，不再适用货交第一承运人规则）

3. 例外之一：合同成立时转移——在途货物买卖

出卖人出卖运输途中的标的物，自合同成立时起风险转移给买受人承担；但成立时出卖人知、应知标的物已经毁损、灭失却未告知，风险不转移，仍由出卖人承担。

4. 例外之二：违约相关

（1）买受人受领迟延或提货迟延：自买受人违约时风险转移。

（2）出卖人根本违约 + 买受人拒绝接受或解除合同：风险不转移，仍由出卖人承担。乙从商场买的电视，搬回家安装好发现无法使用。乙准备去商场退货，期间家中起火电视烧毁。谁承担风险？ 商场。

（3）出卖人没履行从给付义务，不影响风险负担转移，例如卖家已经把电视机，遥控器发货了，但发票还没交付，风险自电视机交付时转移，和发票交付时间无关。

【注意 1】买卖合同中的孳息归属和风险负担规则是一致的（谁承担风险，谁享受收益），标的物交付前产生的孳息归出卖人，交付后产生的归买受人。

【注意 2】风险负担不影响违约责任的承担，题目问风险转移就看风险转移规则；题目问违约责任，就看是否有违约行为，不要混起来，各自根据要件独立判断。

问：风险转移规则和所有权变动是一样的吗？ 具体哪些不一样？

1. 不动产所有权变动是登记，与交付无关，但不动产的风险转移是交付，不是登记。

2. 动产的所有权变动是交付，风险也是交付，所以所有权变动和风险转移是一样的。但有例外：动产所有权保留买卖，交付后风险就转移，但所有权变动要看双方约定（所有权保留买卖见下一节）。

判断分析

甲公司借用乙公司的一套设备，在使用过程中不慎损坏一关键部件，于是甲公司提出买下该套设备，乙公司同意出售。双方还口头约定在甲公司支付价款前，乙公司保留该套设备的所有权。不料在支付价款前，甲公司生产车间失火，造成包括该套设备在内的车间所有财物被烧毁。（2016 年第 3 卷第 57 题）

A. 乙公司已经履行了交付义务，风险责任应由甲公司负担【正确。乙公司通过简易交付的方式完成交付，风险由甲公司承担】

B. 在设备被烧毁时，所有权属于乙公司，风险责任应由乙公司承担【错误。风险转移和所有权转移无关】

C. 设备虽然已经被烧毁，但甲公司仍然需要支付原定价款【正确】

第二节 几种特殊的买卖

一、动产所有权保留买卖合同【所有权保留买卖合同 B】

乙公司向甲造船公司定作 A 船，约定："定作价格 100 万元，乙分十个月支付价款，第一期于 2024 年 1 月 1 日付款。在乙支付全部价款前，甲保留 A 船的所有权。若乙未按约付款，甲可取回 A 船。"在 2023 年 12 月 1 日甲将 A 船造好并交付给乙。

所有权保留买卖合同是指，动产买卖合同双方约定买受人未付清全部价款或履行其他义务之前，出卖人保留动产所有权。此种约定是有效的，因此产生如下法律后果：

（1）所有权保留在卖方处。

（2）买受人在占有标的物，同时，交付时风险已经转移给买受人。

（3）买受人按照约定支付价款后，取得所有权。

（4）买受人不按期支付价款，无法取得所有权，此时出卖人可以行使取回权，主张取回标的物，并且要求买受人承担违约责任，赔偿损失。

1. 有权处分 VS 无权处分

所有权保留在出卖人处，因此出卖人卖标的物属于有权处分，完成交付时第三人可继受取得（不是善意取得）所有权。买受人卖：无权处分，第三人可能善意取得（若保留所有权的约定已经登记，可对抗善意第三人）。

问：如果约定不能处分，还是有权处分吗？

答：是的，因为约定属于债（合同），根据相对性原理，只能约束合同双方；而处分是处分给第三人，“不能处分的约定”对第三人没有效力，所以还是有权处分。注意：是否是有权处分，看处分人有没有足够的所有权，不要看约定。

2. 出卖人的取回权

（1）买受人未按约付款，且催告之后在合理期限内仍不付，可取回；但已付价款达标的物总价款75%以上，不得取回（已付≥75%，×）。

（2）买受人对标的物进行不当处分行为，主要指出卖、出质和损坏标的物，可取回；但已经被第三人善意取得所有权的，不得取回。

（3）未按约完成其他条件。

例1：乙在支付了3个月的价款后（30万元），第4个月的价款（10万元）在甲催告之后在合理期限内仍未支付，此时已支付价款（30万元）并未达到总价款的75%（75万元），甲可以行使取回权。

例2：乙在支付了3个月的价款后，将A船出卖给丙，此为无权处分。保留所有权未进行登记，且丙不知情，为善意受让人，同时满足善意取得的其他构成要件，已经善意取得A船，甲不得取回（只能找乙追究违约责任，赔偿损失）。

3. 取回权的行使

取回之后就是要卖掉，可以是买受人回赎/出卖人卖给第三人/让法院拍卖变卖。出卖人只能拿走买受人没给够的价款，要多退少补（所有权保留有担保功能，是为了担保出卖人价款债权实现）。如100万的船乙只付了30万，甲取回卖得90万，甲只能拿走70万，剩余20万还给乙。

判断分析

甲与乙签订电视机买卖合同，价格5000元，并约定全部价款支付完成前甲保留所有权。合同签订后，乙仅支付4000元，剩余1000元到期未支付。乙占有电视机后出质给不知情的丙并交付。下列说法正确的是？（2019年仿真题）

A. 甲有权取回电视机变卖，将乙已支付价款返还乙【错误。已经支付80%，不能取回】

C. 若保留的所有权已经办理登记，则丙不能取得对电视机的质权【正确。乙占有电视机后出质给不知情的丙，属于无权处分。若保留的所有权已经办理登记，丙不能善意取得质权】

二、分期付款买卖合同【分期付款买卖合同C】

1. 买受人将应付的总价款在一定期间内至少分3次向出卖人支付。

2. 买受人未支付到期价款金额达全部价款的1/5（未付≥1/5），经催告后在合理期限内仍未支付，出卖人可以择一行使下列权利：

（1）一次性要求买受人支付剩余的全部价款（本来尚未到期的债务视为已经到期）。

（2）行使法定解除权解除合同。

【区分适用】分期付款和所有权保留

往往会在分期付款中约定所有权保留，看问什么。能否取回？已付≥ 75%，×；能否一次性付全款 / 解除合同？未付≥ 1/5，√。

例：甲将手机出卖给乙，价格 2 万元，约定乙每个月向甲支付 2000 元，支付 10 个月，待乙支付完毕全部价款之后，手机的所有权就转移给乙。乙支付价款 1.6 万元后不再支付剩余价款。①甲能否取回？不能。因为已经支付标的物总价款的 75% 以上。②甲能否解除合同？未支付到期价款达到全部价款的 1/5，如果催告后在合理期限内仍未付款，甲可以要求乙一次性支付剩余全部价款或解除合同，解除后可以要求返还。

判断分析

甲将一房屋以 200 万元卖给乙，双方约定："全部价款分 10 期支付，每期 20 万元，在乙支付完毕全部价款前甲保留出售房屋的所有权。"甲向乙交付了房屋。乙支付第 4 期价款后，甲为乙办理了房屋的过户登记，但乙一直不支付到期的第 5 期和第 6 期房款，催告后还不支付。（2018 年仿真题）

C. 有权请求乙一次性支付剩余的全部价款【正确。买受人未付≥ 1/5，催告后仍不付款，甲可以请求乙一次性支付全部剩余价款或解除合同】

D. 甲有权解除房屋买卖合同，并请求乙返还房屋【正确】

三、试用买卖【试用买卖 A】

合同成立时出卖人将标的物交给买受人试用，买受人在试用期内决定是否购买。

试用买卖的核心是"买受人有任意决定权（想买就买，想不买就不买）"，如下有条件约束的，不是试用买卖：

（1）约定试用、检验符合一定要求时 / 第三人认可时，买受人"应当"购买（不能自己决定买不买）；

（2）约定一定期间内可以：调换 / 退还（合同已经生效，只是可以换货和退货）。

1. 合同效力：试用买卖合同成立但未生效，买受人认可（同意购买）时才生效。

（1）买受人认可（同意购买）

①认可权是形成权。无需出卖人同意，只要买受人认可，买卖合同生效。

②认可方式：

A. 明示；

B. 推定：买受人已经支付了部分价款或实施了出卖、出租、设定担保物权等非试用行为的，视为同意购买；

C. 沉默。试用期间届满，买受人对是否购买标的物未作表示，视为购买。

（2）买受人不认可：合同不生效。

2. 试用期：约定＞出卖人确定。

3. 免费试用，除非另有约定。

4. 标的物在试用期内毁损、灭失的风险由出卖人承担。

判断分析

甲从某商场购买一台笔记本电脑，约定了 30 天的试用期。对此，下列哪些说法是正确的？（2021 年仿真题）

A. 若甲在试用期间将电脑租给丙，则视为同意购买【正确】

B. 若甲在试用期间支付了部分价款，则视为同意购买【正确】

C. 若电脑在试用期间遭意外火灾毁损，则甲应当支付价款【错误。标的物在试用期内毁损、灭失的风险由出卖人承担】

D. 若甲直到试用期满后第二天才想起来归还电脑，商场有权拒绝受领【正确。超过试用期后，甲已经成为所有权人】

四、商品房买卖合同【商品房买卖合同 A】

房地产开发企业将未建成或者已竣工的房屋向买受人销售，买受人支付价款的合同。

1. 合同效力

（1）出卖人未取得预售许可证明，预售合同无效；但起诉前取得，有效。

（2）预售合同未办理登记备案手续，不影响合同效力。如果约定办理登记备案才生效的，约定有效，但一方已经履行主要义务且对方接受（如接受交付的房屋或购房款）的除外。

2. 商品房买卖合同的合同解除受限制（金额大、不能太随意的解除），主要注意以下 2 点：

（1）迟延履行 3 个月才可以解除：出卖人迟延交房或买受人迟延付款，经催告后在 3 个月的合理期限内仍未履行。

（2）严重质量问题才可以解除：房屋主体结构质量不合格 / 房屋质量问题严重影响正常居住使用（必须严重影响，如果只是有质量问题，修复即可，不能解除）。

判断分析

1. 冯某与丹桂公司订立商品房买卖合同，购买了该公司开发的住宅楼中的一套住房。合同订立后，冯某发现该房屋存在问题，要求解除合同。就冯某提出的解除合同的理由，下列哪些选项是正确的？（2017 年第 3 卷第 59 题）

A. 丹桂公司无正当理由迟延交房，经冯某催告后在 3 个月内仍未交房【正确】

B. 丹桂公司在交房前将冯某购买的该套房屋出卖给不知情的张某，并办理了过户登记【正确。丹桂公司的违约行为导致冯某的合同目的不能实现，冯某可以解除合同】

C. 房屋交付使用后，房屋主体结构质量经核验确属不合格的【正确】

D. 房屋存在质量问题，在保修期内丹桂公司拒绝修复的【错误。房屋存在质量问题，在保修期内丹桂公司拒绝修复的，冯某可以自行维修，然后请求丹桂公司承担维修费用和损失，但这不是解除合同的法定事由】

2. 甲房产公司隐瞒没有取得预售许可证的事实，与不知情的乙就 A 房屋订立商品房预售合同，约定："A 房屋预售合同自双方办理预售登记时生效。"双方一直未办理预售登记。后甲向乙交付了 A 房屋，但乙一直未按约支付购房款。后甲公司诉请乙按约支付购房款。对此，下列表述正确的是？（2019 年仿真题）

A. 若甲公司直到起诉时仍未取得预售许可证，乙有权以甲公司未取得预售许可证为由主张 A 房屋预

售合同无效【正确】

B. 若甲公司于起诉前取得预售许可证，乙仍有权以甲公司于合同订立时未取得预售许可证为由主张A房屋预售合同无效【错误】

C. 若甲公司于起诉前取得预售许可证，乙仍有权以未办理预售登记为由主张A房屋预售合同无效【错误。甲已向乙完成交付，合同已经生效】

主观题延伸拓展

案例： 甲将M房屋出卖给了庚，庚支付了全部房款并办理完变更登记，但因庚自3月12日出国访学，为期4个月，双方约定庚回国后交付房屋。5月16日，因雷电引发火灾，房屋严重毁损。7月13日，庚回国，甲将房屋交付给了庚。

问题： 谁应承担M房屋火灾损失？为什么？

答案： 甲。火灾时出卖人甲未将房屋交付给买受人乙，而标的物毁损灭失的风险在交付之前由出卖人承担。法条依据为《民法典》第604条。

KEEP AWAKE

第二章 租赁合同【客+主】

【怎么考】1. 出租人与承租人义务：常考谁负责维修租赁物、承担风险。

2. 转租：结合合同相对性考查，问谁向谁承担责任、履行义务，以及转租合同效力如何。

3. 买卖不破租赁：问新的所有权人能不能解除租赁合同，要求返还租赁物。

4. 房屋承租人的优先权：问有没有优先权，怎么行使，侵犯优先权如何救济。

【怎么学】1. 本章不难，主要是记忆。本章内容零碎，可以按照时间线索去串知识点来记忆，比如，可以按照如下线索：租赁合同的成立→效力→内容（权利义务）→和第三人发生关系（转租、租赁物所有权变动）→终止（优先权、解除）。

2. 房屋装饰装修费用的处理：注意听课理解原理，不要死记硬背。

租赁合同是出租人将租赁物交付承租人使用、收益，承租人支付租金的合同。

一、租赁合同的成立【不定期租赁合同 E】

1. 租赁合同的特征：诺成；原则非要式，但6个月以上为要式（书面）；双务；有偿；继续性合同。

2. 租赁合同原则上要确定租赁期限，租赁期没有届满之前，是不能随意解除的，否则要承担违约责任，但有一种情况：不定期租赁合同，不定期租赁合同的双方在合理期限前通知对方，就可以任意解除租赁合同（很没有保障），不定期租赁合同有如下三种情况：

（1）双方没有约定租赁期限。

（2）租期6个月以上未采用书面形式，且无法确定租期。如甲与乙口头约定租期1年，每月租金1000元，甲一口气支付了乙12000元。虽然没有书面合同，但可以根据收据确定租赁期限，不视为不定期租赁。

（3）原租赁合同的租期届满，承租人继续使用租赁物，出租人没有提出异议，视为订立了一个不定期租赁合同。

二、无效的租赁合同【租赁合同效力 C】

1. 未登记备案，不影响租赁合同效力。

2. 违法建筑物（未取得规划许可证建设的房屋、未经批准建设的临时建筑）租赁合同无效，但一审辩论终结前取得或经批准的有效。

3. 超期的租赁合同，超期部分（20年以上）无效；租期超过临时建筑的使用期限，超过部分无效，但一审辩论终结前经批准延长的有效。

4. 无效的租赁合同，不能请求支付租金，但可以请求参照约定的租金标准支付房屋占有使用费。

判断分析

居民甲经主管部门批准修建了一排临时门面房，核准使用期限为 2 年，甲将其中 1 间租给乙开餐馆，租期 2 年。期满后未办理延长使用期限手续，甲又将该房出租给了丙，并签订了 1 年的租赁合同。因租金问题，发生争议。下列哪些选项是正确的？（2017 年第 3 卷第 60 题）

A. 甲与乙的租赁合同无效【错误。临时建筑经过批准且未超期，合同有效】

B. 甲与丙的租赁合同无效【正确】

C. 甲无权将该房继续出租给丙【正确】

D. 甲无权向丙收取该年租金【正确】

三、出租人与承租人义务【出租人与承租人义务 C】

法条群

《民法典》第三编合同 第二分编典型合同 第十四章租赁合同

第七百一十二条【出租人的维修义务】出租人应当履行租赁物的维修义务，但是当事人另有约定的除外。

第七百一十三条【租赁物的维修和维修费负担】承租人在租赁物需要维修时可以请求出租人在合理期限内维修。出租人未履行维修义务的，承租人可以自行维修，维修费用由出租人负担。因维修租赁物影响承租人使用的，应当相应减少租金或者延长租期。

因承租人的过错致使租赁物需要维修的，出租人不承担前款规定的维修义务。

1. 维修义务：

（1）承租人过错弄坏的，承租人修。

（2）非承租人过错，看约定，若无约定，出租人修；出租人没修，承租人可以自行维修，费用由出租人负担。影响承租人使用的，相应减少租金或者延长租期。

2. 风险负担：租赁物非因合同当事人原因毁损灭失的，由所有权人（出租人）承担风险。

四、转租【转租 A】

法条群

《民法典》第三编合同 第二分编典型合同 第十四章租赁合同

第七百一十六条【转租】承租人经出租人同意，可以将租赁物转租给第三人。承租人转租的，承租人与出租人之间的租赁合同继续有效；第三人造成租赁物损失的，承租人应当赔偿损失。

承租人未经出租人同意转租的，出租人可以解除合同。

第七百一十九条【次承租人代为支付租金和违约金情形】承租人拖欠租金的，次承租人可以代承租人支付其欠付的租金和违约金，但是转租合同对出租人不具有法律约束力的除外。

次承租人代为支付的租金和违约金，可以充抵次承租人应当向承租人支付的租金；超出其应付的租金数额的，可以向承租人追偿。

1. 转租应当经过出租人同意（出租人知情后 6 个月无异议视为同意）。经过同意叫合法转租，否则叫非法转租。无论同意与否，转租合同有效。

2. 超期转租，超过部分对承租人和次承租人有效，但是对出租人没有约束力。

3. 合同相对性：（1）租金：出租人不能直接找次承租人收租金；（2）次承租人对租赁物侵权：出租人只能找承租人主张违约责任，但可以找次承租人主张侵权责任。

4. 经过出租人同意的转租，次承租人对租金享有代为清偿请求权（承租人不交租时），出租人不能拒绝。事后找承租人追偿或是充抵转租合同租金。

5. 未经出租人同意的转租，出租人不受转租合同约束，可以解除和承租人之间的原租赁合同，向次承租人主张返还原物。

五、买卖不破租赁【买卖不破租赁（含抵押）A】

法条群

《民法典》第三编合同 第二分编典型合同 第十四章租赁合同

第七百二十五条【所有权变动后的合同效力】租赁物在承租人按照租赁合同占有期限内发生所有权变动的，不影响租赁合同的效力。

1. 买卖不破租赁

租赁物在承租人占有期间内发生所有权变动，不影响租赁合同效力，新的所有权人法定承受租赁合同的权利义务，租金等不变。

所有权变动不只买卖，还包括赠与、投资、继承、企业合并、实现抵押权等。

2. 抵押与租赁

（1）先租后抵（租赁已转移占有）：原租赁关系不受抵押权影响（买卖不破租赁），继续承租；

（2）先抵后租＋抵押未登记：占有动产的承租人善意，买卖不破租赁，继续承租；承租人恶意，买卖破租赁；

（3）先抵后租＋已登记：买卖破租赁，可以解除租赁。

判断分析

1. 2018 年 2 月 1 日，甲将其 A 房屋出租给乙，租期 2 年，约定禁止转租。2018 年 3 月 1 日，因乙刚刚购得一套更合适的住房，乙私下将 A 房屋转租给丙，约定租期 3 年。2018 年 4 月 1 日，甲给 A 房屋更换门锁时发现了乙擅自转租的事实，经乙说明情况后，甲一直未提出异议。1 年后甲将房屋出卖给丁，并办理了过户登记，但未告知丁房屋已经出租的事实。对此，下列表述正确的是？（2019 年仿真题）

A. 2018 年 11 月 1 日，甲有权通知乙解除双方的房屋租赁合同【错误。甲自知道乙转租后，6 个月内未提出异议，视为甲同意转租，不能再解除】

B. 丙有权主张乙、丙间为期 3 年的房屋转租合同有效【正确。合同有效，只是超期部分对出租人没

有约束力】

C. 丁无权请求丙搬离该房屋【正确。买卖不破租赁】

2. 甲向乙借款，以房屋设定抵押权，并办理了抵押登记，之后甲将该房屋出租给不知情的丙，预收了2年的租金。借款到期后甲无力清偿债务，半年后，经乙请求，该房屋被法院委托拍卖，由丁竞买取得。下列选项错误的是？（2017年第3卷第8题）

A. 丁有权请求丙腾退房屋【正确。先抵后租，抵押已登记，不适用买卖不破租赁】

C. 丙有权要求丁继续履行租赁合同【错误】

六、房屋租赁的特有问题【房屋承租人的优先权C；房屋租赁合同中的法定承受E；一房数租C；租赁装饰装修物与扩建费用的处理C】

法条群

《民法典》第三编合同 第二分编典型合同 第十四章租赁合同

第七百二十六条【房屋承租人的优先购买权】出租人出卖租赁房屋的，应当在出卖之前的合理期限内通知承租人，承租人享有以同等条件优先购买的权利；但是，房屋按份共有人行使优先购买权或者出租人将房屋出卖给近亲属的除外。

出租人履行通知义务后，承租人在十五日内未明确表示购买的，视为承租人放弃优先购买权。

第七百二十八条【侵害承租人优先购买权的赔偿责任】出租人未通知承租人或者有其他妨害承租人行使优先购买权情形的，承租人可以请求出租人承担赔偿责任。但是，出租人与第三人订立的房屋买卖合同的效力不受影响。

（一）房屋承租人的优先购买权

租期内出租人卖房，应当合理期限通知承租人，承租人享有以同等条件优先购买的权利。

1. 卖房：出卖、拍卖、抵债等。（1）赠与、继承，无优先购买权。（2）卖近亲属，无优先购买权。（3）房屋有按份共有人要行使优先购买权，优先于承租人。

2. 除斥期间内行使：承租人收到出卖通知或知道出卖事实后15日内作出购买的意思表示（拍卖5日）。期间届满承租人未明确表示购买，视为放弃。

3. 侵害优先购买权：未通知或有其他妨害情形，承租人有权向出租人（非第三人）主张赔偿责任。但出租人和第三人的买卖合同效力不受影响，不能主张合同无效。

（二）房屋承租人的优先承租权

租期届满，出租人继续出租房屋的，承租人享有以同等条件优先承租的权利。

（三）房屋租赁合同中的法定承受

承租人在房屋租赁期限内死亡的，与其生前共同居住的人或共同经营人可以按照原租赁合同继续租赁。

（四）一房数租

1. 合同效力：原则都有效。

2. 履行顺序：已经合法占有＞已经登记备案（都登记备案，看谁先）＞合同成立在先（没占有没备案）。其他人有权请求解除合同（因为合同目的无法实现），同时请求出租人承担违约责任。

（五）房屋装饰装修费用的处理

承租人对租赁房屋进行装饰装修，后来搬离时可能存在以下两个问题：第一，买的装饰装修物归谁？第二，能不能让出租人补偿装饰装修费用？

1. 有约从约，无约按以下规则。

2. 物归谁？根据添附规则判断。空调、抽油烟机拆下来还能安新房使用，未构成添附，归承租人。地砖、墙纸构成添附，归出租人。

3. 能不能让出租人补偿？原则不可以（承租人自己决定装修，自己受益），除非租赁合同提前终止（如无效、提前解除），此时出租人按照过错分担损失，没错也要根据公平原则分担（租客投入多少成本装修是租期决定的）。

出租人要补偿还需满足 2 个前提：1. 出租人同意装修（不同意，不仅不补偿损失，承租人还构成侵权，出租人可以主张恢复原状、赔偿损失）+2. 形成添附（物权归出租人了）。

判断分析

1. 居民甲将房屋出租给乙，乙经甲同意对承租房进行了装修并转租给丙。丙擅自更改房屋承重结构，导致房屋受损。对此，下列哪些选项是正确的？（2016 年第 3 卷第 60 题）

A. 无论有无约定，乙均有权于租赁期满时请求甲补偿装修费用【错误。租赁合同并未提前终止】

B. 甲可请求丙承担违约责任【错误。合同相对性，甲丙没有合同关系】

C. 甲可请求丙承担侵权责任【正确。丙因过错侵害甲的房屋所有权，成立过错侵权】

D. 甲可请求乙承担违约责任【正确。承租人乙因为第三人丙的原因，对出租人构成违约】

2. 甲将自己的房屋于 2016 年 6 月租给乙并签订 A 合同，又于 2016 年 9 月租给丙签订 B 合同，其中乙办理了登记备案，丙率先住了进去，下列说法正确的是？（2019 年仿真题）

A. 虽然 B 合同没有办理登记备案，但是 A 合同和 B 合同一样有效【正确】

B. A 合同先签订所以效力优先【错误。丙率先合法占有，B 合同效力优先】

C. 因为办理了登记所以 A 合同效力优先【错误】

D. 丙优先根据合同占有房屋所以 B 合同效力优先【正确】

七、租赁合同的法定解除权【租赁合同中的法定解除权 E】

1. 出租人可解除：承租人不付租金 + 催告后合理期限仍未支付；非法转租。

2. 承租人可解除：非因承租人原因，租赁物无法使用（如被查封扣押、毁损灭失）；一房数租导致不能取得租赁房屋。

主观题延伸拓展

案例 1：枫桥公司将“枫叶”写字楼 18 层租给丙公司，丙公司未经枫桥公司同意转租给了另外一个公司。

问题：丙公司把 18 层转租给另一个公司的行为是否有效？为什么？

答案：有效。无权处分不影响买卖合同的效力，举重以明轻，承租人丙公司未经出租人枫桥公司的同意将 18 层转租也不影响其与次承租人之间租赁合同的效力。

KEEP AWAKE

第三章

融资租赁合同【融资租赁合同 D】

【怎么考】1. 本章有一定理解难度。

2. 题目会给合同内容，问合同性质，要能认出这是融资租赁合同。

3. 题目会考权利义务关系，如在融资租赁合同中，租赁物的所有权属于谁，谁负责维修、承担风险等。

【怎么学】1. 需要认真听课，理解制度原理。

2. 对于融资租赁中各方当事人的权利义务，不要死记硬背，通过理解原理是可以推出答案的。

3. 注意和租赁合同去对比理解记忆，不要混淆。

【情境案例】乙医院开业，需要购入丙公司的核磁共振仪器，700 万元一台。乙一下子拿不出这么多钱，又因为缺乏担保、金融业管制严格等原因，无法获得贷款。于是乙找到甲融资租赁公司，双方约定：甲从丙处买入仪器给乙使用，乙连续十年每年支付给甲 100 万元，共 1000 万元租金。

在这个交易中甲乙的目的都得以实现：

企业乙：缺设备（融物），当然本质是缺钱（融资），最终虽然花的更多（700 万元变成 1000 万元），但分十年偿还，资金压力小。

融资租赁公司甲：通过借钱给乙买设备挣利息，乙分期偿还的租金实质上是在还本付息（700 万元本金，另外挣 300 万元利息）；同时甲自己是设备所有权人，设备成了最牢靠的担保。

融资租赁合同是出租人根据承租人对出卖人、租赁物的选择，向出卖人购买租赁物，提供给承租人使用，承租人支付租金的合同。

融资租赁合同为双务、有偿、诺成、要式（应当采用书面形式）、继续性合同。

特殊的融资租赁：售后回租。出租人（买受人）从承租人（出卖人）那里买租赁物再出租给承租人。（只有两方主体，承租人同时是出卖人，出租人同时是买受人），此种融资租赁也是融资（借钱），先通过出售标的物，获得钱（借到钱），然后通过租金的方式分期还钱。

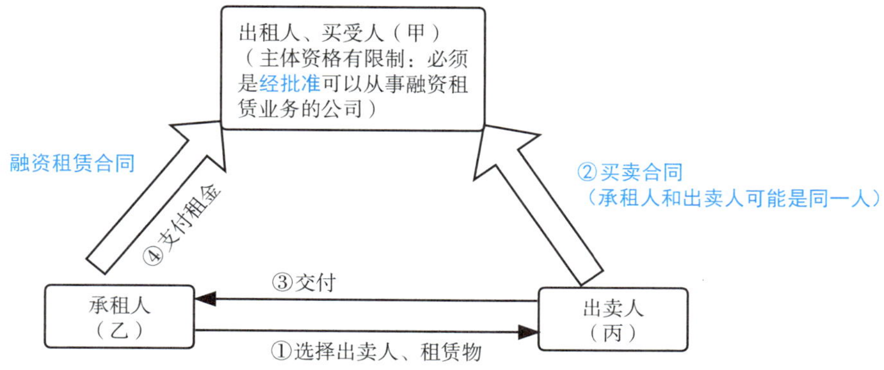

1. 融资租赁的本质是借钱，不是租赁，标的物是承租人自己选定的，出租人只是帮承租人买（相当于借钱给承租人，承租人通过租金来还债）。

因此，融资租赁和一般的租赁是不一样的，把融资租赁的出租人，理解为放贷的借款人（例如贷款给你的银行），更好理解，基于此得出以下结论：

（1）租赁物瑕疵（原厂带出来的问题），出卖人负担，出租人不负担，仅有协助义务。

例外：出租人干预/起决定作用/擅自变更承租人选择，出租人担责。

（2）租赁物维修义务、致第三人损害构成侵权责任、风险（意外毁损灭失），承租人负担（占有控制人自己负担），出租人不负担。

（3）租赁物出现问题（租赁物瑕疵、需要维修、无法使用等），承租人依然要支付租金，不能以此为由拒绝支付租金。

【原理】融资租赁的出租人，相当于借你钱买东西的“银行”，你自己选的东西有问题，东西坏了，东西导致别人损害，借钱给你的“银行”需要负责吗？你能因此不还钱吗？

2. 承租人不付租金怎么办？

出租人：催告后，要求承租人一次性付清全款/解除合同收回租赁物二选一。

若无其他约定，租赁物所有权归出租人，出租人可以将租赁物拍卖变卖就承租人欠付租金部分优先受偿（担保功能），当然要多退少补，不能占便宜。

3. 虚假的融资租赁合同无效：（1）租赁物价值低，但是购买价格明显高；（2）虚构租赁物，不构成融资租赁，合同无效（通谋虚伪表示），按照借款法律关系处理。1000元的设备支付共5万元租金，或者设备压根不存在，其实就是找个由头给出租人借钱。

判断分析

1. 甲融资租赁公司与乙公司签订融资租赁合同，约定乙公司向甲公司转让一套生产设备，转让价为评估机构评估的市场价200万元，再租给乙公司使用2年，乙公司向甲公司支付租金300万元。甲公司与乙公司之间为融资租赁合同关系。（2017年第3卷第61题）【正确。构成售后回租】

2. 乙融资租赁公司根据甲公司的选择，以100万元的价格向生产厂商丙公司购买了一台大型医疗设备出租给甲公司使用，租期2年，每月租金5万元，租期届满后该设备归乙公司所有。后丙公司依据乙公司的指示直接将设备交付给甲公司。关于本案，下列哪一说法是正确的？（2018年仿真题）

A. 如租期内医疗设备存在瑕疵，乙公司应减少租金【错误。设备瑕疵，出租人不担责，除非出租人干预】

B. 如租期内医疗设备因使用不当造成损坏，乙公司应承担维修义务【错误。承租人承担租赁期间的维修义务】

C. 租期内医疗设备毁损、灭失的风险应由乙公司承担【错误。承租人甲公司承担】

KEEP AWAKE

第四章 赠与合同【客+主】

【赠与合同的撤销 A；赠与人的瑕疵担保责任 E】

【怎么考】本章不难，考点突出，即赠与人的撤销权。题目会问赠与人能不能撤销赠与。可能结合对胎儿赠与考查，见总则自然人部分。

【怎么学】重点记忆赠与人在什么条件下可以反悔，3 种权利，区分清楚。

法条群

《民法典》第三编合同 第二分编典型合同 第十一章赠与合同

第六百五十八条【赠与合同的任意撤销与限制】赠与人在赠与财产的权利转移之前可以撤销赠与。

经过公证的赠与合同或者依法不得撤销的具有救灾、扶贫、助残等公益、道德义务性质的赠与合同，不适用前款规定。

第六百六十三条【赠与的法定撤销】受赠人有下列情形之一的，赠与人可以撤销赠与：

（一）严重侵害赠与人或者赠与人近亲属的合法权益；

（二）对赠与人有扶养义务而不履行；

（三）不履行赠与合同约定的义务。

赠与人的撤销权，自知道或者应当知道撤销事由之日起一年内行使。

赠与合同是赠与人将自己的财产无偿给予受赠人，受赠人表示接受赠与的合同，是双方民事法律行为，单务、无偿、诺成、非要式合同。

1. 瑕疵担保责任：因是无偿合同，赠与人原则上不承担瑕疵担保责任。除非：（1）赠与人故意不告知瑕疵或保证无瑕疵；（2）附义务的赠与（仅在附义务限度内担责）。

2. 附义务的赠与和附条件的赠与：赠与可以附义务，但要注意和附生效 / 失效条件的赠与合同之间的区分。

区分标准：该条件 / 义务是否会影响合同效力。附生效条件的赠与，条件是否成就，会影响合同生效；附义务的赠与，不管受赠人是否履行义务，合同已经生效了（没履行承担违约责任，赠与人有法定撤销权）。甲赠与乙 100 万，想让乙用于舞蹈训练。若约定：乙不用于舞蹈训练时，赠与合同失效。这是附条件的赠与；若约定：乙必须用于舞蹈训练（没提失效的事），这是附义务的赠与。

3.【重点】赠与合同生效后，民法允许赠与人“反悔”，有三个权利：任意撤销权、法定撤销权、穷困抗辩权。

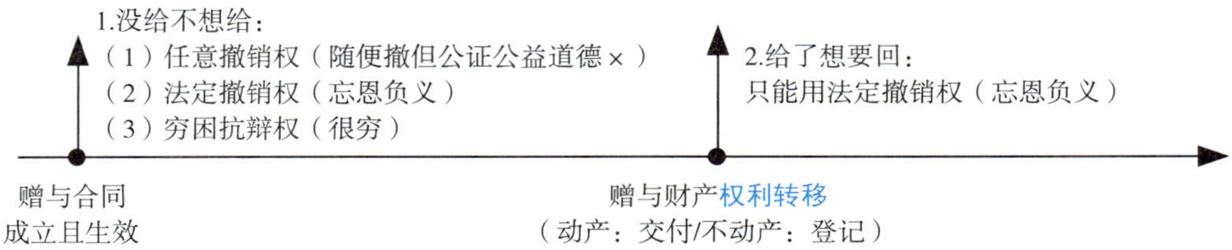

1.没给不想给：
（1）任意撤销权（随便撤但公证公益道德×）
（2）法定撤销权（忘恩负义）
（3）穷困抗辩权（很穷）

2.给了想要回：
只能用法定撤销权（忘恩负义）

赠与合同
成立且生效

赠与财产权利转移
（动产：交付/不动产：登记）

（1）赠与人的任意撤销权

赠与人在赠与的财产权利转移之前（没交付/登记），可以任意撤销赠与，不履行赠与合同。但是有2类合同不能任意撤销，要继续履行：

①经过公证的赠与合同；

②具有救灾、扶贫、助残等公益、道德义务性质的赠与合同。道德义务性质的赠与，如特定情感所需要的给付，如感谢救命之恩等。

（2）赠与人的法定撤销权

不管赠与财产权利有没有转移，只要符合下列条件就能行使法定撤销权。即使不符合任意撤销，也能行使法定撤销。没履行的不用再履行，已履行的可以请求返还。

①受赠人如果A.严重侵害赠与人或者赠与人近亲属的合法权益/B.对赠与人有扶养义务而不履行/C.不履行合同约定的义务，有这三种情形之一的，赠与人可以在知或应知撤销事由1年内撤销赠与。

②受赠人违法行为导致赠与人死亡或丧失行为能力的，赠与人的继承人或法定代理人可以在知或应知撤销事由6个月内撤销赠与。

判断分析

70岁的甲男与25岁的乙女约定婚后将其名下一栋别墅赠与乙女，同时约定房屋赠与后乙女应当好好照顾甲男，婚后甲按约定将房屋赠与乙并办理过户登记，乙受赠后，性情大变并对甲愈发冷淡，将甲赶出家门，甲可以撤销对乙的赠与。（2019年仿真题）【正确。乙女拒绝履行赠与合同约定的义务，可以撤销赠与】

（3）赠与人的穷困抗辩权

赠与合同成立后，赠与人经济状况显著恶化，严重影响其家庭生活或生产经营，可不再履行，已经履行的不得请求返还。

主观题延伸拓展

案例： 乙公司为体现自己落实《民法典》中的营利法人社会责任，承诺每年向“青少年成长基金”捐款1000万元，并在媒体上宣传。

问题： 乙公司能否撤销赠与合同？

答案： 不能。捐赠合同属于具有公益性质的赠与合同，赠与人乙公司不享有任意撤销权。法条依据为《民法典》第658条第2款。

KEEP AWAKE

第五章 民间借贷合同

【民间借贷合同的成立与效力 C；民间借贷合同的利息与利率 E；借款人与贷款人义务 E】

【怎么考】本章考查较少，往往作为一个选项出现。

【怎么学】把老师画的重点记住即可。

借款合同是借款人（要借钱的人）向贷款人（出借的人）借款，到期还本付息的合同。根据贷款人身份不同，分为金融机构借贷（商业银行等）和民间借贷。民间借贷合同主体是非金融机构和自然人，包括自然人之间，自然人与法人、非法人组织之间，法人、非法人组织之间的借款合同。

一、民间借贷合同的基本内容

主体 / 内容		自然人之间	其他民间借贷合同，如自然人和法人之间
成立		实践合同（合意 + 提供借款才成立）、单务合同	诺成合同（合意即可成立）双务合同
利息	没约定	视为没有利息	
	约定不明	视为没有利息	有利息
	有约定	不得超过合同成立时 1 年期贷款市场报价利率（LPR①）的 4 倍	

借款人未按照约定的借款用途使用借款，贷款人可以停止发放借款、提前收回借款或解除合同。

二、民间借贷合同的无效事由

1. 出借的不是自有资金：出借人套取金融机构贷款、向其他营利法人借贷、向本单位职工集资，或者以向公众非法吸收存款等方式取得资金转贷。

2. 职业放贷行为：未取得放贷资格，以营利为目的向社会不特定对象提供借款。

3. 借款用于违法犯罪 + 出借人明知仍提供。

① LPR 每隔一段时间会更新，比如 2023 年 9 月 20 日，央行公布的 1 年期 LPR 为 3.45%。法考不要求记忆具体数值。

判断分析

4 月 20 日，贺某因购买制造假酒设备和原材料向宫某借款 50 万元，期限 1 年，月息 2%，并告知借款用途，宫某当即同意，并于次日向贺某交付现金 20 万元，4 月 22 日向贺某银行卡转账 30 万元。借款合同有效。（2022 年仿真题）【错误。出借人宫某事先知道贺某借款用于购买制造假酒的设备和原材料仍然提供借款，合同无效】

KEEP AWAKE

第六章 建设工程施工合同【客+主】

【建设工程施工合同 B】

【怎么考】考过无效的建工合同、质量问题的诉讼和实际施工人要钱的诉讼（可能结合民诉考查）、承包人的优先受偿权。

【怎么学】1. 注意听课理解基本概念及法律关系。

2. 学习中可以把握建工合同相关规定规范的两大问题，工程质量和工程价款，以此为线索记忆。

一、基本概念

1. 甲公司需建设一楼盘，欲找一公司承建，公开招标后，乙公司竞标成功→甲公司是发包人，乙公司是承包人，甲乙公司之间签订的是发包合同。

2. 乙公司将承包来的工程全部交给丙公司建设→丙公司是转包人，乙丙公司之间签订的是转包合同。

3. 乙公司将承包来的工程中的 A 部分工程（非主体）交给丁公司建设→丁公司是分包人，乙丁公司之间签订的合同①是分包合同。

4. 乙公司将承包来的工程主体结构交给戊公司建设→戊公司是分包人，乙戊公司之间签订的合同②是分包合同。

5. 乙公司将承包来的工程分解为 4 个部分分别交给 M、N、E、F 四个公司进行建设→M、N、E、F 四个公司是分包人，乙和 MNEF 公司之间签订的合同③是分包合同。

6. 丁公司将从乙公司处分包来的 A 部分工程（非主体）中的部分工程交给庚公司建设→庚公司是再分包人，丁庚公司之间签订的合同④是分包合同。

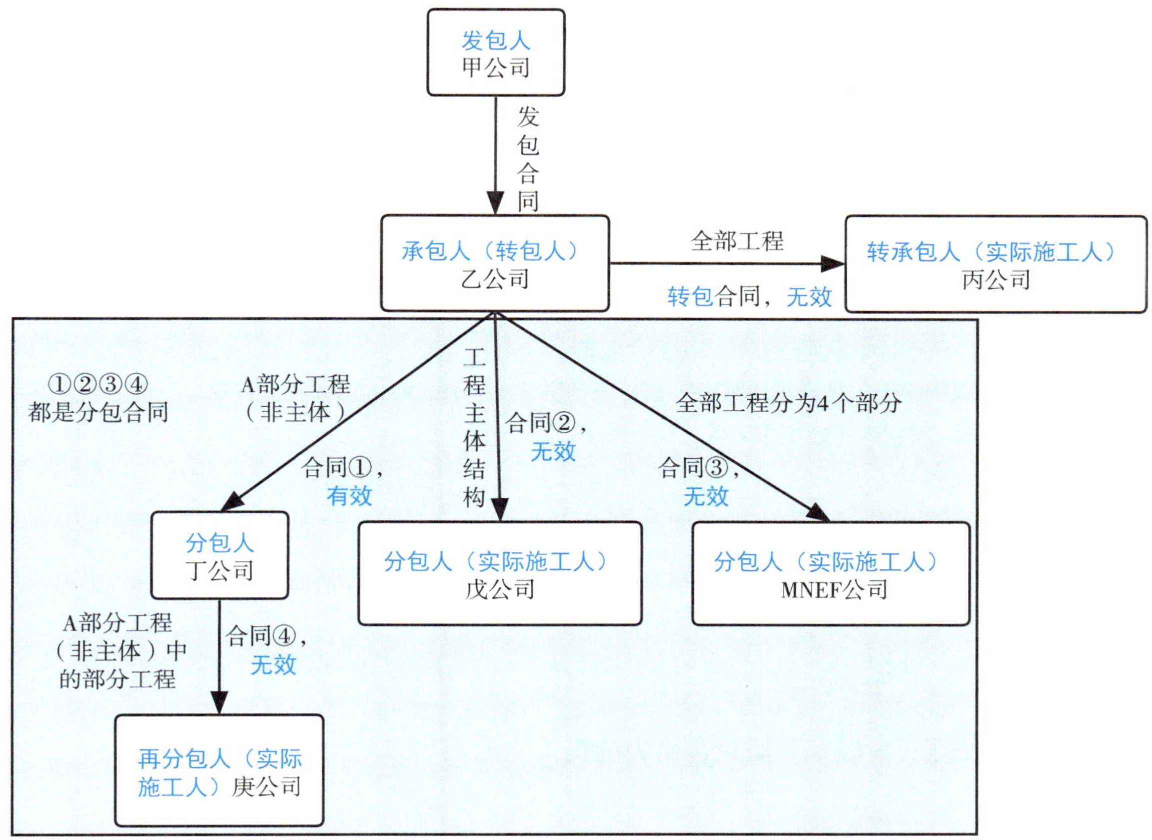

发包：建设单位将建设工程任务通过招标发包或直接发包的方式，交付给具有法定从业资格的单位完成，并按照合同约定支付报酬的行为。

承包：具有从事建筑活动的法定从业资格的单位，通过投标或其他方式，承揽建筑工程任务，并按约定取得报酬的行为。

转包：承包人将其承包的建设工程全部倒手转让给第三人的行为。

分包：承包人依法将其承包的部分工程交给第三人的行为。

实际施工人：主要指借用资质、转包、违法分包中实际完成工程建设的主体。

二、建设工程施工合同的效力

1. **转包**合同：一律无效。

2. **分包**合同：合法分包有效，违法分包无效。

合法分包（合同有效，全部满足“+”）	违法分包（合同无效，/）
（1）发包人同意	（1）未经发包人同意分包；
（2）不能分包主体结构	（2）分包主体结构；
（3）分包人具有相应资质	（3）分包人不具有相应资质；
（4）分包只有 1 次，不得再分包	（4）分包人将工程再分包；
	（5）全部工程支解后以分包名义转包。

因此，前例中，转包合同无效，合同①有效，合同②、③、④无效。

【注意】（1）分包人不能将建设工程2次分包，但能把其中的劳务部分交给第三人完成（如抹灰、混凝土作业等），该第三人不能再交由其他人完成。

（2）承包人将建设工程转包、违法分包的，发包人可以解除与承包人的发包合同。

转包、违法分包导致的是转包、分包合同无效，原发包合同并非当然无效，是有权解除。

3. 借用资质：没有资质的实际施工人借用有资质的建筑施工企业名义，发包合同无效。（此时，出借方是名义上的承包人，借用方是实际上的承包人）

4. 承包人未取得或超越资质，无效；超越资质的竣工前取得为有效。

5. 建设工程必须进行招标而未招标或中标无效的。

6. 发包人未取得建设工程规划许可证等规划审批手续，无效；起诉前拿到就有效。发包人能够办理审批手续而未办理，发包人不能主张无效。

三、工程质量问题

1. 实体责任：承包人、分包人和实际施工人就建设工程质量承担连带责任。如借用资质，出借方和借用方承担连带责任。

2. 程序体现：发包人可以承包人、分包人和实际施工人为共同被告提起诉讼（突破合同相对性）。

四、工程结算——以工程质量合格为前提

法条群

《民法典》第三编合同 第二分编典型合同 第十八章建设工程合同

第八百零七条 【工程价款的支付】发包人未按照约定支付价款的，承包人可以催告发包人在合理期限内支付价款。发包人逾期不支付的，除根据建设工程的性质不宜折价、拍卖外，承包人可以与发包人协议将该工程折价，也可以请求人民法院将该工程依法拍卖。建设工程的价款就该工程折价或者拍卖的价款优先受偿。

《建设工程施工合同解释（一）》

第三十六条【优先受偿权的顺位】承包人根据民法典第八百零七条规定享有的建设工程价款优先受偿权优于抵押权和其他债权。

第三十八条 【承包人优先受偿权】建设工程质量合格，承包人请求其承建工程的价款就工程折价或者拍卖的价款优先受偿的，人民法院应予支持。

第四十条【优先受偿权的范围】承包人建设工程价款优先受偿的范围依照国务院有关行政主管部门关于建设工程价款范围的规定确定。

承包人就逾期支付建设工程价款的利息、违约金、损害赔偿金等主张优先受偿的，人民法院不予支持。

第四十一条【优先受偿权行使期限】承包人应当在合理期限内行使建设工程价款优先受偿权，但最长不得超过十八个月，自发包人应当给付建设工程价款之日起算。

（一）实际施工人能否要钱

1. 合同无效不影响要钱，核心看质量是否合格：

（1）验收合格，参照合同关于工程价款的约定折价补偿实际施工人；

（2）验收不合格，先进行修复：

①修复后验收合格，参照合同关于工程价款的约定折价补偿实际施工人，但发包人可以请求承担修复费用；

②修复后验收不合格，实际施工人不能要钱。

参照哪份合同：实际履行的合同＞最后签订的合同。

2. 诉讼

（1）实际施工人可以仅以转包人或者违法分包人为被告起诉。

（2）实际施工人也可以直接起诉发包人（突破合同相对性），此时法院应当追加转包人或者违法分包人为第三人，判决发包人在欠付建设工程价款范围内对实际施工人承担责任。

3. 在满足代位权行使条件时，实际施工人有权以转包人或违法分包人怠于向发包人行使权利而提起代位权诉讼。

（二）承包人优先受偿权

<table>
<tr><td>概念</td><td colspan="2">发包人不支付到期工程款，承包人催告后合理期限还不支付，承包人可以和发包人协议将工程折价，也可以请求拍卖。建设工程价款就折价或拍卖的价款优先受偿。
【注意】只能就建设工程价款优先受偿，不包括建设用地使用权所得价款（因为建设用地使用权不能体现劳动者的投入）。</td></tr>
<tr><td>主体</td><td colspan="2">承包人（实际施工人不享有）</td></tr>
<tr><td rowspan="3">权利行使</td><td>期间</td><td>最长不超过 18 个月，自发包人应当给付建设工程价款之日起算。
应付工程价款之日：工程交付之日＞竣工结算文件提交之日＞当事人起诉之日</td></tr>
<tr><td>范围</td><td>不包括逾期利息、违约金、损害赔偿金。</td></tr>
<tr><td>保护</td><td>发包人与承包人约定放弃或限制优先受偿权，损害建筑工人利益的，约定无效。</td></tr>
<tr><td rowspan="2">权利顺位</td><td colspan="2">商品房消费者的房屋交付请求权、价款返还请求权（房屋不能交付且无实际交付可能）＞承包人优先受偿权＞抵押权＞普通债权</td></tr>
<tr><td colspan="2">商品房消费者＞承包人的条件：
1. 法院查封前已订立有效合同；
2. 所购商品房系用于居住且买受人名下无其他用于居住的房屋；
3. 已支付全部价款或支付部分价款但在一审法庭辩论终结前已实际支付剩余全部价款。</td></tr>
</table>

五、以招投标方式订立的建设工程施工合同

1. 当事人就同一建设工程另行订立的施工合同与经过备案的中标合同实质性内容不一致的，以备案的中标合同作为根据。

2. 招标人和中标人在中标合同之外就明显高于市场价格购买承建房产、无偿建设住房配套设施、让利、向建设单位捐赠财物等另行签订合同，变相降低工程价款的，该合同无效。

判断分析

1. 李某借用有资质的甲建筑公司的名义，经投标承包了乙房地产开发公司的一处住宅建设工程并订立了建设工程施工合同。双方在中标合同备案后，又就同一项目另行订立了一份在工期要求、计价方式和承包总价款方面均不同于中标合同的施工合同。随后，李某又以甲建筑公司项目部的名义与具有劳务作业法定资质的丙公司订立劳务分包合同。该工程经竣工验收不合格。下列选项正确的是？（2019 年仿真题）

A. 建设工程施工合同应认定为部分无效【错误。没有资质的李某借用甲建筑公司的资质订立的建设工程施工合同全部无效】

B. 对于因建设工程质量不合格造成的损失，乙公司只能请求甲公司承担赔偿责任【错误。借用资质的，出借方和借用方连带】

C. 若该工程经修复后合格，工程价款应参照备案合同约定予以结算【正确。合同无效，但是建设工程经验收合格的，可以参照合同关于工程价款的约定折价补偿。当事人就同一建设工程另行订立的建设工程施工合同与经过备案的中标合同实质性内容不一致的，应当以备案的中标合同作为根据】

2. 甲公司以一地块的建设用地使用权作抵押向乙银行借款 3000 万元，办理了抵押登记。其后，甲公司在该地块上开发建设住宅楼，由丙公司承建。甲公司在取得预售许可后与丁订立了商品房买卖合同，丁交付了全部的购房款。现住宅楼已竣工验收，但甲公司未能按期偿还乙银行借款，并欠付丙公司工程款 1500 万元，乙银行和丙公司同时主张权利，法院拍卖了该住宅楼。（2017 年第 3 卷第 55 题）

C. 若甲公司将住宅建好后将房地一并抵押给乙银行，丙公司对该住宅楼的优先受偿权优先于乙银行的抵押权【正确。顺位为：已经支付全部 / 部分购房款且在一审法庭辩论终结前实际支付剩余价款的商品房消费者＞承包人优先受偿权＞抵押权＞普通债权】

D. 丙公司对该住宅楼的优先受偿权不得对抗丁对其所购商品房的权利【正确】

主观题延伸拓展

案例：甲公司中标了某地块的开发权，与乙公司签订合同，由乙公司负责建筑施工，但甲公司未支付工程款项，以未完成的工程作抵押向银行贷款 2 亿元作为资本继续开发。

问题：乙公司对甲公司的工程房屋是否有优先权？

答案：有优先权。发包人甲公司经催告后仍不支付价款的，承包人乙公司可以与发包人甲公司协议折价，也可以请求法院将该工程依法拍卖，就该工程折价或者拍卖的价款优先受偿。法条依据为《民法典》第 807 条。

KEEP AWAKE

第七章 物业服务合同和保理合同

【怎么考】1. 物业服务合同：近三年的常考点，需要引起重视。考过物业服务合同的解除权、缴纳物业费的义务等。

2. 保理合同：虽只有 22 年考过 1 次，因为是比较新的考点，今年也有一定可能考查。

【怎么学】1. 物业服务合同，记忆老师画的重点即可。

2. 保理合同离生活较远，注意听课理解，梳理清楚法律关系。

一、物业服务合同【物业服务合同 A】

物业服务人（包括物业服务企业和其他管理人）在物业服务区域内（小区），为业主提供维修养护、环境卫生和秩序维护等物业服务，业主支付物业费的合同。双务、有偿、诺成、要式（书面）合同。

（一）合同的订立

1. 开发商与物业服务人签订的合同——前期物业服务合同；

2. 业主委员会 / 业主大会与物业服务人签订的合同——普通物业服务合同。

不管是前期物业服务合同还是普通物业服务合同对业主都有约束力。前期物业服务合同对业主有约束力的原因是业主在买房时进行了概括承受；普通物业服务合同有约束力的原因是自己选的，进行自我管理。

【注意】前期物业服务合同履行期限尚未届满，但业主委员会或业主与新物业服务人订立合同且生效的，前期物业服务合同终止。

3. 物业服务人公开作出的有利于业主的服务承诺，是物业服务合同的组成部分，即该承诺约束物业服务人。

（二）双方当事人的重点权利义务

1. 业主

（1）支付物业费。

①物业服务人已提供服务，业主不得以未接受或者无须接受为由拒绝支付。如甲购买了某楼盘房屋后一直未居住，但仍需支付物业费。物业使用人（如承租人）和业主对物业费缴纳负连带清偿责任，即使内部有约定，不得对抗物业服务人。

②业主逾期不支付，物业服务人有权催告，催告后合理期限内仍不支付，物业服务人可以起诉或者仲裁。

不得采取停止供电、供水、供热、供燃气等方式催交物业费。（因供电等服务的合同相对人是供电人而非物业服务人）

（2）告知义务：装饰装修、转让、出租专有部分、设立居住权或者依法改变共有部分用途的，应及时告知。

2. 物业服务人

亲自履行。不能全部转委托，但可以部分转委托，只是仍要就转出去的部分对业主承担违约责任（合同相对性）。如卫生、安保、消防、设备维修等。

（三）合同的解除

1. 业主有任意解除权：依法定程序共同决定，随时解除，提前 60 日书面通知对方。

2. 物业想解除合同：

（1）期限届满不续签，提前 90 日书面通知对方。

（2）不定期物业服务合同，常见的是期限届满双方无明确表示，物业继续提供服务的：物业服务人也可以任意解除合同，随时解除，提前 60 日书面通知对方。

判断分析

1. 某小区开发商与甲物业公司订立前期物业服务合同，业主乙因车位长期无故被人占用，不满甲公司服务，遂拒付物业费以示抗议。对此，下列表述正确的是？（2021 年仿真题）

A. 乙可以未参与该物业服务合同的签订为由，主张该物业服务合同对其无拘束力【错误。前期物业服务合同对业主具有约束力】

B. 乙可以其长期在外工作为由，未实际接收物业服务为由，拒绝支付物业服务费【错误。物业服务人已提供服务，业主不得以未接受服务为由拒绝付费】

C. 乙无权以物业服务瑕疵为由主张物业服务合同对其无拘束力【正确】

D. 确有必要时，甲公司可停止供水供电，催告乙交付物业费【错误。物业服务人不得采取停止供电、供水、供热、供燃气等方式催交物业费】

2. 某小区住户甲在二楼居住，垃圾分类的 4 个垃圾桶就放在甲的窗户下面，长期以来，臭气熏天，苍蝇乱飞，甲长期不敢开窗，受到困扰。甲有权解除物业服务合同。（2023 年仿真题）【错误。业主要依照法定程序共同决定解聘物业服务人，单一业主无权任意解除】

二、保理合同（债权转让）【保理合同 C】

保理合同是应收账款债权人将现有的或者将有的应收账款转让给保理人，保理人提供资金融通、应收账款管理或者催收、应收账款债务人付款担保等服务的合同。

其本质就是以债权转让为基础的金融服务合同，合同分则对保理合同未做规定的，可以适用合同总则中债权转让的相关规定。

保理人：银行以及专业的商业保理公司。

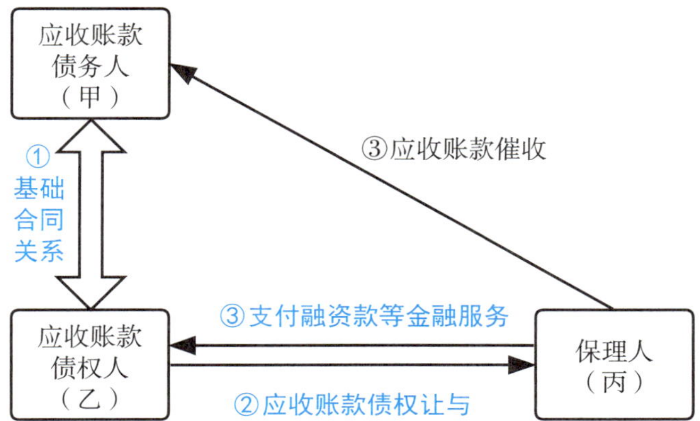

2021 年 10 月 28 日，乙公司出售 1 批货物给甲公司，约定甲公司于 2022 年 4 月 28 日支付 100 万元货款。2022 年 1 月 1 日，乙公司急需资金周转，于是和丙银行约定乙公司将对甲公司的 100 万元货款请求权转让给丙银行，丙银行为乙公司提供 80 万元融资款，丙银行负责向甲公司催收应收账款。

甲公司是应收账款债务人，乙公司是应收账款债权人，丙银行是保理人。甲乙公司存在基础合同，乙丙存在保理合同，乙转给丙的是乙对甲的应收账款债权。

1. 保理合同是要式合同，必须书面形式。

2. 产生什么法律效果？

（1）保理人（丙银行）取得应收账款债权。

（2）要通知应收账款债务人（甲公司），才能对其发生效力。可以保理人通知，可以应收账款债权人（乙公司）通知。保理人通知时，要表明保理人身份并附有必要凭证。

3. 如果乙丙约定有追索权，应收账款债务人甲到期未清偿，保理人丙怎么主张权利？

保理人（丙银行）既可以向应收账款债务人（甲公司）主张继续返还 100 万元的应收账款债权，也可以向应收账款债权人（乙公司）主张返还 80 万元融资款本息或者回购应收账款债权。

如果保理人（丙银行）跟应收账款债务人（甲公司）顺利要回 100 万元应收账款本息，在扣除 80 万元融资款本息和相关费用后有剩余的，剩余部分要还给应收账款债权人（乙公司）。

4. 如果乙丙约定没有追索权，应收账款债务人甲到期未清偿，保理人丙怎么主张权利？

保理人（丙银行）只能向应收账款债务人（甲公司）主张继续返还 100 万元的应收账款债权。

如果保理人（丙银行）跟应收账款债务人（甲公司）顺利要回 100 万元应收账款本息，在扣除 80 万元融资款本息和相关费用后有剩余的，剩余部分不用还给应收账款债权人（乙公司）。

【原理】无追索权风险大，所以收益大。

5. 如果甲乙基础合同是假的，丙是否还能要求甲清偿？

甲乙的基础合同因为通谋虚伪表示而无效，但保理合同有效，保理人（丙银行）依然可以要求应收账款债务人（甲公司）清偿。除非保理人知道是假的。

6. 如果债务人甲接到通知后，甲乙擅自把 100 万元的债权变成 60 万元，保理人怎么主张权利？

保理人（丙银行）依然可以要求应收账款债务人（甲公司）清偿 100 万元。应收账款债务人接到应收账款转让通知后，应收账款债权人与债务人擅自变更或终止基础合同，对保理人产生不利影响的，对保理人不发生效力。

7. 如果乙分别和丙丁签订了保理合同，丙丁谁优先取得应收账款债权？【保理人支付融资款时，一

般低于应收账款的价值，应收账款债权人为获得更多的融资，可能会签订多份保理合同】

登记（都登记，看先后）>通知（都通知，看先后）>按比例受偿

（1）通知是指到达应收账款债务人的转让通知中载明保理人的。

（2）应收账款上同时存在质押、保理、债权转让的情况，也适用上述规定。

KEEP AWAKE

第八章 其他有名合同*

【怎么考】本章内容多，分散，重点突出：

1. 承揽合同注意记忆双方权利义务以及解除权。

2. 运输合同注意承运人责任，委托合同注意解除权，中介合同注意跳单和报酬支付，保管合同注意保管物毁损的责任承担。

【怎么学】本章将老师画的重点记忆即可。

第一节　承揽合同和运输合同

一、承揽合同【承揽合同 D】

承揽合同是承揽人按照定作人的要求完成工作，并将工作成果交给定作人，定作人向承揽人支付报酬的合同。承揽包括加工、定作、修理、复制、测试、检验等工作。如甲请乙拆卸老化的空调、请摄影师为自己拍照，均为承揽合同。

1. 承揽人的主要义务

（1）主要工作亲自完成，如果交给其他人，依然要就这部分工作成果对定作人负责。未经定作人同意的，定作人可以解除合同。

（2）辅助工作可以交给其他人，但依然要就这部分工作成果对定作人负责。

2. 定作人的主要义务

支付报酬。如果不支付，承揽人可以留置工作成果或者拒绝交付，除非当事人另有约定。

3. 定作人的任意解除权

（1）承揽人完成工作前，定作人可随时变更或解除合同。造成承揽人损失的，定作人要赔偿。

（2）解除后，工作成果的已完成部分所有权归定作人；定作人支付相应报酬。

4. 承揽人造成他人损害

（1）承揽人承担全部责任，定作人在过错范围内与承揽人共同承担责任。（定作、指示、选任）但支付的赔偿费用总和不能超过受害人的损失。【具体责任承担可以详见侵权部分劳务派遣的“共同”】【新增】

（2）如果定作人承担的责任超过了自己应负的责任，可以向承揽人追偿。【新增】

* 合伙合同（民事合伙）和合伙企业（商事合伙）的区别主要是：合伙合同只是民事法律行为，而合伙企业还需要有字号，经登记等。其他方面都是一样的，因此此处不放合伙合同，直接用商法合伙企业的规定即可。

判断分析

甲得到一匹名贵布料，准备给女朋友量身定制旗袍，便与乙于4月5号签订加工协议，合同约定由乙来制作，于4月15号完工交货。因材质复杂，乙需要额外购买机器，花费5000元，甲预付了20000元工钱(包含5000元机器款项)。不料，甲于4月13号和女朋友分手，便通知乙无需再制作该旗袍。(2022年仿真题)

A. 甲有权解除合同。【正确。定作人甲在承揽人乙完成旗袍制作前，可以随时解除合同。造成损失的，要赔偿】

C. 机器所有权归乙【正确。根据表述，甲将机器款项以工钱名义转给乙，表明甲愿意承担机器费用，给乙购买，因此归乙】

二、运输合同【运输合同E】

运输合同是承运人将旅客或者货物从起运地点运输到约定地点，旅客、托运人或者收货人支付票款或者运输费用的合同。

1. 客运合同(公交、出租车、大巴、飞机)：合同自承运人向旅客出具客票时成立，除非另有约定或交易习惯。承运人责任：

(1)旅客伤亡：承运人无过错责任。免责事由：旅客自身健康原因/旅客故意或重大过失。

注意：同样适用于免票、优待票或承运人许可搭乘的无票旅客。

(2)财产损失：随身财产，承运人过错责任；托运行李，承运人无过错责任。

2. 货运合同(快递、物流)

(1)托运人在承运人交付收货人前，有任意变更、解除权。

(2)承运人在托运人/收货人不支付运费时有留置权。

(3)货物毁损，承运人无过错责任。免责事由：不可抗力；货物性质或合理损耗；托运人/收货人过错。

判断分析

林某带领大宝(4周岁)乘坐客运班车，给大宝办理了免票手续。乘车途中，客运班车与蒋某驾驶的轿车相撞发生交通事故。林某轻伤且手机摔坏，就医花去医药费2000元，修理手机花费5000元。大宝粉碎性骨折，花去医药费20万元。(2019年仿真题)

B. 大宝有权请求客运公司承担赔偿责任【正确。旅客伤亡，承运人无过错责任(即使免票)。】

D. 若班车司机能证明对交通事故的发生没有过错，对于林某的手机损失，客运公司可以免责【正确。承运人对旅客"随身携带物品"的损失承担过错责任】

第二节 委托合同、中介合同、行纪合同

一、委托合同【委托合同E】

委托合同是委托人和受托人约定，由受托人处理委托人事务的合同。

1. 委托人的主要义务

（1）费用：处理委托事务的费用，委托人要预付。受托人垫付的，委托人偿还并支付利息。

（2）报酬：受托人完成委托事务，委托人支付报酬。因不能归责受托人事由，委托合同解除或事务不能完成，也要支付相应报酬。除非另有约定。

2. 受托人的主要义务

（1）2 个以上的受托人共同处理委托事务的，对委托人承担连带责任。

（2）亲自处理以及转委托等见总则部分第八章代理。

（3）无偿委托：受托人故意、重大过失造成委托人损失，要赔偿。

有偿委托：受托人过错造成委托人损失，要赔偿。

3. 双方任意解除权（人身信赖）

委托人、受托人可以随时解除委托合同。有损失的是否赔偿：

（1）不能归责双方事由：不赔。

（2）能归责双方，区分有偿和无偿：

①**无偿**委托：解除方赔直接损失；

②**有偿**委托：解除方赔直接损失＋合同履行后可获得的利益。

二、中介合同【中介合同 C】

中介合同是中介人向委托人报告订立合同的机会或者提供订立合同的媒介服务，委托人支付报酬的合同。

1. **促成**合同成立

（1）委托人支付报酬。因中介人提供订立合同的媒介服务而促成合同成立的，由该合同的当事人平均负担中介人的报酬。

（2）中介活动的费用，由中介人负担。

2. **未促成**合同成立

不得请求支付报酬；但可以按照约定请求委托人支付从事中介活动支出的必要费用。

3. **禁止跳单**：委托人在接受中介人的服务后，利用中介人提供的交易机会或者媒介服务，绕开中介人直接订立合同的，应当向中介人支付报酬。

4. 中介人故意隐瞒或提供虚假情况，不得请求报酬，并应当承担赔偿责任。

判断分析

周某在多家房屋中介公司挂牌销售一房屋。欲购买房屋的肖某先后与甲、乙两家中介公司订立《看房协议》，其中均有特别承诺条款载明："肖某承诺不直接联系房主，否则，仍须按《看房协议》的约定支付全部服务佣金。"甲、乙均分别带领肖某查看了周某的房屋。由于周某出售的房屋在乙中介公司的报价略低，肖某遂经由乙公司中介与周某签订了房屋买卖合同。肖某不构成跳单，无须向甲公司支付中介报酬。（2019 年仿真题）【正确。委托人肖某选择报价低的乙公司与出卖人周某订立房屋买卖合同，不属于"跳单"。甲公司未促成合同成立，不能请求报酬】

三、行纪合同【行纪合同 E】

行纪合同是行纪人以自己的名义为委托人从事贸易活动，委托人支付报酬的合同。行纪人是合同相对人，对合同直接享有权利、承担义务。

【区分】代理是以被代理人名义，被代理人承担合同权利义务。如果考行纪合同，题目一般会出现“行”字，如“商行”、“寄卖行”和“寄售行”等。

1. 行纪人有（1）介入权：自己作为买受人或出卖人决定买入卖出，除非委托人有相反意思表示。不影响请求报酬。（2）委托人不支付报酬，行纪人可以留置委托物。

2. 行纪人要负担处理委托事务的费用，除非另有约定。

第三节　技术合同[①]【技术合同 C】

1. 技术合同是当事人就技术开发、转让、许可、咨询或者服务订立的确立相互之间权利和义务的合同。

技术开发（书面）：就新技术、新产品等进行研究开发所订立的合同。

技术转让 / 许可（书面）：合法拥有技术的权利人将特定技术相关权利让与他人 / 许可他人使用。

2. 技术合同的无效

（1）非法垄断技术的技术合同无效。如限制对方在合同标的技术基础上进行新的研究开发、限制对方从其他来源获得类似技术或相竞争技术、要求对方接受并非实施技术必不可少的附带条件等。

（2）侵害他人技术成果的技术合同无效（即使相对人不知情）。如侵害专利权、专利申请权、技术秘密使用权等。

①侵害技术秘密的，善意取得技术秘密的可以在其取得时的范围内继续使用该技术秘密，但应当向权利人支付合理的使用费并承担保密义务。

②双方恶意串通或者一方知道或者应当知道另一方侵权，属于共同侵权，侵权人承担连带赔偿责任和保密义务，且不得继续使用该技术秘密。

第四节　保管合同和仓储合同【保管合同 E；仓储合同 E】

	保管合同	仓储合同
概念	保管人保管寄存人交付的保管物，并返还该物	保管人储存存货人交付的仓储物，存货人支付仓储费
性质	民事合同，可有偿可无偿（没约定保管费即无偿）	商事合同，有偿
是否要物	实践合同	诺成合同
任意解除权的主体	寄存人以及无约定保管期间的双方	无约定储存期间的双方
责任承担	有偿保管：过错责任 无偿保管：故意、重大过失才承担	过错责任 免责事由：仓储物的自然性质、包装不符合约定、超过有效储存期

① 其他内容放在知识产权部分学习，否则会学重。

逾期提取仓储物：仓储合同的保管人催告后合理期间内存货人仍不提取，保管人可提存。

判断分析

外卖员张某在送外卖的时候遇到李某跳江自杀，将手机交给路人王某后奋不顾身跳入十米高的江里。王某因围观太过紧张，不慎将张某的手机跌落导致屏幕摔碎。张某手机摔坏可向王某请求赔偿。（2023 年仿真题）【错误。王某无偿保管张某的手机，没有故意或重大过失，不承担赔偿责任。】

侵权责任

侵权责任
侵权责任一般理论
归责原则
过错责任原则
无过错责任原则
公平责任
构成要件
加害行为
损害结果
因果关系
主观过错
免责事由
自甘风险、紧急避险、紧急救助、意外事件、不可抗力、自助行为、受害人过错
侵权责任的承担方式
概述
财产损害赔偿
精神损害赔偿
数人侵权
共同加害
共同危险
教唆帮助
分别侵权
除每个行为单独不足以造成全部损害的分别侵权为按份，其他类型全为连带
具体侵权行为
特殊主体的侵权行为
用人者责任
无过错的替代责任
监护人责任
无过错的替代责任
公共场所安保义务人责任
过错责任
网络服务提供者责任
过错责任
教育机构侵权
无民事行为能力人：过错推定责任
限制民事行为能力人：过错责任
特殊类型的侵权行为
建筑物和物件损害责任
建筑物倒塌、塌陷
无过错责任
公共道路上堆放障碍物
行为人：无过错责任
建筑物及其搁置物脱落、坠落
地面施工侵权
堆放物倒塌、滚落
林木折断、倾倒
窨井等地下设施
过错推定责任
高空抛物
公平分担损失规则
机动车交通事故责任
车与车：过错责任
车与非机动车、行人：无过错责任
产品责任
外部：生产者、销售者承担无过错责任
内部：销售者承担过错责任
饲养动物损害责任
无过错责任
例外：动物园饲养动物致害，过错推定责任
医疗损害责任
一般为过错责任
环境损害责任
无过错责任
人格权
一般规定
一般人格权和具体人格权
死者利益保护
侵害人格权的责任
生命权、身体权、健康权
姓名权、名称权
肖像权
名誉权和荣誉权
隐私权和个人信息保护

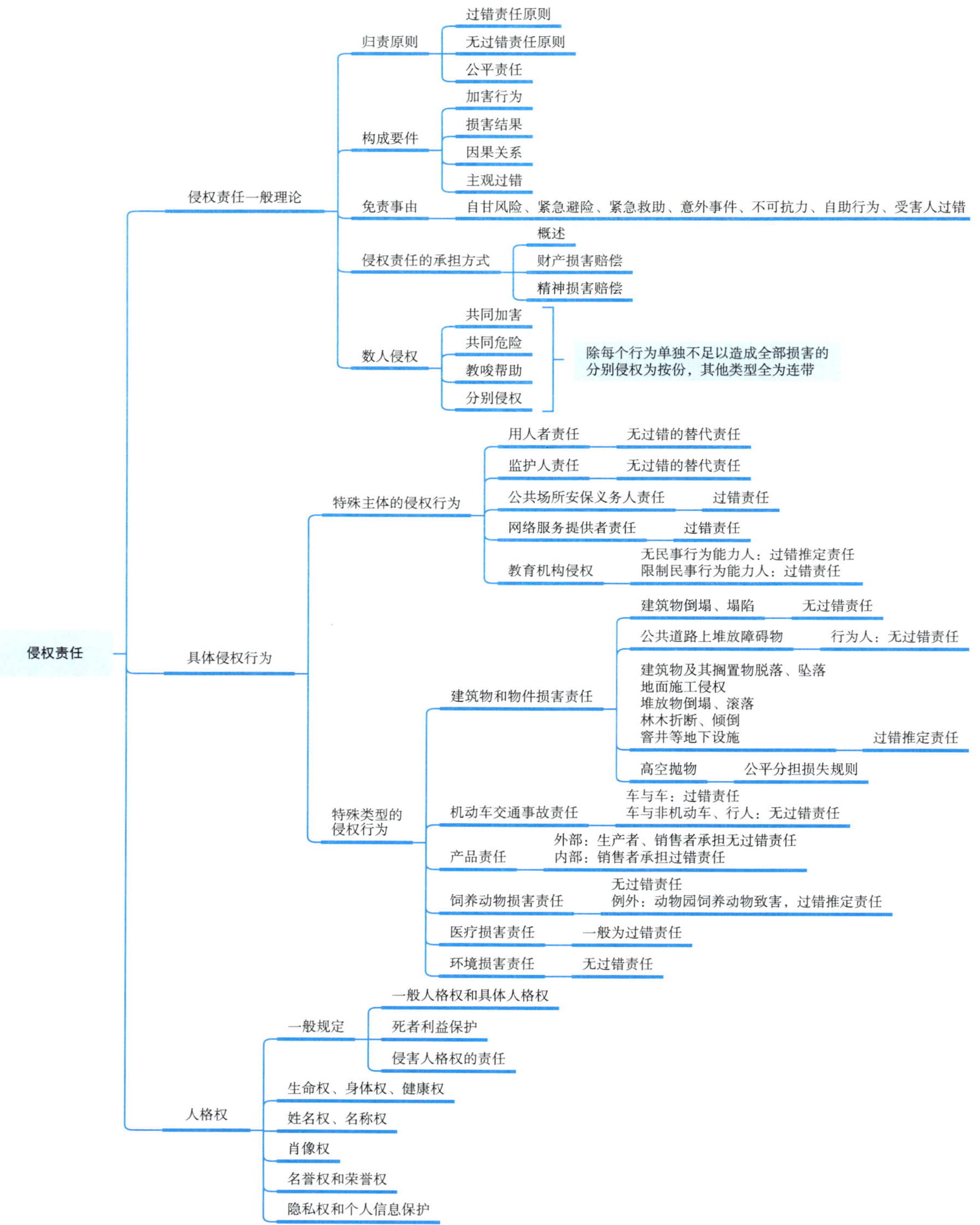

KEEP AWAKE

第一章 侵权责任一般理论【客 + 主】

【怎么考】侵权责任的构成要件、免责事由，精神损害赔偿，数人分别侵权是核心考点。考查形式是根据题目案例，问是否承担责任 / 受害人能否主张（精神损害）赔偿。

【怎么学】1. 构成要件需在听课时理解具体含义，做题时不要凭感觉判断有无“因果关系”和“过错”。

2. 精神损害赔偿理解难度低，关键是对知识点进行细节记忆。

3. 数人侵权不好理解，听课时注意判断标准和例子，且熟记并运用本章总结的做题步骤。

侵权责任是指因侵犯他人合法权益而应承担的法律责任。其核心在于对受害者权利的保护，确保他们因侵权行为而受到的损失能够得到合理的赔偿；同时也会明确免责事由，不构成侵权、不需要赔偿的情况，充分保障自由合法的活动。侵权责任的本质是通过法律手段，在保障权利与保护自由之间寻求合理的平衡。

一、归责原则

归责原则是指让责任人承担责任的理由，它是我们学好侵权的基础，《民法典》规定了过错责任和无过错责任的二元归责原则体系，同时有公平责任作为兜底。

【说明】民法中的“过错”是指行为人由于故意或疏忽（过失）造成他人权益受到侵害的主观心理状态。民法的过错 = 故意 + 过失，和刑法的故意、过失没有太大区别，法考范围内可以做一样的理解。

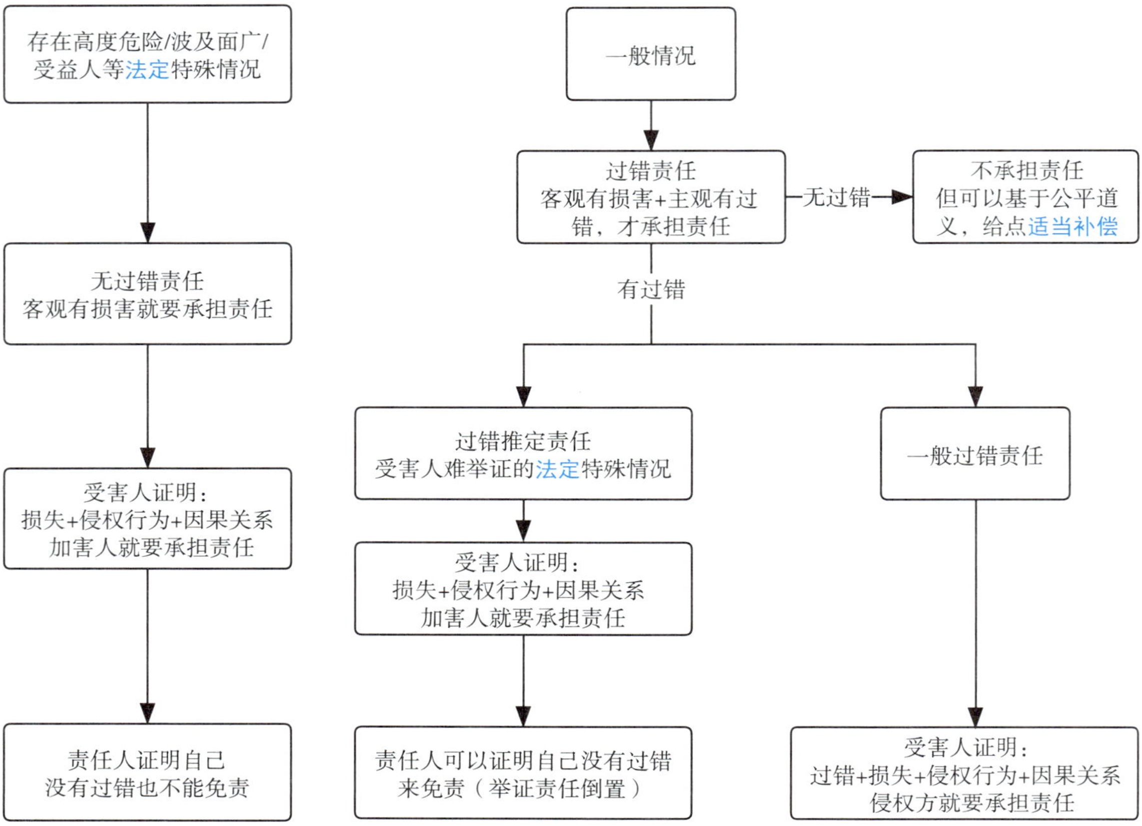

存在高度危险/波及面广/受益人等法定特殊情况
→ 无过错责任　客观有损害就要承担责任
→ 受害人证明：损失+侵权行为+因果关系　加害人就要承担责任
→ 责任人证明自己没有过错也不能免责

一般情况
→ 过错责任　客观有损害+主观有过错，才承担责任
—无过错→ 不承担责任　但可以基于公平道义，给点适当补偿
—有过错→
→ 过错推定责任　受害人难举证的法定特殊情况
→ 受害人证明：损失+侵权行为+因果关系　加害人就要承担责任
→ 责任人可以证明自己没有过错来免责（举证责任倒置）
→ 一般过错责任
→ 受害人证明：过错+损失+侵权行为+因果关系　侵权方就要承担责任

1. 过错责任原则

过错责任原则，在有损失和因果关系的情况下，还需要责任人有过错才承担责任。反之，无过错则不承担责任。对自己有过错的行为，所造成的损失，得负责，这是最基本的原理，无需法律规定具体的情形，所以，在一般情况下，侵权都是过错责任。

过错责任包含一般过错责任和过错推定责任两种类型，二者认定过错的方法不同，前者是受害人承担举证责任，要用证据证明责任人有过错，才能让对方承担责任；后者是法律直接推定责任人有过错，受害人不用举证了，但允许责任人通过证明自己没有过错来免责。

注意：适用过错推定责任必须由法律明确规定。

为什么会有过错推定责任？

在一些场合中，受害人想要证明加害人有过错，很难，但加害人想要证明自己没有过错却很容易，民法就把这些场合规定为过错推定责任。比如小朋友在幼儿园受到损害，若由小朋友及其监护人证明幼儿园存在过错比较困难，而幼儿园是比较容易证明的（公布监控，或问其他老师就好），因此民法直接推定幼儿园存在过错，把举证责任转嫁到幼儿园这边。

2. 无过错责任原则

无过错责任，即不论责任人主观是否有过错，只要客观有损失和因果关系，责任人就要承担责任，即使责任人已经尽到该尽到的一切注意义务，也要对损失承担责任。

【注意 1】适用无过错责任必须由法律明确规定。

【注意 2】要承担责任不一定要承担 100% 的责任，这是两回事。例如机动车和行人发生交通事故，机动车方是无过错责任，所以无论司机是否违章，肯定是要承担侵权责任的，但承担侵权责任不一定要 100% 全额赔偿，如果司机确实没过错，承担不超过 10% 的责任。

为什么会有无过错责任？

无过错责任的设立是为了更合理地分配社会风险，主要有如下几种情况：

（1）高风险活动，某些活动本身就存在较高的风险，即使行为人尽到最大的注意义务（没有过错），也难以完全避免风险，所以在这些领域，民法就规定为无过错责任，有助于将风险分配给更有能力承受和控制风险的主体。例如：某化工厂在生产过程中发生意外泄漏，导致附近居民区空气污染，居民健康受损。即使化工厂已经采取了严格的安全措施，作为从事高风险活动的主体，化工厂仍需对居民的损害承担无过错责任。这有助于将风险分配给更有能力承受和控制风险的主体。

（2）波及面广，某些领域如果发生事故，就会波及很多不特定的人，因此民法会规定为无过错责任，这样可以倒逼掌控风险的责任人尽到更大的注意义务（如加大技术投入），有利于预防损害的发生。如手机这类产品，在市面上大范围流通，一旦技术有缺陷，会爆炸，那影响的范围就很大了，所以民法把产品侵权规定为无过错责任，希望厂家、卖家都要尽到最高的注意义务，即使你没有过错，也要承担责任，所以一定要确保产品真的没有安全隐患。

（3）受益人承担风险理论，活动的受益者应承担由其活动可能带来的损害风险，这也是利益与风险对等原则的体现。如员工的职务行为、受益的是企业，因此员工职务行为的损害，应该由企业来承担。

【总结】《民法典》规定的过错推定责任和无过错责任

过错推定责任	无过错责任
（1）教育机构责任（无行为能力人受害）； （2）医疗机构责任（限于特定情形：违反法律规定 / 隐匿病历资料 / 销毁病历资料）； （3）动物园动物致害责任； （4）建筑物致害责任； （5）堆放物致害责任； （6）公共道路障碍物致害责任（公共道路管理人）； （7）林木致害责任； （8）地下设施施工与地下设施致害责任； （9）非法占有高度危险物致害责任（所有人、管理人）。	（1）监护人责任； （2）用人单位责任； （3）个人用工者责任（提供劳务一方因劳务致人损害）； （4）环境污染致害责任； （5）产品责任； （6）医疗产品致害责任； （7）建筑物质量缺陷致害责任； （8）公共道路上障碍物致害责任（行为人）； （9）机动车交通事故责任（机动车与行人、非机动车之间）； （10）高度危险责任； （11）饲养动物致害责任。

3. 公平责任（公平分担损失）【公平责任 C】

受害人和责任人对损害的发生都没有过错，法律也没把这种情况规定为无过错责任，但受害人的确遭受了损失，为保公平，由受益人 / 责任人对受害人给予适当补偿，来合理地分担损失。

【注意 1】公平责任是基于道义的补偿（不是赔偿），承担公平责任的人可能完全是无辜的，但基于道义，需要给受害人一个“安慰”的补偿，或者帮忙分担一些损失。

【注意 2】适用公平责任必须基于法律明确规定。

补偿 VS 赔偿：

法律上，一般自己有错（违法、违规），导致的损害，用赔偿，赔偿要足额，发生多少损失赔多少。

而如果自己没错（合法、合规），但损害跟自己有关系，基于道义、公平，用补偿，补偿适当即可，不需要足额。

几种常考情形：

（1）完全民事行为能力人对陷入无意识状态致人损害无过错，对受害人适当补偿。甲不知道自己患有癫痫，一日甲骑车突然犯病，撞伤行人乙，甲要适当补偿乙。

【注意】完全民事行为能力人对陷入无意识状态致害有过错，则承担过错责任。

（2）见义勇为中受益人的补偿，补偿规则：

①侵权人能担责，受益人可以适当补偿。

②侵权人不能担责或没有侵权人，受益人应当适当补偿。

构成见义勇为必定构成无因管理，因为它满足无因管理的构成要件（无管理义务；为避免他人利益受损；管理他人事务），此时适用哪个规定都可以。

（3）紧急避险中避险人的适当补偿（详见后文免责事由部分）。

（4）高空抛物中不明抛坠物致害时，"可能加害人"的适当补偿（详见后文高空抛物部分）。

判断分析

1. 杨某在电梯内劝阻段某不要吸烟，杨某态度冷静，未与段某发生任何肢体接触，出电梯后段某因过于气愤导致突发心脏病猝死。杨某要对段某进行补偿。【错误。"公平分担损失规则"仅适用于法律明文规定的情形】

2. 甲患有梦游症（自己并不知情），某晚甲的好友乙前来借宿，甲突发梦游，将乙的手机砸坏。根据过错责任原则，甲没有过错，不承担责任。【错误。甲的情形属于完全民事能力人陷入无意识状态致人损害，且自己对陷入无意识状态无过错，应适用公平责任，对乙适当补偿】

二、构成要件【侵权责任构成要件 A】

法条群

《民法典》第七编侵权责任 第一章一般规定

第一千一百六十五条【过错责任原则】行为人因过错侵害他人民事权益造成损害的，应当承担侵权责任。

【过错推定】依照法律规定推定行为人有过错，其不能证明自己没有过错的，应当承担侵权责任。

过错责任 = 加害行为 + 损害结果 + 因果关系 + 主观过错。

无过错责任 = 加害行为 + 损害结果 + 因果关系。

（一）加害行为

加害行为可以是作为，也可以是不作为。

1. 作为：不应为而为，以积极的举动致人损害。甲拿篮球砸乙。

2. 不作为：有义务为而不为，没有尽到该尽的注意义务，导致损害的发生。甲把乙灌醉后，负有安善安置乙的义务，却让乙自行驾车回家，乙撞树致死。

（二）损害结果

损害结果是指侵害他人权利或利益产生的后果。

1. 只有侵害人身权、物权、知识产权等绝对权才构成侵权。

侵害别人的债权，原则上不构成侵权，因为债权具有相对性，一般不会被外人侵犯，由相对人承担如违约责任、缔约过失责任等责任即可。除非行为人故意施加侵害，就是想侵犯他人债权，才构成侵权。例如，甲乙之间有供货合同，乙备好的货，被丙砸坏了，导致乙无法向甲交货，此时丙需要对乙承担侵权责任（侵犯乙的物权），但丙无需对甲承担侵权责任，甲也不能说“因为丙的行为导致自己合同之债的债权受影响”，向丙主张侵权责任，因为甲可以向乙主张违约责任，甲已经有救济了。但如果丙干这个事，就是故意针对甲，就想让甲无法按时拿到货，展会的时候就竞争不过自己，那么丙就对甲要承担侵权责任。

2. 侵害利益也可构成侵权。如侵害死者的人格利益、胎儿利益、商业秘密等可成立侵权。

3. 纯粹经济损失原则上不赔，否则赔偿范围会过大。除非加害人故意针对“纯粹经济损失范围”侵权，或法律明确规定要赔。

纯粹经济损失是指加害人没有直接侵害受害人的人身权或财产权，但因加害人的行为，确实给受害人造成了损失。

例 1：甲的无人机因操作不当掉落，破坏了电线（电线非乙工厂财产），导致乙工厂停产，损失利润 20 万元。甲没有侵害乙工厂的财产权，但因为甲的行为，确实造成了乙的损失，这属于纯粹经济损失，乙工厂不能请求甲承担侵权责任。

例 2：甲是乙的竞争厂家，为让乙无法按期交货，故意破坏电线，导致乙工厂停电停产，损失利润 20 万元。加害人故意造成纯粹经济损失，要赔。

（三）因果关系

因果关系，是指加害行为与损害结果之间具有引起与被引起的关系。

成立因果关系要求同时具备条件性和相当性。

1. **条件性：**无 A 则无 B，无此行为，就不会有此损害。

2. **相当性：**按照社会一般观念，有此行为，通常就会产生这些损害。

甲开车撞伤乙，导致乙花去医药费 1000 元，并损失了价值 100 万的签约机会。（1）若甲未撞伤乙，则乙不会损失医药费和签约机会，因此具有条件性。（2）按照社会一般观念，车祸通常会造成被撞伤、需要支付医药费的损害，因此对于医药费具有相当性，成立因果关系，甲应当承担侵权责任。（3）按照社会一般观念，车祸通常不会造成 100 万的签约损失，因此不具有相当性，不成立因果关系，甲不对 100 万的损失承担侵权责任。

【注意】受害人特殊体质，不影响因果关系的成立。甲骑车将乙撞倒骨折。经医院检查，乙有严重骨质疏松极易骨折。甲撞倒乙和乙骨折之间具有因果关系，甲要承担侵权责任。

（四）主观过错

主观过错是指行为人在实施侵权行为时的心理状态，包括故意和过失两种形式，故意是指已经预见结果，还要去追求或放任结果发生；过失是指没有尽到该尽的注意义务（违反了“规则”），导致结果的发生。

故意比较好认定，就是希望结果的发生，追求结果的发生；而过失则是“没有尽到该尽的注意义务”。很多人不理解，其实法律就是要求我们遵守规则，如果遵守规则，发生后果，就属于没有过失（没有过错，属于意外事件）；如果违反了规则，发生后果，就属于有过失（有过错）。规则很多，下面是一些示例（不完全列举）：

1. 职业规则。例如医生护士按照医疗规则治疗，没有治好，属于意外事件，没有过失；但如果医生护士没有遵守医疗规则，如没有监测某重要指标，没有做皮试，手术没消毒，就属于有过失。操作机器设备的操作员，如果严格按照操作规范，但机器爆炸了、坏了，发生了事故，就属于意外事件；如果没有按照操作要求，就属于有过失。司机开车违章就属于有过失；反之，司机开车没有违章，是行人或其他车辆闯红灯，就属于意外事件。

2. 行业规则（也可以叫行业标准）。例如建筑房子要用多少规格的钢筋，承重墙要多少，食品行业添加剂不能超过多少，排污标准是多少等，如果严格遵守这些标准，就属于没有过失，如果没有遵守就属于有过失。

3. 生活中，我们从小就被教育了诸多生活安全规则。例如不能往阳台下扔东西，不能朝着人丢石头，遛狗要牵绳，不要乱跑撞到别人，如果没有遵守这些，就属于有过失。又例如甲忘带家门钥匙，乙建议甲从自家阳台攀爬到甲家，并提供绳索。甲在攀越时绳索断裂，从三楼坠地致重伤。乙作出这样的建议就属于有过失，违反了生活安全规则。

4. 在公众场合、公共活动中，负责人要保障安全，例如地板不能太滑，不能有安全隐患，不能不检修电梯，不能没有消防设施等，如果没有遵守这些规则，就属于有过失。

【注意】意外事件主观上是没有过错的，但并不一定不承担侵权责任，关键看民法怎么规定的。如果民法把这些领域规定为无过错责任，那么即使没有过失，也要承担侵权责任；但如果民法把这些领域规定为过错责任，那么没有过失的意外事件是免责的，不承担侵权责任。

另外，和刑法的分类不同，民法中过失分为一般过失和重大过失，这种区分在免责时才用得上，但在判断是否构成侵权时，不必区分，只要有过失就属于有过错，就要承担侵权责任。

一般过失是指行为人未尽到通常情况下应尽的注意义务（一般人可能犯的错误）。例如一名司机在晴天的白天开车，注意力不集中，没有看到前方的红灯，导致轻微的追尾事故。尽管这是一个疏忽，但它是普通人在驾驶时可能犯的错误，属于一般过失。

重大过失是指行为人严重忽视了基本的注意义务，对明显风险的漠视接近于放任的故意（但对结果还是排斥的）。例如，在大雾或冰雪天气下，一名司机明知道路非常危险，但仍然以极高的速度驾驶，最终导致严重的交通事故。由于这种情况下的危险性非常明显，司机的行为表现出极大的疏忽，属于重大过失。

判断分析

1. 路人王某为抄近道从篮球场穿过，正在打篮球的马某专心比赛快速奔跑不慎撞倒王某，致王某头部重伤，马某应当承担责任。（2022 年仿真题）【错误。马某对造成王某损害这一结果并无预见性，没有过错】

2. 甲在小区内行走，由于乙违规将一辆卡车停放在小区占住了道路，甲只能绕道而行。甲绕行至展某楼下时，展某放在自家 19 楼阳台上的衣架被大风吹落砸伤甲。卡车车主乙应当承担赔偿责任。（2021

年仿真题）【错误。乙的违规停车按照社会一般观念，不会造成行人被砸伤的后果，没有相当性，不成立因果关系】

3. 甲看到杨梅树，问路人丙杨梅能否采摘，丙回答说："尽管去采，没人管"。甲于是上树采摘杨梅，不慎跌落受伤。丙应当承担责任。（2021 年仿真题）【错误。丙的回答按照社会一般观念，不会造成甲从树上跌落受伤的后果，没有相当性，不成立因果关系】

三、免责事由【免责、减责事由 A】

免责事由，是指免除或减轻责任人侵权责任的事由。

1. 自甘风险

文体活动参加者给其他参加者带来损害的，不担责。

【注意】（1）关键看受害人是不是在参加文体活动。如相约打篮球、爬山、骑马、赛车、游泳等属于文体活动，但为了抄近道而走入篮球场不属于参加文体活动。

（2）参加者因故意或者重大过失致他人损害，仍要担责。

（3）活动组织者的责任适用安全保障义务规定（详见下一章）。

2. 紧急避险

（1）判断标准

行为人为了避免正在发生的急迫危险，不得已给他人造成了损害。吕某为躲避赵某的恶狗追咬，情急之下拿了何某的雨伞与恶狗搏斗，何某的雨伞被打坏。吕某为躲避危险，不得已给何某造成了损害，构成紧急避险。

（2）责任承担

①避险措施得当＋没有超过必要限度：

人为引起的，由引起险情的人承担，避险人不担责；

自然引起的，紧急避险人给予适当补偿（公平分担损失规则）。

②避险措施不当或超过必要限度，在造成不应有的损害范围内，避险人按照其过错承担责任。

3. 紧急救助

自愿实施紧急救助行为造成受助人损害，救助人不承担民事责任。如甲在救跳河自杀的乙时，导致乙手臂骨折，甲不承担责任。

【注意】见义勇为，解决的是救助人受损的问题。如上例中，甲为救乙自己受伤，甲可请求乙补偿自己。

【总结】紧急避险、紧急救助解决的是英雄的免责问题，见义勇为解决的是英雄的补偿问题，三者可同时出现。

吕某遭到赵某的恶狗追咬，马某见状拿起何某的雨伞与恶狗搏斗。吕某被狗嘴咬住，马某为从狗嘴中解救吕某，一边猛击狗头，一边使劲拉扯吕某，吕某的名牌衣服被扯坏。恶狗恼羞成怒，转而攻击马某，将马某手咬伤。马某用力过猛，将何某的雨伞打坏。

马某打坏了何某雨伞，构成紧急避险，马某不担责；由引起险情的赵某担责。

马某扯坏了吕某的衣服，但构成紧急救助，马某不担责。

马某为救吕某被狗咬伤，构成见义勇为。赵某担责，吕某可以给予补偿；赵某若无力赔偿，吕某应当给予补偿。同时马某也构成无因管理，马某因管理事务受到的损失，可以请求吕某适当补偿。

4. 受害人过错

受害人对同一损害的发生或者扩大有过错的，可以免除 / 减轻加害人的责任。

【注意】受害人特殊体质不属于其过错，不能免责或减责。甲骑车将乙撞倒骨折。经医院检查，乙有严重骨质疏松极易骨折。甲不因乙的特殊体质而减责。

5. 意外事件

意外事件指的是在通常情况下难以预见、很难避免的突发事件。对于偶然发生的损害，行为人主观上没有故意，也没有过失（没过错）。例如：某歌手演出时，与一位“衣服湿透”的粉丝热情拥抱后，摔倒死亡，此为意外事件，粉丝不担责（如果场地太滑，场地的负责人可能要担责）。司机被外面行人丢的烟头砸到眼睛，导致车辆失控撞了人。医生在进行手术时，患者的血压突然急剧下降，尽管医生采取了所有合理的医疗措施，但患者还是不幸死亡。

意外事件可以免责仅适用于过错责任，无过错责任本来就不需要过错，因此在无过错责任中，意外事件不能免责。例如民法规定机动车和行人交通事故是无过错责任，而机动车和机动车是过错责任，司机甲严格遵守交规驾驶（没有违反规则，没有过失），撞到了闯红灯的行人乙，司机甲虽然没有过错，属于意外事件，但依旧不能免责，要承担责任（但不用全额赔偿，具体见后机动车侵权责任部分）；而如果撞到了闯红灯的车丙，那么司机甲是免责的，不承担侵权责任。

6. 不可抗力

不可抗力是指不能预见、不能避免并且不能克服的客观事件。这类事件一般具有外部性，且通常涉及自然灾害或重大突发性社会事件。主要有：自然灾害（地震、洪水、台风等），社会事件（战争、暴乱等）。

意外事件与不可抗力的关系和区别

（1）外部性 vs 内部性：

不可抗力通常具有外部性，指的是外界环境所导致的不可控、大范围的事件（如自然灾害）。

意外事件更多地涉及内部原因，偶然发生的小范围事件，如个人突然疾病、设备的突发性问题、第三人行为。

（2）完全不可抗 vs 部分不可抗：

不可抗力意味着事件的发生和结果是完全不可避免且无法克服的。

意外事件则是事件的发生难以预见且部分不可抗，但不是绝对无法克服。

（3）法律适用：

不可抗力更倾向于完全免责，即使适用无过错责任，不可抗力也可以免责，不过飞机事故和核事故，不可抗力不能免责，除此以外，不可抗力基本上都可以免责。

而意外事件在无过错责任中是不能免责的。

7. 自助行为

自助行为，是指情况紧迫且不能及时获得国家机关保护，受害人为保护自己权利，在必要范围内采取的扣留财物等为法律和社会所认可的强制行为。吉某是公司业务经理，公司为其派车无偿使用，后吉某违反管理制度被解雇，公司没支付提成奖金，吉某扣留该车。吉某侵害了公司的所有权，并且不构成自助，因为情况并不紧急。有同学可能会问，吉某能否行使留置权呢？答案是不能。因为公司为吉某派车是基于内部规章制度，而吉某的提成奖金债权是基于劳动合同，不是同一法律关系，吉某不能留置。但吉某可以通过劳动仲裁等方式维护自己的权益。

【注意】有些情形不能自助，但是可以留置。比如甲将车送至乙处维修，维修完毕后甲拒付维修费。乙不能基于自助扣留该车，因为此时情况并不紧急；乙可以基于留置扣留，因为乙占有该车和修理费债权是基于同一个承揽合同，是同一法律关系，可以留置。

判断分析

1. 在某次市篮球比赛中，甲传球给乙不慎导致乙受伤。丙作为乙的好友，认为甲系故意为之，为给乙报仇，遂拿起篮球向甲砸去，导致甲受伤。因构成自甘风险，甲对乙、丙对甲均免责。（2021 年仿真题）【错误。文体活动参加者给其他参加者造成损害，免责；但是故意伤害他人，仍要担责。因此，甲对乙免责；丙故意伤害甲，不免责】

2. 4 岁的甲玩耍时，爬上了自家阳台的防盗窗，因不慎踩空，将头卡在了防盗窗中。14 岁的乙听见哭声，立刻爬上楼下业主的花架，向上托举甲，避免其窒息。事后发现，乙将楼下业主的花损毁大半。楼下业主的损失由甲的父母承担。（2022 年仿真题）【正确。乙为避免甲正在遭受的紧迫危险，不得已给楼下业主带来了损害，属于紧急避险。乙的避险措施得当，没有超过必要限度，且险情是人为引起的，所以损失应当由引起险情的人承担】

3. 外卖员张某在送外卖的时候遇到李某跳江自杀，奋不顾身跳入十米深的江里，落水时背部受伤。救人过程中，李某因挣扎反抗导致自己的手臂骨折，张某还是强行将李某救上岸。判断下列说法是否正确。（2023 年仿真题）

A. 李某胳膊骨折可向张某请求赔偿【错误。张某自愿实施紧急救助行为导致受助人李某损害，不承担民事责任】

B. 张某背部损伤可向李某请求适当补偿【正确。张某因见义勇为受损，可基于公平分担损失规则请求受益人李某补偿】

四、侵权责任的承担方式【侵权责任的承担方式 E；精神损害赔偿 A；物权请求权 B】

（一）概述

侵权责任的承担方式主要有停止侵害、排除妨碍、消除危险、返还财产、恢复原状、赔偿损失、赔礼道歉，以及消除影响、恢复名誉。以上侵权责任承担方式可以单独适用，也可以合并适用。

停止侵害：侵害行为正在进行，不要求有损害结果（长期架摄像机偷拍邻居）；

排除妨碍：影响别人正常行使权利（设障碍影响通行）；

【注意】都符合的时候，可以同时主张。

消除危险则要求损害尚未发生，只是有被侵害的危险。甲在小区购买了一个停车位，停车位正上方是乙家的窗户。乙在窗台上养了一盆花。虽然乙的花盆尚未掉落砸到甲的车，损害还没有发生，但是甲可以主张消除危险。

（二）财产损害赔偿

按照损失发生时的市场价格或者其他合理方式计算损失。

姚某试戴手镯，并问价。唐某报价 18 万元（实际进货价 8 万元，市价 9 万元），姚某感觉价格太高，急忙取下，不慎将手镯摔断。姚某应按照市价赔偿唐某 9 万元损失。

（三）精神损害赔偿

1. 适用条件

因以下两种情形造成严重精神损害：

（1）自然人人身权益受到侵害，包括侵害监护权（拐卖孩子，使孩子脱离监护，导致父母子女关系等严重损害）、侵害死者人格利益；

（2）因故意或重大过失侵害自然人具有人身意义的特定物（如已逝的父母和子女唯一的合照）。

【注意 1】仅自然人有权主张精神损害赔偿。

【注意 2】因违约行为损害对方人格权并造成严重精神损害的，此时构成违约和侵权的竞合，提起违约之诉也可请求精神损害赔偿。

2. 起诉主体

原则上由受害人本人起诉。

本人因侵权致死或死者权益受损害的，近亲属有权以自己的名义起诉，顺位如下：

（1）第一顺位：配偶、父母、子女。

（2）第二顺位：其他近亲属，即兄弟姐妹、祖父母、外祖祖母、孙子女和外孙子女。

判断分析

1. 甲从二手车店"花生二手车"购买一辆电动汽车，驾驶时电瓶发生爆炸，甲身受重伤导致残疾。甲可主张精神损害赔偿。（2021 年仿真题）【正确。甲的人身权益受到侵害，造成残疾，给甲带来严重精神损害】

2. 甲为唐山大地震孤儿，仅有一张与父母的合影。甲为留作纪念，将照片交给某照相馆修复，不料照相馆因为员工抽烟发生火灾，遭受重大财产损失，甲的照片也被损毁，甲因此十分痛苦。甲可选择向照相馆主张违约责任并一并主张精神损害赔偿。（2020 年仿真题【正确。照相馆不能向甲交付修复的照片，构成违约。甲与父母的唯一合影属于自然人所有的"具有人身意义的特定物"，照片毁损给甲造成了严重的精神损害，甲有权主张精神损害赔偿】

五、数人侵权【多数人侵权 B】

法条群

《民法典》第七编侵权责任 第一章一般规定

第一千一百七十条【共同危险行为】二人以上实施危及他人人身、财产安全的行为，其中一人或者数人的行为造成他人损害，能够确定具体侵权人的，由侵权人承担责任；不能确定具体侵权人的，行为人承担连带责任。

数人侵权，即数个人实施侵权行为导致了同一个损害结果。

数人侵权包括共同加害、共同危险、分别侵权和教唆帮助侵权，前三个往往难以区分，我们通过例子来比较学习；而教唆帮助侵权往往题目中有明确的教唆、帮助情形。

例 1：甲乙各开一辆车，二人合谋要撞死行人丙。甲说“看谁先撞死他。”乙说：“行。”甲抢先将丙撞死。问甲乙二人对丙承担什么责任？

例 2：甲乙各开一辆车，甲用远光近光交替疯狂闪乙，乙用同样方式疯狂闪甲。不料，骑自行车的丙被光线闪得暂时失明，掉进沟里摔伤。现查不清是谁发出的光线闪到了丙。问甲乙二人对丙承担什么责任？

例 3：甲乙各开一辆车，各有违章，两车相撞，伤及行人丙。问甲乙二人对丙承担什么责任？

<table>
<tr><th rowspan="2"></th><th rowspan="2">共同加害</th><th rowspan="2">共同危险</th><th colspan="2">分别侵权</th></tr>
<tr><th>单独足以</th><th>单独不足以</th></tr>
<tr><td rowspan="2">判断标准</td><td rowspan="2">数个加害人对损害结果的发生有意思联络，即事前或者事中对损害的发生有“沟通”。例 1 中，二人对丙的死亡结果有过“沟通”，构成共同加害，甲乙对丙承担连带责任。</td><td rowspan="2">数个加害人对损害结果的发生无意思联络且查不清谁是侵权人，因果关系不明。例 2 中，甲乙对丙的损害没有过“沟通”，且因果关系不明，二人构成共同危险，对丙承担连带责任。</td><td colspan="2">数个加害人对损害结果的发生无意思联络，共同造成同一损害结果，但因果关系是明确的。例 3 中，甲乙对丙的损害没有过“沟通”，但因果关系明确，共同造成了丙的损害。</td></tr>
<tr><td>每个行为单独就足以造成全部损害。如果经鉴定，甲乙每个行为单独就足以造成全部损害，二人对丙承担连带责任。</td><td>每个行为单独不足以造成全部损害。如果经鉴定，甲乙每个行为单独不足以造成全部损害，二人对丙承担按份责任。</td></tr>
<tr><td>责任承担</td><td>数个加害人对受害人承担连带责任。</td><td>数个加害人对受害人承担连带责任。</td><td>数个加害人对受害人承担连带责任。</td><td>数个加害人对受害人承担按份责任。</td></tr>
</table>

【做题步骤】

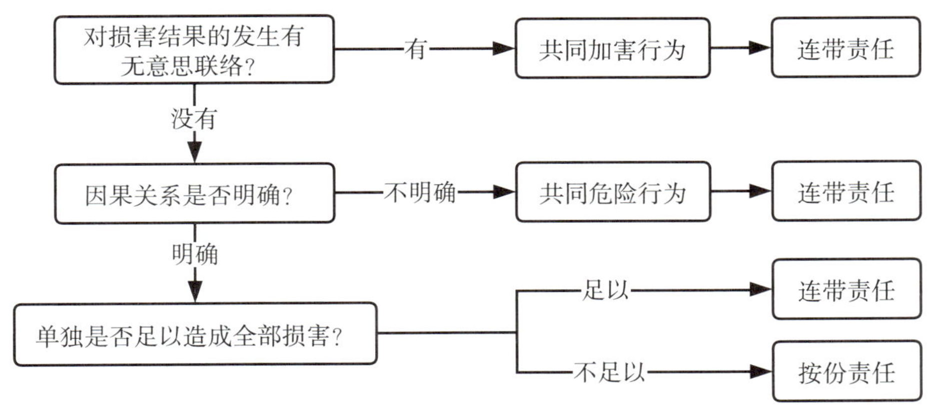

教唆帮助侵权

1. 判断标准

题目中会有明确的教唆、帮助情形。如甲见路边一车未拔钥匙，便对乙说：“这车我开过，你要不要试一试？”

2. 责任承担

（1）教唆帮助完全民事行为能力人侵权的，构成共同加害，教唆、帮助人与加害人承担连带责任。

（2）教唆帮助无民事行为能力人、限制民事行为能力人侵权的：见后面章“监护人责任”部分。

判断分析

某天深夜12点，甲驾驶载有超高货物的重型卡车将公路上的一根缆线挂落，五分钟后，乙驾驶重型卡车驶过时车轮将挂落的缆线卷起致路边行人受伤。经查，事发路段无路灯，乙也未开车灯。甲乙应承担连带责任。（2018年仿真题）【错误。甲乙对损害结果的发生无意思联络，因果关系明确，且单个行为不足以造成全部损害，甲乙承担按份责任】

主观题延伸拓展

案例1：温阳某日与客户小张约好在某大厦签署合同。温阳从小区往外走的时候，不幸被一花盆砸中。经查，11楼业主因失业泄愤，将阳台的花盆扔到了楼下。此意外导致温阳错过签约，损失百万。

问题：就未签合同的损失，小张是否有权请求侵权赔偿?

案例2：乙公司停放于公司空地的3辆货车遭受火灾导致严重受损。经查，起火原因是杨某、赵某、韦某在起火时间较为接近的时间都各自燃放了爆竹，但无法确定是谁导致引燃事故发生。

问题：就车辆遭受火灾的损失，乙公司如何主张责任?

案例1—问题：就未签合同的损失，小张是否有权请求侵权赔偿?

答案：无权。11楼业主没有侵害小张的人身权和财产权，只是因为给温阳造成损害导致错失签约，给小张造成经济上的损失，该损失属于纯粹经济损失，不属于侵权损害的赔偿范围。

案例2—问题：就车辆遭受火灾的损失，乙公司如何主张责任?

答案：可以请求杨某、赵某、韦某承担连带赔偿责任。杨某、赵某、韦某对损害结果的发生无意思联络，且不能查明具体侵权人，构成共同危险行为，应承担连带责任。法条依据为《民法典》第1170条。

KEEP AWAKE

第二章 具体侵权行为【客＋主】

【怎么考】公共场所安保义务人责任、建筑物与物件损害责任、机动车交通事故责任和用人者责任是核心考点，务必掌握。其他类型的具体侵权行为，最好也要掌握。考查形式是，识别案例中的行为是哪种具体侵权行为，并判断责任承担和免责事由等。

【怎么学】本章的难点在于具体侵权行为类型多，记忆难度大。可从三方面掌握：该侵权行为适用何种归责原则、谁承担责任以及有何免责事由。最后通过做题强化记忆。

第一节　特殊主体的侵权责任【客＋主】

一、用人者责任

法条群

《民法典》第七编侵权责任 第三章责任主体的特殊规定

第一千一百九十一条【用人者责任】用人单位的工作人员因执行工作任务造成他人损害的，由用人单位承担侵权责任。用人单位承担侵权责任后，可以向有故意或者重大过失的工作人员追偿。

劳务派遣期间，被派遣的工作人员因执行工作任务造成他人损害的，由接受劳务派遣的用工单位承担侵权责任；劳务派遣单位有过错的，承担相应的责任。

【原理】之所以会有用人者责任，一是因为用人者既然从他人的工作中获得利益，就同样要承担该活动带来的风险；二是方便受害人维权，在受到侵害时能迅速找到有经济实力的来担责（如单位）。但用人者责任解决的是对外的责任承担，用人者担责后对内可向有故意/重大过失的员工追偿。

（一）用人者是单位【用人单位责任 A；工伤 E】

	1. 用人单位责任	2. 劳务派遣中单位责任
因执行工作任务造成他人损害（执行工作任务：行为外观与执行任务有客观联系）	用人单位承担无过错责任，担责后可向有故意/重大过失的员工追偿。甲公司安排员工乙运输货物，运输过程中乙撞伤丙，甲公司对丙担责。 【注意】用人单位的工作人员既包括正式工，也包括临时工。	劳务派遣：派遣单位（用人单位）派员工到其他地方（用工单位）工作 用工单位承担全部的责任（无过错），用人单位在过错范围内与用工单位共同承担责任。但支付的赔偿费用总和不能超过受害人的损失。【新增】 用人单位承担的责任超过了自己应负的责任，可以向用工单位追偿。【新增】 乙公司（用人单位）派遣李某去甲公司工作，甲公司（用工单位）安排李某为客户安装空调时，李某不慎掉落工具将路人砸伤，造成损失3万元。李某此前多次发生类似小事故，甲公司曾要求乙公司另派他人，但乙公司未换。 如果最终认定乙公司承担一半的责任，则路人可以找甲公司承担3万，也可以找乙公司承担1.5万，也可以一起找甲乙公司，只是乙公司只承担1.5万，最终甲乙公司赔偿加起来3万。 如果乙公司自愿支付3万，则可以找甲公司追偿1.5万。
因执行工作任务自己受到损害	享受工伤保险待遇（不能向用人单位主张侵权）； 如果是第三人造成的损害，可以同时要求工伤待遇和第三人赔偿。	

（二）用人者是个人【接受个人劳务一方的责任 E；帮工责任 E】

	1. 个人用工者责任	2. 被帮工人责任
因提供劳务/帮工造成他人损害	个人用工者承担无过错责任，担责后可向有故意/重大过失的提供劳务者追偿。	被帮工人承担无过错责任，担责后可向有故意/重大过失的帮工人追偿。 【注意】被帮工人明确拒绝帮工，免责。 甲乔迁新居，好友乙想帮甲擦窗，甲明确拒绝乙来帮忙。乙执意要来，工具掉落砸伤路人，甲不担责，乙担责。
因提供劳务/帮工自己受到损害	1. 因劳务受害：按各自过错担责。甲雇佣乙擦窗，乙未做安全措施，甲看到未提示，乙不慎从二楼掉落骨折。甲乙按各自过错担责。 2. 因第三人受害：可请求第三人赔偿，也可请求接受劳务方补偿；接受劳务方补偿后可向第三人追偿。	1. 因劳务受害：按各自过错担责。 【注意】被帮工人明确拒绝帮工，免责，可以在受益范围内适当补偿。 2. 因第三人受害：可请求第三人赔偿，也可请求被帮工人补偿；被帮工人补偿后可向第三人追偿。

判断分析

孟某是某外卖公司的员工，驾车送外卖时未尽注意义务，撞倒老人孔某，导致孔某骨头碎裂，孟某应承担全部赔偿责任。（2019 年仿真题）【错误。孟某在执行工作任务时造成孔某损害，应由用人单位外卖公司承担侵权责任】

二、监护人责任【监护人责任 A；多数人侵权 B】

1. 适用范围

无、限制民事行为能力人造成他人损害。（为方便理解，下面知识点以父母和孩子作为例子切入）

2. 责任承担

（1）谁承担侵权责任？——父母

孩子打人，父母承担全部责任（而非补充责任），不能让孩子承担侵权责任。【新修】

父母尽到监护职责的可以减责（不能免责）。

（2）谁出钱？——判决中要明确赔偿费用可以先从孩子财产中支付，不足的由父母支付。【新修】

（3）告谁？——父母＋孩子，是共同被告。

3. 几种特殊情形

（1）**离婚**后孩子侵权

①依然由生父母共同承担责任，不管有没有和孩子共同生活。【新修】

②如果父母再婚，继父母是否承担侵权责任？——看有没有形成抚养教育关系（是否共同生活 / 有无持续的经济供养等）。未形成抚养教育关系，继父母不担责。【新增】

（2）**打人时不满 18** 周岁，**被起诉的时候已满 18** 周岁，此时依然由父母承担全部责任。只是赔偿费用可以先从孩子财产中支付。【新增】

如果只起诉孩子的，法院要释明追加父母为共同被告。【新增】

（3）**委托监护**

①父母将监护职责委托给他人（如邻居、孩子爷爷奶奶），父母依然承担全部的责任，受托人在过错范围内与父母共同承担，但支付的赔偿费用总和不能超过受害人的损失。【新增】**【保障受害人充分受偿】**

如父母把孩子委托给爷爷奶奶，爷爷奶奶疏于照看，导致孩子打伤了甲。如果最终认定甲的损失是 100 万，爷爷奶奶与过错相应的责任是 30 万。则此时甲可以找孩子父母赔 100 万；也能找孩子爷爷奶奶承担 30 万；也可以同时找，只是爷爷奶奶在 30 万范围内承担，最终父母和爷爷奶奶加起来给 100 万就行。

②追偿问题：父母承担责任后，可以参照委托合同向受托人追偿其应承担的部分。（无偿委托中，受托人故意、重大过失才能追偿）【新增】

③怎么告？——父母＋孩子；或者爷爷奶奶＋孩子；或者父母＋爷爷奶奶＋孩子。【新增】

（4）**教唆、帮助**孩子侵权

①教唆、帮助人承担全部的责任，父母在未尽到监护职责范围内与教唆帮助人共同承担责任。但支付的赔偿费用总和不能超过受害人的损失。【新增】（同上面委托监护）

而且，教唆、帮助人对行为能力不知情，不知道他是无、限制民事行为能力人，也不影响承担责任。【新增】

②追偿：监护人承担的责任超过了自己应负的责任，可以向教唆帮助人追偿。【新增】

③教唆、帮助孩子侵权，且是委托监护，教唆、帮助人承担全部的责任，父母、受托人在过错范围内与教唆帮助人共同承担责任。【新增】

判断分析

1. 小甲（12 周岁）邀请好友小乙（10 周岁）和小丙（11 周岁）吃饭。小乙和小丙因口角发生打斗，小丙将小乙打伤，花去医药费 5000 元。判断下列说法正误。（2018 年仿真题）

A. 小甲的父母应承担相应的赔偿责任【错误。孩子侵权，父母担责。但小甲未实施侵权行为，其监护人无须承担赔偿责任】

B. 小丙的父母应承担赔偿责任【正确】

2. 5 岁的小丁在 4 楼阳台玩的时候不小心将盆栽打落，砸伤了路过的外卖小哥小李。经查明：小丁个人名下有财产，但不足以弥补小李遭受的损害。小丁的财产不足以赔偿的部分，由小丁的父母承担赔偿责任。（2021 年仿真题）【正确】

3. 14 岁的小甲将小乙打伤，小乙要求小甲父母赔偿，小甲父亲能以已经离婚并且未与小甲共同生活为由主张不承担责任。【错误。离婚后，依然是父母共同承担责任，和有没有共同生活无关】

4. 17 岁的甲在健身房打伤了 18 岁的乙，乙在 2 年后起诉，法院可以判决甲承担侵权责任。【错误。打人的时候还不满 18，依然是甲的父母承担全部责任】

5. 甲（5 岁）的父母要外出务工，就把甲委托给甲的爷爷奶奶照看，但爷爷奶奶沉迷打麻将，不太重视孩子的教育，甲 6 岁时打伤了乙，给乙造成的损失共 10 万。法院认定，爷爷奶奶承担 20% 的责任。则乙只能请求甲的父母承担 8 万，甲的爷爷奶奶承担 2 万。【错误。可以请求甲的父母承担 10 万】

三、公共场所安保义务人责任【违反安全保障义务的责任 A】

法条群

《民法典》第七编侵权责任 第三章责任主体的特殊规定

第一千一百九十八条 【公共场所安保义务人责任】宾馆、商场、银行、车站、机场、体育场馆、娱乐场所等经营场所、公共场所的经营者、管理者或者群众性活动的组织者，未尽到安全保障义务，造成他人损害的，应当承担侵权责任。

因第三人的行为造成他人损害的，由第三人承担侵权责任；经营者、管理者或者组织者未尽到安全保障义务的，承担相应的补充责任。经营者、管理者或者组织者承担补充责任后，可以向第三人追偿。

1. 适用范围

（1）责任主体

经营场所的经营者、公共场所的管理者、群众性活动的组织者。

（2）安保义务的类型

①防止自己侵权的义务，如地面不能湿滑、不能有油污，危险情况的警示和说明。

②防止他人侵权的义务，如餐厅里客人打架老板要制止。

【注意】不以有交易关系为必要，在商店闲逛、吹空调、躲雨也可以适用。

2. 责任承担

（1）自己侵权，承担未尽到安保义务的过错责任。如甲在商场滑倒受伤，造成损失 1 万元。事后经查是清洁不到位所致，商场未尽到安保义务，需要赔偿甲 1 万元的损失。

（2）第三人侵权，第三人担责；安保义务人按其过错承担相应的补充责任。安保义务人承担补充责任后可向第三人追偿。接上例，如甲是被乙撞倒，又因地滑受伤，造成损失 1 万元。乙对甲应负全责，若乙无力赔付，商场承担相应的补充责任，事后可向乙追偿。

判断分析

1. 吉某经营马场，将马出租给游客骑行。游客乙租用吉某的马，因乙是新手，由吉某带乙骑行完第一圈后，乙说自己已经完全掌握骑术，不用吉某带骑，吉某于是让乙独自骑行，乙骑行第三圈时，因为不得要领使马受惊狂奔，将正好进入马场的段某撞成轻伤。对段某因此遭受的人身损害，吉某应当承担责任。（2021 年仿真题）【正确。吉某作为马场的经营者，明知乙为新手而让其独自骑行，未尽到劝告说明的安保义务】

2. 研究生小明在学校宿舍的上铺睡觉时，从床上摔到地上，摔断了腿。调查显示，学校提供的床位的护栏高度小于相关规定 10cm，学校之前从未发生此事件，因此学校未对床的护栏的高度进行核查并更换不符合标准的床位。对小明所遭受损害的责任承担，学校应当承担责任。（2022 年仿真题）【正确。学校违反了规定的护栏高度安全标准，未尽到安保义务】

四、教育机构责任【教育机构责任 C】

1. 适用范围

无、限制民事行为能力人在教育机构学习、生活期间遭受人身损害。

【注意】教育机构组织的校外活动视为在校学习、生活期间。如学校组织春游。

2. 责任承担

（1）学校里的人加害：

无民事行为能力人受害，过错推定，教育机构证明尽到教育管理职责的，不担责；

限制民事行为能力人受害，教育机构承担过错责任。

具体来说：

①老师或其他员工打孩子，适用前面的用人单位责任，不适用这里。

②其他同学打孩子，监护人责任，同时适用这里的教育机构责任。

③没有人打，孩子在学校受伤了，比如学校教学设施有问题等，适用这里的教育机构责任。

（2）校外第三人加害：

①能确定第三人：第三人承担责任，教育机构根据过错承担补充责任。担责后可向第三人追偿。

可以只告第三人，可以一起告第三人＋教育机构。但只告教育机构的，法院释明追加第三人为共同被告。【新增】

②**不能确定第三人**：教育机构先承担与过错相应的责任。等第三人确定了再追偿。【新增】

判断分析

某小学组织春游，队伍行进中某班班主任张某和其他教师闲谈，未跟进照顾本班学生。该班学生李某（9岁）私自离队购买食物，与小贩刘某发生争执被打伤。某小学应与刘某承担连带赔偿责任。【错误。被校外的人打，刘某承担责任；班主任有过错，小学应承担补充责任】

五、网络服务提供者责任【网络侵权责任 C】

网络服务提供者只有应采取必要措施未采取（有过错）才担责。

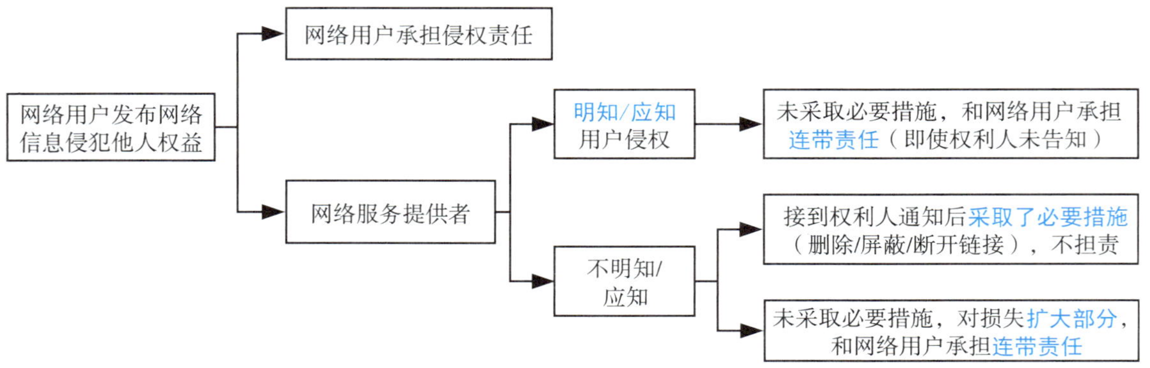

判断分析

甲创作完成一部小说，在小说中对烈士李某的英雄形象进行了歪曲与诋毁。乙将该部小说内容改编为漫画，上传至丙网站。周某是烈士李某的遗孀，要求丙网站删除相关漫画，如果丙网站拒不删除该漫画，对于扩大的损害周某可追究网站的连带责任。（2019年仿真题）【正确。权利人通知后，网络服务提供者未采取必要措施的，对扩大部分和网络用户承担连带责任】

第二节 特殊类型的侵权责任【客+主】

一、建筑物和物件损害责任【物件致害责任 A】

法条群

《民法典》第七编侵权责任 第十章建筑物和物件损害责任

第一千二百五十四条 【高空抛物、坠物的责任】禁止从建筑物中抛掷物品。从建筑物中抛掷物品或者从建筑物上坠落的物品造成他人损害的，由侵权人依法承担侵权责任；经调查难以确定具体侵权人的，除能够证明自己不是侵权人的外，由可能加害的建筑物使用人给予补偿。可能加害的建筑物使用人补偿后，有权向侵权人追偿。

物业服务企业等建筑物管理人应当采取必要的安全保障措施防止前款规定情形的发生；未采取必要的安全保障措施的，应当依法承担未履行安全保障义务的侵权责任。

发生本条第一款规定的情形的，公安等机关应当依法及时调查，查清责任人。

《侵权责任编解释（一）》

第二十五条 物业服务企业等建筑物管理人未采取必要的安全保障措施防止从建筑物中抛掷物品

或者从建筑物上坠落的物品造成他人损害，经公安等机关调查，在民事案件一审法庭辩论终结前仍难以确定具体侵权人的，未采取必要安全保障措施的物业服务企业等建筑物管理人承担与其过错相应的责任。被侵权人其余部分的损害，由可能加害的建筑物使用人给予适当补偿。

具体侵权人确定后，已经承担责任的物业服务企业等建筑物管理人、可能加害的建筑物使用人向具体侵权人追偿的，人民法院依照民法典第一千一百九十八条第二款、第一千二百五十四条第一款的规定予以支持。

（一）常考

1. 建筑物倒塌、塌陷	因**质量缺陷**倒：建设和施工单位承担连带责任（无过错责任）。勘察、设计等单位有过错的，建设、施工单位承担后可以找他们追偿。
	非因质量缺陷倒：所有人、管理人、使用人、第三人导致倒塌，直接找所有人、管理人、使用人、第三人担责。
2. 建筑物及其搁置物、悬挂物脱落、坠落	所有人、管理人、使用人担责（谁有管理、维护义务谁承担），推定其有过错，能证明自己没有过错的，免责；而且物业承担过错范围内的补充责任。【新修】物业担责后可以追偿。 例1：甲将房屋出租给乙，某日房檐脱落砸伤丙。出租人甲对房屋有维修义务，因此甲对丙担责。 例2：甲将房屋出租给乙，乙在阳台上安装了花架，后花架掉落砸伤丙。对乙安装的花架，乙有管理维护义务，因此乙对丙担责。
	第三人原因不能免责，上述主体担责后有权向第三人追偿。 例：甲请乙为自家阳台安装防护网，因乙安装不牢，防护网掉落砸伤丙，甲不能证明自己没有过错，应当担责，但甲担责后有权向乙追偿。
3. 高空抛物【新修】	（1）能确定侵权人的，侵权人担责，物业承担过错范围内的补充责任。物业担责后可以追偿。 物业的过错体现在：未采取必要的安保措施防止抛物。
	（2）经公安等机关调查，一审辩论终结前依然难以确定具体侵权人的，物业先承担与其过错相应的责任，剩余部分由可能加害的建筑物使用人适当补偿（公平责任）（证明自己不是侵权人，不用补偿）。 找到具体侵权人后，物业、可能加害的建筑物使用人可以找具体侵权人追偿。 【同样适用第2点坠物找不到具体侵权人】
4. 地面施工侵权	施工人担责（过错推定），证明已设明显标志和采取安全措施的，免责。

（二）其他

	归责原则	责任主体	免责事由
1. 堆放物倒塌、滚落或滑落	过错推定	堆放人	证明自己没有过错
2. 公共道路上堆放、倾倒、遗撒妨碍通行物	无过错	行为人	/
	过错推定	公共道路管理人	证明已尽到清理、防护、警示义务

	归责原则	责任主体	免责事由
3. 林木折断、倾倒或者果实坠落	过错推定	所有人或管理人	证明自己没有过错或者尽到管理注意义务
4. 窨井等地下设施	过错推定	管理人	证明尽到管理职责

【总结】

高空抛物单独记，建筑物倒塌和公共道路上倾倒的行为人是无过错，其他物件致害都是过错推定。

判断分析

1. 于某将其饲养的宠物狗借给赵某玩一个月，期间，赵某受钱某的邀请，去住在三楼的钱某家玩，并将宠物狗放在三楼的窗台上晒太阳。钱某提醒赵某，狗有摔下去的危险，但赵某不为所动，钱某亦未再反应。果然，狗在窗台上玩耍时摔下楼，砸伤了正常走路的杨某。钱某应当承担建筑物管理人的侵权责任。（2018 年仿真题）【正确。狗虽然不是建筑物的搁置物、悬挂物，但是与搁置物坠落伤人的原理一致，所以应当由建筑物的管理人钱某承担责任】

2. 甲在小区内行走，由于乙违规将一辆卡车停放在小区占住了道路，小区物业知情未处理，甲只能绕道而行。行至展某楼下时，展某放在自家 19 楼阳台上的衣架被大风吹落砸伤甲。判断下列说法正误。（2021 年仿真题）

A. 展某应当对全部损害承担赔偿责任【正确。衣架坠落，展某有管理维护义务，不能证明自己没有过错，应当担责】

B. 可按高空抛物处理，由小区相关的业主承担公平责任适当补偿【错误。本题可以确定展某是具体侵权人】

3. 洪某在某小区被不明业主高空抛下的物品砸伤，花费医疗费数万元，于是将二楼以上住户、小区物业公司、管区派出所告上法庭索赔。二楼以上住户若能证明自己不在家，则不承担责任。（2020 年仿真题）【正确。高空抛物致人损害的，证明自己不是侵权人，可免予补偿】

二、机动车交通事故责任【机动车道路交通事故责任 A】

（一）归责原则及免责事由

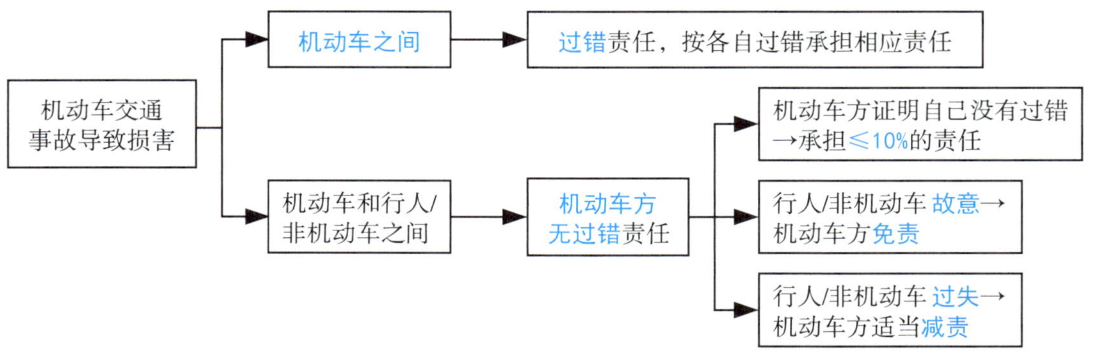

【注意】机动车方赔钱时，赔付顺序交强险→商业险→侵权人，但是交强险和商业第三者责任险不保车上人。

机动车驾驶人下车后，因未采取制动措施等自身过错被本车碰撞，交强险和商业第三者责任险不赔。（因为还是车上人，不是第三人，交强险和商业第三者责任险保的是第三人）【新增】

（二）特殊情形下的责任人

适用范围	责任承担
1. 已经以买卖或者其他方式转让并交付机动车但是未办理登记	受让人担责
2. 未经允许驾驶他人机动车	（1）机动车使用人担责 （2）所有人、管理人有过错的，承担相应责任
3. 因租赁、借用等情形机动车所有人、管理人与使用人不是同一人	
4. 盗窃、抢劫或者抢夺的机动车	（1）盗窃人、抢劫人或者抢夺人担责 （2）与机动车使用人并非同一人：连带责任
5. 套牌机动车（A 车的号牌装到 B 车）	（1）套牌车所有人担责 （2）被套牌人同意套牌，连带责任
6. 以挂靠方式从事道路运输经营的机动车	挂靠人和被挂靠人承担连带责任
7. 以买卖或其他方式转让拼装或者已达到报废标准的机动车	所有转让人和受让人承担连带责任 【注意】不知道是拼装报废车，也要承担责任。【新增】
8. 机动车未投保交强险，且投保义务人和事故责任人不是同一人【新增】	（1）事故责任人承担全部责任，投保义务人在保险限额范围内和事故责任人共同承担责任。（具体见劳务派遣的“共同”） （2）投保义务人承担的责任超过自己应负的责任，可以找事故责任人追偿。
9. 交通事故后逃逸	（1）有交强险，则保险公司赔偿 （2）机动车不明、该机动车未参加强制保险或强制险不够赔，抢救、丧葬等费用由道路交通事故社会救助基金垫付，可向责任人追偿
10. 非营运机动车无偿搭乘导致乘车人受损（好意同乘） 【对比】搭乘营运机动车发生交通事故受害：第一，基于客运合同可请求承担违约责任；第二，构成侵权，适用过错责任。（择一）	过错责任： （1）机动车使用人担责，但应当减责 （2）使用人有故意 / 重大过失的，不能减责

判断分析

1. 飞驰汽车厂用其他车上拆下来的配件组装成拼装汽车卖给奔腾汽车店，奔腾汽车店又将拼装车卖给沈某，沈某在驾驶途中因刹车装置失灵，致使高某损害，高某诉求损害赔偿责任承担。应由飞驰汽车厂、奔腾汽车店、沈某承担连带责任。（2019 年仿真题）【正确。拼装机动车被多次转让发生事故致害，应当由所有转让人和受让人承担连带责任】

2. 公交公司的司机甲驾驶公交车的过程中，操作不当，致使公交车撞上路边的护栏，甲以及车上乘客均因此遭受人身损害，乘客乙因受伤错失订立一份能获利 100 万元合同的机会。公交车投保了交强险与保额为 200 万元的商业第三者责任险。判断下列说法正误。（2021 年仿真题）

A. 司机甲和乘客乙遭受的人身损害先以交强险赔付【错误。交强险不保车上人甲和乙】

B. 乘客乙因受伤错失订立合同遭受的 100 万元损失先以商业第三者责任险赔付【错误。商业第三者责任险不保车上人，且它的保障范围仅限于第三者人身和财产的直接损失】

C. 撞坏的护栏先以交强险和商业第三者责任险赔付【正确。赔付顺序：交强险→商业险→侵权人】

3. 孙某有一日在上班的路上，无偿搭载好友周某去超市。由于孙某边驾车边玩手机，导致汽车与路边护栏相撞，致周某面部受伤，精神萎靡，住院三个月。在不考虑保险的前提下，对于周某的人身损害，孙某可以适当减轻责任。（2021 年仿真题）【错误。孙某无偿搭载好友周某，构成好意同乘；但孙某对事故发生有重大过失，应当承担责任，不能减责】

4. 甲驾驶的货车与乙驾驶的客车相撞，导致客车内的乘客丙重伤。交警认定货车全责，同时查明的事实是：甲所驾驶的货车是套牌车，该号牌属于丁，丁知道自己号牌被套的事实，并收取了报酬；戊是货车的所有权人，甲是戊雇的司机。判断下列说法正误。（2024 年仿真题）

A. 丙可以请求甲承担侵权责任【错误。甲在为戊提供劳务过程中因劳务造成丙损害，应由戊承担责任】

B. 丙可以请求丁承担侵权责任【正确。被套牌人同意套牌的，承担连带责任】

三、产品责任【产品责任 A】

法条群

《民法典》第七编侵权责任 第四章产品责任

第一千二百零三条【生产者与销售者之间的责任】因产品存在缺陷造成他人损害的，被侵权人可以向产品的生产者请求赔偿，也可以向产品的销售者请求赔偿。

产品缺陷由生产者造成的，销售者赔偿后，有权向生产者追偿。因销售者的过错使产品存在缺陷的，生产者赔偿后，有权向销售者追偿。

第一千二百零四条【第三人过错的责任承担】因运输者、仓储者等第三人的过错使产品存在缺陷，造成他人损害的，产品的生产者、销售者赔偿后，有权向第三人追偿。

1. **适用范围**：因产品存在缺陷造成他人损害，损害包括产品自损、其他财产损害、人身损害。【新修】

【注意】不是“瑕疵”造成损害。所谓“缺陷”，指产品具有危及他人人身、财产的不合理危险；产品有保障人体健康和人身、财产安全的国家标准、行业标准的，指不符合该标准。如电动车爆炸、热水壶漏电、东西吃了上吐下泻等；没有危及到人身、财产的不是缺陷，如冰箱不制冷等，主张违约责任就行。

2. **责任承担**

（1）对外：无过错责任，消费者可以找生产者主张侵权，也可以找销售者主张违约或侵权。（找销售者的时候构成违约和侵权的竞合，择一主张）

（2）对内：确定最终责任人。销售者和第三人是过错责任，生产者是无过错责任。

①产品缺陷是生产者造成的（不管有没有过错），生产者是最终责任人。如果销售者对外承担了，可以找生产者追偿。

②产品缺陷是销售者过错造成的，销售者是最终责任人。如果生产者对外承担了，可以找销售者追偿。

③产品缺陷是运输者、仓储者等第三人过错造成的，第三人是最终责任人。生产者、销售者对外承担后，可以找第三人追偿。

（3）所受损失 2 倍以下的惩罚性赔偿：①生产者和销售者明知缺陷存在，仍然生产、销售或在发现缺陷时没有及时采取有效补救措施或补救措施不力 + ②造成受害人死亡或者健康严重损害。

【注意】买东西附赠的赠品属于买卖合同的一部分。

判断分析

1. 甲商场促销期间，乙前往购买一台豆浆机时，甲商场免费附送了一罐奶粉。乙食用该奶粉后因奶粉质量问题上吐下泻，乙请求甲商场承担赔偿责任，甲商场以乙未支付奶粉对价为由拒绝赔偿。对此，判断下列说法正误。（2019 年仿真题）

A. 乙可请求甲商场承担违约责任【正确。买卖合同的赠品是买卖合同的一部分，甲商场提供的奶粉不符合约定的质量要求，应承担违约责任】

B. 乙可请求甲商场承担侵权责任【正确。乙因奶粉缺陷产生了人身损害，可以请求销售者甲商场或奶粉生产者承担侵权责任】

2. 甲从二手车店“花生二手车”购买一辆电动汽车。该二手车店承诺：所出售车辆均无质量问题。现甲在驾驶该电动汽车时电瓶发生爆炸，甲身受重伤导致残疾。现查明，该款电动汽车在全国已多次发生相同问题，但生产厂家并未停止生产和销售。对此，判断下列说法正误。（2021 年仿真题）

A. 汽车厂和“花生二手车”店承担连带赔偿责任【正确。电瓶爆炸属于产品缺陷，可以找生产者，也可以找销售者】

B. 甲可主张所受损失 2 倍以下的惩罚性赔偿【正确。生产商明知存在缺陷，仍然生产销售，造成甲健康严重损害】

四、饲养动物损害责任【动物致害责任 A】

适用范围	饲养的动物致害 1. 动物独立加害（主人指令动物咬人，适用一般过错侵权） 2. 动物的自主行为加害。如狗咬人、猫抓人、小猪趴在路上把人绊倒、牛卧车轨发生交通事故等。		
动物类型	**归责原则**	**责任主体**	**免责事由**
一般动物	无过错责任	饲养人或管理人	1. 受害人故意：可免责 2. 受害人重大过失：可减责
违规未采取安全措施的动物			受害人故意：减责
禁止饲养的危险动物			无免责事由
遗弃、逃逸动物		原饲养人或管理人	
动物园动物	过错推定责任	动物园	证明尽到管理职责
因第三人原因造成动物侵权，受害人可以找第三人赔偿，也可以找动物饲养人或管理人赔偿，动物饲养人或管理人赔偿后可找第三人追偿。			

判断分析

王某因全家外出旅游，请邻居戴某代为看管其饲养的宠物狗。戴某看管期间，张某偷狗，被狗咬伤。王某或戴某不应对张某损害承担全部责任。（2017 年第 3 卷第 24 题）【正确。张某偷狗，即受害人对被动物咬伤有重大过失，可以减责】

五、医疗损害责任【医疗损害责任 E】

1. 适用情形

医疗机构的医护人员在诊断、治疗过程中给患者造成人身损害。

【注意】因药品、消毒产品、医疗器械的缺陷，或者输入不合格的血液造成患者损害的（同产品责任）。

2. 责任承担

医疗机构（而非医护人员）承担过错责任。

（1）原则：一般过错责任，患者要证明医院有过错。

（2）特殊：过错推定责任，患者无需证明医院有过错：

①违反法律、行政法规、规章以及其他有关诊疗规范的规定；

②隐匿或者拒绝提供与纠纷有关的病历资料；

③遗失、伪造、篡改或者违法销毁病历资料。

判断分析

甲怀孕期间因身体不适就医，因医生用药错误，致胎儿乙残疾，甲也受到了身体伤害，甲因此向医院主张侵权损害赔偿。医院和医生对甲、乙承担连带责任。（2020 年仿真题）【错误。医疗损害责任是医疗机构担责，医护人员不担责】

六、环境损害责任【环境侵权责任 E】

1. 适用范围

因污染环境、破坏生态造成他人损害。

2. 举证责任

因果关系的证明责任倒置给污染者，由其证明行为和损害结果间不具有因果关系，受害人只需证明有污染行为 + 有损害结果。

3. 责任承担

（1）污染环境、破坏生态者承担无过错责任（不能以排污符合国家、行业有关标准为由主张免责）。

（2）数个污染者：

①分别侵权 + 单个足以造成全部损害：连带责任。

②分别侵权 + 单个不足以造成全部损害：按份→平均责任。

（3）因第三人的过错污染环境、破坏生态的，受害人可以找第三人赔偿，也可以找污染者赔偿，污染者赔偿后可以向第三人追偿。甲工厂正在净化污水，准备待净化后排出。村民乙擅自将排污口打开，污染河流致害。

4. 惩罚性赔偿

侵权人违反法律规定故意 + 造成严重后果，受害人有权请求惩罚性赔偿。

5. 环境修复

造成生态环境损害的，侵权人要承担修复责任；国家机关或法律规定的组织：①有损害赔偿请求权；②在侵权人未修复时可自行或委托他人修复，费用由侵权人承担。

判断分析

甲、乙、丙三家公司生产三种不同的化工产品，生产场地的排污口相邻。三家公司排放的污水混合发生化学反应，产生有毒物质致使河流下游丁养殖场的鱼类大量死亡。经查明，三家公司排放的污水均分别经过处理且符合国家排放标准。丁养殖场向三家公司索赔，三家公司均无过错，不承担赔偿责任。（2015 年第 3 卷第 22 题）【错误。环境侵权属于无过错责任】

主观题延伸拓展

案例 1：甲向庚公司购买一部手机，使用中该手机因制造缺陷发生爆炸，使甲面部遭受重创。

问题：对于因手机制造缺陷所受损害，甲应当如何主张救济权利？

案例 2：乙公司的驾驶员雷某运送货物途中，和吴某驾驶的机动车发生碰撞，造成吴某受伤，交警认定雷某负主要责任。

问题：吴某能否要求雷某承担责任？

案例 1—问题：对于因手机制造缺陷所受损害，甲应当如何主张救济权利？

答案：可以请求手机的生产者和销售者庚公司承担赔偿责任。手机存在缺陷，甲可以向产品的生产者主张侵权责任，也可以向销售者庚公司主张违约或侵权责任。法条依据为《民法典》第 186 条、第 1203 条第 1 款。

案例 2—问题：吴某能否要求雷某承担责任？

答案：不能。员工雷某运送货物的行为是执行工作任务，造成吴某损害的，由用人单位乙公司承担无过错责任。法条依据为《民法典》第 1191 条第 1 款。

KEEP AWAKE

第三章 人格权【人格权及侵权责任 A】

【怎么考】人格权属于必考内容，本章列举的具体人格权均需掌握。考查形式是，判断题目中行为人侵犯了哪种具体人格权，整体考查难度不大。

【怎么学】本章重在记忆，理解记忆每种具体人格权的保护范围和侵权表现，可以配合速记本巩固记忆，然后通过做真题不断感受和内化判断标准。

一、一般规定

1. 具体人格权和一般人格权

具体人格权是指有民法明文规定的人格权，包括生命权、身体权、健康权、姓名权、名称权、肖像权、名誉权、荣誉权、隐私权。

一般人格权是指除具体人格权以外的对人格整体进行保护的权利。主要包括以下几类：人格尊严权、人格自由权、人格平等权，这些权利涵盖了个人作为一个独立人格在社会中享有的尊严、自由和平等，不受到非法干涉、歧视或侵害。

判断侵犯何种人格权时，先看具体人格权；具体人格权未被侵犯，再考虑是否侵犯一般人格权（兜底）。

例 1：老张去世后，其子张甲未通知在外地的弟兄姊妹，致使其他子女未能参加葬礼悼念祭奠。老张的其他子女将张甲诉至法院，法院认为：张甲侵犯了其他子女的近亲属祭奠权，这是一种一般人格权。

例 2：孙女士去某超市购物，当其离开该店时，店门口警报器一直在鸣响。于是，该店一女保安员上前阻拦孙女士，并将孙女士强行带入保安室，女保安用手提电子探测器对其全身进行检查，还要求孙女士脱去裤子接受检查。孙女士拒绝无效，在女保安及另一名女文员在场的情况下，被迫脱裤接受检查，然而女保安并未在孙女士身上搜出任何物品，这属于侵犯孙女士一般人格权。

例 3：张某曾因家中失火，导致脸部被烧伤，留下大面积的疤痕。2015 年张某与公司同事一同到北京三里屯某酒吧时，被酒吧保安拦住，拒绝入内，并告知张某“让您进去会吓到其他客户的，您请回吧”。酒吧侵犯了张某的一般人格权。

2. 死者利益保护

（1）保护范围：死者的姓名、肖像、名誉、荣誉、隐私、遗体、遗骨等。

（2）维权主体：第一顺序为配偶、子女、父母；第二顺序为其他近亲属。

3. 侵害人格权的责任

（1）损害赔偿请求权（包含精神损害赔偿）。

（2）停止侵害、排除妨碍、消除危险、消除影响、恢复名誉、赔礼道歉等（诉讼或诉讼外请求都可以）。

判断分析

甲保留着老张的家书，在老张去世后，甲与乙出版社约定将家书出版，老张子女听说此事表示拒绝公开，因为家书中涉及隐私。对此，下列表述中正确的是？（2020 年仿真题）

A. 子女可在诉讼外请求出版社停止出版【正确。出版家书会导致死者隐私被公开的损害后果，死者的子女作为近亲属有权诉讼外请求行为人承担停止侵害、消除危险的民事责任】

B. 子女可诉请法院判决出版社停止出版【正确。人格权请求权也可以诉讼方式行使】

C. 子女有权要求甲承担精神损害赔偿责任【错误。出版社尚未给老张子女带来精神损害】

二、生命权、身体权、健康权

类型	侵权表现
生命权	致自然人生理死亡，如协助他人完成自杀、医生手术不当致病人死亡。
身体权	1. 破坏身体完整性。如擅自剪人头发、指甲，破坏与身体相连不能自由拆卸的假肢、心脏起搏器、支架等。【对比】破坏与身体已经分离或可以自由拆卸的部分（如剪掉的头发、拔去的牙齿、捐献的血液、可以自由拆卸的假肢、假牙等），属于侵犯物权而非身体权。 2. 侵害身体活动自由。如非法强制搜身、非法拘禁等。
健康权	实施加害行为，导致自然人生理机能、心理机能不能正常发挥，处于疾病状态，或者丧失、部分丧失劳动能力。如将他人打成重伤、精神折磨使他人患上严重抑郁症等。
【注意】器官捐献 1. 完全民事行为能力人有权自主决定捐献：书面形式 / 订立遗嘱。无、限制民事行为能力人不能捐，其监护人也无权决定捐。 2. 完全民事行为能力人生前未表示的，死后，其配偶、成年子女、父母可以共同决定捐献 + 书面形式。 3. 买卖器官无效。	

判断分析

1. 林某因车祸双腿截肢，安装了只能由专业人员拆卸的假肢，一日与刘某发生口角，刘某一怒之下将林某的假肢打碎。林某的身体权遭到侵害。（2019 年仿真题）【正确。刘某的行为破坏了林某的身体完整性】

2. 甲丧偶且父母双亡，仅有一儿一女，均已成年，甲去世后，女儿决定将甲的器官捐献，但是甲的儿子表示不同意捐献。因甲的儿子不同意，女儿无权捐献甲的器官。（2022 年仿真题）【正确。甲生前未表示不同意捐献，没有配偶和父母，应当由成年子女共同决定是否捐献】

三、姓名权、名称权

	姓名权	名称权
主体	自然人	法人、非法人组织
侵权表现	1. 干涉。甲想改名，男友乙不同意，百般阻挠。 2. 盗用。某医院擅自使用甲的姓名宣传治疗效果 3. 假冒。甲冒用乙的名字办理信用卡并恶意透支，致使乙的姓名被列入不良信用记录名单。	干涉、盗用、假冒。觉眠公司3年内间断使用同行业觉晓公司的名称为关键词进行商业推广，搜索“觉晓公司”，页面前2条是“觉眠公司”。觉眠公司侵害了觉晓公司的名称权。
【注意】自然人应当随父姓或者母姓，除非有其他正当理由。		

判断分析

甲在某点评平台上看到一家美未餐厅，其中前十个都是好评，于是前往就餐。但觉得不如人意，遂发表评价“美未不美味，建议谨慎打卡”。餐厅发现该评价后联系甲删除，被甲拒绝。甲侵犯了餐厅的名称权。（2023年仿真题）【错误。甲没有干涉、盗用或假冒餐厅名称，不构成名称权侵权】

四、肖像权

1. 肖像，是指自然人可被辨识的外部形象。不限于人脸，如某模特手部极具识别性，很多人都能认出来，则该手部形象也属于肖像。

2. 侵权表现

（1）未经同意，制作、使用、公开他人肖像。在甲公司开发的某软件中，用户可以创建虚拟人物，即所谓的“AI陪伴者”。用户可以“调教”这些虚拟人物，使其与用户进行互动。何某是一位公众人物，甲公司未经其同意，便在其软件中使用了何某的形象和姓名，让用户能够设定与何某形象相关的“AI陪伴者”。甲公司侵犯了何某的肖像权。

（2）以丑化、污损，或者利用信息技术手段伪造等方式侵害肖像权。

【注意】《民法典》出台后，侵犯肖像权不需要以营利为目的。

3. 合理使用（无需肖像权人同意，不构成侵权）

目的正当 + 范围必要 = 合理使用。比如，课堂学习、新闻报道、国家机关履行职责（通缉令）、展示特定公共环境（旅游宣传）、发布寻人启事等。

【注意】对自然人声音的保护，参照适用肖像权。

判断分析

1. 甲培训机构和知名法考讲师乙签订授课合同，并将乙的照片用于宣传。一报纸为帮助春晓法考公司招生，也将乙的照片用于宣传，但照片的眼部打了马赛克，实际乙并未在该公司上课。以下说法正确的是？（2019年仿真题）

A. 甲培训机构侵犯乙的肖像权【正确。未经肖像权人同意使用肖像，构成侵犯肖像权】

B. 报纸侵犯乙的肖像权【正确。虽然眼部有马赛克，但乙是知名老师，仍能识别，未经同意使用肖

像，构成侵犯肖像权】

2. 李某利用 AI 换脸技术，把周某视频中周某的脸换成自己的，其他原封不动，将视频上传至自己的公众号。李某侵犯了周某的肖像权。（2023 年仿真题）【正确。周某除面部外的身体形象也具有可识别性，属于肖像，李某属于利用信息技术手段伪造的方式侵害周某的肖像权】

3. 甲在某影楼拍摄写真，摄影师乙为了炫耀自己的修图技术，未经甲的同意便将对比图与原图发到网上。乙的行为侵犯了甲的肖像权。（2023 年仿真题）【正确。乙未经肖像权人甲同意公开肖像，构成侵犯肖像权】

4. 甲的长相酷似乙明星，在网络上热度很高。甲后去整容，把脸调整地更像乙明星，因此受邀获得了许多商演机会，并且在直播平台上直播卖货，赚了很多钱。甲没有侵犯乙的肖像权。（2024 年仿真题）【正确。甲没有使用乙的肖像】

五、名誉权和荣誉权

	名誉权	荣誉权
概念	名誉，是对一个人品德、才能、信用等的社会评价。	荣誉，是指荣誉称号、证书、奖金。
侵权表现	通过侮辱诽谤让受害人社会评价降低 侮辱：暴力、文字、语言等方式公开贬损他人，如甲在小说中辱骂诋毁乙。诽谤：捏造虚假事实，陈述客观事实不是诽谤。 例 1：未婚的甲抱着小女孩拍照发微博，某杂志未经许可使用，并配文“母女情深”，导致甲的熟人议论纷纷。杂志的诽谤行为导致甲社会评价降低，侵犯甲的名誉权。 例 2：乙为甲拍摄写真，乙为炫耀修图技术，未经甲同意将对比图与原图发在网上，被甲熟人认出，甲遭到嘲笑。乙发布对比图不是侮辱 / 诽谤行为，不侵犯甲的名誉权，但侵犯甲肖像权。	1. 非法剥夺荣誉称号。如荣誉授予组织在没有法定理由或非经法定程序的情况下，剥夺他人已获得荣誉。 2. 严重诋毁、贬损他人的荣誉。如向授予组织诬告、诋毁荣誉权人，或者当众撕人荣誉证书，或者公开发表言论诋毁他人荣誉不符实等行为。 3. 侵犯荣誉权的物质利益。如冒充他人领取荣誉奖金。
注意	1. 对侵害英雄名誉、荣誉等行为，英雄烈士的近亲属可以向人民法院提起诉讼。 2. 文学艺术作品描述对象不特定，仅仅是情节与特定人相似的，不构成名誉权侵权。	

判断分析

1. 甲创作完成一部小说，在小说中对烈士李某的英雄形象进行了歪曲与诋毁。乙将该部小说内容改编为漫画，上传至丙网站。周某是烈士李某的遗孀，要求丙网站删除相关漫画。周某可起诉甲侵犯了李某的名誉。（2019 年仿真题）【正确。发表的文学艺术作品以特定人为描述对象，并含有诽谤内容，损害了李某名誉，烈士的近亲属可以向法院提起诉讼】

2. 甲认识与自己长得很像的乙，得知其获得劳动模范称号，就伪造乙的身份证领取了证书和奖金。甲的行为侵害了乙的荣誉权。（2020 年仿真题）【正确。甲冒领证书、奖金，侵犯了荣誉权的物质利益】

六、隐私权和个人信息保护

	隐私权	个人信息
概念	自然人的私人生活安宁和不愿为他人知晓的私密空间、私密活动、私密信息。	能够识别特定自然人的各种信息，包括姓名、出生日期、身份证号码、生物识别信息（指纹、人脸等）、住址、电话号码、电子邮箱、健康信息、行踪信息等。
侵权表现	未经许可刺探 / 侵扰 / 泄露 / 公开他人隐私。 例 1：甲秘密将乙裸聊的镜头复制保存，并威胁要公开，属于侵害身体隐私，侵犯乙的隐私权。 例 2：某媒体报道当红明星丙为私生子，属于泄露公开他人私密信息，侵犯丙的隐私权。	非法收集、存储、使用、加工、传输、提供、公开等。 处理个人信息，需要取得个人的同意，并且不能因为个人不同意就拒绝提供产品或服务，除非提供产品或服务必需个人信息。

判断分析

1. 甲、乙是邻居，住对门。甲在家门口安装了一个摄像头，因甲安装的摄像头能够拍摄到乙家人员出入情况，乙请求甲拆除。甲的行为成立对乙隐私权的侵害。（2021 年仿真题）【正确。甲拍摄乙家的私密活动，侵扰了乙的私人生活安宁】

2. 张某因出售公民个人信息被判刑，孙某的姓名、身份证号码、家庭住址等信息也在其中，买方是某公司。某公司无须对孙某承担民事责任。（2017 年第 3 卷第 20 题）【错误。某公司作为买方，未经孙某同意收集、处理其个人信息，构成侵权】

3. 刘某曾因交通肇事罪入狱，出狱后和家人搬到另一个小区生活。曹某和刘某向来不和，得知刘某搬家后，在小区门口贴上告示，将刘某曾经入狱和现居住地址的门牌号广而告之。该小区业主们知晓后都对刘某避而远之。曹某侵犯了刘某的隐私权和刘某对其个人信息享有的民事权益。（2022 年仿真题）【正确。曹某泄露公开刘某的私密信息，构成隐私权侵权；犯罪信息和住址属于个人信息，未经刘某同意，不得公开】

婚 姻

婚姻
结婚
婚姻的效力
有效的婚姻与无效的婚姻
构成和情形
无效婚姻的确认
确认无效的法律后果
可撤销的婚姻
同居关系
彩礼
财产关系
法定财产制
共同财产与个人财产区分的原则
特殊财产
孳息、自然增值、投资收益
房屋归属
夫妻债务
夫妻债务的认定
夫妻债务的清偿
约定财产制
家庭关系
夫妻人身关系
父母子女关系
生父母子女关系
继父母子女关系
养父母子女关系
收养的条件
离婚
协议离婚（双方自愿）
诉讼离婚（调解先行）
应准予离婚——感情破裂
诉讼离婚的限制
离婚后的父母子女关系
监护
抚养权的归属
抚养费的负担
探望权
离婚的财产分割
协议离婚的财产分割
诉讼离婚的财产分割
婚内分割
离婚救济
离婚损害赔偿请求权
离婚经济补偿请求权
离婚经济帮助请求权

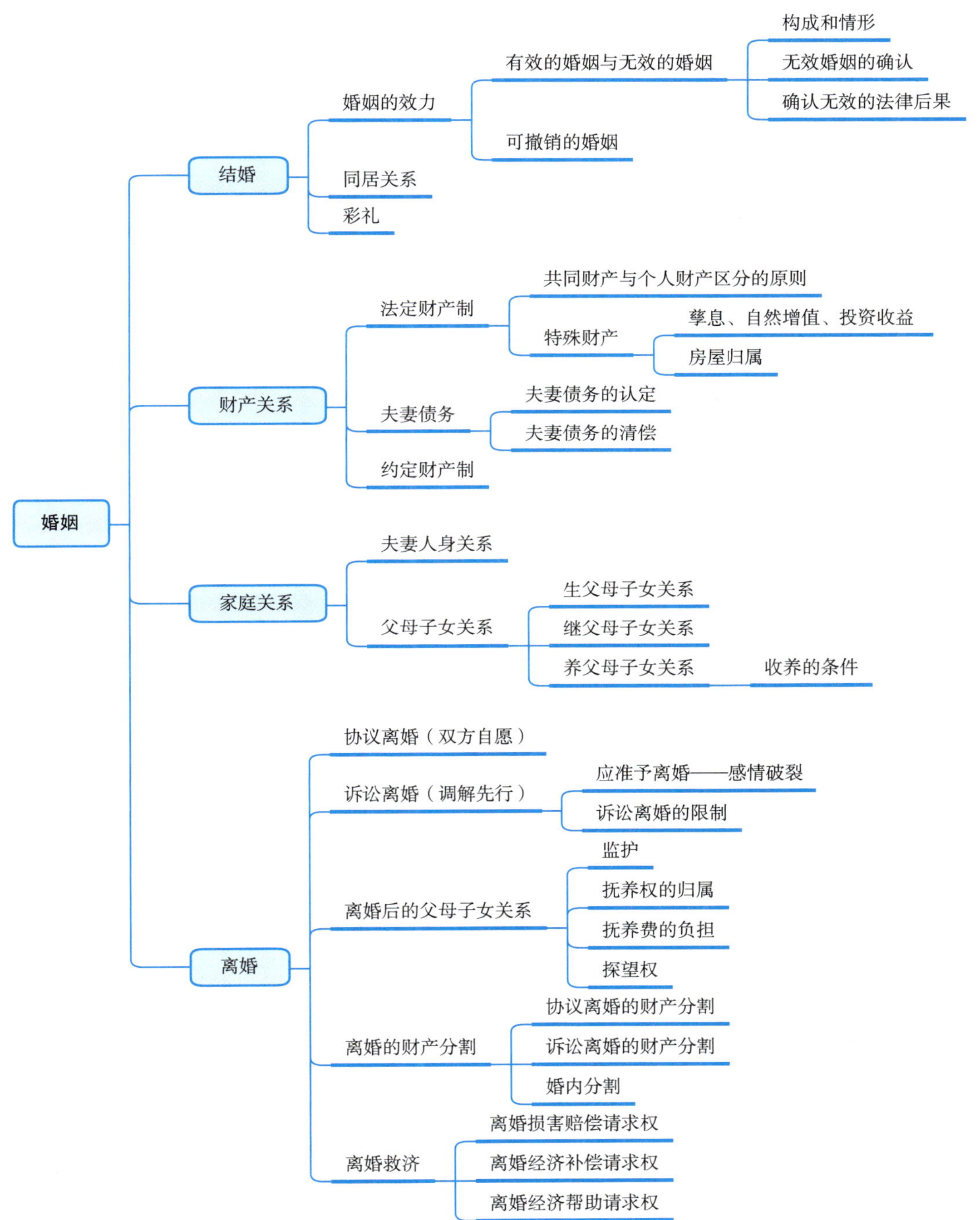

第一章 结婚

【怎么考】通过给出的案例问能否主张撤销婚姻 / 是否属于无效婚姻等，让我们判断婚姻效力状态。

【怎么学】牢记 3 种婚姻无效情形和 2 种可撤销情形即可，只要题目里不属于这几种，就一定别选无效 / 可撤销，不要凭借自己的朴素情感做题。

一、婚姻的效力

（一）有效的婚姻与无效的婚姻【结婚条件 E；无效婚姻 A】

1. 构成和情形

有效的婚姻（5 个要件相加，“+”）		无效的婚姻（3 种情况任一，也只有这 3 种）
实质要件	1. 男女双方自愿	【注意】胁迫可撤销，非无效
	2. 男女双方均达法定年龄（男 ≥ 22 周岁，女 ≥ 20 周岁）	1. 未到法定婚龄 可以补正，双方均达到法定婚龄时转为有效
	3. 双方均无配偶：一夫一妻	2. 重婚 且不可能补正变为有效
	4. 不是直系血亲或三代以内旁系血亲①（血亲包括自然血亲 + 拟制血亲，拟制血亲如养父母子女、有扶养关系的继父母子女）	3. 有禁止结婚的亲属关系 且不可能补正变为有效
形式要件	5. 结婚登记。双方要亲自申请结婚登记，完成登记，婚姻关系确立	

【注意】结婚登记的瑕疵救济：当事人以结婚登记程序存在瑕疵为由提起民事诉讼，主张撤销结婚登记的（如借用、冒用他人身份证明登记），告知其可以依法申请行政复议或提起行政诉讼。（认定结婚证效力是行政机关的事情）

例：高甲与陈小美经人介绍认识，同年 12 月陈小美以其双胞胎妹妹陈小丽的名义与高甲登记结婚。该结婚登记程序存在瑕疵，高甲可以提起行政诉讼要求婚姻登记机关撤销结婚登记。

① 直系血亲：有直接血缘关系的亲属，即生育自己和自己所生育的上下各代亲属。如父母与子女、祖父母与孙子女、外祖父母与外孙子女等。

旁系血亲：有间接血缘关系的亲属，即非直系血亲而在血缘上和自己同出一源的亲属。“三代以内的旁系血亲的算法”：以自己为一代，向上推算出与对方的共同祖辈，三辈之内数到共同祖辈的，即为“三代以内的旁系血亲”。不会计算则只需记住堂 / 表兄弟姐妹。

2. 无效婚姻的确认（婚姻无效是法院确认后才自始无效，必须经法院确认）

（1）只能向法院申请确认婚姻无效，不能向婚姻登记机关申请。

（2）申请理由只能是上面的 3 种无效情形，如果以其他理由申请的，法院判决驳回诉讼请求。

（3）谁能申请：当事人＋近亲属，但要注意：①因未到法定婚龄申请的，只有未到法定婚龄者的近亲属有权，另一方近亲属不行；②重婚里利害关系人还包括基层组织（损害公共利益）。

【注意】即使当事人死亡的，活着的那方以及利害关系人依然能请求确认无效。（因为婚姻效力会影响到权利义务，比如有没有继承权，所以即使一方去世了，也有必要确认婚姻效力）

（4）什么时间申请：无时间限制

（5）诉讼地位：

①利害关系人起诉的，利害关系人为原告，婚姻当事人双方为被告；夫妻一方死亡的，生存一方为被告。

②重婚导致婚姻无效，涉及财产处理的，合法婚姻当事人作为有独立请求权第三人参加诉讼。

（6）法院受理后，原告申请撤诉的，不予准许。

（7）审理过程和结果：

①婚姻效力的审理不适用调解；涉及财产分割和子女抚养的，可以调解。

②审理后确属无效的，告知当事人无效的情形，并作出确认婚姻无效判决。

（8）就同一婚姻分别受理确认婚姻无效与离婚诉讼的，先就确认婚姻无效案件作出判决。

①婚姻**有效**，再审理离婚诉讼；

②婚姻**无效**，不再审理离婚诉讼。因为离婚要以有效的婚姻为前提。婚姻无效后涉及财产分割和子女抚养的部分，继续审理。

（9）受理离婚案件后发现无效事由的，应当依法作出确认婚姻无效的判决。

3. 确认无效的法律后果

婚姻自始没有法律约束力。

（1）当事人不具有夫妻的权利和义务，按照同居关系处理。

（2）财产：同居期间的财产，有约从约，无约原则上共同共有，除非证明是一方的。

（3）子女：为了保护子女利益，在此期间所生子女同婚生子女有同等权利。

（4）无过错方有权请求损害赔偿。

（二）可撤销的婚姻【可撤销婚姻 A】

撤销情形	胁迫	有重大疾病，婚前未如实告知
撤销权人	受胁迫方	被隐瞒方
申请时间	胁迫行为终止之日起 1 年内； 被非法限制人身自由的，恢复人身自由之日起 1 年内	自知或应知撤销事由之日起 1 年内
撤销机关	法院	

【注意】1. 欺诈不属于婚姻可撤销的事由。2. 撤销后果同无效。

判断分析

1. 甲（男）与乙（女）同居一段时间后，乙提出分手，甲不想分手，谎称有乙的隐私照片，暗示如果乙不与自己结婚就会公布乙的隐私照片。乙心生恐惧，遂与甲结婚。婚姻因胁迫可撤销。（2020 年仿真题）【正确】

2. 甲乙婚后生有一子，后甲外出打工期间经常吸毒并欠下债务。经过询问，乙发现甲在婚前就经常吸毒，并在结婚时刻意隐瞒吸毒史。因为甲隐瞒婚前吸毒的事实，乙可以主张撤销婚姻。（2021 年仿真题）【错误。可撤销的婚姻情形只有 2 种，即胁迫和婚前隐瞒重大疾病，吸毒不属于重大疾病】

3. 20 岁甲男与 21 岁乙女经相亲认识便闪婚，婚后一年经常吵架，乙女才知道甲男真实年龄，遂以欺诈为由向法院请求撤销婚姻。（2022 年仿真题）【错误。欺诈不是可撤销事由。1 年后甲男仍未达法定婚龄，婚姻无效】

4. 甲（男）丧偶后，便雇佣保姆乙照顾自己。甲与乙相处融洽，乙也声称自己单身，甲乙决定结婚。婚后甲立遗嘱约定死后将全部财产留给乙。甲死亡后，经查明，乙与甲结婚之时与第三人还存在婚姻关系。甲的女儿有权请求法院确认婚姻无效。（2022 年仿真题）【正确。甲乙婚姻存在重婚的无效情形，甲的女儿作为近亲属有权申请】

5. 甲、乙婚后育有一子小甲。后双方起诉至法院要求离婚。法院在调解时发现，甲、乙均未满 20 岁。对此，法院该怎么处理？（2023 年仿真题）

A. 作出确认婚姻无效的判决【正确。法院审理甲乙离婚案件后发现婚姻无效，应当依法作出确认婚姻无效的判决】

B. 作出准予离婚的判决【错误】

C. 可以对甲乙之间婚姻效力的问题进行调解【错误。婚姻效力审理不适用调解，涉及财产分割和子女抚养的可以调】

D. 可以对关于小甲的抚养权的问题进行调解【正确】

6. A 与 B 结婚，孩子 6 岁时，B 消失不见。因 B 的母亲一直对 A 不满，于是便向法院申请确认 A 与 B 的婚姻无效。法院经查明，发现 A 与 B 是表兄妹，且起诉前 B 已经死亡。法院应当判决确认婚姻无效。（2024 年仿真题）【正确。婚姻无效涉及到公共利益，而且影响权利义务关系，因此即使一方死亡，活着的及其利害关系人也能请求确认婚姻无效，法院要判决无效】

二、同居关系

1. 定义：未办理结婚登记而持续、稳定地共同居住的男女。

2. 同居关系起诉的处理：

（1）当事人起诉仅请求解除同居关系的，法院不予受理；已经受理的，裁定驳回起诉。

（2）因同居期间财产分割或者子女抚养纠纷起诉的，法院应当受理。

3. 同居双方不具有夫妻的权利和义务。

三、彩礼

1. 彩礼的界定

当事人一方及其亲属依据习俗以结婚为目的向对方及其亲属给付的钱物，也可称为聘礼、纳彩等，表现形式多为金钱，也有贵重物品。

2. 属于以下 3 种情形的，有权要求返还彩礼：【新修】

（1）未登记结婚（但已共同生活，根据实际情况确定是否还以及还多少）；

（2）登记结婚了但未共同生活（已共同生活一般不还）；

（3）婚前给付导致给付人生活困难。

彩礼返还诉讼地位：男方及其父母是共同原告，女方及其父母是共同被告；离婚纠纷中请求返还彩礼的，夫妻双方是原被告。【新增】

KEEP AWAKE

第二章 财产关系【客+主】

【怎么考】直接给出案例让我们判断案例中的某个财产是共同财产还是个人财产；如果选项问某笔债务是夫妻一方还是双方偿还，则通常是考查夫妻共同债务的认定。

【怎么学】1. 夫妻财产关系不难理解，做题主要靠记忆，但情形比较难记，需要大家在分类梳理和记忆的基础上，配合做真题、刷速记本来巩固记忆。

2. 夫妻法定财产制可以按照原则+例外的方式分类记忆，例外中又可以分为人身专属性、婚前个人财产的婚后收益和房屋问题三类来总结。夫妻共同债务则只需把握一句话：共同意思表示/用于共同生活，就是共同债务，否则就是个人债务。

一、法定财产制【法定夫妻财产制 A】

（一）共同财产与个人财产区分的原则

婚后取得原则为夫妻共同财产，如：
1.工资、奖金、劳务报酬
2.生产、经营、投资收益
3.住房补贴、住房公积金、养老保险金、破产安置补偿费（实际取得或应当取得）
4.知识产权收益（实际取得或明确可取得）
5.继承、受赠所得财产（确定只归一方除外）

婚前取得永远归个人，不会因婚姻关系延续而转化成共同

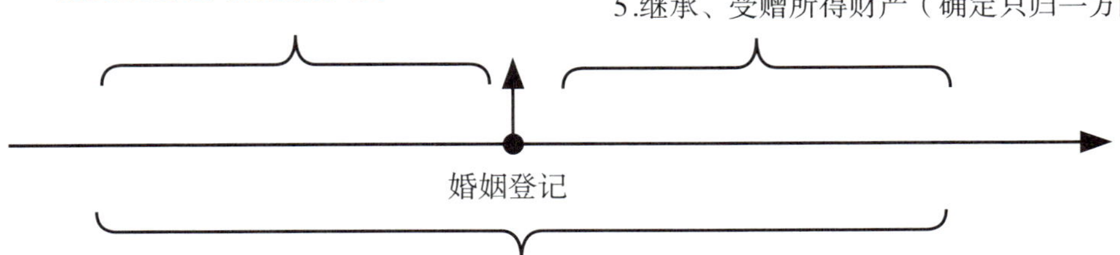

不管婚前取得还是婚后取得，都归个人（人身专属性）
1.一方的人身损害赔偿或补偿
2.军人伤亡保险金、伤残补助金、医药生活补助费
3.一方专用生活用品

【细化】婚姻关系存续期间，实际取得或明确可以取得的知识产权的财产性收益是夫妻共同财产。

例：甲乙是夫妻，甲在婚前发表小说《昨天》，婚后获得稿费。乙在婚姻存续期间发表了小说《今天》，离婚后第2天获得稿费。甲在婚姻存续期间创作小说《明天》，离婚后发表并获得稿费。

1.《昨天》的稿费属于婚姻关系存续期间实际取得，是夫妻共同财产。

2.《今天》在婚姻关系存续期间已经发表，稿费属于婚姻关系存续期间已经明确可以取得，是夫妻

共同财产。

3.《明天》于离婚后发表，在婚姻关系存续期间尚不能明确可以取得，是甲个人财产。

（二）特殊财产

1. 夫妻一方个人财产在婚后产生的孳息和自然增值，是个人财产（个人房屋婚后出租所得租金除外）；投资收益是夫妻共同财产。

例：甲婚前拥有一套价值 100 万元的房屋，与乙结婚后，甲把房屋出租，获得租金 5 万元。之后房地产市场高涨，房屋升值到 300 万元。甲还用婚前的 10 万元炒股获利 50 万元。200 万元（自然增值）是甲的个人财产，租金 5 万元和炒股获利 50 万元（投资收益）属于夫妻共同财产。

【疑问】为啥婚前一方购买的房屋婚后增值是个人财产，租金就是共同财产呢？

答：在判断个人财产在婚后产生的孳息、自然增值是个人财产还是共同财产时，不用死记硬背，直接判断这个东西的得来有没有“耗费精力”，有就是共同，没有就是个人。因为婚后一方或双方付出精力和心血都视为对整个家庭的贡献，由此得来的财产理应是共同财产。婚前购买的房屋婚后增值不需要人为付出精力，是市场导致的，所以是个人财产；出租房屋需要挑选租客、商讨租赁合同细节，出租后还要承担维修责任等，需要耗费精力，所以是共同财产。

2. 房屋归属

情形	房屋归属	
一方婚前承租、婚后用共同财产购买，登记在一方名下	夫妻共同财产	
一方婚前付首付，婚后用夫妻共同财产还贷，登记在付首付方名下	可判决归付首付方个人 （1）剩余贷款为个人债务 （2）共同还贷部分和对应的增值部分，离婚时需要补偿另一方 应补偿数额＝（共同还贷数额 ÷ 总购房款）× 房产的现值 ×50% 例：甲婚前以自己的名义首付 100 万元，并贷款 100 万元买房一套，登记在甲名下。之后甲乙结婚，共同还清了 100 万元的贷款。几年后，甲乙诉讼离婚，此时房屋价值已经涨到 400 万元，法院可判决房屋为甲所有，甲应给予乙 100 万元的补偿。 计算方式：应补偿数额＝（共同还贷数额（100）÷ 总购房款（200））× 房产的现值（400）×50%=100	
父母为双方购置房屋出资	婚前	原则：对子女个人赠与，是子女个人财产 例外：明确表示赠与双方的，是共同财产
	婚后	原则夫妻共同财产，明确只归一方的是个人财产

（三）夫妻共有财产的处理权

1. 家事代理权

（1）夫妻一方因家庭日常生活需要实施的民事法律行为（如日常衣食住行、购买家电、医疗、子女教育、老人赡养等），对夫妻双方发生效力，除非夫妻一方与相对人另有约定。

（2）夫妻一方对家事代理权的限制，不能对抗善意相对人。

2. 一方未经另一方同意，出售夫妻共有房屋的，属于无权处分，第三人可善意取得该房屋，另一方不能追回。无权处分造成另一方损失的，离婚时另一方有权请求赔偿。

3. 婚前或婚后，约定将一方房产赠与另一方或者共有，在房产办理变更登记前，赠与人可行使任意撤销权撤销赠与。

4. 夫妻双方签借款协议，将共同财产出借给其中一方用于个人事务，视为双方约定处分夫妻共同财产，离婚时可按借款协议处理。

判断分析

1. 甲乙结婚，婚后甲开始领取养老保险金。甲在婚前租有1栋房屋，婚后用养老保险金购买该房屋并登记在自己名下。养老保险金和房屋皆属于夫妻共同财产。（2018年仿真题）【正确。养老保险金婚后取得，属于夫妻共同财产；由一方婚前承租、婚后用共同财产购买的房屋，登记在一方名下，也属于夫妻共同财产】

2. 甲婚前饲养一头母牛已怀有小牛，甲和乙结婚后，经乙精心饲养照顾，小牛顺利出生，双方均未提及小牛的归属。小牛属于甲个人财产。（2019年仿真题）【正确。母牛属于甲婚前所有的个人财产，小牛属于甲个人财产在婚后产生的天然孳息，是甲个人财产】

3. 下列选项中属于夫妻共同财产的有？（2022年仿真题）

A. 登记结婚后，办理婚礼时一方收的礼金【正确。婚后受赠原则是共同财产，除非明确给一方。礼金属于参与婚宴的嘉宾对夫妻二人的祝福，应视为对夫妻二人共同的赠与】

B. 婚前出版的小说，婚后获得稿酬【正确。属于婚姻关系存续期间实际取得的收益，属于夫妻共同财产】

C. 婚后企业破产安置费【正确】

D. 男方给女方的父母支付的彩礼，婚后女方父母将彩礼给予女方【错误。婚后女方父母明确将彩礼只给女方一方，属于女方个人财产】

4. 甲乙结婚后用共同积蓄买了一套房，登记在甲名下，后两人感情不和分居，乙准备与甲离婚析产。甲得知后，使用与情妇丙的合照伪造了结婚证，伙同丙以夫妻名义将住房以市价卖给不知情的丁，且已经过户完成登记。丁已取得该房屋所有权。（2019年仿真题）【正确。甲擅自出卖夫妻共有房屋，属于无权处分，善意的丁以合理价格购买且办理了过户登记，已经善意取得该房屋所有权】

二、夫妻债务【夫妻债务的认定与清偿A】

法条群

《民法典》第五编婚姻家庭 第三章家庭关系 第一节夫妻关系

第一千零六十四条【夫妻共同债务的认定】夫妻双方共同签名或者夫妻一方事后追认等共同意思表示所负的债务，以及夫妻一方在婚姻关系存续期间以个人名义为家庭日常生活需要所负的债务，属于夫妻共同债务。

夫妻一方在婚姻关系存续期间以个人名义超出家庭日常生活需要所负的债务，不属于夫妻共同债务；但是，债权人能够证明该债务用于夫妻共同生活、共同生产经营或者基于夫妻双方共同意思表示的除外。

（一）夫妻债务的认定

夫妻个人债务和共同债务的区分：只要是夫妻双方共同意思表示 / 用于家庭共同生活，就是共同债务，其他的是个人债务。

1. 共同意思表示：共同签名 / 夫妻一方事后追认

2. 用于家庭共同生活：

（1）婚内以个人名义为家庭日常生活需要所负的债务；

（2）婚内以个人名义超出家庭日常生活需要所负的债务，但债权人能证明该债务用于夫妻共同生活、共同生产经营；

（3）婚前以个人名义所负的债务，债权人能证明该债务用于婚后家庭共同生活。

因此，一方与第三人串通，虚构债务不是共同债务；一方从事赌博、吸毒等违法犯罪活动债务不是共同债务。

（二）夫妻债务的清偿

1. 个人债务：个人财产清偿。

2. 共同债务：夫妻共同财产清偿，不足的，夫妻承担连带清偿责任。

（1）如果夫妻内部约定由其中一人偿还，只对夫妻内部有效，对债权人不生效，债权人依然有权要求承担连带责任，承担后可以依内部约定追偿。

（2）离婚协议或者法院生效判决、裁定、调解书已经对夫妻财产分割问题作出处理的，债权人仍有权就夫妻共同债务向夫妻双方主张权利。一方承担后，可以依离婚协议或法院的法律文书要求另一方承担相应债务。

（3）夫妻一方死亡，生存一方应当对婚姻关系存续期间的夫妻共同债务承担清偿责任。

判断分析

甲乙结婚，乙外出打工期间经常吸毒，欠下大笔债务，后甲起诉离婚，对于该笔债务，甲无需承担。（2021 年仿真题）【正确。因吸毒产生的债务是夫妻个人债务】

三、约定财产制【约定夫妻财产制 E】

男女双方可以约定婚前财产或婚后财产归各自所有、共同所有或者部分各自所有、部分共同所有。没有约定或者约定不明确的，适用法定财产制。

1. 形式要求：必须采用书面形式。

2. 约定效力

（1）对内：对夫妻双方具有法律约束力，约定财产制优先于法定财产制。

（2）对外：一方负债，相对人知道夫妻财产各自所有约定，只能请求负债方偿还，不能请求另一方偿还。（夫妻一方要证明“相对人知道该约定”）

主观题延伸拓展

案例： 张某以夫妻共同财产购买房屋一套，登记在张某与其妻李某双方的名下。双十一来临，李某突发购物欲望，遂隐瞒张某向中国银行办理个人信用贷款50万元，全部用于购买供其个人使用的高档奢侈品。还款期限届至，李某无力偿还贷款，中国银行主张强制执行该套房屋以清偿债务，张某表示反对。

问题：李某所借50万元是否属于夫妻共同债务？

答案：不属于。李某所借50万元既不是基于夫妻双方共同的意思表示，也没有用于夫妻共同生活、共同生产经营。法条依据为《民法典》第1064条。

KEEP AWAKE

第三章 家庭关系

【怎么考】本章不常考，收养隔几年会作为一道单独题目考查，主要考是否满足收养条件。此外父母子女关系会在考查继承时附带考到，比如构成有扶养关系的继父母子女关系则互有继承权。

【怎么学】本章不难理解，主要是收养条件复杂难记，可以多刷速记本、抄关键词，再刷真题不断巩固记忆。

家庭关系包括夫妻关系、父母子女关系、祖孙关系和兄弟姐妹关系，主要解决抚养、赡养、扶养义务的确定。其中祖孙关系和兄弟姐妹关系从未考过，故不再展开学习。

一、夫妻人身关系【夫妻人身关系 E】

夫妻在婚姻家庭关系中地位平等。

双方均享有人身自由权、姓名权、相互继承遗产的权利（双方互为另一方的第一顺位法定继承人）。

双方均负相互扶养义务、忠实义务。如果仅以违反忠实义务起诉的，法院不受理；已受理，裁定驳回起诉。

二、父母子女关系【父母子女关系 C】

父母对“未成年子女”或者“不能独立生活的成年子女”[①] 有抚养义务；成年子女对“缺乏劳动能力”或者“生活困难的父母”有赡养义务。

（一）生父母子女关系

1. 夫妻双方一致同意进行人工授精，所生子女视为婚生子女。

2. 亲子关系的确认与否认

（1）对亲子关系有异议且有正当理由，父或母可以向法院起诉，请求确认或否认亲子关系；成年子女可以向法院起诉，请求确认亲子关系。

（2）一方请求否认 / 确认亲子关系，并已提供必要证据证明，另一方没有相反证据又拒绝做亲子鉴定，法院可以认定主张成立。

① 不能独立生活的成年子女包括：尚在校接受高中及其以下学历教育或者丧失、部分丧失劳动能力等非因主观原因而无法维持正常生活的成年子女。

（二）继父母子女关系

继父母与受其抚养教育的继子女，适用父母子女关系的规定，负有抚养/赡养义务，互相有继承权。

（1）抚养教育：如共同生活/没有共同生活，但进行了持续的经济供养等。

（2）不影响继子女和生父母之间的关系，继子女与生父母之间也相互享有继承权。

（3）若继父母在与继子女之间形成抚养教育关系后离婚，其有权不继续抚养继子女，双方也因此不得互相继承。

（三）养父母子女关系【收养E】

1. 养父母与其合法收养的养子女，适用父母子女关系的规定。养子女与生父母之间的权利义务关系消灭。如养父母与养子女之间相互享有继承权，但养子女与生父母之间的继承权消灭。

2. 收养的条件：3方当事人满足资格条件+自愿+登记

（1）当事人资格

送养人	被收养人	收养人（同时具备，"+"）
孤儿的监护人（送养需要有抚养义务的人同意，如祖父母）	父母没有/找不到/有困难养不了	①无子女或只有1名子女； ②有抚养、教育和保护被收养人的能力； ③未患有在医学上认为不应当收养子女的疾病； ④无不利于被收养人健康成长的违法犯罪记录； ⑤年满30周岁。
儿童福利机构		
有特殊困难无力抚养子女的生父母（生父母送养需要共同送养。一方不明或找不到，可单方送）		

（2）收养需要注意的其他条件：

①无配偶者收养异性子女，收养人与被收养人的年龄差距应当≥40周岁（防止性侵）。

②有配偶者收养子女，应当夫妻共同收养。

③无子女的收养人可以收养2名子女；有子女的收养人只能收养1名子女。

收养孤儿、残疾未成年人或者儿童福利机构抚养的查找不到生父母的未成年人，不要求"收养人无子女或只有1名子女"，也不限制收养子女的个数。

④收养三代以内旁系同辈血亲的子女（如姑/舅/姨收养侄子/外甥），不要求"生父母有特殊困难无力抚养"、不要求"异性40岁的年龄差"。华侨收养三代以内旁系同辈血亲的子女，在此基础上还不要求"收养人无子女或只有1名子女"。

⑤继父或者继母经继子女的生父母同意，可以收养继子女，不要求"生父母有特殊困难无力抚养"、不要求满足收养人的5项资格条件、不限制收养子女的个数。

⑥配偶一方死亡，另一方送养未成年子女的，死亡一方的父母有优先抚养的权利。

（3）当事人可以签订收养协议（不强制）。收养8周岁以上未成年人的，应当征得被收养人的同意。

（4）在县级以上人民政府民政部门登记，收养关系自登记之日起成立。

判断分析

1. 29岁的沈男和31岁的邱女再婚，二人均在婚前育有一子一女，沈俊（5岁）、沈俏（4岁），邱靓（7岁）、邱丽（3岁），两人欲收养对方子女重新组成新6人家庭，沈男前妻和邱女前夫均同意。下列说法正确的是？（2022年仿真题）

A. 邱女已满 30 岁，均可收养沈俊、沈俏【正确。收养继子女，不要求满足收养人的 5 项资格条件、不限制收养子女的个数】

B. 沈男可以且只能收养邱靓、邱丽其中一人【错误】

C. 沈男不满 30 岁，不可以收养邱靓、邱丽【错误。收养继子女，不要求满足收养人的 5 项资格条件】

D. 沈男前妻和邱女前夫无特殊困难不影响两人收养【正确。收养继子女，不要求“生父母有特殊困难无力抚养”】

2. 甲 1 岁时父母因车祸去世，一直由爷爷抚养。甲 5 岁时，作为监护人的爷爷因身体原因无法再抚养甲，遂决定将孙子送给其未婚的姑姑丙收养。下列说法正确的是？（2022 年仿真题）

A. 应当征得甲的同意【错误。甲未满 8 周岁，无需征得甲同意】

B. 若甲的外祖母反对，爷爷无权将甲送给丙收养【正确。监护人爷爷送养孤儿甲的，应当征得有抚养义务的外祖母同意】

C. 爷爷应当与丙签订收养协议【错误。不强制签订收养协议】

D. 若丙今年 32 岁，丙无权收养甲【错误。姑姑收养侄子属于收养三代以内旁系同辈血亲的子女，不受异性年龄相差 40 周岁的限制】

KEEP AWAKE

第四章 离婚

【怎么考】本章每个知识点都会考，且主要考查对细节的记忆，整体难度不大。

诉讼离婚和协议离婚，近几年常作为选项考查。离婚后的父母子女关系主要考抚养费和探望权的细节。财产处理近几年考查较少，但仍需掌握怎么分割财产。离婚救济则是给出案例问能否请求补偿 / 损害赔偿。

【怎么学】本章不难理解，记忆清楚知识点的细节即可。

一、协议离婚（双方自愿）【协议离婚 C】

协议离婚，是夫妻双方对离婚、子女抚养、财产分割等事项达成一致，在婚姻登记机关办理离婚手续，从而解除婚姻关系的一种方式。

【注意】协议离婚须有合法的婚姻关系且双方均为完全民事行为能力人。一方或者双方为无、限制民事行为能力人的，只能诉讼离婚。

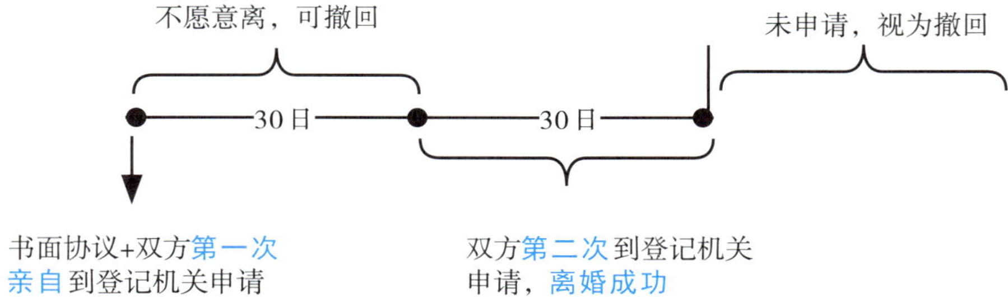

判断分析

自婚姻登记机关收到离婚登记申请之日起 30 日内，任何一方不愿意离婚的，可以向婚姻登记机关撤回离婚登记申请。30 日期间届满后 30 日内，双方应当亲自到婚姻登记机关申请发给离婚证；未申请的，视为撤回离婚登记申请。（2020 年仿真题）【正确】

二、诉讼离婚（调解先行）【诉讼离婚 C】

诉讼离婚，是夫妻一方向法院提起离婚诉讼，法院依法通过调解或判决而解除婚姻关系的一种方式。法院审理离婚案件，应当进行调解。如果感情确已破裂，调解无效的，应当准予离婚。

（一）应准予离婚——感情破裂

1. 不忠：重婚或与他人同居（与他人同居：持续、稳定，因此出轨不算）；
2. 暴力：实施家庭暴力或虐待、遗弃家庭成员；
3. 恶习：有赌博、吸毒等恶习屡教不改；
4. 分居：因感情不和分居满 2 年（因工作分居 2 年不算）；
5. 失踪：一方被宣告失踪；
6. 生育：夫妻双方因是否生育发生纠纷，致使感情确已破裂；
7. 再分居：法院判决不准离婚后，双方又分居满 1 年，再次提起。

【注意】是否判离婚的关键在于感情是否破裂，财产分割或子女抚养不能达成一致不是不判离婚的理由。

（二）诉讼离婚的限制

1. 女方在怀孕期间、分娩后 1 年内或终止妊娠后 6 个月内，男方不得提出离婚。但女方提出或法院认为确有必要受理男方离婚请求的除外（如孩子不是自己亲生）。

2. 现役军人的配偶未经军人同意，不得离婚。除非军人一方有重大过错，如不忠、暴力、恶习等。

三、离婚后的父母子女关系【离婚后的子女抚养 A】

（一）监护

离婚不影响父母子女的关系，不管孩子归谁直接抚养，父母依然是未成年子女的法定监护人。

（二）抚养权的归属

1. ＜ 2 周岁，母亲抚养为原则；
2. 2 ≤孩子＜ 8 周岁：协议不成，按照最有利于子女的原则；
3. ≥ 8 周岁，尊重子女真实意愿。

（三）抚养费的负担

1. 谁负担以及负担多少：无约定时，原则不直接抚养的一方应当负担部分或全部抚养费。

2. 抚养费的增加：原定数额不足以维持当地实际生活水平，或子女患病 / 上学实际需要已超过原定数额，子女可以要求有负担能力的父或母增加抚养费。

3. 父母不能因子女变更姓氏而拒付抚养费。父或母擅自把子女姓氏改为继母或继父姓氏的，应当责令恢复原姓氏。

（四）探望权

离婚后，不直接抚养子女的父母（不包括祖父母等其他人），有探望子女的权利，另一方有协助的义务。拒不协助的，法院可采取拘留、罚款等强制措施，但不能对子女的人身、探望行为进行强制执行。

1. 若法院生效的离婚判决中未涉及探望权，当事人可单独就探望权提起诉讼。

2. 探望子女不利于子女身心健康的，由法院依法中止探望；中止的事由消失后，应根据当事人请求书面通知恢复探望。

判断分析

1. 下列关于探望权的说法不正确的是？（2020 年仿真题）

A. 探望权的对象是未成年子女和成年子女【错误。限于未成年子女】

B. 探望权的主体除了父母之外还包括了孩子的祖父母和外祖父母【错误。探望权的主体是不直接抚养子女的父或母，祖父母、外祖父母没有探望权】

C. 与子女共同生活的一方应当协助探望权的行使，如果拒绝履行协助义务的，可以对其强制执行【错误】

D. 生效的离婚判决中未涉及探望权的，当事人无权单独就探望权起诉【错误】

2. 张某与李某离婚后，10 岁的婚生女儿张小某判归李某抚养，张某依判决每月支付 3000 元抚养费。因李某不予配合，张某多次未能如愿探望张小某。暑假期间，张某不顾李某的阻拦，强行将张小某带回跟自己生活一段时间。在辅导写作业时，张某才发现李某已经再婚并将孩子改为随继父姓周，取名周小某。第二天，李某通知张某，张小某下学期只能上私立高中，学费远高于公立学校，要求张某因此增加每月的抚养费。对此，下列表述正确的是？（2021 年仿真题）

A. 若张某提出探望张小某，李某负有配合的法律义务【正确】

B. 张小某有权以需上私立高中为由请求张某增加抚养费【正确】

C. 张某有权以李某擅自变更孩子姓氏为由拒绝支付抚养费【错误】

D. 张某有权请求李某将孩子的姓氏改回【正确】

四、离婚的财产分割【离婚时的财产处理 C】

（一）协议离婚的财产分割

1. 离婚财产及债务处理协议对双方具有法律约束力。离婚后因履行该协议有纠纷起诉的，法院应当受理。但如果离婚未成 + 一方在离婚诉讼中反悔的，该协议未生效。

2. 对离婚财产分割协议反悔，起诉撤销的，应当受理，但不存在欺诈、胁迫等事由的，驳回诉讼请求。

（二）诉讼离婚的财产分割

1. 协议处理；协议不成的，由法院按照照顾子女、女方和无过错方权益的原则判决。

2. 夫妻一方害共同财产（藏 / 卖 / 毁 / 转移 / 挥霍），或伪造共同债务的，对该方可以少分或者不分。离婚后，发现有上述行为之日起 3 年内，可以向法院起诉，请求再次分割夫妻共同财产。

【注意】离婚时没处理的夫妻共同财产，离婚之后可以再起诉请求分割。

（三）婚内分割

原则婚内不能请求分割共同财产。除非有这 2 种情形：

1. 一方害共同财产（藏 / 卖 / 毁 / 转移 / 挥霍），或伪造共同债务；

2. 一方负有法定扶养义务的人患重大疾病需要医治，另一方不同意支付相关医疗费用。

五、离婚救济【离婚救济 C】

（一）离婚损害赔偿请求权

1. 前提：离婚。

（1）婚姻关系存续期间，当事人不起诉离婚而单独提起损害赔偿请求，法院不予受理；

（2）法院判决不准离婚，对损害赔偿请求不予支持。

2. 法定事由：

（1）重婚；

（2）与他人同居；

（3）实施家庭暴力；

（4）虐待、遗弃家庭成员；

（5）其他重大过错。（赌博、吸毒等导致离婚）

【注意】夫以妻擅自中止妊娠侵犯其生育权为由请求损害赔偿的，法院不予支持[①]。

3. 谁提：无过错方。双方都有过错，不可主张。第三人不承担责任（如小三有过错，也不用承担责任）。例：甲经常殴打妻子乙，乙经常找邻居丙诉苦，日久生情，不久乙丙开始同居，乙起诉离婚。甲家暴有过错。乙与丙同居也有过错，双方都不可主张离婚损害赔偿。

4. 请求程序

（1）协议离婚

如果在协议离婚时已经明确放弃损害赔偿请求权的，不得再次主张；如果没有放弃的，可以在协议离婚后起诉主张损害赔偿。

（2）诉讼离婚

①无过错方是原告，起诉离婚：必须在离婚诉讼的同时提出。

②无过错方是被告，被告不同意离婚也不提损害赔偿，离婚后可以单独提起损害赔偿；

③无过错方是被告，被告一审没提二审提，法院应当调解；调解不成的，告知当事人另行起诉。双方当事人同意由二审法院一并审理的，二审法院可以一并裁判。

5. 赔偿范围：物质损害赔偿 + 精神损害赔偿。

（二）离婚经济补偿请求权

一方因抚养子女、照顾老人、协助另一方工作负担较多义务的，离婚时可向另一方请求补偿。既适用于约定财产制，也适用于法定财产制。

（三）离婚经济帮助请求权

离婚时，生活困难的一方可以向有负担能力的另一方请求给予适当帮助。

1. 生活困难：无法维持当地基本生活水平 / 离婚后无住处等。

2. 帮助方式：转移房屋所有权 / 为对方设立居住权 / 一次性或定期给付金钱、财物等。

① 不仅只有丈夫一方有生育权，妻子也享有生育权，有权决定是否生育。

判断分析

1. 甲和乙分居三年多，期间2人签订离婚协议书，约定了共有财产和债务的分割，但一直未办理离婚手续，后乙反悔不想离婚且拒绝按照协议分割财产，甲向法院提起离婚诉讼。下列说法正确的是？（2023年仿真题）

A. 协议书尚未生效，法院应依法分割财产和债务【正确。双方未能离婚，财产及债务处理协议未生效，应根据实际情况判决】

D. 如财产分割无法达成一致，法院应判决不许离婚【错误。判决离婚的关键是感情破裂，与财产分割能否达成一致无关】

2. 甲与乙多年未生育，后甲发现乙曾经多次擅自中止妊娠，因此经常对乙实施家暴，双方感情因此破裂，甲以乙侵犯生育权为由起诉离婚要求离婚损害赔偿，乙在诉讼中也主张离婚损害赔偿。法院应支持乙的赔偿请求。（2017年第3卷第65题）【正确。甲乙双方都有生育权，因此乙并不侵犯甲的生育权，不属于离婚损害赔偿中的法定情形，甲的主张不能得到支持。甲存在家暴行为，是过错方，而乙是无过错方，乙有权请求离婚损害赔偿】

继 承

继承
继承法概述
继承概述
主体
客体
继承的开始
继承权
继承权的丧失
继承权的放弃
时间、方式、效力
继承权的保护
法定继承
适用范围
法定继承顺位
第一顺位法定继承人的范围
第二顺位法定继承人的范围
代位继承（法定继承的补充）
代位继承的类型
被继承人有子女
被继承人没有第一顺位继承人
其他
转继承
本质
适用范围
转继承的要件
代位继承VS转继承
遗嘱继承、遗赠与遗赠扶养协议
遗嘱继承
适用条件
法定种类
变更或撤回
无效情形
遗赠
对象
附义务的遗赠
遗赠的效力
遗赠扶养协议
主体及其权利义务
受扶养人：自然人
扶养人：自然人或者组织
生前与死因法律行为的双重属性
违约救济
遗产与债务的处理
遗产管理人
遗产的分配顺序（拿钱）
外部：遗赠扶养协议（继承人以外）>遗嘱、遗赠>法定继承
法定继承内部的顺序
不同顺位
同一顺位
遗嘱继承内部的顺序
遗产债务（被继承人生前债务）的清偿顺序（还债）

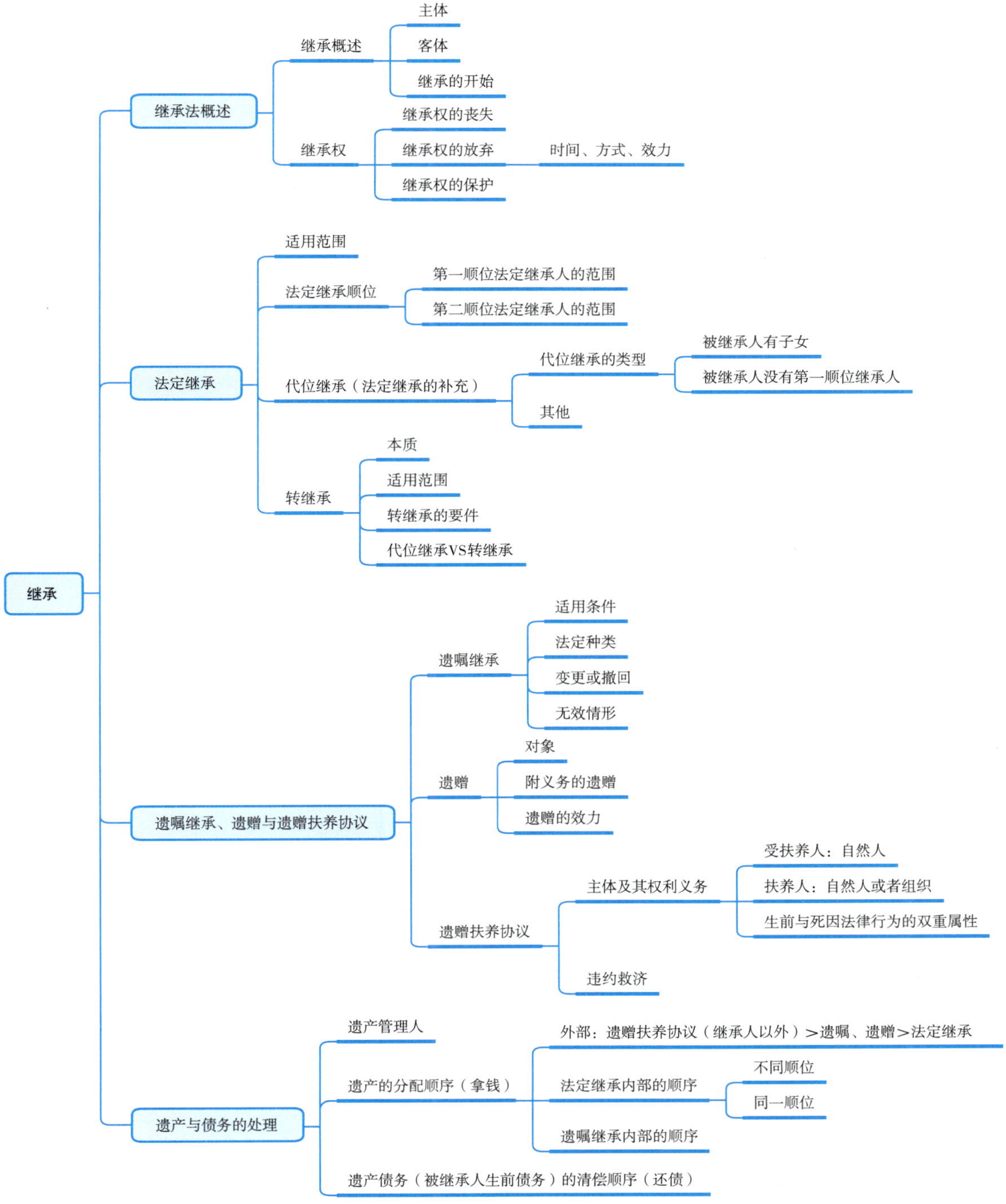

KEEP AWAKE

第一章 继承法概述

【怎么考】近几年常考遗产范围的判断和继承权的丧失与放弃，考点非常好识别，通常还会结合法定继承、遗嘱等知识点一起考查。

【怎么学】本章不难理解，记忆清楚即可。对于遗产的范围要记忆细节 + 总结常考情形，注意夫妻共同财产要刨出去一半才是遗产、死亡赔偿金不是遗产。继承权的丧失要记清楚情形，杀人不能被宽恕，其他的可以。

继承是指自然人死亡时遗留的个人合法财产，由法律规定的或者由死者指定的人取得的制度。

继承是对遗产权利和义务的概括性承受，依法继承被继承人财产的人，也要承担被继承人的债务。继承人清偿被继承人生前债务，以继承人没有放弃继承为前提。如果继承人放弃继承的，则对被继承人生前债务无需偿还。

同时债务的清偿遵循限定继承原则，即继承人只在所继承的遗产价值范围内对被继承人生前所欠的债务以及税款负有清偿责任。超过遗产实际价值部分，继承人自愿偿还的不在此限。

一、继承概述【遗产的范围 A；死亡推定 C】

主体	自然人（死者一定范围内的近亲属） 【注意】法人、非法人组织、集体、国家只能成为受遗赠人，不能成为继承人。
客体	遗产的范围：死者死亡时遗留的个人合法财产。 【注意】 1. 夫妻一方死亡，共有财产部分只有一半是遗产。 2. 被继承人死亡后，死亡赔偿金、抚恤金不属于遗产，而是亲属应得的。 3. 数据、网络虚拟财产也属于遗产。
继承的开始	继承从被继承人死亡时开始。被继承人死亡作为法律关系产生的原因，时间节点的认定具有重要意义。 具体判断方法为：自然死亡的时间；自然人下落不明时，法院宣告的时间；推定死亡的时间。 【死亡推定制度】相互有继承关系的几个人在同一事件中死亡，不能确定死亡先后时间的： 1. 推定无其他继承人的人先死； 2. 都有其他继承人的：

续表

继承的开始	（1）辈份不同，推定长辈先死； （2）辈份相同，推定同时死亡，相互不发生继承，由他们各自的继承人分别继承。 【总结】无继先死，长辈先死，同辈同死 例：甲乙育有一女丙，丙与丁婚后育有一子戊。甲乙父母均健在。一天，甲乙丙不幸发生车祸全部遇难且无法确定死亡的先后时间。因甲乙丙都各自有其他继承人，甲乙为长辈，应推定甲乙先死亡（互不继承），丙后于甲乙死亡。

判断分析

1. 甲乙丙出去漂流，乙是甲的妹妹，丙是乙的儿子，漂流出事故，甲先死，然后乙死，丙最后死。甲未婚无子女，父母双亡，乙还有一个儿子丁，丙还有一个儿子戊。甲的死亡赔偿金不是遗产。（2022 年仿真题）【正确】

2. 甲精通某网络平台开发的网络游戏，并获得该款游戏装备“开天辟地斧”（市场价值 1 万元）。另一玩家乙欲花 1.2 万元购买该装备，甲乙双方约定先付款后交货。不料付款后甲尚未交付就突发脑溢血死亡，甲的近亲属只有儿子小甲，1.2 万元为网络虚拟财产，小甲有权继承。（2020 年仿真题）【正确。数据、网络虚拟财产可作为遗产由继承人继承】

二、继承权【继承权的放弃、丧失和保护 A】

（一）继承权的丧失

继承权丧失	1. 故意杀害被继承人（不论是既遂还是未遂）	绝对丧失继承权
	2. 为争夺遗产而杀害其他继承人	
	3. 遗弃被继承人，或者虐待被继承人，情节严重	宽宥制度（相对丧失继承权）：继承人确有悔改表现，被继承人表示宽恕或者事后在遗嘱中将其列为继承人的，该继承人不丧失继承权
	4. 伪造、篡改、隐匿或者销毁遗嘱，情节严重	
	5. 以欺诈、胁迫手段迫使或者妨碍被继承人设立、变更或者撤回遗嘱，情节严重	

【总结】杀人不能被原谅→绝对丧失；害人害遗嘱可以被原谅。

【注意】受遗赠人有上述任何 1 种行为的，绝对丧失受遗赠权，不适用宽宥制度。

（二）继承权的放弃

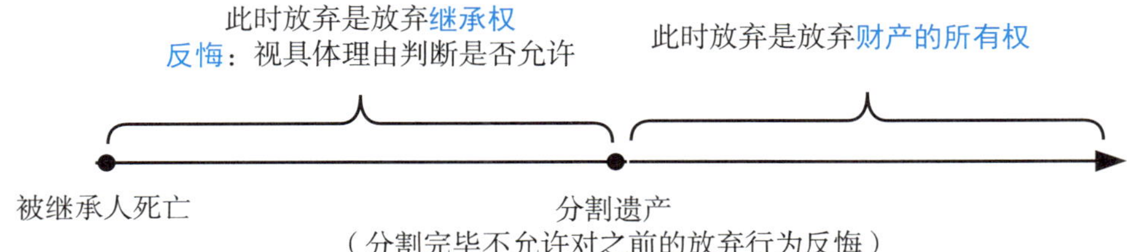

时间	继承开始后，遗产分割前。 【注意】遗产分割前，未明示放弃的，视为接受继承。因此，遗产分割后，放弃的不是继承权，而是财产所有权。
方式	1. 书面 + 明示 2. 在诉讼中，向法院口头表示放弃继承的，应当制作笔录，由放弃继承的人签名。（依然为书面 + 明示的方式，只是方式为法院书写）
效力	无效的放弃：因放弃继承权，致其不能履行法定义务的 放弃继承的效力，追溯到继承开始的时间。

判断分析

1. 李某有一子（李某某）一女（李某力），生前立下自书遗嘱，将名下两套房子 A 房与 B 房都给李某某，该遗嘱已公证。由于李某力经常照顾李某，李某又将 A 房赠与李某力并办理了登记手续。李某某得知此事后下毒打算毒死李某，李某临死前得知是儿子下毒，遂立下自书遗嘱，将 B 房赠与其好友赵某。李某某没有因此丧失法定继承权。（2021 年仿真题）【错误。故意杀害被继承人，绝对丧失继承权】

2. 段父有三子：段甲、段乙、段丙。段甲曾因家庭纠纷经常殴打段父；段乙为争夺家产，曾雇凶谋杀哥哥段甲，但行动失败；段丙则多次口头上说自己对家产分文不要。段父临终前，自认为是自己疏于管教而导致段甲、段乙的不良行为，而他们现在已经悔改，便选择原谅段甲、段乙，承诺两人仍享有家产的继承权。段父死亡后，遗产分割前，段丙再次向段甲、段乙口头表示不要家产。对此，下列说法正确的是？（2023 年仿真题）

A. 段甲没有丧失继承权【正确。段甲虐待段父，但有悔改表现且被继承人表示宽恕，不丧失继承权】

B. 段乙没有丧失继承权【错误。为争夺家产杀害其他继承人，不可被宽恕，绝对丧失继承权】

C. 段丙已经放弃继承权【错误。继承开始后，分割遗产前才可以书面形式放弃继承，而段丙仅口头表示放弃，仍享有继承权】

D. 段丙仍然享有继承权【正确】

KEEP AWAKE

第二章 法定继承【法定继承 A】

【怎么考】直接给出案例问谁可以继承遗产 / 某人是不是第一顺位继承人，如果考代位继承或转继承，则会直接在选项中出现这几个字，考点非常好识别。

【怎么学】1. 本章的难点在于做题时题目中人物太多，可以画图梳理清楚人物间的身份关系。

2. 代位继承难度比较大，主要是知识点表述太绕，听完课后可以自己列一下层级关系，写出对各级主体的身份要求。要记清代位继承和转继承各自的适用条件。

法定继承是由法律直接规定继承人的范围、继承顺位以及遗产分配规则的继承方式。

一、适用范围

法定继承的前提是无遗嘱、遗赠和遗赠扶养协议（首先尊重被继承人的个人意愿分配遗产，没有再由法定继承兜底）。

【注意】即使题目中存在遗嘱或遗赠，但遗嘱继承人、受遗赠人不要 / 不能要（丧失、先死）；遗嘱无效 / 没涉及的，也要按法定继承处理。

二、法定继承顺位

第一顺位法定继承人的范围
1. 配偶。同居关系、婚姻被宣告无效或撤销的双方当事人互不享有继承权
2. 父母。包括：①生父母；②养父母；③有扶养关系的继父母
3. 子女。包括：①婚生 / 非婚生子女；②养子女；③有扶养关系的继子女 【注意】老的抚养了小的 / 小的赡养了老的，都能互相继承，但只有老的抚养过小的才适用婚姻编的父母子女关系。
4. 对公婆、岳父母尽了主要赡养义务的丧偶儿媳、丧偶女婿，无论是否再婚。
5. 胎儿。遗产分割时，应当保留胎儿的继承份额，胎儿娩出时是死体的，保留的份额按照法定继承办理。
6. 代位继承人。被继承人的子女先于被继承人死亡的，由被继承人的子女的直系晚辈血亲代位继承（因为子女是第一顺位）。

第二顺位法定继承人的范围
1. 兄弟姐妹。包括：同父同母、同母异父或同父异母的兄弟姐妹、养兄弟姐妹、形成扶养关系的继兄弟姐妹（继兄弟姐妹之间相互继承了遗产的，不影响其继承亲兄弟姐妹的遗产）。
2. 祖父母、外祖父母。
3. 代位继承人。被继承人的兄弟姐妹的子女代位继承的，为第二顺位法定继承人（因为兄弟姐妹是第二顺位）。

判断分析

1. 周男与吴女婚姻关系存续期间，与郑女形成非法同居关系。周男病故前立有遗嘱："遗产的一半归郑女所有。"周男生前与吴女育有一子小周，与郑女育有一女小郑。下列哪些人可以继承周男的遗产？（2018 年仿真题）

B. 小郑【正确】

C. 吴女【正确】

D. 小周【正确】

2. 2012 年 5 月 10 日，张楠（男）和李霞（女）结婚。婚后，生育一子张军。从 2013 年 2 月起二人感情不和，张楠前往深圳打工，并结识打工妹何芸。二人自 2015 年 2 月开始同居，并生育一子张强。2016 年 1 月，张楠因病住院，于 2 月 1 日亲笔书写一份遗嘱称："死后将自己的所有遗产留给何芸。"但未注明年月日。2017 年 10 月，张楠去世。关于本案，下列哪一说法是错误的？（2018 年仿真题）

B. 李霞有权继承张楠的遗产【正确】

C. 张军是张楠的第一顺序的法定继承人【正确】

D. 张强不能继承张楠的遗产【错误。第一顺位的子女包括非婚生子女】

三、代位继承（法定继承的补充）【代位继承 B】

代位继承只发生在法定继承的场合，如果题目中有有效的遗嘱 / 遗赠等，则根据遗嘱 / 遗赠发生继承。

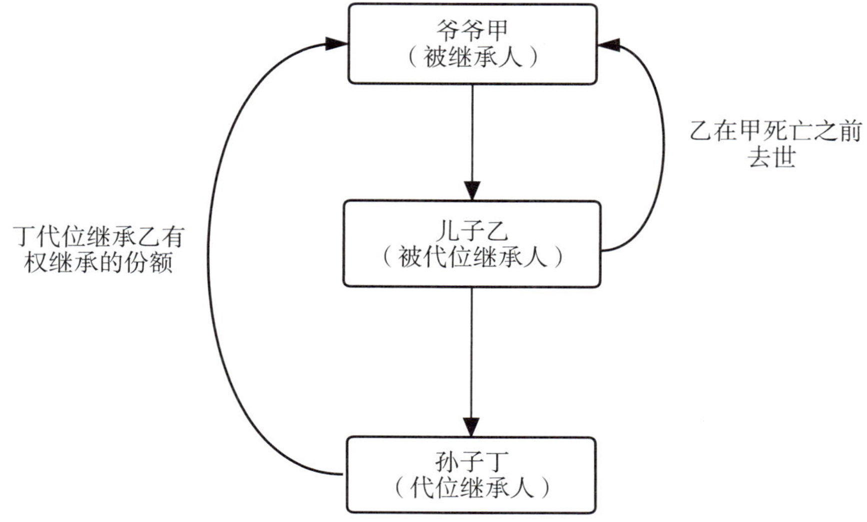

1. 儿子乙（本来该获得遗产的人）在爷爷甲（留下遗产的人）死亡前已经去世，由爷爷甲的孙子丁等（代替父辈继承祖辈遗产的人）代位继承（只要求直系晚辈血亲，对辈数没有限制，曾孙、外曾孙等也可以）。

【原理】《民法典》没有规定孙子女、外孙子女的法定继承人地位，是因为其可以通过代位继承获得遗产。即若孙子女、外孙子女的父母健在，则其父母作为第一顺位继承人，当然地继承爷爷的遗产。若孙子女、外孙子女的父母去世，则其可以代位继承其父母有权（丧失继承权的不行）继承的份额。

【注意】

（1）儿子乙只能是爷爷甲的子女，包括生子女、养子女、已形成扶养关系的继子女，但孙子丁不可以是已形成扶养关系的继子女。

（2）丧偶儿媳、女婿与他人所生的子女，不适用代位继承制度。（因为丧偶儿媳 / 女婿不是被继承人的子女，跟别人生的孩子也不是自己子女的直系晚辈血亲）

例：甲有 2 个儿子乙和丙，乙有 1 个儿子丁。乙外出遇险去世，甲因过于伤心，突发脑梗去世。

①甲的儿子乙先于甲死亡，乙的儿子丁可以代位继承乙应继承的部分。

②若乙是甲抚养长大的继子，丁也可以代位继承。

③若丁是乙抚养长大的继子，则丁不可以代位继承。

④若甲在乙生前立遗嘱，将所有遗产留给乙，乙死后遗嘱失效，丁不可以代位继承。

⑤若乙生前丧失继承权，则丁也不可以代位继承。

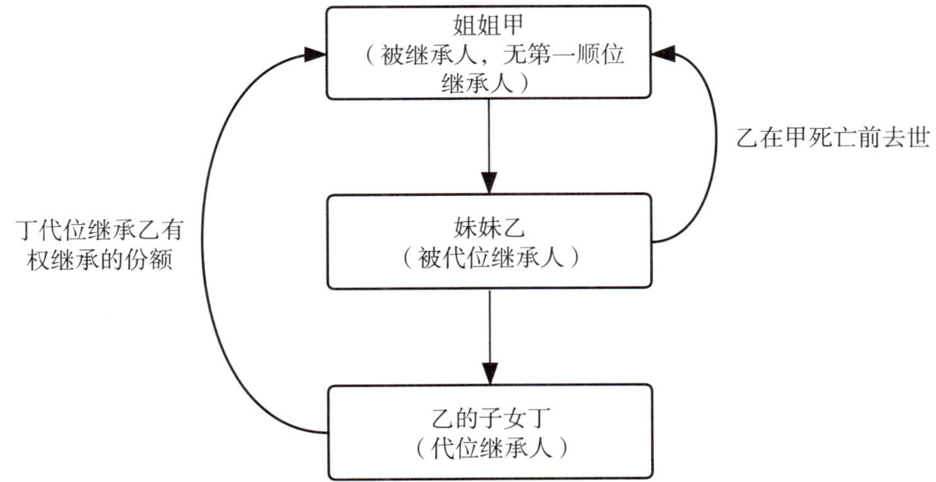

2. 姐姐甲（留下遗产的人）没有第一顺位继承人，有妹妹乙（本来该获得遗产的人），但妹妹乙在姐姐甲死亡前已经去世，此时由妹妹乙的子女丁（代替父辈继承祖辈遗产的人）代位继承。

【原理】兄弟姐妹是被继承人最近的旁系血亲，兄弟姐妹的子女与被继承人的关系也较为亲近（与舅舅、叔叔、姑姑、姨的关系）。因此，在没有第一顺位继承人的情况下，无法适用第 1 条规则，为了减少无人继承的情形，《民法典》对代位继承的适用进行了一定的扩充，但仅限于兄弟姐妹的子女（兄弟姐妹的其他亲属不能代位继承，再远的就没那么亲了），继承兄弟姐妹有权（丧失继承权的不行）继承的遗产份额。

【注意】

（1）兄弟姐妹可以是亲、养兄弟姐妹、形成扶养关系的继兄弟姐妹；

（2）丁（受辈分限制，仅限于妹妹乙的子女）可以是妹妹乙的生子女、养子女、形成扶养关系的继子女。

例：甲父母早亡，与丙结婚后，没有生育子女。甲有 1 个妹妹乙，因车祸去世，有 1 个女儿丁。后甲因病去世。

①因甲有第一顺位继承人丙，丁不能代位继承。

②若丙在甲去世前已去世，但甲生前留有遗嘱，将财产捐给公益事业，丁不能代位继承。

③若丙、丁在甲去世前均已去世，丁有 1 个女儿戊，戊不可以代位继承。因为该种情形下的代位继承仅限于乙的子女。

④若丙在甲去世前已去世，丁为形成扶养关系的继子女，仍然可以代位继承。

⑤若丙在甲去世前已去世，但乙在去世前丧失对甲的继承权，丁不能代位继承。

四、转继承【转继承 D】

转继承是指继承人在继承开始后，遗产分割前死亡，其应继承的遗产转由他的合法继承人继承的制度。

例：甲早年丧妻，其儿子乙与妻子丙生有一子丁后离婚。甲于 1 月 1 日意外去世，生前未立遗嘱，其子乙伤心过度，于同年 1 月 8 日为父亲办理丧事期间去世。甲的 100 万元遗产本应由乙继承，但乙在继承开始后，遗产分割前死亡，故 100 万元应由乙的继承人丁转继承。

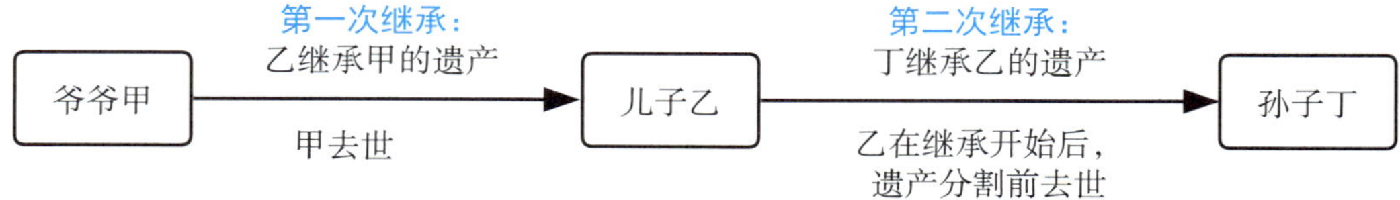

1. 本质：发生了两次继承，即先由继承人（儿子乙）继承，再由继承人的法定继承人（孙子丁）继承。

2. 适用范围：法定继承、遗嘱继承、遗赠。

3. 转继承的要件

（1）继承人（儿子乙）在继承开始后，遗产分割前死亡；

（2）继承人未丧失继承权，也未放弃继承权。

代位继承 VS 转继承

	代位继承	转继承
适用范围	法定继承	法定继承、遗嘱继承、遗赠
发生条件	儿子先于爷爷死亡	儿子在继承开始后、遗产分割前死亡
本质	一次继承（继承权的转移）	两次继承
权利主体	1. 被继承人子女的直系晚辈血亲（无辈数限制） 2. 被继承人兄弟姐妹的子女	所有合法继承人
继承人定位不同	孙子女是爷爷的继承人	孙子女是儿子的继承人
	例：甲死后留下遗产但生前未立遗嘱。甲有 2 个孩子，老大早已病故，留下 1 子乙，在为甲办理丧事期间，老二车祸身亡，留下 1 女丙。 本例中，老大的儿子乙代老大之位发生代位继承，乙是爷爷甲的继承人；老二的女儿丙发生转继承，是老二的继承人。	

判断分析

1. 甲乙丙出去漂流，乙是甲的妹妹，丙是乙的儿子，漂流出事故，乙先死，然后甲死，丙最后死。甲未婚无子女，父母双亡，乙还有一个儿子丁，丙还有一个儿子戊，甲的遗产怎么继承？（2022年仿真题）

B. 丁可以代位继承甲的遗产【正确。甲没有第一顺位继承人，甲的妹妹乙作为第二顺位继承人先于甲死亡，由乙的儿子丙和丁代位继承】

C. 戊可以转继承丙代位继承的甲的遗产【正确。丙代位继承甲的遗产后，在遗产分割前死亡，丙的继承人戊可以转继承】

2. 黄某有一子黄唯与一女黄美，黄某随儿子黄唯共同生活。黄美与前夫有一子赵小星，黄美与卢某再婚后共同抚养卢某与前妻的儿子卢小东直至其成年。2021年2月1日黄美因车祸去世。紧接着黄某去世，留有3套房屋的遗产，但未立遗嘱。下列四人，对黄某3套房屋享有继承权的是？（2021年仿真题）

A. 黄唯【正确】

B. 赵小星【正确。黄美先于黄某死亡，其亲生儿子赵小星有权代位继承黄某的遗产】

C. 卢小东【错误。代位继承人不能是有扶养关系的继子女，卢小东不能代位继承】

D. 卢某【错误。题目未体现丧偶女婿卢某对黄某有尽主要赡养义务】

KEEP AWAKE

第三章 遗嘱继承、遗赠与遗赠扶养协议

【怎么考】考查本章知识点的题目中通常会出现多份遗嘱，需要根据案情判断每份遗嘱的效力、应该按照哪份遗嘱分割遗产。

【怎么学】本章难度不大，记忆清楚每种遗嘱的法定形式要件、无效情形，和有数份遗嘱时应如何处理，再通过真题熟悉和巩固。遗赠扶养协议近几年考查较少，掌握讲义内容即可。

一、遗嘱继承【遗嘱与遗赠 A】

遗嘱继承，是指继承人的范围、继承顺序和继承份额均由被继承人通过遗嘱确定的继承方式。（遗嘱继承人由被继承人从法定继承人中挑选）

（一）适用条件

1. 无遗赠扶养协议；

2. 签订了合法有效的遗嘱；

遗嘱人立遗嘱时必须具有完全民事行为能力。无、限制民事行为能力人立的遗嘱无效（后来成完全民事行为能力人了也是无效）。立遗嘱时是完全民事行为能力人，后来变成无、限制民事行为能力人也不影响遗嘱效力。

3. 遗嘱继承人没有放弃、丧失继承权，也未先于被继承人死亡。

（二）法定种类

种类	普通形式要件	特殊形式要件
自书遗嘱	注明年、月、日	要式＋亲笔书写（不能打印）＋签名
公证遗嘱（为其他种类的遗嘱赋予一定的公信力）		1. 遗嘱人亲自申请（不得代理） 2. 经公证机构公证
代书遗嘱	1. 有两个以上无利害关系的见证人当场见证 【原因】没有亲笔书写和权威机构加持，必须加强防范。	1. 遗嘱人口述，其中一个见证人代书 2. 遗嘱人确认无误后，代书人、其他见证人、遗嘱人共同签名
录音录像遗嘱		遗嘱人和见证人应当在录音录像中记录其姓名或者肖像
口头遗嘱		1. 在危急情况下 2. 见证人应当记录遗嘱内容（无法当场记录的，可事后补记） 3. 记录人、其他见证人应当签名 【推翻】危急情况解除后，遗嘱人能以书面或者录音录像形式立遗嘱的，所立的口头遗嘱无效。

续表

种类	普通形式要件	特殊形式要件
打印遗嘱 【注意】遗嘱人书写的遗嘱打印后，为打印遗嘱	2.注明年、月、日。	遗嘱人和见证人应当在遗嘱每一页签名

【注意】

1. 公证遗嘱不具有最高效力：遗嘱人实施与公证遗嘱内容相反的行为或订立其他形式遗嘱视为撤回或变更在先的公证遗嘱。其中，遗嘱人故意损毁公证遗嘱的，须一并损毁自己保存的正本与公证处保存的原本，否则不产生撤回公证遗嘱的效力。

2. 对于遗嘱形式要件的规定是强制性的效力规定，若未遵守，遗嘱无效（如他人誊抄的遗嘱、没有注明年月日等）。

3. 以下人员不得担任见证人：

（1）无民事行为能力人或限制民事行为能力人以及其他不具有见证能力的人；

（2）继承人、受遗赠人；

（3）与继承人、受遗赠人存在利害关系的人员。

（三）变更或撤回

1. 明示方式：遗嘱人在后订立的遗嘱中，明确表示撤回或变更先前遗嘱。

2. 推定方式：

（1）被继承人留有数份内容冲突的遗嘱：以最后的有效遗嘱为准。

【注意】有多份遗嘱，但是遗嘱内容不冲突的，都有效。

（2）立遗嘱后，遗嘱人实施与遗嘱内容相反的民事法律行为的，视为对遗嘱相关内容的撤回。

（四）无效情形

意思表示有瑕疵	1. 无民事行为能力人或限制民事行为能力人所立遗嘱； 2. 受欺诈、胁迫所立遗嘱； 3. 伪造的遗嘱； 4. 被篡改部分的遗嘱内容； 5. 不满足法定形式的遗嘱。
财产不能处分	1. 处分国家、集体、他人所有的财产的遗嘱部分； 2. 未对缺乏劳动能力又没有生活来源的继承人保留必要的遗产的份额的，遗产处理时，应当为该继承人留下必要的遗产，所剩余的部分，才可参照遗嘱确定的分配原则处理。

【原理】虽然遗嘱的形式和效力规定非常严格，但即使都无效也有法定继承兜底。

判断分析

1. 夏浩与妻子王丽育有子女夏天、夏至，其女夏至有一女儿夏小雪。2014 年夏浩订立自书遗嘱称将自己遗产全部留给外孙女夏小雪。2015 年，夏浩将自书遗嘱更改为遗产留给夏至和夏小雪，各得 1/2。2016 年，夏浩又自书遗嘱更改为全部遗产留给妻子王丽。2017 年，在好朋友吉某在场的情况下，夏浩口头将遗嘱更改为妻子王丽得遗产的1/2，夏至和夏小雪各得1/4。夏浩于2017年去世。夏浩的遗产之分割，应当遵守2016年订立的遗嘱。（2018年仿真题）【正确。口头遗嘱应有2个以上见证人在场，17年的遗嘱无效，有数份冲突的遗嘱应以最后一份有效遗嘱为准】

2. 任某有一子任甲，一女任乙。任某重病由任甲照顾，任甲威胁任某订立遗嘱，否则就给任某停止用药，任某害怕便依据任甲的意思订立了遗嘱X。出院后，任某由任乙照顾，任乙谎称任某得了不治之症将不久于人世，劝其订立遗嘱，任某信以为真，因此订立了遗嘱Z。一月后任某因车祸意外死亡，遗嘱X和遗嘱Z无效。（2019年仿真题）【正确。遗嘱X是任某受任甲胁迫而订立，遗嘱Z是受任乙欺诈而订立，均不是任某真实意思，属于无效遗嘱】

3. 李某有一子（李某某）一女（李某力），生前立下自书遗嘱，将名下两套房子A房与B房都给李某某，该遗嘱已公证。由于李某力经常照顾李某，李某又将A房赠与李某力并办理了登记手续。李某死亡后，李某力取得A房的所有权。（2021年仿真题）【正确。李某立下遗嘱后，又将A房赠与女儿，实施了与遗嘱相反的民事法律行为，视为对遗嘱相关内容的撤回】

二、遗赠【遗嘱与遗赠 A】

1. 对象

只能是国家、集体或者法定继承人以外的组织、个人。

【注意】无行为能力人的继承权、受遗赠权，由他的法定代理人代为行使。

2. 附义务的遗赠

（1）遗赠附有义务的，受遗赠人应当履行义务。

（2）受遗赠人没有正当理由不履行义务的，经利害关系人或者有关组织请求，人民法院可以取消其接受附义务部分遗产的权利。

3. 遗赠的效力

（1）受遗赠人应当在知道受赠之日起60日内作出接受表示；沉默的视为放弃。

【注意】继承人自继承开始后遗产分割前，沉默的视为接受。

（2）遗赠人没有为其继承人中缺乏劳动能力且没有生活来源的人保留必留份的，涉及必留份的遗赠无效。

例：甲有一子存在严重智力障碍，没有劳动能力和生活来源，甲立下遗嘱，待其死后其全部财产归丙（非法定继承人）所有。此时，丙只能获得扣除必留份后的财产。

三、遗赠扶养协议【遗赠扶养协议 E】

自然人可以与继承人以外的组织或者个人签订遗赠扶养协议。按照协议，该组织或者个人承担该自然人生养死葬的义务，享有受遗赠的权利。

【注意】遗赠扶养协议与遗赠有区别，遗赠扶养协议是双务、有偿合同（以履行扶养义务为前提），遗赠则无偿。

第四章

遗产与债务的处理【遗产的分割与债务清偿 C】

【怎么考】本章主要结合前面所学的法定继承、遗嘱继承一起考查，确定最终应该如何分配遗产，选项中常出现某人可分得多少钱，或某人是否可以多分 / 少分等。

【怎么学】按照讲义内容，记忆遗产分配顺序和债务清偿顺序即可。

一、遗产管理人

遗产管理人负责清理、保管、分割遗产、处理债权债务等事务。因故意或重大过失造成损害，应当承担民事责任。可以依照法定或约定获得报酬。

二、遗产的分配顺序（拿钱）

1. 外部：遗赠扶养协议（继承人以外）＞遗嘱、遗赠＞法定继承

2. 法定继承内部的顺序

（1）不同顺位：由第一顺位继承人继承，没有第一顺位继承人，才由第二顺位继承人继承。

（2）同一顺位：

原则	同一顺位继承人继承的份额，一般应当均等（继承人协商一致，也可不均等）。
例外	1. 对生活有特殊困难又缺乏劳动能力的继承人，分配遗产时，应当予以照顾；
	2. 对被继承人尽了主要扶养义务或与被继承人共同生活的继承人，分配遗产时，可以多分；
	3. 有扶养能力和条件而不尽扶养义务的继承人，应当不分或少分（不丧失继承权）；
	4. 法院对故意隐匿、侵吞或者争抢遗产的继承人，可以酌情减少其应继承的遗产；
酌分	继承人以外，依靠被继承人扶养的人或对被继承人扶养较多的人，不是继承人，只是适当分给遗产（例如小时候被收养，长大后扶养了生父母，可适当继承生父母的遗产）。

判断分析

徐某与周某育有一子小周，后徐某与周某离婚，小周随母亲周某去国外生活，很少回国。徐某与王某结婚，王某带着和前夫的孩子小王与徐某一起生活。小王十周岁时，徐某与王某离婚，双方约定，小王跟随王某生活，徐某不再照顾小王。徐某晚年生活一直由侄子大壮照料。现徐某去世，未留下遗嘱。对此，以下选项正确的是？（2023 年仿真题）

A. 小周虽未尽到赡养义务仍有权继承【正确。未尽赡养义务，只是应当不分或少分，不丧失继承权】

B. 小王是第一顺位的法定继承人【错误。徐某离婚后不再抚养小王，双方不再是形成扶养关系的继父母子女关系，小王不能继承】

C. 大壮作为实际赡养人，可以适当分得遗产【正确】

三、遗产债务（被继承人生前债务）的清偿顺序（还债）

偿债前先从遗产中扣除必留份，清偿债务时：法定继承人 > 遗嘱继承人、受遗赠人

第一步：先为缺乏劳动能力又没有生活来源的法定继承人保留必留份，剩余的，才去偿债；

第二步：再由法定继承人用所得遗产清偿：

对外：法定继承人以继承的遗产份额为限承担连带责任；

对内：法定继承人以继承的遗产份额比例分摊债务。

第三步：法定继承的遗产不足以清偿债务的，由遗嘱继承人和受遗赠人按所得遗产的比例偿还，但以所得遗产价值为限；

【注意】遗赠扶养协议中的扶养人不承担债务清偿责任。

例 1：老张有两个儿子张甲和张乙，张甲缺乏劳动能力又没有生活来源。老张曾立下遗赠：价值 40 万元的字画给好友老李。老张死后，老李接受遗赠，还剩余 60 万元遗产，则由儿子张甲、张乙法定继承。

老张生前欠债 80 万元，现债主找上门。债务清偿顺序是：第一步：先为张甲留下必留份（如 10 万元）；第二步：张甲以扣除必留份后继承的 20 万元为限清偿，张乙以继承的 30 万元为限清偿；第三步：老李作为受遗赠人以价值 40 万元的字画清偿 30 万元，剩下 10 万元归老李所有。

例 2：老王有两个儿子王甲和王乙，老王生前无遗嘱，死后有 60 万元遗产，由儿子王甲、王乙法定继承，各自继承 30 万元。

老王生前欠债 40 万元，现债主找上门。债务清偿顺序是：第一步：无需保留必留份；第二步：王甲、王乙需要以继承的 30 万元为限清偿债务，对外，承担连带责任，债主可以找王甲、王乙主张 30 万元以内的任意金额。对内，王甲、王乙需要分摊债务。如，王甲清偿债务 30 万元，王乙清偿 10 万元。王甲可以主张王乙分摊 10 万元。

【继承重要知识点串联】

钱某妻子早逝，有 2 个女儿钱美和钱丽。钱美与王帅结婚后有 1 个女儿钱漂亮，王帅与前妻 4 岁的女儿王好看也跟随钱美、王帅一起生活，钱丽未婚无子女。钱某于 2023 年去世，留有房子 1 套、车子 2 辆、存款 120 万元。

经查，2016 年钱某订立自书遗嘱称将自己的 120 万元存款全部留给外孙女钱漂亮。2018 年，钱某将自书遗嘱更改为 120 万元存款留给钱美、钱丽和钱漂亮，各得 1/3。2020 年，钱某在好友甲的见证下，在电脑上打印出电子版遗嘱，内容变为 120 万元存款全部给钱美和钱漂亮，各得 1/2。此外，由于钱美、钱丽均生活在外地，2018 年钱某与尽心照顾他的保姆签订遗赠扶养协议，约定钱某生前由保姆照料，死后房子归保姆所有。

问题 1：钱某的遗产应该如何分割？

房子归保姆所有，车子由钱美和钱丽继承，存款由钱美、钱丽和钱漂亮各得 1/3。

遗产分配时，遗赠扶养协议＞遗嘱＞法定继承。

房子：钱某与保姆签订了有效的遗赠扶养协议，房子的归属应按协议处理，归保姆所有。

车子：钱某所订遗嘱和遗赠扶养协议均未处分车子，应按法定继承处理，由钱某的 2 个女儿钱美和钱丽作为第一顺位继承人继承。

存款：钱某遗嘱涉及存款的处理，但存在 3 份遗嘱，且内容相互抵触，应以最后的有效遗嘱为准。其中 2020 年所立的打印遗嘱，没有 2 个以上见证人，不符合法定要件，无效。因此应以钱某 2018 年最后订立的遗嘱为准，由钱美、钱丽和钱漂亮继承 120 万元存款，各得 1/3。

问题 2：若钱美和钱丽还未来得及分割遗产，钱美因车祸意外去世，则钱美继承的遗产应如何处理？

由钱美的继承人王帅、钱漂亮和王好看转继承。钱美在继承开始后、遗产分割前死亡，钱美的第一顺位继承人配偶王帅、和子女钱漂亮、王好看可以转继承钱美继承的遗产。

问题 3：若钱某未立遗嘱，2022 年钱美因车祸去世，钱某的 120 万元存款应如何处理？

钱丽和钱漂亮各得 60 万元。钱某未立遗嘱，120 万元存款应按法定继承处理，钱美和钱丽各分得 60 万元。但钱美先于钱某死亡，由钱美的直系晚辈血亲钱漂亮代位继承钱美应继承的 60 万元。王好看是钱美有扶养关系的继女，不能代位继承。

问题 4：若 2020 年钱美因车祸去世，王帅一直尽心照顾钱某的生活起居，但不幸于 2022 年去世，王好看能否代位继承钱某的遗产？

不能。王帅作为丧偶女婿，对钱某尽主要赡养义务的，只是王帅本人可以作为钱某的第一顺位继承人，但代位继承的条件之一是被继承人的子女先于被继承人死亡，王帅不是钱某的儿子，王帅的女儿王好看自然不能代位继承。

问题 5：若遗产分割完毕后，钱美于 2024 年去世，钱丽于 2025 年去世，钱丽的遗产应如何处理？

由钱漂亮和王好看代位继承。钱丽没有第一顺位继承人，钱美作为第二顺位继承人先于钱丽死亡，应由钱美的子女代位继承，此处的子女既包括生子女、养子女，也包括形成扶养关系的继子女，因此钱漂亮和王好看均可代位继承钱美应继承的遗产。